普通高等学校学前教育专业系列教材

学前教育信息技术基础教程

主　编　谢忠新

编　写（按姓氏笔画为序）

王玉琪　　王其冰　　王斌华

吕宇国　　陈久华　　单　贵

贾晶晶　　黄　军　　谢忠新

复旦大学出版社

内容提要

本书是为幼儿师范学校以及普通高等院校学前教育专业学生编写的信息技术文化基础课程教材。全书依据教育部颁发的有关最新课程标准，集中汲取多所学校的使用经验和教学实际，以就业为导向，以能力为本位，是对传统学科型计算机教材的一次突破。

本书由八个项目贯穿而成，这些项目或创设了模拟工作环境，或模拟学校环境，每一项目的设计力图贴近工作实际或校园实际生活，让学生在校园生活之外，还能置身于幼儿园工作的情境之中，在学习过程中扮演着幼儿教师的角色，激发学生学习的兴趣与求知欲，培养学生解决真实问题的综合能力。通过学习并完成所有创设的项目，使学生具备信息的获取、传输、处理、发布等信息技术应用能力，从而达到面向21世纪人才培养的目标。

全书体例设计独特新颖，内容真实有用，教参配套齐备，具备很强的可读性和可操作性，适合幼儿师范院校、普通高等院校学前教育专业的学生使用，也适合幼儿教师的岗位培训使用。

建议本书与《学前教育信息技术基础实践指导》配套使用。

总　序

　　学前教育是国民教育体系的重要组成部分,是终身教育的开端,幼儿教师教育担负着学前教师职前培养和职后培训、促进教师专业成长的双重任务,在教育体系中具有职业性和专业性、基础性和全民性的战略地位。

　　自1903年湖北幼稚园附设女子速成保育科诞生始,中国幼儿教师教育走过了百年历程。可以说,20世纪上半叶中国幼儿教师教育历经从无到有、从抄袭照搬到学习借鉴的萌芽、创建过程;新中国成立以后,幼儿教师教育在规模与规格、质量与数量、课程与教材建设等方面得到较大提升与发展。中国幼儿教师教育历经稳步发展、盲目冒进、干扰瘫痪、恢复提高和由弱到强的发展过程。

　　1999年3月,教育部印发《关于师范院校布局结构调整的几点意见》,幼儿教师教育的主体由中等教育向高层次、综合性的高等教育转变;由单纯的职前教育向职前职后教育一体化、人才培养多样化转变;由独立、封闭的办学形式向合作、开放的办学形式转变;由单一的教学模式向产学研相结合的、起专业引领和服务支持作用的综合模式转变。形成中专与大专、本科与研究生、统招与成招、职前与职后、师范教育与职业教育共存的,以专科和本科层次为主的,多规格、多形式、多层次幼儿教师教育结构与体系。幼儿教师教育进入由量变到质变的转型提升进程,由此引发了人才培养、课程设置、教学内容等方面的重大变革。课程资源,特别是与之相适应的教材建设成为幼儿教师教育的当务之急。

　　正是在这一背景下,"全国学前教育专业系列教材"编审委员会在广泛征求意见和调查研究的基础上,开始酝酿研发适应幼儿教师教育转型发展的专业教材,这一动议得到有关学校、专家的认同和教育部师范教育司有关领导的大力支持。2004年4月,复旦大学出版社组织全国30余所高校学前教育院系、幼儿师范院校的专家、学者会聚上海,正式启动"全国学前教育专业系列"教材研发项目。2005年6月,第一批教材与广大师生见面。此时,恰逢"全国幼儿教师教育研讨会"召开,研讨会上,教育部师范教育司有关领导对推进幼儿教师教育优质课程资源建设作出指示:"一是直接组织编写教材,二是遴选优秀教材,三是引进国外优质教材;开发建设有较强针对性、实效性、反映学科前沿动态的、幼儿教师培养和继续教育的精品课程与教材。"

　　结合这一指示精神,编审委员会进一步明确了教材编写指导思想和教材定位。首先,从全国有关院校遴选、组织一批政治思想觉悟高、业务能力强、教育理论和教学实践经验丰富的专家学者,组成教材研发、编撰队伍,探索建立具有中国幼儿教师教育特色、引领学前教育和专业发展的、反映课程改革新成果的教材体系;努力打造教育观念新、示范性强、实践效果好、影响面大和具有推广价值的精品教材。其次,建构以专科、本科层次为主，兼顾中等教育和职业教育，多层次、多形式、多样化的文本与光盘相结合的课程资源库，有效满足幼儿教师教育对课程资源的需求。

经过八年多的教学实践与检验，教材研发的初衷和目的初步实现。截至 2013 年 4 月，系列教材共出版 120 余种，其中 8 种教材被教育部列选为普通高等教育"十一五"、"十二五"国家级规划教材，《手工基础教程》被教育部评选为普通高等教育"十一五"国家级精品教材，《幼儿教师舞蹈技能》荣获教育部教师教育国家精品资源共享课，《健美操教程》获得教育部"教育改革创新示范"教材；系列教材使用学校达 600 余所，受益师生逾百万人次。

伴随国务院《关于当前发展学前教育的若干意见》和《国家中长期教育改革和发展规划纲要(2010—2020 年)》的贯彻落实，幼儿教师准入制度和标准的建立、健全，幼儿教师教育面临规范化、标准化、专业化和前瞻化发展的机遇与挑战。一方面，优质学前教育资源已成为国民普遍地享受高质量、公平化、多样性学前教育的新诉求。人才培养既要满足当前学前教育快速发展对幼儿师资的需求，还要确保人才培养的高标准、严要求以及幼儿教师职后教育的可持续发展；另一方面，学前教育专业向 0～3 岁早期教育、婴幼儿服务、低幼儿童相关产业等领域拓展与延伸，已然成为专业发展与服务功能发挥的必然趋势。这一发展动向既是社会、国民对专业人才的要求与需求，也是高等教育服务社会、培养高层次专业人才的使命。为应对机遇与挑战，幼儿教师教育将会在三个方面产生新变化：一是专业发展广义化，专业方向多元化，人才培养多样化，教师教育终身化；二是课程设置模块化，课程方案标准化，课程发展专业化和前瞻化；三是人才培养由旧三级师范教育(中专、专科、本科)向新三级师范教育(专科、本科、研究生)稳步跨越。

为及时把握幼儿教师教育发展的新变化，特别是结合 2011 年 10 月教育部颁布的《教师教育课程标准(试行)》，编审委员会将与广大高校学前教育院系、幼儿师范院校共同合作，从三个方面入手，着力打造更为完备的幼儿教师教育课程资源与服务平台，并把这套教材归入"全国学前教育专业(新课程标准)'十二五'规划教材"系列。第一，探索研发应用型学前教育专业本、专科层次系列教材，开发与专业方向课程、拓展课程、工具性课程、实践课程和模块化课程相匹配的教材，研发起专业引领作用的幼儿教师继续教育教材；第二，努力将现代科学技术、人文精神、艺术素养与幼儿教师教育有效融合并体现在教材之中，有效提升幼儿教师综合素养；第三，教材编写力图体现幼儿教师教育发展趋势与专业特色，反映优秀中外教育思想、幼儿教师教育成果，全面提高幼儿教师教育质量；第四，建构文本、多媒体和网络技术相互交叉、相互整合、相互支持的立体化、网络化、互动化的幼儿教师教育课程资源体系，为创建具有中国特色的幼儿教师教育高品质专业教材体系贡献我们的力量。

"全国学前教育专业系列教材"编审委员会

2013 年 4 月

前　言

随着教育部《幼儿园教师专业标准(试行)》(2011)的最新颁布,加强信息技术教育,培养学生的信息技术应用能力,已经成为学前教育专业教学改革的重要任务之一。原《信息技术基础》(共三版,复旦大学出版社)是根据上海市教委教研室颁发的有关上海市职业教育的精神宗旨编写的文化基础课教材,不仅在上海,在全国很多省市都得到了广泛的使用和好评,本书正是在此基础上,充分结合学前教育专业特色,经过对大量幼儿师范学校的调研,组织专家、学者和教师对《信息技术基础》文化课与专业课整合的一次有益尝试结果。

在信息技术课程教学过程中,如何改革传统的教学模式,使学生改变单纯的接受式的学习方式,学会自主、探究式的学习,培养学生信息素养,培养学生分析问题和解决问题的能力,是目前十分需要解决的问题。本教材即力求在"以就业为导向,以能力为本位"指导下,进一步体现通过"基于项目的学习",更加有效地培养学生信息素养的同时,重点关注学生利用信息技术分析问题、解决问题能力的培养,为学生的终身学习和持续发展打下扎实的基础。因此,本教材分为八大项目,这些项目的主题与学前教育专业学生的学习、生活和今后工作贴近,力求体现先进的教与学理念,具体表现为如下四个方面:

1. 通过"项目活动"培养学生综合应用信息技术的能力

教材的项目除了创设学生熟悉的校园学习环境外,还创设了模拟幼儿园工作环境,每一项目的设计力图贴近学习和今后工作的实际,让学生置身于学习和工作情景中,在学习的过程中扮演幼儿教师的角色,综合运用多种知识与技能来完成项目任务,激发学生学习的兴趣与求知欲,培养学生综合应用信息技术的能力。

2. 通过"项目活动"引导学生自主、探究学习,改进学生的学习方式

教材的每一个项目包含了若干个活动,每个活动包括了活动要求、活动分析、方法与步骤、知识链接、点拨、自主实践活动等栏目,通过这些栏目帮助学生有效地开展自主、探究学习活动,完成活动任务,从而改进学生学习方式。其中:

"活动要求"描述了活动的情境、活动具体的要求和需要完成的作品的样例;

"活动分析"从学生已有的生活经验出发,引导学生讨论与分析利用信息技术完成本活动的大致方法与过程,指出了通过本次活动需要掌握的相关信息技术知识与技能;

"方法与步骤"详细地描述了完成本次活动的具体操作方法与步骤;

"知识链接"系统地阐述了本活动所涉及的相关信息技术知识与技能;

"点拨"是对本活动所涉及的知识与技能、过程与方法、情感、态度、价值观等方面进行的经验性小结；

"自主实践活动"是运用本次活动学习的知识与技能解决新情境下的问题和任务。

3. 通过"项目活动"培养学生分析问题和解决问题的能力

本教材十分注重项目中每个活动的具体分析，注重每个活动完成具体的任务、解决具体的问题；另外，每个项目最后设计了一个综合实践活动，让学生综合运用学过的信息技术知识与技能解决身边的问题，从而有效地培养学生分析问题和解决问题的能力；每个项目还包括了归纳与小结，对一个项目中多个活动涉及的信息技术相关内容进行归纳。其中：

"综合活动与评估"为拓展应用信息技术的能力，以贴近学生的生活实际为主，让学生综合运用学过的信息及时知识和技能解决身边的问题；并对整个项目的学生掌握程度进行评估与教学评价；

"归纳与小结"是对整个项目涉及知识点和使用流程的贯通性总结。

4. 通过"项目活动"培养学生的情感、态度、价值观

在项目活动的过程中，让学生去体验与人合作、表达交流、尊重他人成果、平等共享、自律负责等行为，树立信息安全与法律道德意识，关注学生判断性、发展性和创造性思维能力的培养。

本册教材内容包括八个项目，项目一由单贵老师编写，项目二由陈久华老师编写，项目三由王其冰和谢忠新老师编写，项目四由吕宇国老师编写，项目五由王玉琪老师编写，项目六由贾晶晶和谢忠新老师编写，项目七由黄军老师编写，项目八由王斌华老师编写。全书的体例架构由谢忠新老师设计并编写样张，最后全书统稿由谢忠新老师完成。在编写过程中，还得到了上海市教委教研室陈丽娟老师的指点和帮助，在此表示感谢。

愿同学们通过本课程的学习，掌握信息技术的知识与技能，初步具备 21 世纪信息社会的生存与挑战能力，用信息技术这把金钥匙打开智慧与科学的大门，以适应社会就业和继续学习的需要。

最后，欢迎教师或学生就使用中的问题与主编（zhongxinxie@163.com）或责编（huangle@fudan.edu.cn）联系沟通。

2012 年 5 月

本书使用说明

一、关于几个栏目的使用说明

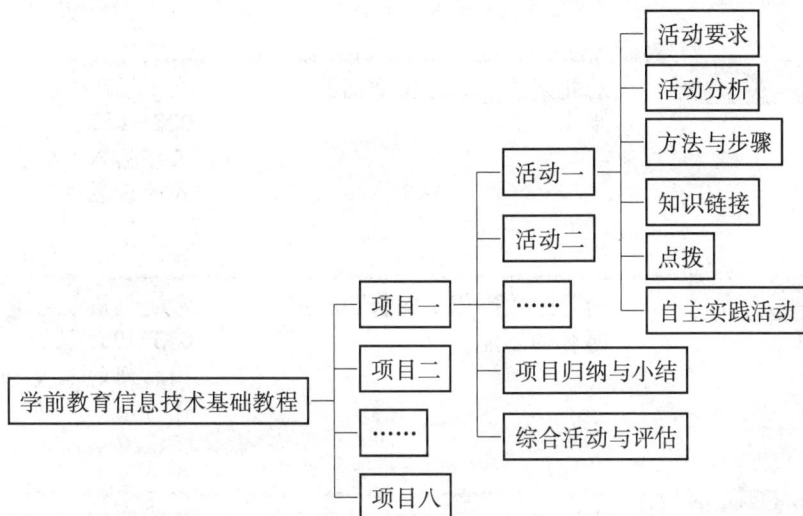

```
                                                          ┌─────────────┐
                                                          │  活动要求   │
                                                          ├─────────────┤
                                                          │  活动分析   │
                                                          ├─────────────┤
                                            ┌──────┐      │ 方法与步骤  │
                                            │活动一│──────┼─────────────┤
                                            ├──────┤      │  知识链接   │
                                            │活动二│      ├─────────────┤
                                            ├──────┤      │   点拨      │
                                ┌──────┐    │……  │      ├─────────────┤
                                │项目一│────┘            │自主实践活动 │
                                ├──────┤                 └─────────────┘
                                │项目二│    ┌─────────────┐
  ┌──────────────────────┐      ├──────┤    │ 项目归纳与小结│
  │学前教育信息技术基础教程│──────┼──────┤    ├─────────────┤
  └──────────────────────┘      │……  │    │ 综合活动与评估│
                                ├──────┤    └─────────────┘
                                │项目八│
                                └──────┘
```

本教材分为八大项目,每一个项目包含了若干个活动,每个活动一般包括了活动要求、活动分析、方法与步骤、知识链接、点拨、自主实践活动几个栏目。

"**活动要求**":描述了活动的情境、活动具体的要求和需要完成的作品的样例;

"**活动分析**"从学生已有的生活经验出发,引导学生讨论与分析利用信息技术完成本活动的大致方法与过程,指出了通过本次活动需要掌握的相关信息技术知识与技能;

"**方法与步骤**"详细地描述了完成本次活动的具体操作方法与步骤;

"**知识链接**"系统地阐述了本活动所涉及的相关信息技术知识与技能;

"**点拨**"对所涉及的知识与技能、过程与方法、情感、态度、价值观等方面进行的经验性小结;

"**自主实践活动**"是运用本次活动学习的知识与技能解决新情境下的问题和任务;

"**综合活动与评估**"为拓展应用信息技术的能力,以贴近学生的生活实际为主,让学生综合运用学过的信息及时知识和技能解决身边的问题;并对整个项目的学生掌握程度进行评估与教学评价;

"**归纳与小结**"是对整个项目涉及知识点和使用流程的贯通性总结。

二、关于所附光盘的使用说明

光盘中的文件按照教材的目录结构建立了文件夹和子文件夹,文件夹的名称与项目活动对应。文件夹里是完成本次活动所需要的素材文件以及本次活动的参考样例。

三、关于配套上机手册的使用说明

为更好地提升学生的上机实践能力,与本教材在内容上和课时上相配套的上机手册是《学前教育信息技术基础实践指导》,书号是 ISBN 978 - 7 - 309 - 09041 - 3,复旦大学出版社。

编者

2012 年 5 月

目 录

项目一

信息技术初步

——计算机系统的操作与维护

博爱幼儿园为了谋求更大的发展,需要改进教师的办公条件,提高办公效率。为此幼儿园决定为每个教师配备一台计算机。本项目通过对计算机组装、软件安装、文件管理和计算机维护,加深对计算机组成结构知识的理解,并在实际操作中不断培养分析问题、解决问题的能力,不断提高信息技术素养。

活动一　通过组装熟悉台式计算机

活动要求

要求通过自行组装一台多媒体计算机,熟悉台式计算机的硬件组成。

活动分析

一、活动计划

1. 在组装前,先熟悉计算机的各组成部件。在组装过程中,应处于断电状态。

2. 要防止人体所带静电对电子器件造成损伤。在安装前,先消除身上的静电,比如用手摸一摸自来水管等接地设备;如果有条件,可佩戴防静电环。

3. 正确选择工作台和工具。

4. 正确选择计算机各种部件,并进行正确排放。

5. 安装主板一定要稳固,同时要防止主板变形,不然会对主板的电子线路造成损伤。

6. 应熟练掌握组装操作步骤和操作规程,对各个部件要轻拿轻放,不要碰撞,尤其是 CPU 与硬盘,不要进行野蛮装拆。

二、相关技能

1. 从外观上认识主机、显示器、键盘、鼠标等。

2. 主机内的各种硬件的认识,如硬盘、光驱、CPU、主板、内存等。

3. 能看懂并动手连接计算机外部的各种连线。

4. 能正确选择和设置计算机各种部件。

5. 完成整台计算机的安装。

方法与步骤

一、计算机的组成

一台计算机从外观上来看,包括主机、显示器、键盘、鼠标、音箱,如图1-1-1所示。其中显示器和音箱属于输出设备,键盘和鼠标属于输入设备。主机是计算机最重要的组成部分,由机箱及机箱内的CPU、主板、存储器等设备组成。

二、计算机硬件的组装

1. 认识主机内的零部件

(1) CPU(中央处理器,Central Processing Unit),进行计算并控制计算机各部分正常工作,是计算机的大脑。

(2) 主板(Mother Board),提供各种接口,用来连接计算机各组成部件。如图1-1-2所示。

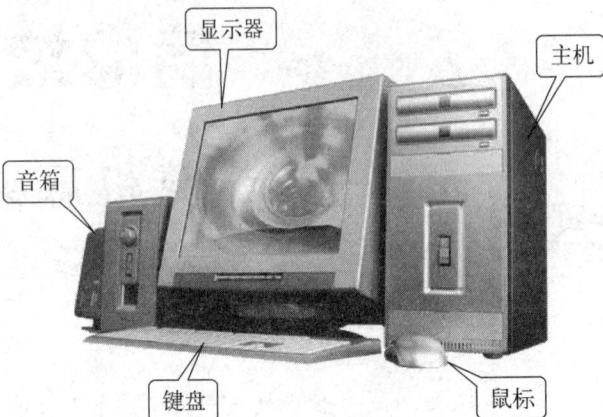

图1-1-1 计算机的组成

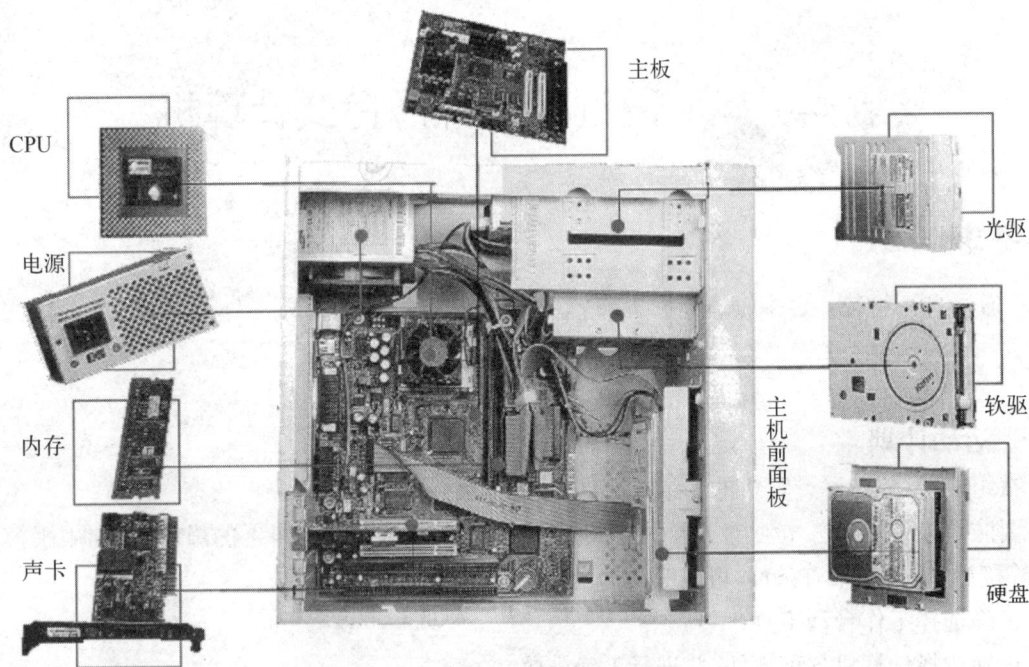

图1-1-2 主机内的零部件

(3) 光驱(CD-ROM Disk Drive),用来读取光盘中的数据。

(4) 软驱(Floppy Disk Drive),用来读取存放在软盘中的数据。

(5) 硬盘(Hard Disk Drive),用来存储数据和程序。

(6) 声卡,采集和播放声音。

(7) 内存(Memory),用来存放当前正在使用的或者随时要使用的程序或数据。

(8) 显卡,用来控制显示器的输出信号。

(9) 网卡,用来将计算机和网络或其他网络设备联网。

（10）电源，将220 V交流电变压成计算机所需的各种低压直流电。

（11）机箱，用来固定主机内的各部分设备，并提供一定的电磁屏蔽功能。

2. 计算机的组装

（1）拆卸机箱

将机箱立放在工作台上，拆下机箱两边的侧面板，取出附件；将机箱垫脚安装在机箱底部。如图1-1-3所示。

（2）安装电源

先将电源放进机箱的电源位置上，对正螺钉孔位置，拧上螺钉固定住电源。如图1-1-4所示。

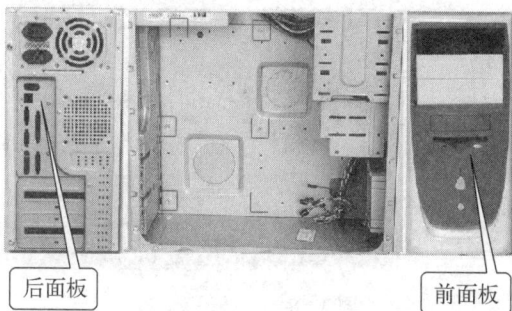

图1-1-3　机箱

点拨：

上螺丝的时候先不要拧紧，等所有螺丝都到位后再逐一拧紧。在安装其他配件时也是如此。

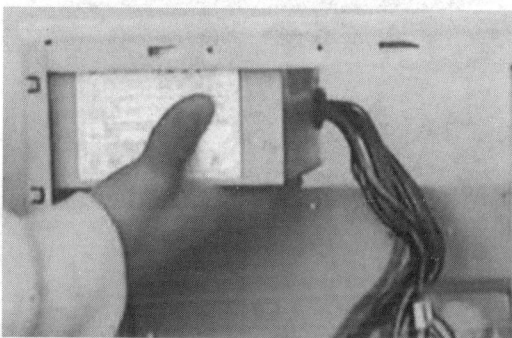

图1-1-4　安装电源

（3）安装CPU

第一步：把主板的插座旁杠杆抬起，至垂直位置；将CPU对准插槽插入；将杠杆复位，锁紧CPU。如图1-1-5所示。

第二步：将CPU风扇安装到CPU上，卡紧夹头；将CPU风扇的电源线接到主板上3针的CPU风扇电源接头上。如图1-1-6所示。

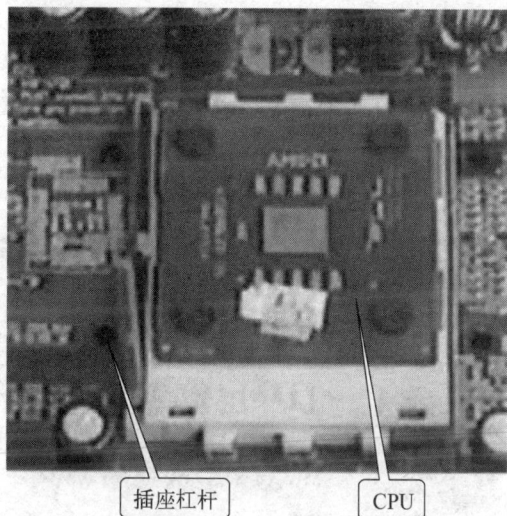

图1-1-5　安装CPU

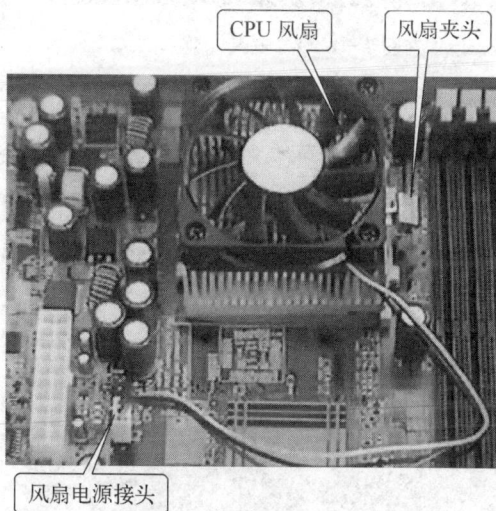

图1-1-6　CPU风扇

点拨：

CPU风扇用来降低CPU温度，防止由于CPU温度过高而造成死机。

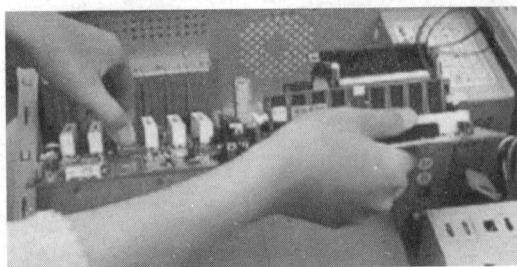

图 1-1-7　安装主板

图 1-1-8　安装内存条

图 1-1-9　安装光驱

（4）安装主板

将固定主板用的螺钉柱和塑料钉旋入机箱的对应位置；将主板对准 I/O 接口放入机箱；然后拧紧螺钉将主板固定好。如图 1-1-7 所示。

点拨：

> 主板应与支撑架保持平行。

（5）安装内存条

将内存插槽两端的白色固定杆向两边扳动，将其打开；对准插槽插入内存条；紧压内存插槽两端的白色的固定杆，确保内存条被固定住。如图 1-1-8 所示。

点拨：

> 内存条的 1 个凹槽必须直线对准内存插槽上的 1 个凸点（隔断）。

（6）安装驱动器

驱动器的安装包括硬盘、软驱和光驱的安装。

① 安装光驱

拆下机箱前面的光驱面板；将光驱装入机箱；拧上两侧的螺丝，固定光驱。如图 1-1-9 所示。

② 安装硬盘

第一步：将硬盘放入硬盘架中；拧上螺丝，固定硬盘。

第二步：装上硬盘架；拧上螺丝，固定硬盘架。如图 1-1-10 所示。

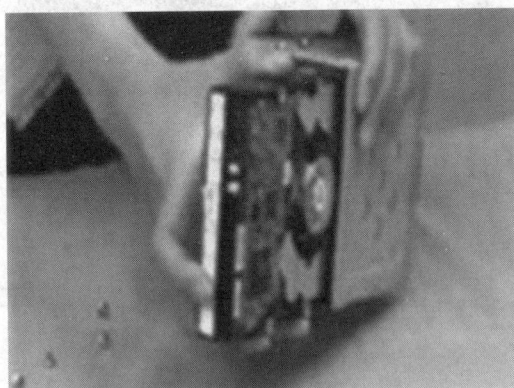

图 1-1-10　安装软驱和硬盘

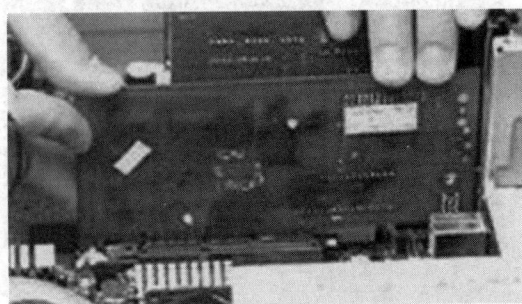

图 1-1-11　安装显示卡

（7）安装显卡

从机箱后壳上移除对应 AGP 插槽上的扩充挡板及螺钉，将显卡准确地插入 AGP 插槽中；按下 AGP 显卡；拧上螺丝，使显卡固定在机箱上。如图 1-1-11 所示。

务必确认将显卡上的金手指的金属触点确实与 AGP 插槽接触在一起。

（8）安装声卡

从机箱后壳上移除对应 PCI 插槽上的扩充挡板及螺钉,插入声卡;拧上螺丝,使声卡固定在机箱上。如图 1-1-12 所示。

（9）连接机箱内部连线

电源指示灯的连线,如图 1-1-13 所示。

机箱各指示灯接头连接,如图 1-1-14 所示。

图 1-1-12　安装声卡

图 1-1-13　连接电源指示灯连线

图 1-1-14　各类接头连接

机箱散热风扇电源线的连接如图 1-1-15 所示。主板电源线的连接如图 1-1-16 所示。

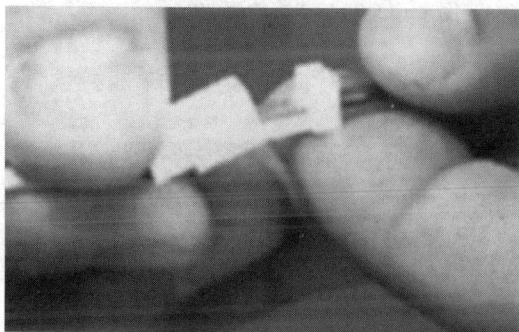

图 1-1-15　连接机箱散热风扇电源线

图 1-1-16　连接主板电源

奔腾 4 CPU 专用电源线的连接如图 1-1-17 所示。软驱电源线的连接如图 1-1-18 所示。

硬盘电源线的连接如图 1-1-19 所示。光驱电源线的连接如图 1-1-20 所示。

主板接口的连接如图 1-1-21 所示。软驱数据线的连接如图 1-1-22 所示。

图 1 - 1 - 17　连接 CPU 专用电源

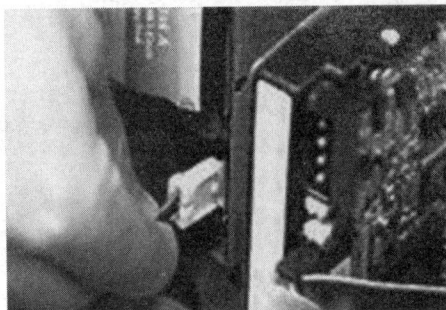

图 1 - 1 - 18　连接软件的电源线

图 1 - 1 - 19　连接硬盘的电源线

图 1 - 1 - 20　连接光驱的电源线

图 1 - 1 - 21　连接主板接口

图 1 - 1 - 22　连接软驱的数据线

连接主板的硬盘接口如图 1 - 1 - 23 所示。硬盘数据线的连接如图 1 - 1 - 24 所示。

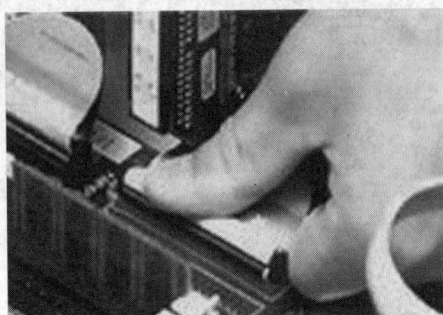

图 1 - 1 - 23　连接主板的硬盘接口

图 1 - 1 - 24　连接硬盘的数据线

主板光驱接口的连接如图 1-1-25 所示。光驱数据线的连接如图 1-1-26 所示。

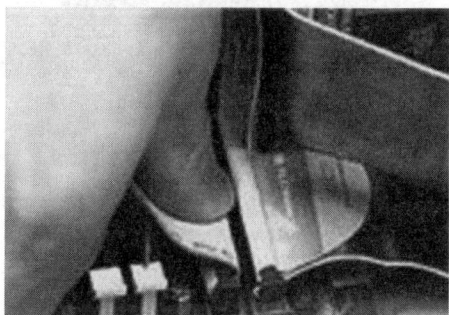

图 1-1-25　连接主板的光驱接口

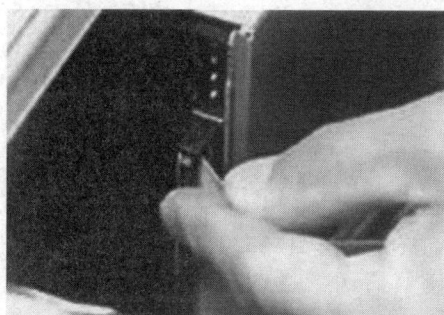

图 1-1-26　连接光驱的数据线

CD 音频线的连接如图 1-1-27 所示。

（10）整理内部连线

机箱内部连线连接完毕后,应当将它们做一整理,将多余长度的线缆和没有使用的电源插头折叠、捆绑,使机箱内部整洁、美观,以利散热。

（11）装上机箱盖

主机内部的设备安装正确以后,就可以装上机箱盖以便和外部设备连接。

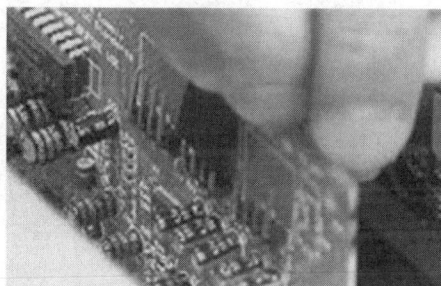

图 1-1-27　连接 CD 音频线

（12）连接外设

外设的连接主要包括显示器、键盘、鼠标及音箱的连接。

① 连接显示器

安装显示器的底座;显示器的信号线与主机上显卡的接口连接;连接显示器的电源。如图 1-1-28 所示。

图 1-1-28　连接显示器

② 连接键盘、鼠标

键盘、鼠标与主机上的相应接口的连接如图 1-1-29 所示。

③ 连接音箱或耳机

音箱或耳机的连接如图 1-1-30 所示。

图 1 - 1 - 29　连接键盘、鼠标

知识链接

一、信息的概念

广义地说，信息（Information）就是人类的一切生存活动和自然存在所传达出来的信号和消息。一切存在都有信息，信息无处不在，无处不有。信息的积累和传播是人类文明进步的基础。

二、信息技术

一般认为，信息技术（Information Technology，IT）就是能够提高或扩展人类信息能力的方法和手段的总

图 1 - 1 - 30　连接音箱或耳机

称。这些方法和手段主要是指完成信息的产生、获取、检索、识别、变换、处理、传输、控制、分析、显示及利用的技术。

三、信息技术的发展

在人类的整个历史发展中，信息的表达手段经历了五次大的变革。

语言和手势：信息活动通过语言、手势和图形进行，通过叫喊和烽火传播。

文字符号进入人类生活：信息活动通过语言、文字进行，通过信使来获取和传播。如果没有文字，就没有人类文明，更没有现代文明。

印刷术的发明：信息活动通过语言、书籍进行，通过邮政和出版传播。中国古代的发明——造纸技术和印刷术，为信息传播铺平了道路。

图 1 - 1 - 31　蔡伦及造纸术

电磁波传播信息：信息活动通过电报、电话、收音机、传真、电视等进行，通过通信广播来获取和传播。

信息时代：计算机网络的出现，使人类进入一个崭新的信息社会和一个崭新的信息时代。

归纳起来，信息技术的发展经历了3个发展时期：

以人工为主要特征的古代信息技术，从远古时期到19世纪20年代，信息技术从简单到复杂缓慢地发展着。

电信为主要特征的近代信息技术，自19世纪30年代至20世纪30年代，近代信息技术是在电信革命的基础上实现的。

以网络为主要特征的现代信息技术，自20世纪40年代以来，从计算机的问世，到高速信息传输网络的建设，信息技术得到了空前的发展。

信息技术发展各阶段的主要技术手段如图1-1-32所示。

图1-1-32 通讯手段

四、现代信息技术的应用

信息的采集、处理、存储的最终目的是为了应用信息，使信息为生产和生活服务。当今，信息技术的应用已经渗透到人类社会的各个领域，人类的生存和发展越来越有赖于信息技术的发展。

1. 教育信息化

现代信息技术的发展为教育培养模式从应试教育向素质教育转变提供了可能。网络教育、远程教育、计算机辅助教学的实施，使教育超时空开放。

图1-1-33 教育信息化

2. 管理信息化

各行各业都有管理问题，管理信息化也是一个带有普遍意义的问题，如现代化道路监控系统和自动化仓库。

图 1 - 1 - 34　通路监控系统和自动化仓库

图 1 - 1 - 35　工业机器人

3. 生产信息化

现代工厂、企业单位的生产已经愈来愈离不开信息科技,从新产品设计、开发到产品的生产、销售;从原材料的采购、进仓,半成品的管理到成本的核算等等,都离不开计算机技术、网络技术、信息技术。如计算机辅助设计(Computer Aided Design, CAD)、计算机辅助制造(Computer Aided Manufacture, CAM)和计算机集成制造系统(Computer Integrated Manufacturing System, CIMS)。

CAM 领域大量使用机器人。工业机器人可以在特殊环境下完成人类难以完成的工作。机器人汽车焊接生产线如图 1 - 1 - 35 所示。

4. 电子商务

电子商务(Electronic Commerce, EC)是指在以通信网络为基础的计算机系统支持下的网上商务活动。电子商务不仅是一种商业运作模式,而且正成为我们日常生活的一部分。

(1) 电子货币:以各种金融交易卡为介质的电子货币的广泛应用,省去携带大量现金的麻烦。如图 1 - 1 - 36 所示。

图 1 - 1 - 36　金融交易卡

(2) 网上购物:购物者进入相应网站,浏览网上超市,自由选择所需商品,商家把商品送到顾客家中,同时收取货款或通过电子转账方式从顾客那里获得货款。如图 1 - 1 - 37 所示。

五、3G 技术

3G 是英文 The 3rd Generation 的缩写,指第三代移动通信技术,即支持高速数据传输的蜂窝移动通讯技术。3G 服务能够同时传送声音(通话)及数据信息(电子邮件、即时通信等)。

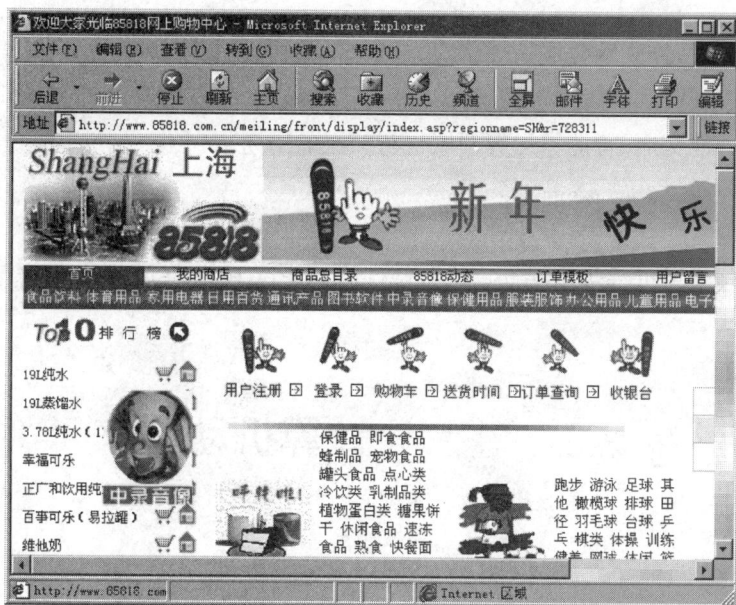

图1-1-37　网购网站

3G标准：它们分别是WCDMA(欧洲版)、CDMA2000(美国版)和TD-SCDMA(中国版)。3G的核心应用包括：宽带上网、视频通话、手机电视、无线搜索、手机音乐、手机购物、手机网游。

六、4G技术

4G技术又称IMT-Advanced技术。4G有时写作4-G，是英文The fourth Generation的缩写，是指移动电话系统的第四代，也是3G之后的延伸，是一个成功的无线通信系统。从技术标准的角度看，按照ITU的思路，静态传输速率若达到1 Gbps，用户在高速移动状态下若达到100 Mbps，就可以作为4G的技术之一。国际电联在德国德累斯顿征集遴选新一代移动通信候选技术(IMT-Advanced技术)，包括中国的TD-LTE-Advanced在内，共有6项4G技术入围成为候选技术提案。

七、虚拟现实技术

虚拟现实(Virtual Reality，简称VR)技术于20世纪后期发展起来，近年来得到了飞速的发展。它集计算机技术、传感与测量、计算机仿真、微电子技术于一体，利用计算机生成一种虚拟空间，通过视、听、触，甚至味觉和嗅觉，使用户能够亲身体验沉浸在虚拟空间中，并与之发生交互，产生身临其境般的视景仿真系统。

八、云计算

云计算(Cloud Computing)是网格计算、分布式计算、并行计算、网络存储、虚拟化、负载均衡等传统计算机和网络技术发展融合的产物，是基于互联网的相关服务的增加、使用和交付模式，通常涉及通过互联网来提供动态易扩展且经常是虚拟化的资源。云计算可以认为包括以下几个层次的服务：基础设施即服务(IaaS)、平台即服务(PaaS)和软件即服务(SaaS)。

九、物联网

物联网英文名称是Internet of Things(IOT)。顾名思义，"物联网就是物物相连的互联网"。这有两层含义：第一，物联网的核心和基础仍然是互联网，是在互联网基础上的延伸和扩展的网络；第二，其用户端延伸和扩展到了任何物品与物品之间，进行信息交换和通信。因此，物联网的定义是通过无线射频识别(RFID)、红外感应器、全球定位系统、激光扫描器等信息传感设备，按约定的协议，把任何物品与互联网相连接，进行信息交换和通信，以实现对物品的智能化识别、定位、跟踪、监控和管理的一种网络。

从技术的角度上讲,物联网分成三个层次,分别是物联网感知层、物联网网络层、物联网应用层。从应用的角度上讲,物联网已经广泛应用在智慧地球、智慧城市、智慧校园中,同时物联网的终端在人体健康监护、智能电网、智能交通、智能家居等领域也有广泛的用途。

自主实践活动

通过网络或其他渠道进一步了解计算机各部件(如 CPU、硬盘等)的分类、性能及生产厂家等情况。

活动二   让计算机动起来

活动要求

硬件组装完成后,计算机还不能进行工作。为了使计算机按照人们的要求进行工作,还必须安装必要的软件。同时,作为一名使用者,必须掌握一定的计算机操作常识与方法,以及常用软件的使用。本活动要求首先要安装好系统软件和各种应用软件,为自己使用计算机开展工作做准备。

活动分析

一、活动计划

1. 掌握软件安装顺序,如图 1 - 2 - 1 所示。

2. 了解计算机的配置。

3. 准备好 Windows 7 安装系统盘和各种驱动程序软件。

4. 安装操作系统。

5. 安装各种设备的驱动程序。

6. 最后安装各种应用软件。

二、相关技能

1. 主板 COMS 的设置。

2. 操作系统的安装。

3. 驱动程序的安装。

4. 各种应用软件的安装。

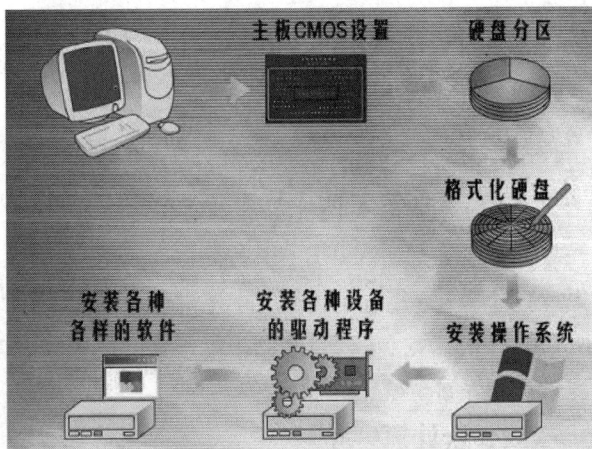

图 1 - 2 - 1 软件安装顺序

方法与步骤

一、Windows 7 操作系统的安装

在安装操作系统前,应该已经完成了主板 CMOS 设置、硬盘分区及格式化硬盘等工作;启动计算机,进入 BIOS,设置引导启动顺序:CD - ROM,A,C;存盘退出,并重新启动计算机,按 Enter 键;在出现许可协议对话框中,接受协议,按 F8 键;选择安装磁盘位置,按 ENTER 键继续;完成检查磁盘空间,重新启动计算机;进入 BIOS,重新设置启动顺序:C,CD - ROM,A;保存退出,进入安装向导界面,单击"下一步"按钮。

点拨：

同意许可协议是对所使用软件的一种承诺，保护知识产权，是诚信品质的一种体现。

1. 加载文件，设置安装选项，单击"下一步"按钮

选择语言、时间、输入方法，如图 1-2-2 所示，单击"下一步"按钮。在打开新的界面，单击"现在安装"按钮，开始系统的安装。

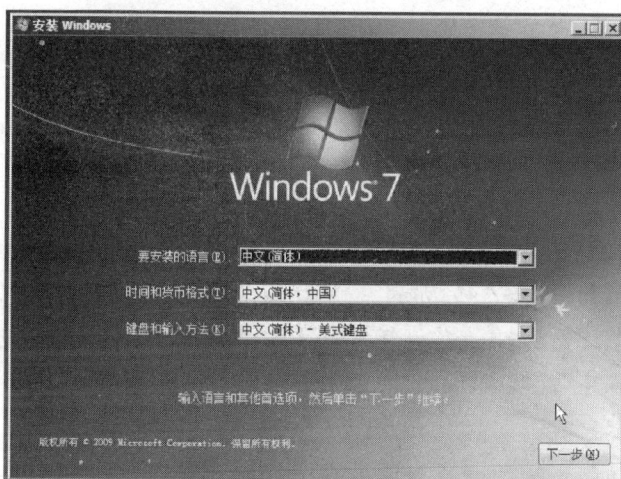

图 1-2-2 安装选项

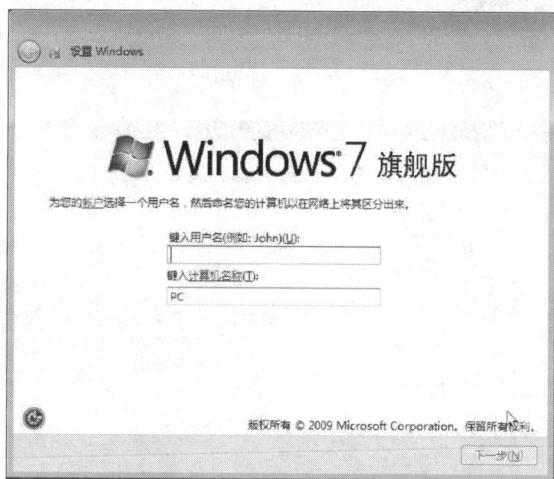

图 1-2-3 输入帐户和密码

2. 选择系统安装位置、设置帐户和密码

在相应文本框中输入用户名和计算机名称，如图 1-2-3 所示，单击"下一步"按钮。在"为帐户设置密码"对话框中的"键入密码"、"再次键入密码"和"键入密码提示"文本框分别输入用户密码和密码提示，单击"下一步"按钮。

点拨：

计算机设置密码是对计算机中内容保护的一种手段，一定要记住。

3. 输入产品密钥

在"产品密钥"文本框中，填写产品密钥，选中"当我联机时自动激活 Windows"复选框，如图 1-2-4 所示，单击"下一步"按钮。

点拨：

软件产品密钥是软件开发者对软件知识产权保护的一种手段。

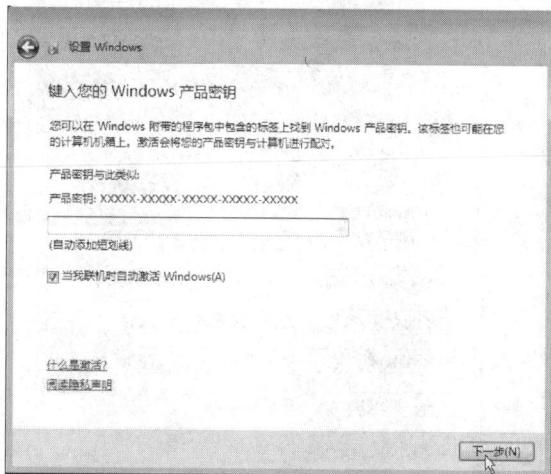

图 1-2-4 输入产品密钥

图 1 - 2 - 5　安装成功

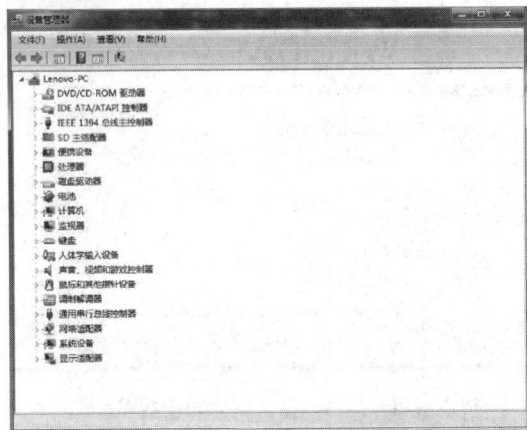

图 1 - 2 - 6　设备管理器

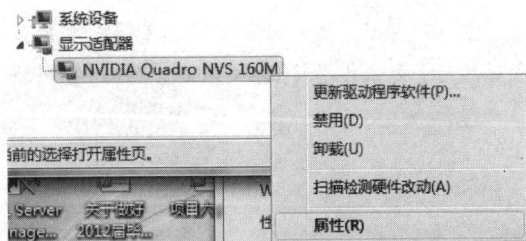

图 1 - 2 - 7　显示卡属性操作

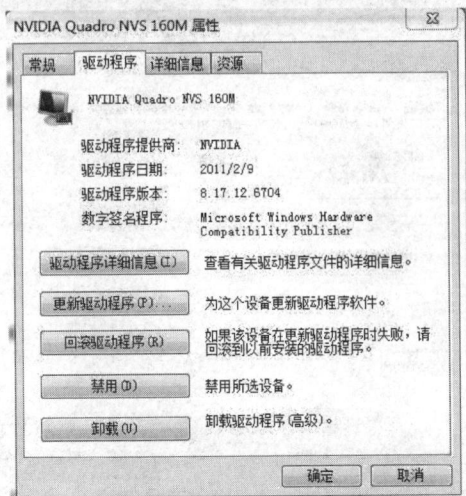

图 1 - 2 - 8　视频控制器属性

4. 进行相关内容的设置

设置更新、设置时间和日期,进行个性化设置。

进入如图 1 - 2 - 5 所示界面,完成 Windows 7 的安装。

二、驱动程序的安装

Windows 7 操作系统已经安装完毕,计算机可以正常使用了,但一些设备还不能达到最佳效果,有的设备还不能正常使用,还应该安装有关的驱动程序。

1. 安装显卡驱动程序

(1) 右击"计算机"图标,在弹出的快捷菜单中单击"属性"。在出现的"系统"对话框中,单击"设备管理器"按钮,如图 1 - 2 - 6 所示。

(2) 在出现的"设备管理器"对话框中,双击"显示适配器",右击视频控制器项,在弹出的快捷菜单中选择"属性",如图 1 - 2 - 7 所示。

(3) 在出现的"视频控制器属性"对话框中,选择"驱动程序"选项卡,单击"更新驱动程序"按钮,如图1 - 2 - 8 所示。

(4) 在"升级设备驱动程序向导"对话框中,单击"下一步"按钮。选择"搜索适于我的设备的驱动程序"项,单击"下一步"按钮。指定搜索位置,单击"下一步"按钮。

在出现如图 1 - 2 - 9 所示对话框中单击"浏览"按钮,选择显卡驱动程序文件,单击"确定"按钮。

(5) 单击"下一步"按钮,在出现如图 1 - 2 - 10 所示的对话框中,单击"完成"按钮。

返回驱动程序安装对话框,单击"关闭"按钮;返回设备属性对话框,单击"关闭"按钮;返回系统特性对话框,单击"确定"按钮。

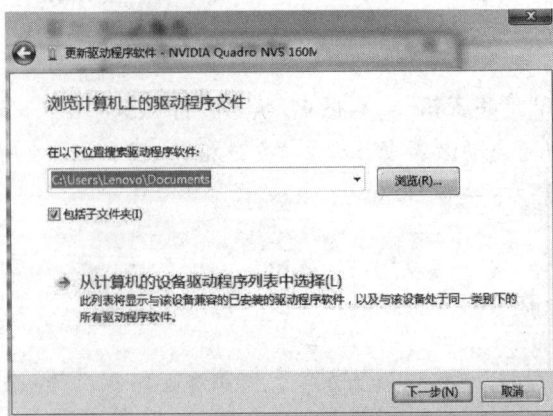

图 1 - 2 - 9　更新驱动程序软件

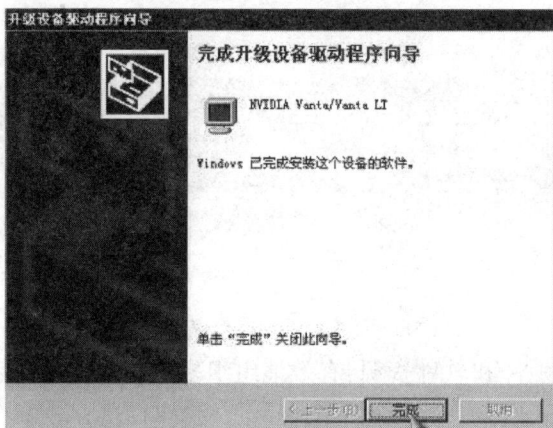

图 1-2-10 完成升级

图 1-2-11 NVIDA 控制面板

（6）设置显示属性。

在桌面右击，单击"NVIDA 控制面板"，如图 1-2-11 所示。

在图 1-2-12 对话框中，在"选择一项任务"区域，选中"显示"里的"调整桌面颜色设置"项，在"调整桌面颜色设置"区域进行相应的设置。

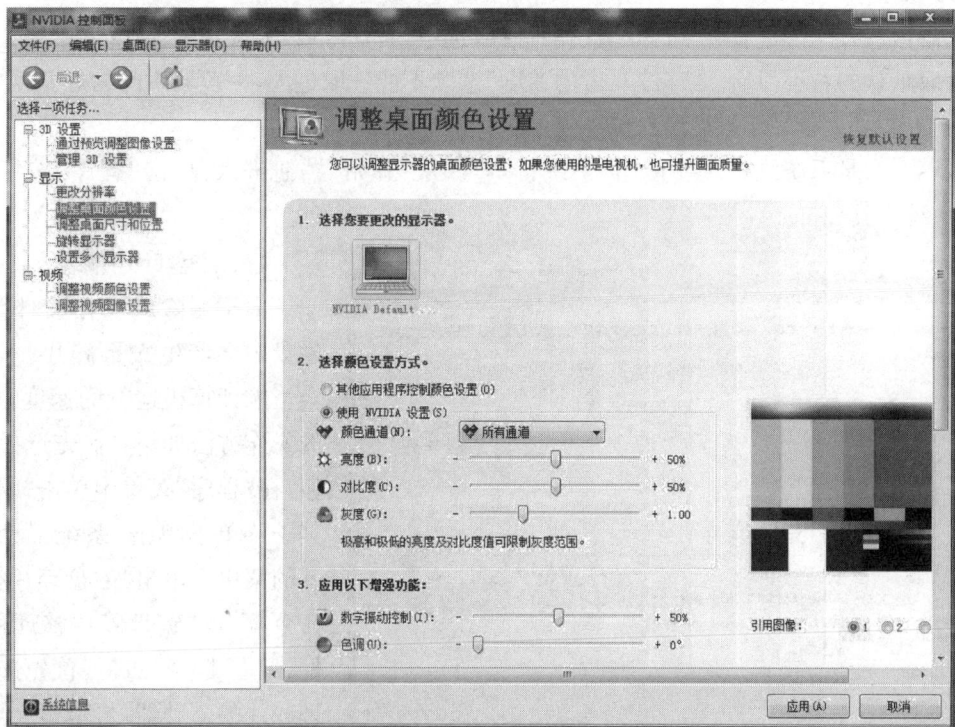

图 1-2-12 调整桌面颜色设置

2. 其他设备驱动程序的安装

其他设备驱动程序的安装与显卡驱动程序的安装类似，此处略。

3. 打印机驱动程序的安装

首先将打印机数据线和电源线连接好，第二步还要安装打印机驱动程序才能使用打印机。

点拨:

安装常用应用软件的一般方法是双击 setup. exe(或 install. exe)文件,然后按提示步骤执行,直到完成安装。

知识链接

一、计算机操作系统

操作系统是控制和管理计算机系统内各种硬件和软件资源、有效地组织多道程序运行的系统软件(或程序集合)。

二、Windows 7 操作系统的基本操作

1. 基本内容的设置

单击"开始"按钮,在展开的菜单中选择"设置",再在子菜单中选择"控制面板",打开"控制面板"窗口。

(1)桌面设置

双击"显示"图标,打开"显示属性"对话框。"显示属性"对话框中有主题、背景、屏幕保护程序、外观设置四个选项卡。

(2)鼠标设置

在鼠标器窗口有一个左右手"按钮配置"的选择,选中"右手习惯"为按左键操作有效,反之是按右键有效。一般取默认的右手习惯。"连续双击的速度"选项不能选取过大,一般取中间为好。

2. 系统的维护

Windows 7 自带系统维护主要使用"系统工具"。从"开始"按钮进入;单击"程序"按钮,选择"附件",选择"系统工具"。

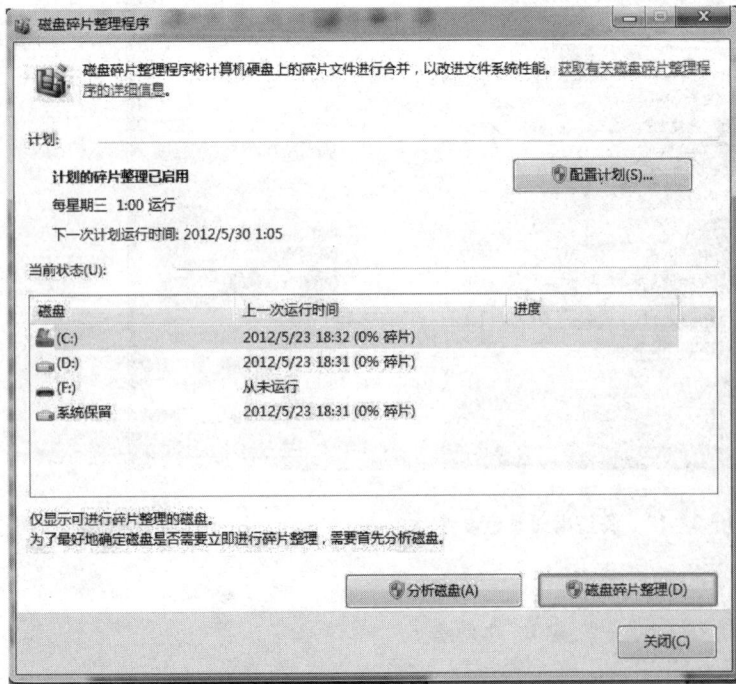

图 1-2-13　磁盘碎片整理程序

(1)磁盘碎片整理

由于删除或保存文件等原因,在磁盘中会产生大量碎片,不及时整理会影响计算机运行的速度。整理碎片的操作方法如下:首先选择"开始"按钮,在"程序"菜单中单击"附件"项,在其子菜单下单击"系统工具"项,在展开的菜单下单击"磁盘碎片整理程序"命令,出现"磁盘碎片整理程序"对话框,见图 1-2-13。首先选择需要整理碎片的驱动器,再单击"分析"按钮,对所选的磁盘进行扫描,得出分析和碎片整理报告。单击"碎片整理"按钮,即开始进行碎片整理。

(2)磁盘清理程序

单击"开始"按钮,将光标依次指向"程序"、"附件"、"系统工具",单击

"磁盘清理程序",出现"选择驱动器"对话框,见图1-2-14。

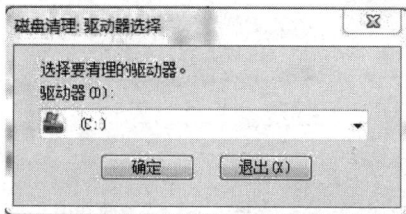

图1-2-14　磁盘清理程序

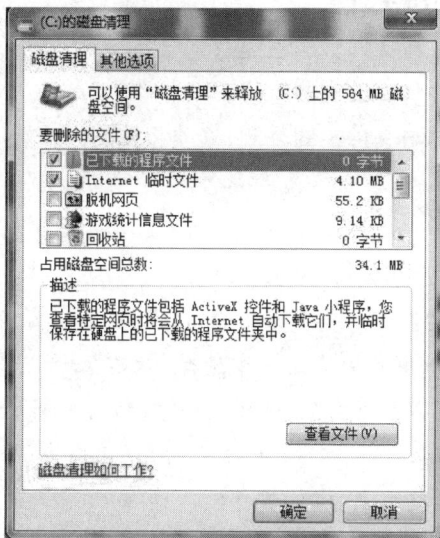

图1-2-15　选择要删除的文件

在对话框内选择所需清理的驱动器,单击"确定",出现"磁盘清理程序"对话框,见图1-2-15。选中需要删除的文件类型,单击"确定"。

自主实践活动

1. 简要地叙述打印机驱动程序安装的步骤。
2. 讨论：一般应用软件的安装方法。
3. 讨论：多操作系统的安装。

活动三　计算机文件的管理

活动要求

博爱幼儿园通过近十年的运作,取得了较好的社会声誉和经济效益。幼儿园为了谋求更大的发展,扩大社会影响,准备举行幼儿园成立"十周年庆活动"。

宣传资料收集与准备工作就落到办公室的小李身上,该资料要包含幼儿园发展各个时期的视频文件、网页文件、图片文件及有关文档文件等。所有资料都保存在办公室的计算机内,园长要求小李在办公室计算机D盘中创建"十周年庆"文件夹,并在此文件夹中再创建"视频"、"图片"、"网站"、"文本"和"其他"5个子文件夹,分别存放视频、图片、网页、文档和其他相关文件。

活动分析

一、活动计划

1. 建立合理的文件目录。
2. 搜索与查找相关资源。

3. 数据文件的分类与整理。

二、相关技能

1. 文件与文件夹的创建及重命名。

2. 文件与文件夹的查找。

3. 文件与文件夹的复制、移动和粘贴。

方法与步骤

一、创建文件目录

1. 在左侧窗口单击根目录"D:";在右侧窗口内容区空白
处右击,在弹出的快捷菜单中选择"新建"→"文件夹"命令(或
在组织管理界面单击"新建文件夹"按钮),如图1-3-1所示;
在反白显示状态(并有一光标在闪)下直接输入要求的文件夹名"十周年
庆",按回车键结束。

图1-3-1 新建文件夹

2. 双击新建的"十周年庆"文件夹,按照以上操作,可以新建子文件夹
"文本";再创建"视频"、"图片"和"其他"子文件夹,文件夹结构如图1-3-2
所示。

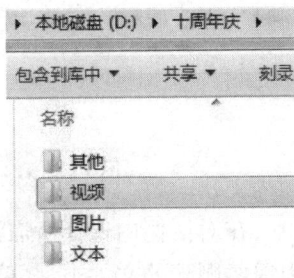

二、查找相关文件或文件夹,并进行复制与移动操作

1. 选择D:盘根目录,单击"添加搜索筛选器"文本框,如图1-3-3所示。

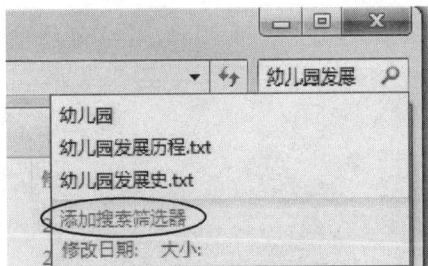

图1-3-2 新建子文件夹

图1-3-3 搜索文件

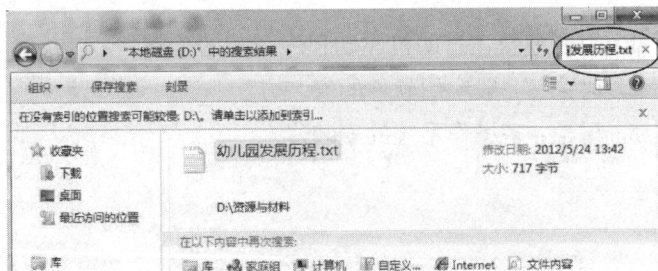

图1-3-4 搜索结果

2. 在文本框内输入"幼儿园发展历程.txt",如
图1-3-4所示。

3. 单击此文件,按快捷键Ctrl+C,然后在
"D:\十周年庆\文本"文件夹中按快捷键Ctrl+
V,将此文件复制到该子文件夹中。

4. 再次单击"添加搜索筛选器"文本框,在文
本框内输入"*.jpg",在搜索结果界面中,单击任
意一个文件;按快捷键Ctrl+A命令,选中所有结
果,如图1-3-5所示。

5. 选中"D:\十周年庆\图片"文件夹,如
图1-3-6所示,单击"复制"按钮。

6. 单击"添加搜索筛选器"文本框,在文本框
内输入"网页",在"D:"目录中进行搜索。

图1-3-5 筛选器搜索的结果

7. 单击此文件夹,按快捷键 Ctrl+X,然后在"D: \十周年庆"文件夹中按快捷键 Ctrl+V,将此文件夹移动到该文件夹中。

三、整理文件或文件夹,并进行重命名操作

打开资源管理器,展开到"D: \十周年庆"文件夹,选中"网页"文件夹,右击,选择"重命名"命令,如图 1-3-7 所示。

图 1-3-6 全选操作

输入"网站",单击"Enter"键完成重命名设置,目录结果如图 1-3-8 所示。

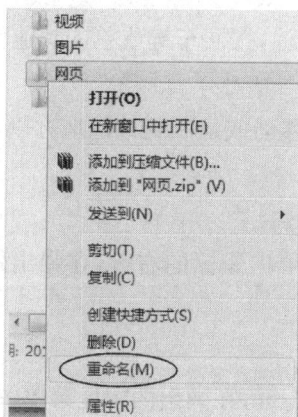

图 1-3-7 重命名操作

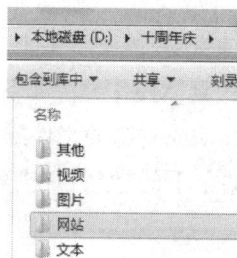

图 1-3-8 完成重命名

知识链接

一、Windows 7 的文件、文件夹和资源管理器

1. 文件

文件是一组在逻辑上相关的信息的集合,在文件中可以存放语言程序代码、数据、图像或其他信息。文件名的格式为: 主文件名[. 扩展名]。

2. 文件夹

文件夹是操作系统组织和管理文件的一种形式,通常被称为目录。文件夹是为方便用户操作而设置的,用户可以将文件分门别类地放在不同的文件夹中。每个磁盘只能有唯一的根文件夹(或称根目录),它是在磁盘初始化时由系统自动建立的,根文件夹不能被删除。在文件夹中可存放所有类型的文件、下一级文件夹等内容。

3. 资源管理器

资源管理器可以以分层的方式显示计算机内的所有文件及文件夹。使用资源管理器可以方便地实现浏览、查看、移动和复制文件或文件夹等操作,不必打开多个窗口,而只在一个窗口中就可以浏览所有的磁盘和文件夹。

二、文件和文件夹的操作

1. 文件和文件夹的选定

Windows 7 对各种对象进行复制、移动、删除等操作时,都遵循"先选定后操作"的规则,所以**选定**是一种非常重要的操作,其方法如下:

（1）选定单个文件或文件夹，单击要选定的文件或文件夹名即可。

（2）选定多个连续的文件或文件夹，先单击第一个对象，然后在按住 Shift 键的同时再单击最后一个对象即可。

（3）选定多个不连续的文件或文件夹。先单击其中一个对象，然后按住 Ctrl 键不放，再去单击其余的对象即可。

2. 创建新的文件夹

用户可以创建新的文件夹来存放具有相同类型或相近形式的文件，创建新文件夹的具体操作方法如下：

（1）在桌面上双击"我的电脑"图标，打开所需要创建文件夹的盘符。

（2）单击该窗口最左端的"创建一个新文件夹"图标；也可以单击鼠标右键，在弹出的菜单栏下选择"新建"命令。

（3）在新建的文件夹名称文本框中输入文件夹的名称，按回车键或单击其他任何一个地方即可。

3. 移动和复制文件或文件夹

在实际应用中，有时用户需要将某个文件或文件夹移动或复制到其他地方以方便使用，这时就需要用到移动或复制命令。具体操作方法如下：

（1）选择要进行移动或复制的文件或文件夹。

（2）单击"编辑"菜单下的"剪切"或"复制"命令，或单击鼠标的右键，在弹出的快捷菜单中选择"剪切"或"复制"命令。

（3）选择目标位置。

（4）单击"编辑"菜单下的"粘贴"命令，或单击鼠标右键，在弹出的快捷菜单中选择"粘贴"命令。

4. 剪贴板的使用

剪贴板是内存中的一块临时存储区域，通过它可以实现 Windows 环境下应用程序之间的信息交换。剪贴板始终处于活动状态，当用户进行复制、剪切、粘贴操作时，都要使用剪贴板。

5. 文件和文件夹的重命名

一般文件或文件夹的名称都与之内容相对应，而同一驱动器的同一层的文件夹不可同名，同一文件夹内的文件也不可同名。文件和文件夹的名称可以根据需要随时改变。

6. 文件和文件夹的删除和恢复

（1）删除文件或文件夹

首先选定要删除的文件或文件夹，然后选择"删除"命令即可。

如果在鼠标拖动时或执行删除命令时按住 Shift 键，则可把文件或文件夹从计算机中彻底删除，不再保存到回收站中了。

（2）恢复被删除的文件或文件夹

如果要恢复刚被删除的文件，可以执行"编辑"菜单中的"撤销删除"命令；如果要恢复以前被删除（放入回收站）的文件，则可打开"回收站"，选定要恢复的文件或文件夹，执行"文件"菜单中的"还原"命令即可。

7. 文件的搜索框

Windows 7"开始"菜单下方的搜索框，为在计算机上查找程序和文件提供了便捷的途径。

搜索框不要求用户提供确切的搜索范围，它将遍历安装的程序、控制面板，以及与当前用户相关的硬盘和库（包括文档、视频、图片、音乐、桌面及其他常见位置）中的文件夹。

在搜索框一经键入搜索项内容，即使只有一个字母，搜索结果立即显示在"搜索"框上方的"开始"菜单左窗格中。随着搜索项内容的增加，搜索结果的数量越来越少，越来越精确。

自主实践活动

小赵是学生会的秘书,最近学生会正在筹办校园文化艺术节。该校园文化艺术节内容有歌唱比赛、摄影展览、世博知识竞赛和时事辩论赛。小赵具体负责选手报名、歌曲准备、摄影作品收集、题目汇总等工作。一开始小赵把这些文件随意放在 E 盘"艺术节"文件夹内,随着文化艺术节活动的不断深入开展,该文件夹中内容越来越显得杂乱无章。为此,小赵决定整理该文件夹,将音乐文件放在"歌曲"文件夹内、将图片文件放在"摄影"文件夹内、将文本文件放在"题目"文件夹内,并删除多余的文件。请你一起帮小赵来完成该项工作。

活动四　常见计算机故障的处理

活动要求

计算机在人们日常生活和工作中的地位越来越重要,随着计算机使用频率的大大增加,计算机出问题的几率也大大增加,因此,平常对计算机的维护就显得较为重要。当计算机出现故障时,应很快分析计算机产生故障的原因,并迅速排除故障。

博爱幼儿园轻松愉快的暑期结束了,今天老师们正在准备开园工作,可是发现有的计算机打不开了,有的还伴有不断的长鸣响声,园长请技术部的小李帮助解决这些问题。

活动分析

一、活动计划

1. 了解计算机维修的基本步骤。
2. 判断各种类型的计算机故障。
3. 排除故障。

二、相关技能

1. 计算机故障类型的判断。
2. 计算机各种故障的处理。

方法与步骤

一、了解计算机维修的基本步骤

1. 了解情况

了解故障发生前后的情况,进行初步的判断。

2. 复现故障

(1)观察所报修的故障现象是否存在,并对所见现象进行初步的判断,确定下一步的操作。

(2)检查是否还有其他故障存在。

3. 判断、维修

对所见的故障现象进行判断、定位,找出产生故障的原因,并进行修复。

4. 检验

维修后必须进行检验,确认所复现或发现的故障现象得到解决,且该计算机不存在其他可见的故障。

二、计算机总是热启动

1. 故障现象:计算机经常在运行一段时间后自动热启动,有时甚至连续几次,关机片刻后重新开机,故障依旧。

2. 分析与处理

(1) 先用杀毒软件进行检查,未发现病毒。

(2) 关机断电,打开机箱,把各部件重新拔插一遍,开机重试,故障依旧。

(3) 如果发现 CPU 的散热风扇转动非常缓慢,有时干脆停转。用手摸摸 CPU,发现 CPU 非常热,说明 CPU 风扇有问题。

(4) 更换一个风扇后故障不再出现。

三、主板上的显卡插槽故障引起系统自检失败

1. 故障现象:计算机刚启动进行自检,随即听到"嘟"的一声长响,紧接着是八声短响。显示器没有任何显示,键盘和硬盘指示灯都不亮,可以听到硬盘转动声。重新启动,故障依旧。

2. 分析与处理

(1) 从计算机发出报警声音可以断定,是硬件出现故障。

(2) 打开机箱盖,检测内部组件,查看机内各连接线、插卡等有没有断落或松动的现象。

(3) 由于启动过程中键盘及软驱指示灯亮,有硬盘转动声,由此可以初步排除这些部件出故障的可能性。

(4) 从一声长响、八声短响的报警声来看很有可能是显卡工作不正常。

(5) 通电开机几分钟,查看显卡,没发现问题,可以排除显卡本身的问题。

(6) 进一步判断,可能是显卡与插槽的接触不良或是插槽有问题。

(7) 把显卡重新插好,确定没问题后再开机;故障依旧,由此可以判断是插槽问题。

(8) 拔下显卡更换一个插槽安插,开机后,计算机顺利启动,故障排除。

四、主板的线路板受潮腐蚀发生故障

1. 故障现象:计算机开机后系统自检完成,显示器没有显示,发出一长两短报警声。

2. 分析与处理

(1) 先对内存进行检修,将其换到另一台运行正常的计算机上,一切正常,没有发现内存故障。

(2) 继续检查主板,仔细地检查插槽及线路板,发现线路板有因受潮而腐蚀的地方。

(3) 如果线路板腐蚀严重,则要送到专业人员处进行维修。

五、内存的故障及处理

1. 故障现象:在开机自检的时候,听到的不是平时"嘀"的一声,而是"嘀,嘀,嘀……"响个不停,显示器也没有图像显示。

2. 分析与处理

(1) 若不是内存安装不当,则很有可能是由于内存金手指表面氧化造成的。

(2) 取下内存条,仔细观察是否有芯片被烧毁、电路板损坏的痕迹。

(3) 若没有,则仔细用无水酒精及橡皮将内存两面的金手指擦洗干净,而且不要用手直接接触金手指。

(4) 清除内存条插槽中的灰尘和金属物。

（5）然后再安装内存条,安装时可换个内存插槽,开机正常启动,问题解决。

（6）若故障依旧,说明内存条已损坏,更换内存条。

六、配置 Windows 7 自带防火墙

1. 依次单击"开始"→"控制面板"→"系统和安全",双击"Windows 防火墙"图标,弹出如图1-4-1所示的对话框,看到 Windows 防火墙已设置为"启用"状态。

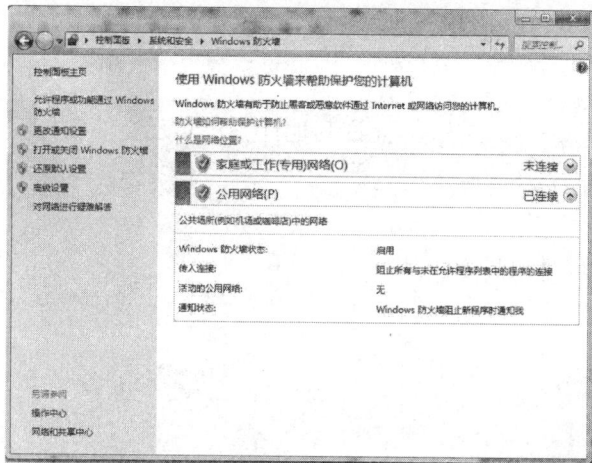

图1-4-1　启动防火墙

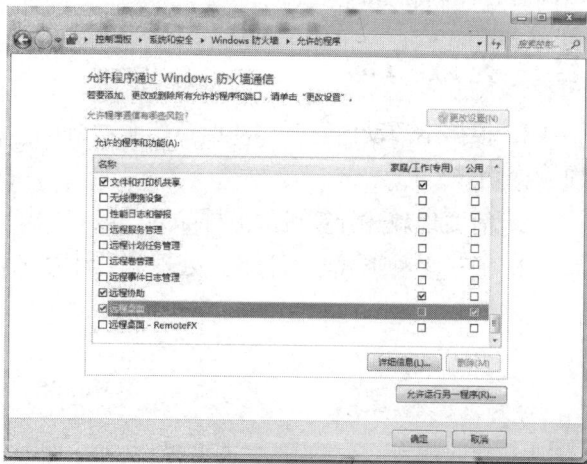

图1-4-2　开启共享、远程协助等操作

2. 单击"允许程序或功能通过 Windows 防火墙",在如图1-4-2所示的对话框中,勾选"文件和打印机共享"、"远程桌面"、"远程协助"、"UPnP 框架"等相关选项。

3. 单击"允许运行另一程序"按钮,弹出如图1-4-3所示对话框,单击"浏览"按钮,从 C:\Program Files\NetMeeting 文件夹中,选中 Windows NetMeeting 的主程序conf. exe,单击"打开"。

4. 返回如图1-4-2对话框,勾选 conf. exe 选项,单击"确定"按钮,关闭 Windows 防火墙设置窗口。完成本机的 Windows 防火墙允许来自其他计算机的 NetMeeting 呼叫设置。

图1-4-3　添加程序

知识链接

一、计算机常见故障判断方法

1. 计算机常见故障可分为硬件和软件故障

硬件故障常见现象：如主机无电源显示、显示器无显示、主机喇叭鸣响并无法使用、显示器提示出错信息并且无法进入系统。

软件故障常见现象：如显示器提示出错信息并且无法进入系统、进入系统但应用软件无法运行。

2. 计算机故障的一般处理方法

先静后动：先分析问题可能在哪里,然后动手操作。

先外后内：首先检查计算机外部电源、设备、线路,然后再开机箱。

先软后硬：先从软件判断入手,然后再从硬件着手。

二、防火墙技术

防火墙是设置在被保护的内部网络和外部网络之间的设备,用来控制内部网络与外部网络间的通信流量。通过制订相应安全策略,它可通过检测、限制、更改跨越防火墙的数据流,尽可能地对外部屏蔽网络内部信息、结构和运行状况,以此来实现网络安全保护。防火墙主要由网络政策、验证工具、包过滤和应用网关组成。防火墙只能阻截来自外部网络的侵扰,而对于内部网络的安全还需要通过对内部网络的有效控制和管理来实现。

自主实践活动

1. 根据本活动内容所学知识与技能,设置本机 Windows 防火墙,允许其他计算机实现文件和打印机共享功能。

2. 简要地叙述计算机故障排除的一般步骤。

3. 通过多种形式学习讨论:处理常见计算机软、硬件故障方法。

归纳与小结

在日常工作、生活和学习中,我们时常遇到购买计算机整机或配件、给计算机安装软件、为计算机添加新的辅助设备、数据管理和发生计算机软、硬件故障的情况。通过本项目的学习我们掌握了处理这些问题的基本技能与方法。

总结本项目的知识点可以得到如下的过程和方法:

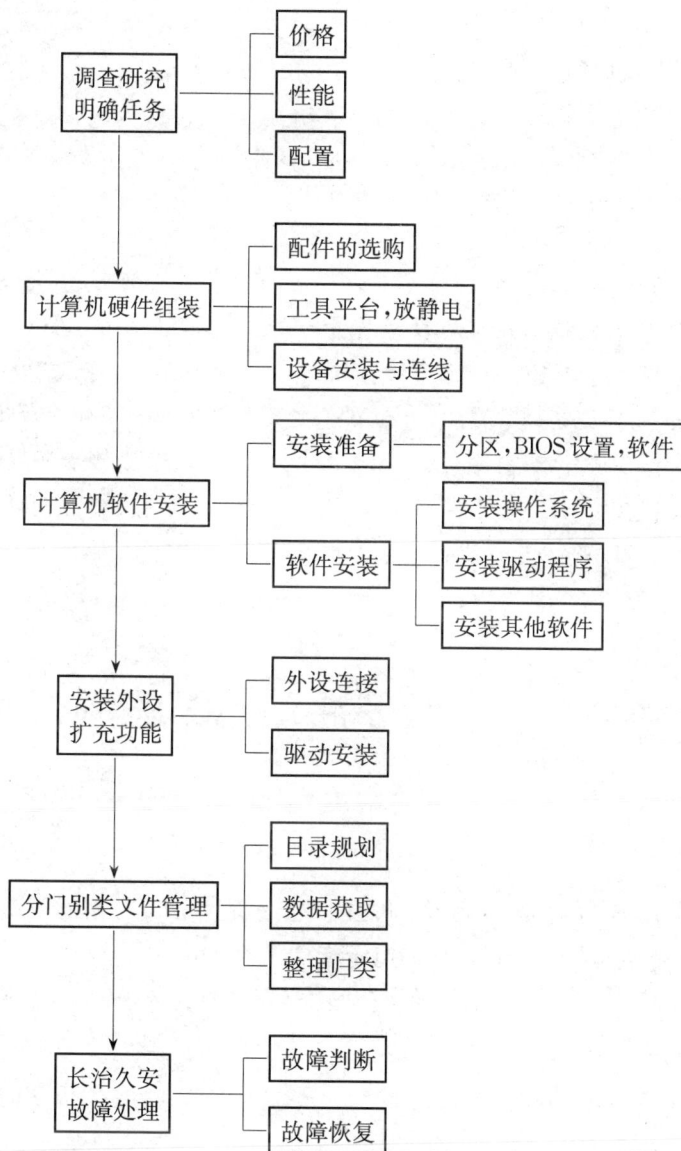

```
调查研究          ┌─ 价格
明确任务  ────────┼─ 性能
    │             └─ 配置
    ↓
计算机硬件组装    ┌─ 配件的选购
    │    ────────┼─ 工具平台,放静电
    │             └─ 设备安装与连线
    ↓
计算机软件安装    ┌─ 安装准备 ── 分区,BIOS设置,软件
    │    ────────┤             ┌─ 安装操作系统
    │             └─ 软件安装 ──┼─ 安装驱动程序
    ↓                           └─ 安装其他软件
安装外设          ┌─ 外设连接
扩充功能  ────────┴─ 驱动安装
    │
    ↓
分门别类文件管理  ┌─ 目录规划
    │    ────────┼─ 数据获取
    │             └─ 整理归类
    ↓
长治久安          ┌─ 故障判断
故障处理  ────────┴─ 故障恢复
```

项目二

文 字 处 理

——幼儿亲子活动相关文档的制作

亲子活动是一种辅助日常教育活动的有效活动形式,是促进家长转变观念的有效途径,对提高幼儿园的教育质量起着积极促进作用,也为完美幼儿人格奠定了基础。有效组织与开展"亲子活动"这一新颖教育形式,可以改善家长育儿观念,增进亲子关系,促进家园共育,从而为孩子健康快乐地成长提供有效途径。

在本项目中,将通过亲子活动方案的制订、亲子活动海报的设计与制作、亲子活动安排表的制作、亲子活动简报的制作和幼儿园十月份月刊的制作等5个活动,逐步熟练使用 Word 软件进行文字处理。

活动一 亲子活动方案的制订

活动要求

随着学校教育信息化水平的不断提高,教师之间教学经验和活动方案的交流互动越来越频繁,交给学校的很多资料和文档都是 Word 编辑制作的电子文档。

幼儿园要求于9月底举办一次以"缤纷异彩庆国庆"为主题的亲子活动,各班先完成一份亲子活动方案。样例如图 2-1-1 所示。

活动分析

一、活动计划

1. 亲子活动方案制订:围绕庆国庆亲子活动的要求,制订一份亲子活动方案。

2. 文字录入:在空白 Word 文档中录入方案文字内容。

3. 美化文字,整理段落:通过设置字体、段落属性,使文章标题更醒目美观,使文本看上去更有条理,使段落设置符合文本格式要求。

4. 点睛之笔:使用查找/替换功能,强调文章中的关键字。

5. 美化页面,检查文件:通过设置页面边框,对整张页面加以简单修饰,仔细检查后保存方案。

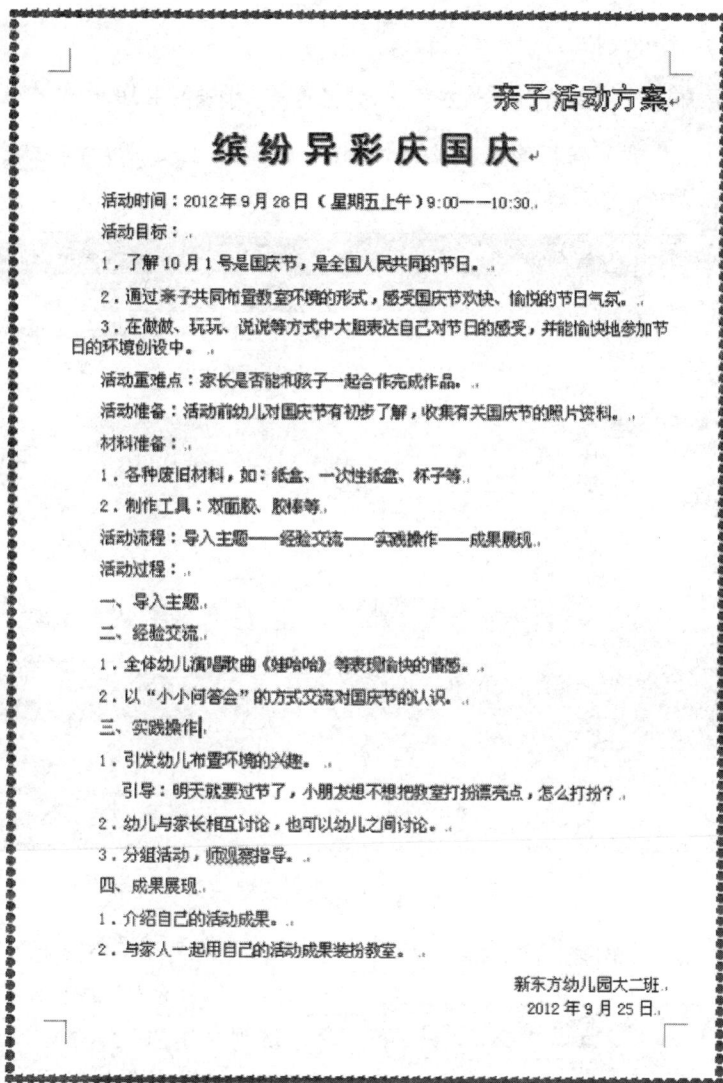

图 2-1-1 活动一样例

二、相关技能

1. 中文汉字的输入，速度达到 20 字/分钟。

2. 汉字输入法的设置与切换。

3. 基本文档处理：文档的新建、打开、编辑、保存。

4. 字体格式的简单设置。

5. 段落格式的简单设置。

6. 查找与替换的应用。

7. 页面边框的添加。

方法与步骤

一、亲子活动方案制订

根据"缤纷异彩庆国庆"的主题，利用 Word 2007 制订一份亲子活动方案。

1. 打开文字处理软件 Word，单击 Office 按钮，在文件菜单中单击"新建"选项卡，也可以使用 Ctrl＋N 组合键,建立新文档。

2. 单击"office 按钮 "→"保存"命令,在弹出的"另存为"对话框中,选择保存位置到指定的文件夹;输入文件名"亲子活动方案";设置保存类型为"Word 文档",如图 2－1－2 所示;单击"保存"按钮,保存自己的文档。

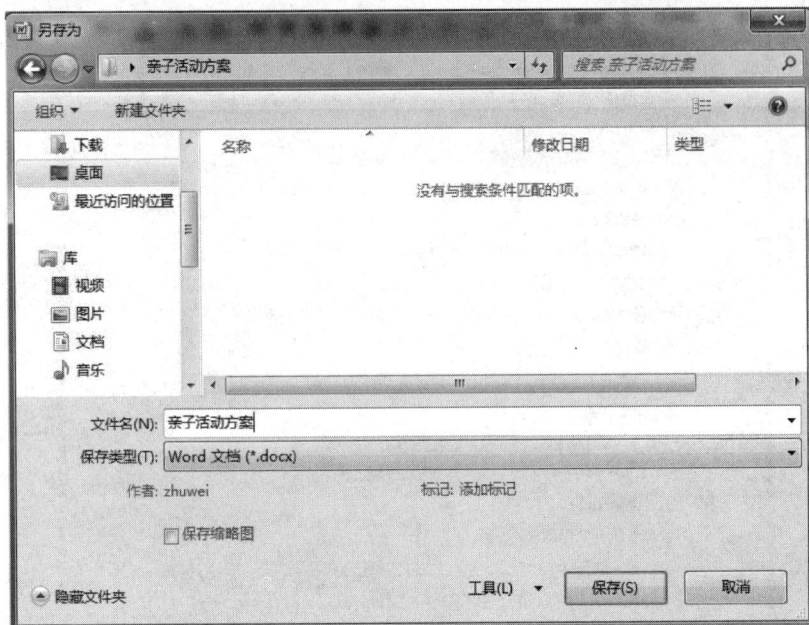

图 2－1－2 另存为对话框

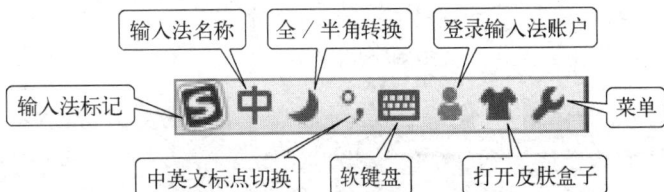

图 2－1－3 输入法

图 2－1－4 字体对话框

3. 文字录入

(1) 输入"亲子活动方案",录入速度应达到汉字 20 字/分钟。

(2) 使用自己最拿手的输入法,可以使用 Ctrl＋Shift 进行不同的输入法切换;使用 Ctrl＋＞切换中英文标点。以搜狗输入法为例,如图 2－1－3 所示。

二、美化文字,整理段落

1. 打开亲子活动方案,按下快捷键 CTRL＋A,选中整篇文档,单击格式工具栏中的"字体"下拉列表框,选中"宋体",再在"字号"下拉列表框中选择"小四号"。

2. 选择方案标题中"亲子活动方案"文字,切换到"开始"选项卡,在"字体"选项组中单击"字体"列表框右侧的下拉箭头,打开"字体"下拉列表,在弹出的"字体"对话框中单击"字体"选项卡。分别设置中文字体为黑体、字形为常规、字号为二号、效果为空心,如图 2－1－4 所示,单击"确定"按钮。再单击"段落"选项组中的"右对齐"按钮。

3. 使用与上一步相同的方法,设置方案标题"缤纷异彩庆国庆"为楷体、加粗、一号、阴影,再选择"字体"对

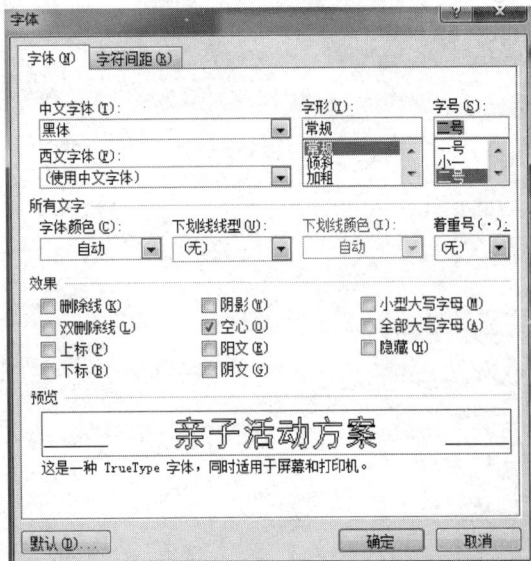

话框中的"字符间距"选项卡,设置间距为加宽、磅值为3磅,如图2-1-5所示,单击"确定"按钮。再单击"段落"选项组中的"居中"按钮 ▤。

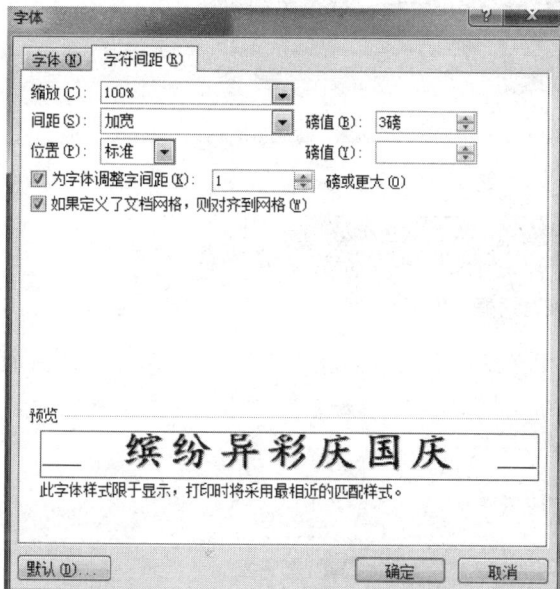

图2-1-5 字体对话框

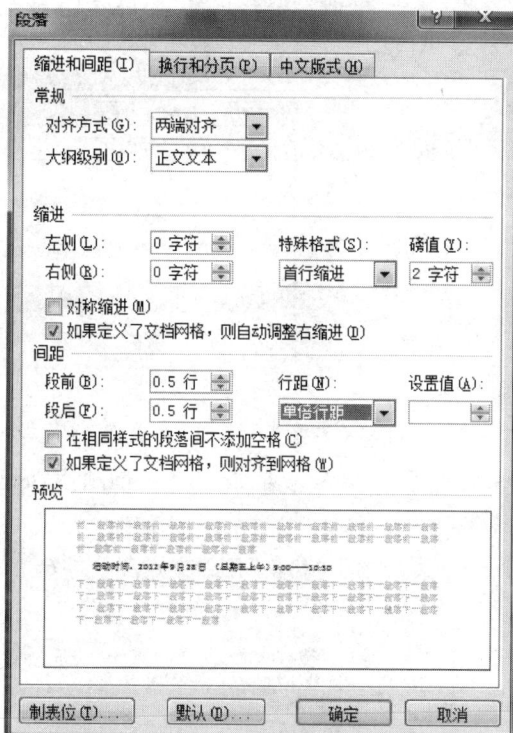

图2-1-6 段落对话框

4. 选中正文,在"段落"选项组中单击"段落"列表框右侧的下拉箭头,打开"段落"下拉列表,在弹出的"段落"对话框中单击"缩进和间距"选项卡。设置:两端对齐、首行缩进2字符、段前段后间距各0.5行、单倍行距,如图2-1-6所示,单击"确定"按钮。

5. 选中文末"新东方幼儿园大二班",打开"段落"下拉列表,在弹出的"段落"对话框中单击"缩进和间距"选项卡。设置缩进"左侧:"30字符,单击"确定"按钮完成。

6. 使用与上一步相同的方法,将文末日期"2012年9月25日"左缩进31字符。

三、点睛之笔

1. 切换到"开始"选项卡,在"编辑"选项组中单击"查找"按钮,或按Ctrl+F组合键,或单击快速访问工具栏上的"查找"按钮,打开"查找和替换"对话框,如图2-1-7所示。

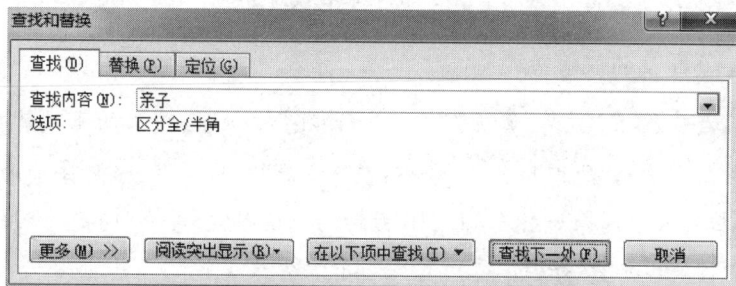

图2-1-7 查找和替换对话框

(1) 在"查找内容"下拉列表中输入要查找的"亲子"。

(2) 单击"查找下一处"按钮,开始查找文本。

（3）当 Word 找到第一处要查找的文本时，就会停下来，并把找到的文本高亮显示，若要继续查找，只需要再单击"查找下一处"按钮。

2. 单击"替换"按钮，设置"替换为"亲子如图 2-1-8 所示。

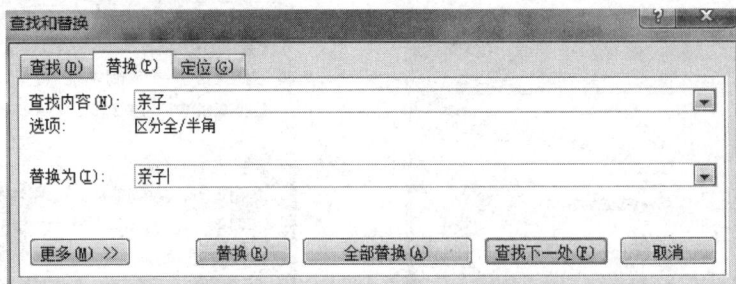

图 2-1-8　替换对话框

3. 然后单击"更多"按钮，在展开的菜单中单击"格式"按钮中的下拉菜单"字体"命令。在弹出的"替换字体"对话框中单击"字体"选项卡，设置中文字体"楷体"，字形"加粗"，字体颜色"红色"，单击"确定"。

4. 最后单击"替换"按钮完成关键字的强调转换，如图 2-1-9 所示。

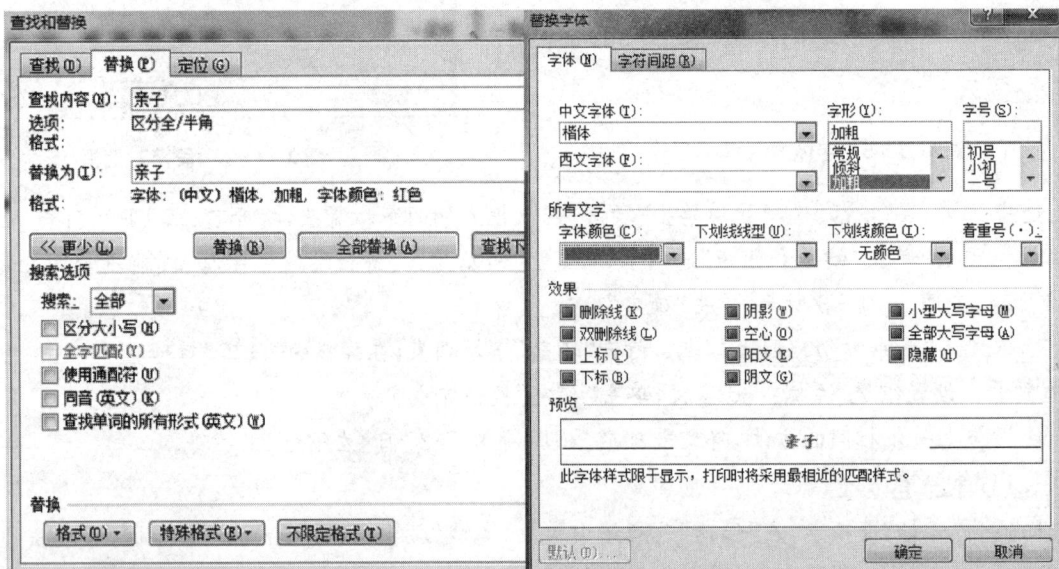

图 2-1-9　查找和替换对话框

四、美化页面，检查文件

1. 切换到"开始"选项卡，在"段落"选项组中单击"边框"按钮 ⊞ ▾ 上的下拉箭头，打开"边框"下拉菜单，在"边框"下拉菜单中选择"边框和底纹"命令，在弹出的"边框与底纹"对话框中单击"页面边框"选项卡。在"艺术型"下拉列表中选择如图 2-1-10 所示的边框图案，单击"确定"按钮。

2. 单击"文件"→"保存"命令，再次保存好完成的亲子活动方案。

3. 单击 Office 按钮中"打开" 📂 ，在弹出的"打开"对话框中设置文件类型为"所有 Word 文档"；找到"'缤纷异彩庆国庆'亲子活动方案.docx"文件，单击"打开"按钮，打开文件。

4. 仔细校对文字，如果有错误，修改正确后重新保存。

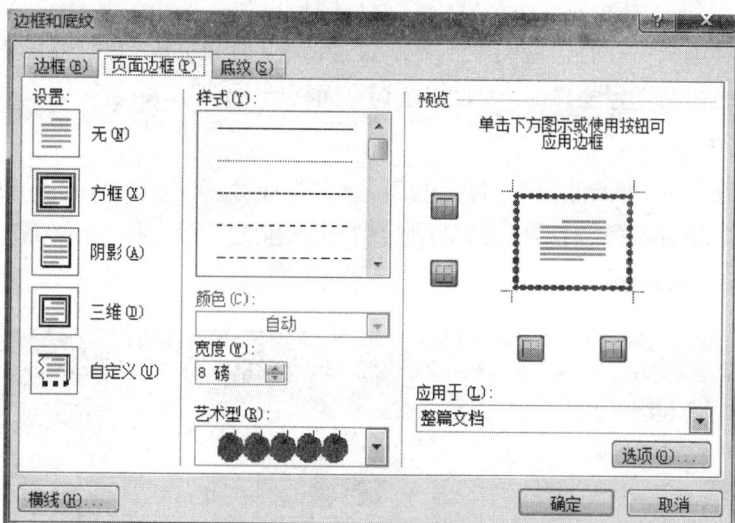

图 2-1-10　边框和底纹对话框

知识链接

一、设置输入法

打开 Windows 控制面板中的"更改键盘或其他输入法"对话框，单击"更改键盘"按钮，或者右击 Windows 任务栏中的输入法图标 ，在快捷菜单中选择"设置"命令，都可以打开"文字服务和输入语言"对话框，如图 2-1-11 所示，在"设置"选项卡中可以选择默认输入语言，添加或删除输入法，设置语言栏和快捷键。

二、选择视图模式

Word 中有"页面视图"、"阅读版式视图"、"Web版式视图"、"大纲视图"、"普通视图"5 种显示模式，它们的作用各不相同。可以通过"视图"菜单命令来进行模式的切换，也可以使用快捷按钮，如图 2-1-12 所示。

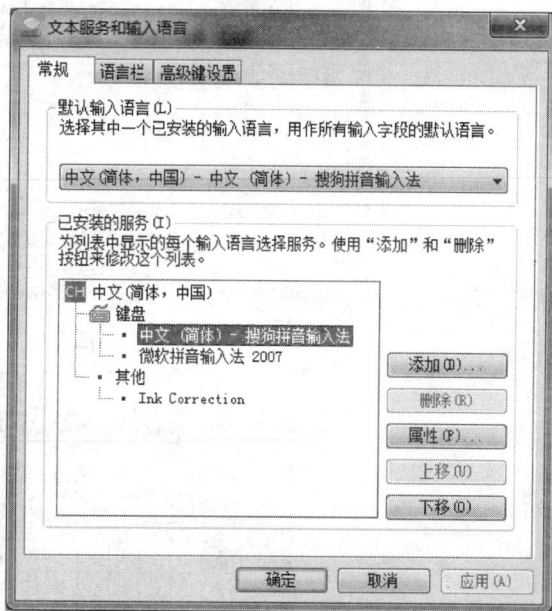

图 2-1-11　文字输入对话框

图 2-1-12　文档视图

1. 页面视图除了能够显示普通视图方式所能显示的所有内容之外，还能显示页眉、页脚、脚注及批注等，适于进行绘图、插入图表操作和一些排版操作。所以可以说页面视图是一种排版视图，在此视图中可以完成任何排版工作。

2. 阅读版式视图是一种专门用来阅读文档的视图，在这种视图下进行阅读会感到非常方便快捷。

3. Web 版式视图一般用于创建网页文档。

4. 大纲视图模式能够显示文档的结构。

5. 普通视图是显示文本格式设置和简化页面的视图。普通视图便于进行大多数编辑和格式设置。

在普通视图中可以输入、编辑和设置文本格式。普通视图可以显示文本格式,但简化了页面的布局,所以可便捷地进行输入和编辑。在普通视图中不显示页边距、页眉和页脚、背景及图形对象。因此,当进行准确的版面调整或者进行图形操作时,最好切换到页面视图下进行。

三、插入特殊符号

当输入一些特殊字符时,如希腊字母、日文假名、数学符号等,可以单击"插入"→"符号"或"特殊符号"命令。在"符号"和"特殊符号"对话框中,如图 2-1-13 和图 2-1-14 所示,选择相应的字符集,再单击所需的符号,即完成输入任务。

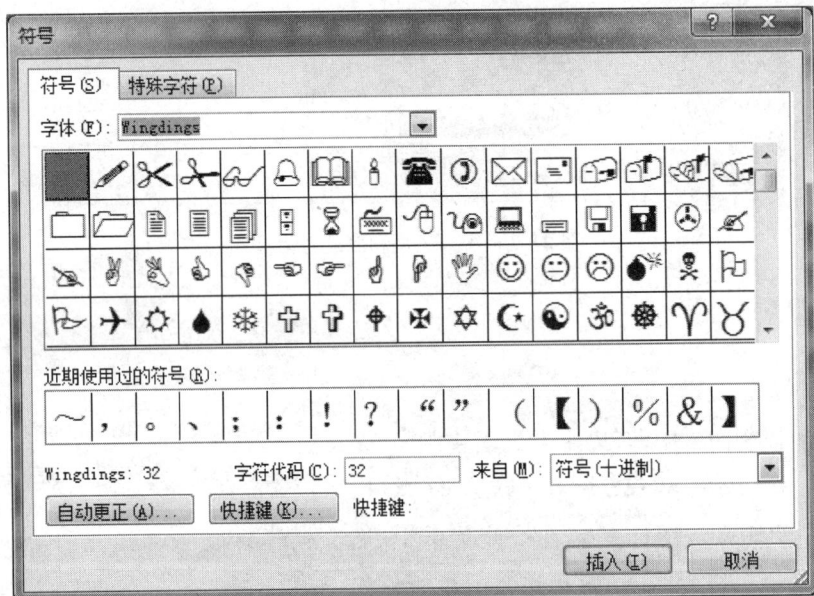

图 2-1-13　符号对话框

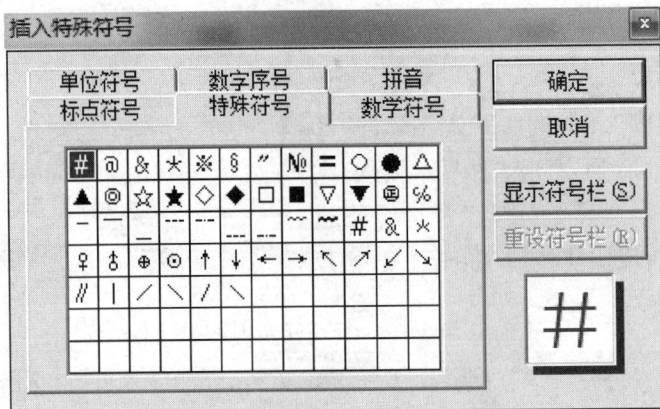

图 2-1-14　特殊符号对话框

四、使用帮助

使用 Word 中的帮助功能,可以解决许多在文字处理中遇到的问题,有助于我们主动学习,大家可以在"帮助"菜单中找到多种使用方法。

自主实践活动

开学一个月后就将迎来祖国母亲的生日——国庆节,我们将在九月底开展一次"缤纷异彩庆国庆"

亲子活动,随着活动举办日期的临近,为了更好地完成本次亲子活动,要求每个班级使用 Word 先设计一份"告家长书"。

具体要求如下:

(1) 合理设置字体、段落属性,"告家长书"名称等关键字突出醒目。

(2) 为整个"告家长书"添加页面边框。

活动二　亲子活动海报的制作

活动要求与样例

开学一个月后就将迎来祖国母亲的生日——国庆节。孩子们对这个节日已经有了初步的认识,但对于大班的孩子来说他们渴望了解更多有关国庆的、祖国的知识,幼儿园大班将在九月底举办一次"缤纷异彩庆国庆"亲子活动。为了更好地组织宣传好这次活动,特要求各班设计一份"缤纷异彩庆国庆"亲子活动宣传海报。

参考样例如图 2-2-1 所示。

图 2-2-1　亲子活动海报样例

活动分析

一、活动计划

1. 亲子活动海报页面设置:设置亲子活动海报尺寸大小、页边距和版式。

2. 编辑亲子活动海报图形信息:在页面中插入"亲子活动"LOGO 图片,丰富页面内容。为页面添加背景填充效果,再插入"亲子活动"主题图片。

3. 编辑亲子活动海报文字信息:采用艺术字展示海报名称,使用文本框排版活动内容、时间、地点、对象等文字信息。

4. 绘制亲子活动海报爱心标志:在海报中间插入由自选图形构成的爱心标志。

二、相关技能

1. 页面的设置。

2. 背景的设置。

3. 艺术字的使用。

4. 文本框的使用。

5. 图片的使用。

方法与步骤

海报最基本、最重要的功能是宣传信息。海报设计首先要有一个明确的主题,可以通过图片和色彩来展现充分的视觉冲击力,表达的内容要精练,以图片为主、文案为辅,内容不可过多,要有相关的点明主题的宣传语。

一、亲子活动海报页面设置

1. 打开文字处理软件 Word,单击 Office 按钮 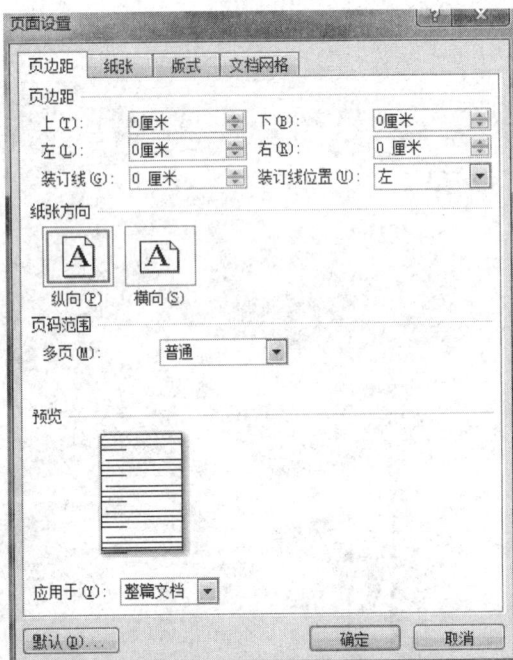,在文件菜单中单击"新建"选项卡 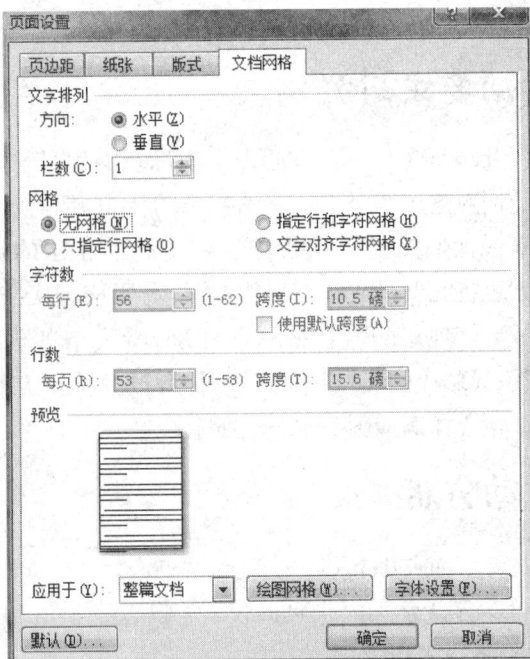,也可以使用 Ctrl+N 组合键,建立一个空白文档。

2. 切换到"页面布局"选项卡,在"页面设置"选项组中单击左下角下拉菜单命令,在弹出的"页面设置"对话框中单击"页边距"选项卡,设置页边距上、下、左、右均为"0",纸张方向为"纵向",如图 2-2-2 所示。

图 2-2-2　页面设置1　　　　　　　　　　图 2-2-3　页面设置2

3. 再单击"页面设置"对话框中的"文档网络"选项卡,设置"无网格",如图 2-2-3 所示,单击"确定"按钮。

4. 完成后单击 Office 按钮 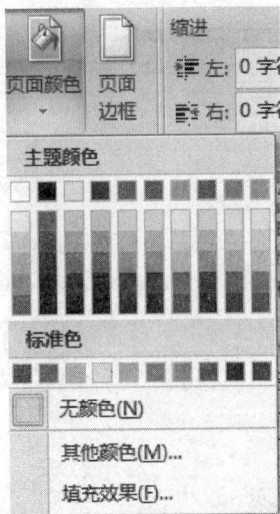,在弹出的菜单中选择"保存"命令,在"另存为"窗口输入文件名"亲子活动海报",单击"确定"保存自己的文档。

二、编辑亲子活动海报图形信息

1. 为海报设置背景图片

切换到"页面布局"选项卡,在"页面背景"选项组中单击"页面颜色"按钮,打开"页面颜色"下拉菜单如图 2-2-4 所示,选择"页面颜色"下拉菜单上的"填充效果"选项,打开如图 2-2-5 所示的"填充效果"对话框,选择"背景.jpg"(素材见配套光盘)作为填充背景,单击"确定"按钮。

2. 插入图片丰富海报页面

切换到"插入"选项卡,在"插图"选项组中选择"图片"按钮,在弹出的"插入图片"对话框中,选择要插入的海报图片文件"主题.jpg"(素材见配套光盘),单击"插入"按钮,将图片插入到文档中。

图 2-2-4　填充效果对话框

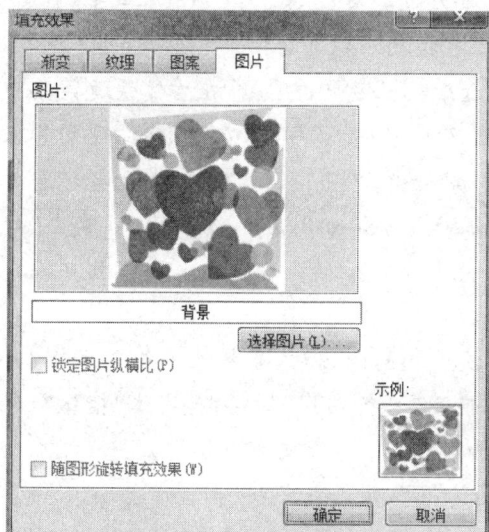

图 2-2-5 设置填充图片背景

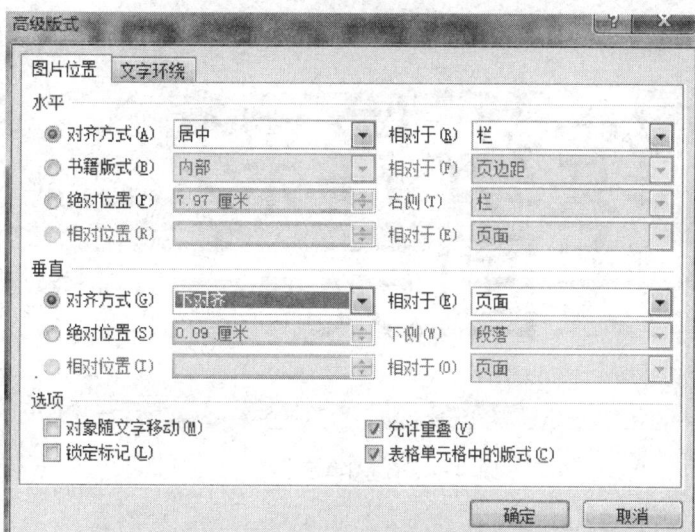

图 2-2-6 高级版式对话框

3. 对插入的图片进行设置

单击要设置的图片,在"格式"选项卡中有一个"排列"选项组,选择这个选项组中的命令对图片进行页面排版。在"排列"选项组中单击"文字环绕"按钮,选择环绕方式为"衬于文字下方"。打开其下拉菜单中的"其他布局选项"命令,打开"高级版式"对话框,单击"图片位置"选项卡,设置水平"对齐方式"为居中,设置垂直"对齐方式"为下对齐,相对于"页面",如图 2-2-6 所示。单击"确定"按钮,完成图片的定位。

4. 对 LOGO 图片进行透明处理

根据图片插入方法,插入亲子活动海报的 LOGO 图片(素材见配套光盘),设置排列方式为"浮于文字上方"后,按样例移动图片至左上角,单击"调整"选项组中"重新着色"选择"设置透明色"后在 LOGO 图片上单击鼠标,使 LOGO 图片背景变成透明。

5. 插入其他图片,并完成对图片的设置

按照上述步骤分别插入两张亲子活动图片文件(素材见配套光盘),并根据样例设置图片格式,调整图片大小、位置及角度。

三、编辑亲子活动海报文字信息

接下来,用 Word 的艺术字功能制作一个漂亮的标题。

1. 为海报标题添加艺术字

(1)切换到"插入"选项卡,在"文本"选项组中单击"艺术字"按钮,在弹出的"艺术字库"对话框中选择"三行一列"的样式,如图 2-2-7 所示,单击"确定"按钮。

(2)接着在弹出的"编辑'艺术字'文字"对话框中设置字体为"黑体";字号为"80"。下方的文字区域可

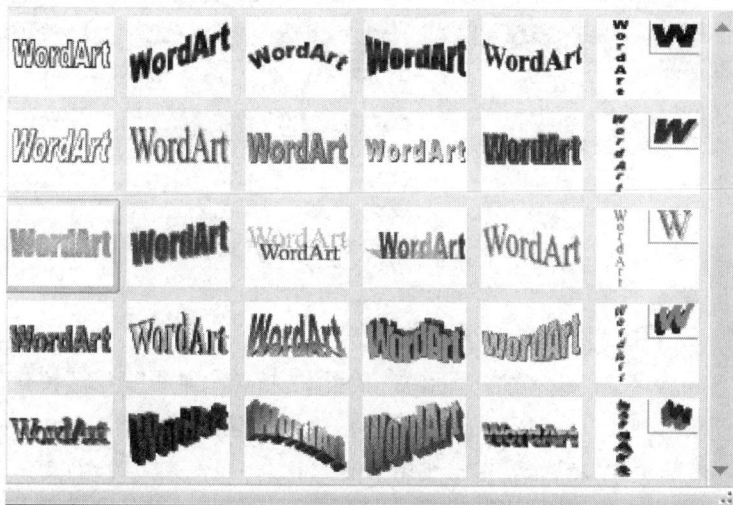

图 2-2-7 艺术字库

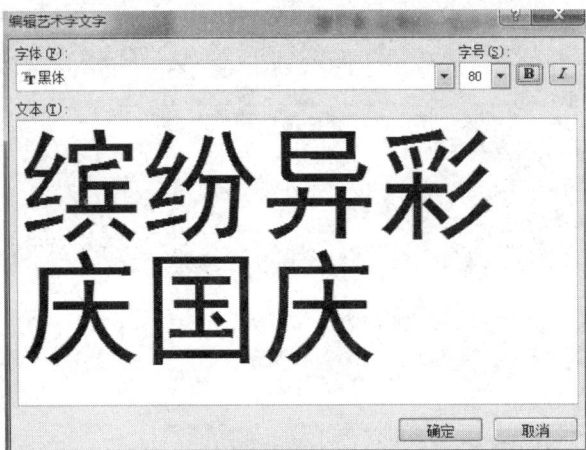

图 2-2-8　编辑艺术字

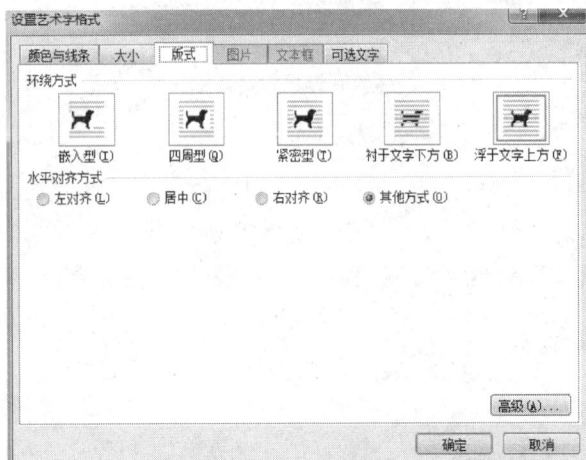

图 2-2-9　设置艺术字

以看到预览效果，如图 2-2-8 所示，单击"确定"按钮，艺术字被插入到页面中。

（3）选中艺术字单击右键，在右键快捷菜单中选择"设置艺术字格式"命令，在弹出的"设置艺术字格式"对话框中，单击"版式"选项卡，选择环绕方式"浮于文字上方"，如图 2-2-9 所示，单击"确定"按钮，就可以用鼠标拖曳将艺术字摆放在海报的上方。

（4）使用相同的方法，再插入一组艺术字"亲子活动"，使用"三行四列"的样式，字体"楷体"，字号"36"，加粗，版式"浮于文字上方"。

2. 为海报添加文字信息

（1）切换到"插入"选项卡，在"文本"选项组中单击"文本框"按钮，打开下拉菜单，选择"绘制文本框"命令，在页面中需要的位置单击后拖动，插入文本框，在"排列"选项组中版式设置为"浮于文字上方"。

（2）在文本框中输入活动安排内容文本信息，并设置字体"宋体"，字号"五号"，加粗，左对齐。选中文本框，切换到"格式"选项卡单击"文本框样式"中第一行、第六个样式，如图 2-2-10 所示。

（3）使用相同的方法再插入一个横排文本框，输入活动的时间、地点、对象等文本信息，并设置字体"黑体"，字号"四号"，红色，左对齐。

双击该文本框，在"文本框样式"中，选择相同文本样式，如图 2-2-11 所示。

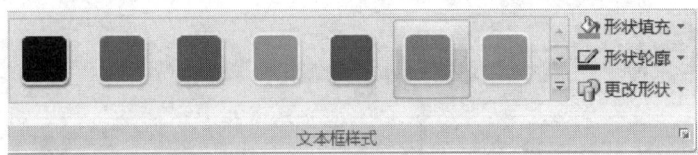

图 2-2-10　设置文本框样式

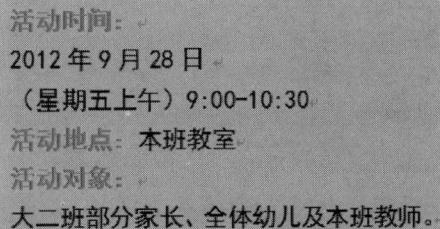

图 2-2-11　设置文本框样式效果

四、绘制亲子活动海报爱心标志

切换到"插入"选项卡，在"插图"选项组中单击"形状"按钮，打开下拉菜单，在"基本形状"中选择"心形"，如图 2-2-12 所示，在页面合适的位置，拖曳获得适当的心形大小。在"插入形状"选项组中单击"添加文字"按钮，在图形里添加文本信息"联系方式"，在"文本框样式"选项组中单击"形状填充"按钮选择红色，单击"形状轮廓"按钮选择白色。如图 2-2-13 所示。

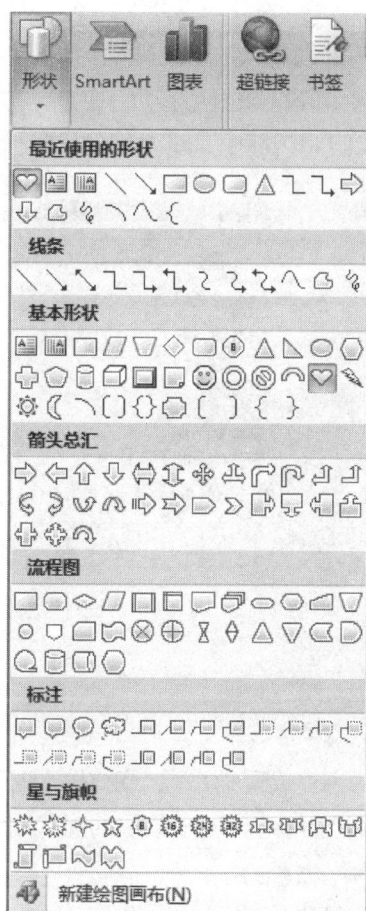

图 2-2-12　形状库下拉菜单

图 2-2-13　自选图形爱心标志

详情请拨电话：
58585858

知识链接

一、撤销误操作

在工作中经常会出现失误的时候,这时可以通过单击快速访问工具栏上的"撤销"按钮 ，或按 Ctrl＋Z 组合键,撤销上一步的操作。如果过后又不想撤销该操作了,还可以单击快速访问工具栏上的"恢复"按钮 来还原操作。

单击"撤销"按钮旁边的下拉箭头,Word 将显示最近执行的可撤销操作列表,再单击要撤销的操作条目,即可撤销该操作。

注意:撤销某项操作的同时,也将撤销列表中该项操作之上的所有操作。

二、首字下沉

选中一个文字段落,单击"插入"→"首字下沉"命令,单击"首字下沉选项",在弹出的"首字下沉"对话框中设置:位置为"下沉",字体为"宋体",下沉行数"2",距正文"0 厘米",如图 2-2-14 所示,单击"确定"按钮,即可得到如本段段首所显示的效果。

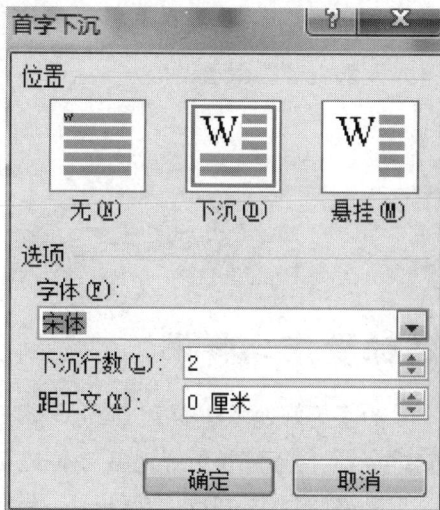

图 2-2-14　首字下沉话框

三、字数统计

在 Word 主页面的状态栏上提供了页面和字数统计器,可以直接在状态栏上看到文档的页数和字数,如图 2 - 2 - 15 所示。另外,也可以切换到"审阅"选项卡,在"校对"选项组中单击"字数统计"按钮,打开"字数统计"对话框,如图 2 - 2 - 16 所示,在"字数统计"对话框中显示文档的统计信息。

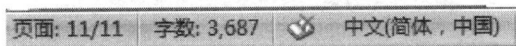

图 2 - 2 - 15 "字数统计"工具栏

图 2 - 2 - 16 "字数统计"对话框

自主实践活动

在 3 月 22 日"世界水日"即将到来之际,为了培养幼儿从小养成爱护水源、节约用水的好习惯,幼儿园将开展"节约用水,从我做起"的主题活动。让幼儿在活动中了解地球用水紧缺的现状,在活动中发现生活离不开水,没有水就无法生存。

为了更好地宣传本次活动,让每一个孩子了解水的珍贵,懂得节约用水从我做起。要求使用 Word 制作一张"节约用水"宣传海报。

具体要求如下:

(1) 尺寸大小:A4 纸。

(2) 必须包含活动的主题:节约用水,从我做起,时间:3 月 22 日。

(3) 必须包含的图片:节约用水的 LOGO 和宣传图片(素材见配套光盘)。

(4) 色彩明快,具有时代感。

(5) 主体形象能反映节约用水的目的:向每一位家长和小朋友宣传"世界水日"以及水的重要性,号召人人都来节约用水。

活动三　亲子活动安排表的制作

活动要求与样例

为了更好地举办本次"缤纷异彩庆国庆"亲子活动,要求各班用 Word 制作一份准确且美观的活动安排表,以便于家长更好地参与本次亲子活动。

表格的制作一般包含两步:一是制作表格,包括表格的插入、表格的编辑;二是表格的修饰,包括输入文字、文字的编辑和修饰边框。

参考样例如图 2-3-1 所示。

活动分析

一、活动计划

1. 创建亲子活动安排表：自动绘制表格，也允许手工绘制表格，通常是在自动绘制的基础上再手工修改表格。

2. 调整亲子活动安排表：自动调整行宽或列宽，使表格符合活动安排表的要求。

3. 拆分亲子活动安排表：为了活动表的整体效果，有些单元格需要合并，有的单元格需要拆分成两个或几个单元格。

4. 美化亲子活动安排表：设置表格的边框和底纹，使活动安排表既美观大方又能一目了然。

二、相关技能

1. 表格的插入或绘制。

2. 表格行高和列宽的调整。

3. 表格单元格的合并或拆分。

4. 表格边框和底纹的设置。

方法与步骤

一、创建亲子活动安排表

1. 要制作亲子活动安排表，首先要确定在文档中插入表格的位置，并将光标移动至该处，切换到"插入"选项卡，在"表格"选项组中单击"表格"按钮，就会弹出"表格"下拉菜单，如图 2-3-2 所示。

2. 将表格指针指向"表格"下拉菜单中的网格，向右下方拖动鼠标，鼠标指针掠过的单元格将被全部选中，并以高亮显示。同时在网格上部提示栏显示被选定的表格的行数和列数。当达到预定所需要的行数和列数后单击，Word 就会在文档中插入一个表格，它的行数和列数与你在示意图网格中所选择的行数和列数相同，如图 2-3-3 所示。

3. 利用上述方法制作的表格最多是 8 行 10 列，而我们要制作的"亲子活动安排表"要 13 行 4 列，就需要使用菜单命令制作表格。

图 2-3-1　亲子活动安排表格样例

图 2-3-2　"表格"下拉菜单

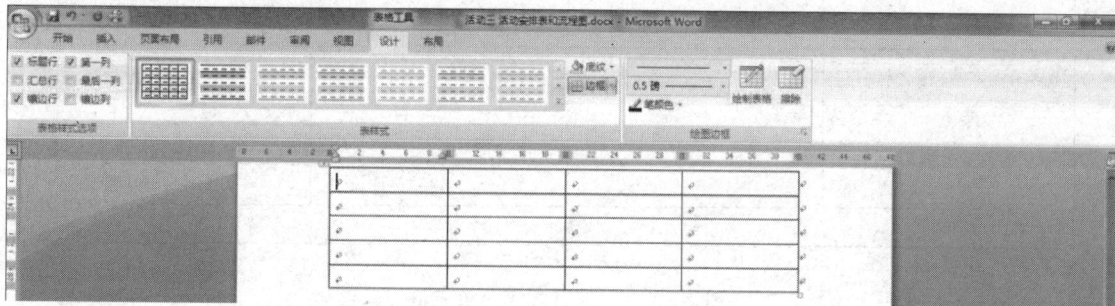

图 2-3-3　使用"插入表格"按钮创建的表格

切换到"插入"选项卡,在"表格"选项组中单击"表格"按钮,然后在下拉菜单中选择"插入表格"命令。打开"插入表格"对话框,如图2-3-4所示,在"表格尺寸"选项组的"列数"、"行数"文本框中输入4列13行,最后单击"确定"按钮就可以产生表格。

二、调整亲子活动安排表

为了亲子活动安排表的整体效果,有些单元格需要合并,有的单元格需要拆分成两个或几个单元格。

1. 选定要合并的单元格,切换到"布局"选项卡,在"合并"选项组中单击"合并单元格"按钮,或其右键快捷菜单中选择"合并单元格"命令,Word就会删除所选定单元格的边界,使其组合成一个新的单元格,如图2-3-4所示。

图2-3-4　合并的单元格

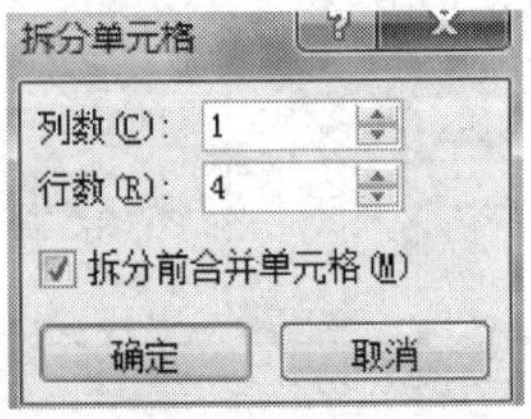

图2-3-5　拆分单元格

2. 也可以将一个单元格拆分为多个单元格,选定要拆分的单元格,切换到"布局"选项卡,在"合并"选项组中单击"拆分单元格"按钮,或右击该单元格,在弹出的快捷菜单中选择"拆分单元格"命令,打开"拆分单元格"对话框,在"列数"微调框中输入要将单元格拆分的列数1,在"行数"微调框中输入要将单元格拆分的行数4,如图2-3-5所示,最后单击"确定"按钮。

3. 根据亲子活动安排表的样例,使用上述方法,合并或拆分亲子活动表,完成后以"亲子活动安排表"为文件名保存,如图2-3-6所示。

图2-3-6　合并或拆分单元格

三、输入、编辑亲子活动安排表

1. 在亲子活动安排表中输入文字,设定字体为"宋体"、"五号",标题字体为"黑体"、"小三号",如图2-3-7所示。

2. 按输入的表格内容编辑表格

输入完亲子活动安排表格后,可能会发现表格比较乱。Word中提供了自动调整的功能,利用这个功能可以很方便地调整表格。

首先要选中整个表格,切换到"布局"选项卡,在"单元格大小"选项组中单击"自动调整"按钮,就会打开如图2-3-8所示的"自动调整"下拉菜单。在这个菜单中,列出了"根据内容自动调整表格"、"根据窗口自动调整表格"、"固定列宽"3个命令,选择"根据内容自动调整表格"方法,Word将根据单元格中内容的多少自动调整单元格的大小,如图2-3-9所示。

图 2-3-7 输入亲子活动安排表

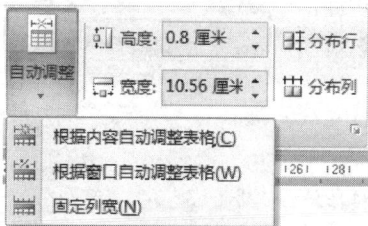

图 2-3-8 "自动调整"下拉菜单　　图 2-3-9 自动调整表格的大小

四、美化亲子活动安排表

为了使活动安排表既美观大方又能一目了然,可以给表格设置边框与底纹,如图2-3-10所示。

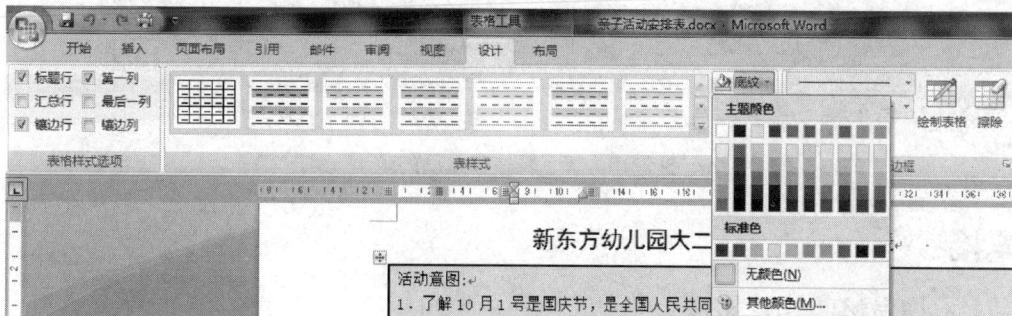

图 2-3-10 "底纹"下拉菜单

1. 选定亲子活动表格中需要添加边框和框线的单元格或整个表格。

（1）切换到"设计"选项卡，在"表样式"选项组中单击"边框"按钮右侧下的三角按钮，选择相应的边框类型，如图2-3-11所示。

（2）切换到"设计"选项卡，在"绘图边框"选项组的"笔样式"下拉列表框中选择框线线型，如图2-3-12所示。

（3）从"笔划粗细"下拉列表框中选择框线的宽度，如图2-3-13所示。

（4）单击"笔颜色"按钮，弹出一个调色板，从中选择框线颜色，如图2-3-14所示。然后绘制既定样式的表格框线。

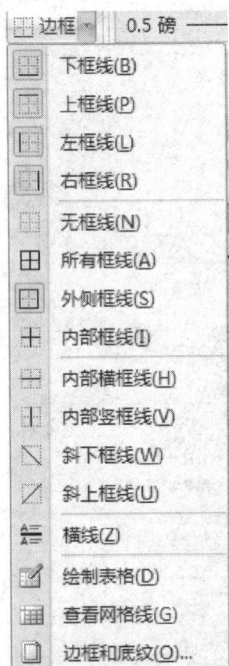

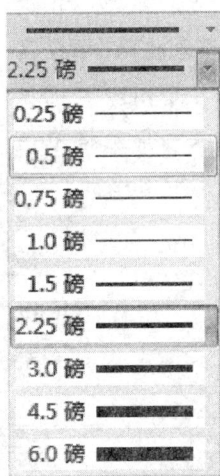
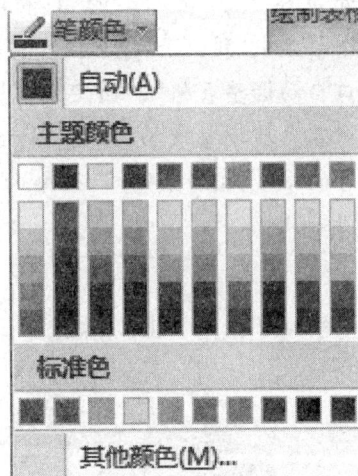

图2-3-11 "边框"　　　图2-3-12 "笔样式"　　　图2-3-13 "笔划粗细"　　　图2-3-14 "笔颜色"下拉菜单
　　　下拉菜单　　　　　　　下拉列表框　　　　　　　下拉列表框

2. 选定亲子活动表格中需要设置底纹和填充色的单元格或表格。

切换到"设计"选项卡，在"样表式"选项组中单击"底纹"按钮，从弹出的调色板中选择所需要的底纹颜色。利用"设计"选项卡设置底纹的效果，按样例完成"亲子活动安排表"的美化如图2-3-15所示。

新东方幼儿园大二班亲子活动安排表

| 活动意图： |
| 1．了解10月1号是国庆节，是全国人民共同的节日。 |
| 2．通过亲子共同布置教室环境的形式，感受国庆节欢快、愉悦的节日气氛。 |
| 3．在做做、玩玩、说说等方式中大胆表达自己对节日的感受，并能愉快地参加节日的环境创设中。 |

序号	时间	活动名称

图2-3-15　表格美化后的效果

知识链接

一、文本与表格的相互转换

Word 2007支持文本和表格的相互转换。

1. 将文本转换成表格时,使用逗号、制表符或其他分隔符来标识文字分隔的位置,同时确定行、列的数量。

例如,有一段文字需要转换为表格。

时间　活动名称

9:00-9:10 早操

9:10-9:20 歌曲《亲亲我》、《碰一碰》、《袋鼠》、《小手拍拍》等

9:20-9:30 儿歌《小叶子的话》、《小与大》等

9:30-9:40 识字

选中要转换的全部文本,切换到"插入"选项卡,在"表格"选项组中单击"表格"按钮,然后在下拉菜单中选择"文本转换成表格"命令。打开"将文字转换成表格"对话框(如图 2-3-16 所示),设置表格属性。

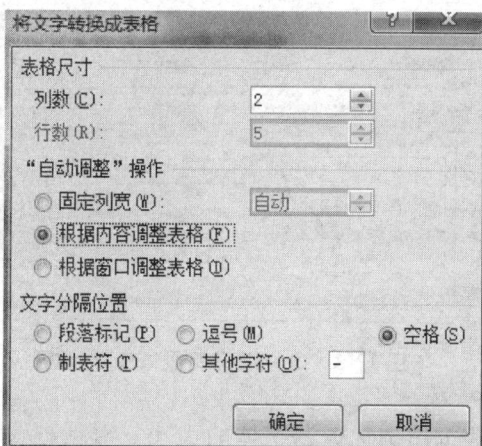

图 2-3-16 "文本转换成表格"对话框

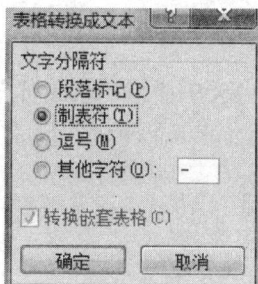

图 2-3-17 "表格转换成文本"对话框

2. 将表格转换成文本时,选择要转换为段落的行或表格,切换到"布局"选项卡,在"数据"选项组中单击"转换为文本"按钮,打开"表格转换成文本"对话框,如图 2-3-17 所示。

在该对话框中选择将原表格中各单元格文本转化成文字后的分隔符,共有"段落标记"、"制表符"、"逗号"、"其他字符"4 个单选按钮,可根据需要选择一种。最后单击"确定"按钮完成转换。

例如,把图 2-3-18 所示的表格转换为文本(将分隔符设置为制表符),其效果如图 2-3-19 所示。

图 2-3-18 转换前的表格

图 2-3-19 将表格转换成文本的效果

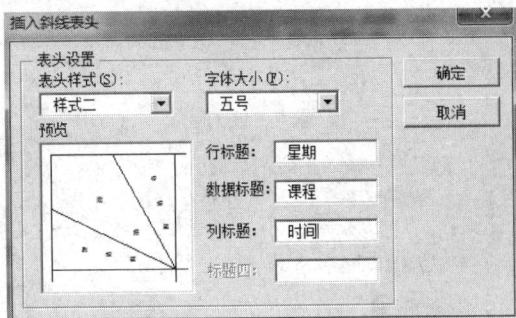

图 2-3-20 "插入斜线表头"对话框

二、斜线表头

将光标定位于表格的第 1 行第 1 列,切换到"布局"选项卡,在"表"选项组中单击"绘制斜线表头"按钮,打开"插入斜线表头"对话框,如图 2-3-20 所示。

在该对话框的"表头样式"下拉列表框中选择一种表头样式,在"预览"框中可以预览选择的斜线表头的样式;可以直接在"行标题"、"数据标题"、"列标题"和"标题四"4 个文本框(随斜线表头的样式不同而有所不同)中设置斜线表头的各个标题,在"字体大小"下拉列表框中选择标题字体的大小。对话框设置完成后,单击"确定"按钮,就可以得到插入斜线表头的效果。

自主实践活动

根据幼儿园一周的日常安排,使用 Word 制作一张课程表(需要包括早操、广播、午餐、午休等日常活动)。

具体要求:

(1) 文字醒目,表格布局合理。

(2) 自动调整表格,使表格符合课程表的要求。

(3) 为了课程表的整体效果,合并、拆分单元格。

(4) 使用 Word 表格的边框和底纹功能使课程表格清晰美观。

活动四　亲子活动简报的制作

活动要求与样例

12 月 23 日上午,新东方幼儿园成功举办了"庆圣诞,迎新年"亲子活动。"庆圣诞,迎新年"是新东方幼儿园十分重视的一项庆祝活动。小朋友们在爸爸妈妈的带领下,快乐地玩着各种游戏,每个小朋友的脸上都洋溢着快乐的微笑,感受到了节日的温暖。通过亲子活动,加深了家园情、师生情、亲子情,相信这是孩子们度过的最难忘的一次"庆圣诞,迎新年"的亲子活动。

为了更好宣传本次"庆圣诞,迎新年"亲子活动,幼儿园决定举办一次"庆圣诞,迎新年"亲子活动简报制作比赛,要求在页面版式的安排上,尽量做到简洁清晰、灵活多变,以便于浏览和增加读者的阅读兴趣。

参考样例如图 2-4-1 所示。

活动分析

一、活动计划

1. 亲子活动简报页面排版:设置项目符号和编号,利用分栏对简报进行排版。

2. 亲子活动简报图片编辑:对插入的图片进行视觉效果处理,使图片的表现力更出色。

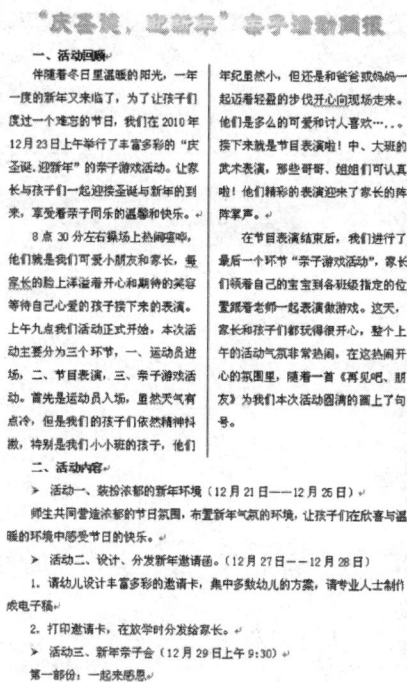

图 2-4-1 亲子活动简报样例

3. 亲子活动简报打印属性设置：设置打印属性，预览最终打印效果。

二、相关技能

1. 等宽分栏的使用。

2. 项目符号和编号的使用。

3. 图片样式的修改。

4. 打印属性的设置。

方法与步骤

一、亲子活动简报页面排版

1. 打开"亲子活动简报素材"文件（素材见配套光盘）。

2. 选中第一部分"活动回顾"内容，切换到"页面布局"选项卡，在"页面设置"选项组中单击"分栏"按钮，打开下拉菜单，选择"更多分栏"命令，打开"分栏"对话框，在"分栏"对话框中设置：预设，两栏，勾选"栏宽相等"；勾选"分隔线"，如图 2-4-2 所示，单击"确定"按钮。

3. 按住 Ctrl 键选中活动内容中的"活动一"、"活动二"、"活动三"不连续的三段，单击"段落"选项组中"项目符号"按钮 右侧的下拉箭头，弹出"项目符号"下拉菜单，在下拉菜单的"项目符号库"中选择一种项目符号单击鼠标，图 2-4-3 所示即为添加了项目符号后的效果。

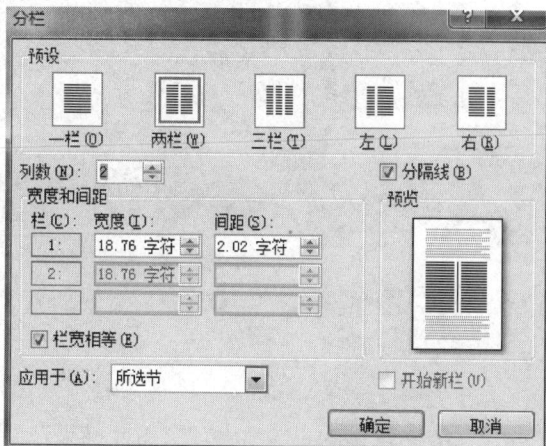

图 2-4-2 分栏对话框

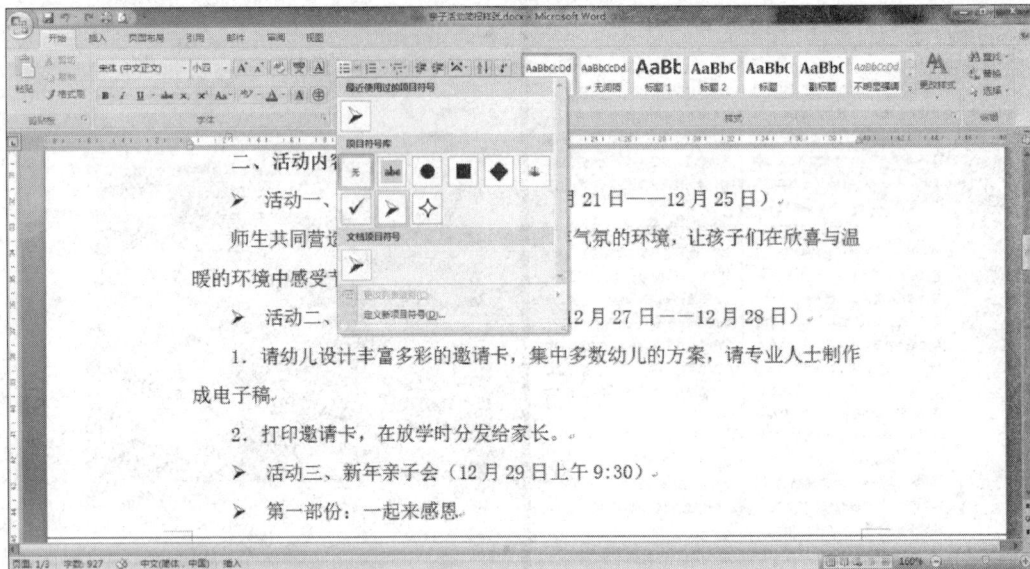

图 2-4-3　添加项目符号后的效果

二、亲子活动简报图片编辑

1. 单击要修改样式的图片。

2. 切换到"格式"选项卡,在"图片样式"选项组中单击"其他"按钮,打开预设的图片样式库。

移动鼠标指针到不同的样式上,就可以预览不同样式的效果,如图2-4-4所示。在"格式"选项卡的"图片样式"选项组中可以看到预设的20多种图片样式和对图片的处理效果,选择其中一种样式,就可以制作出专业级别的特殊效果。

图 2-4-4　选择图片样式后的效果

3. 切换到"格式"选项卡,在"图片样式"选项组中单击"图片形状"按钮,打开下拉菜单,选择相应的图形,则可以对图片框线进一步处理,效果如图2-4-5所示。

图 2 - 4 - 5 修改图片形状

三、亲子活动简报打印属性设置

1. 亲子活动简报制作完成后,单击 Office 按钮,在弹出的菜单中选择"打印"命令中的"打印预览",检查排版效果,如图 2 - 4 - 6 所示。

图 2 - 4 - 6 打印预览对话框

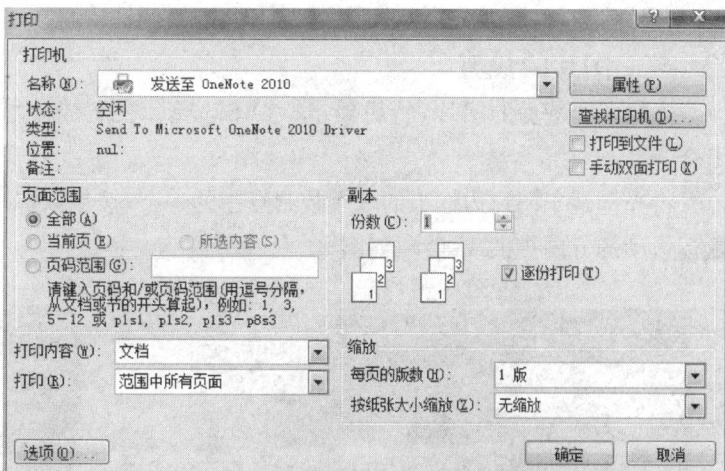

图 2 - 4 - 7 打印对话框

2. 单击 Office 按钮,在菜单中选择"打印"命令中的"打印"命令,在弹出的"打印"对话框中选择打印机,设置打印范围、份数、内容、缩放比例等,如图 2 - 4 - 7 所示,单击"确定"按钮完成打印。

3. 单击"文件"→"保存"命令,保存最终美化好的亲子活动简报。

知识链接

一、栏宽和栏数的调整

如果对所分的栏宽和栏数不满意,这时就需要对栏宽和栏数进行调整。

移动鼠标指针到要改变栏宽的栏的左边界或右边界,等鼠标指针变成一个水平的黑箭头形状时,就可以按下鼠标左键,拖动栏的边界来调整栏宽了,如图 2 - 4 - 8 所示。

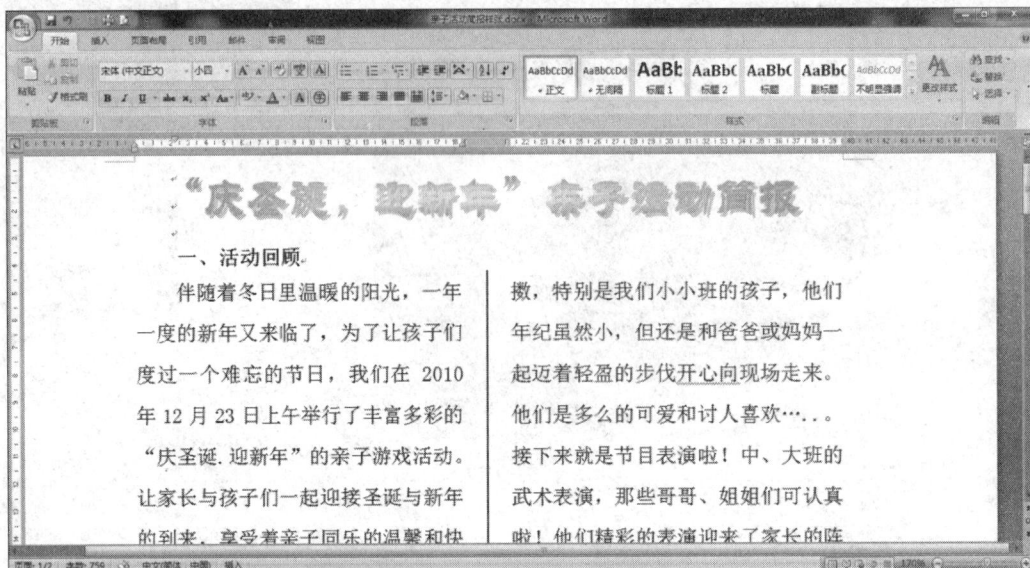

图 2 - 4 - 8　使用鼠标调整栏宽

如果要精确地调整栏宽,可以切换到"页面布局"选项卡,在"页面设置"选项组中单击"分栏"按钮,打开下拉菜单,选择"更多分栏"命令,打开"分栏"对话框。在该对话框的"宽度和间距"选项组中设置所需要的栏宽,单击"确定"按钮。

调整栏数可以在"分栏"对话框中的"列数"微调框中直接输入栏数值。

二、图片的裁剪

先选定要裁剪的图片,然后单击"裁剪"按钮,在文档区域内光标会变为箭头形状与按钮图标的组合。

将光标置于图片边框上的 8 个控制点中的一个,按住鼠标左键并拖动鼠标,则会出现一黑线框随着鼠标拖动的方向扩大或缩小,如图 2 - 4 - 9 所示。

图 2 - 4 - 9　裁剪图片后的效果

自主实践活动

儿童节,也叫"六一国际儿童节",是全世界少年儿童的节日。每年的这一天,幼儿园都会举办"六一"亲子活动。运用所给的文字、图片素材,使用 Word 制作一份"六一亲子活动简报"。

具体要求:

(1) 在两张 A4 纸大小范围内排版制作,版面布局合理。

(2) 使用项目符号和编号,正确地设置小标题。

(3) 使用分栏、边框和底纹等技术,将版面自然分割。

(4) 插入图片并对图片进行修改美化页面。

综合活动与评估　　幼儿园十月份月刊的制作

活动要求

"缤纷异彩庆国庆亲子活动"已经圆满结束。活动的第一项内容就是举行隆重的升旗仪式,当孩子们看着五星红旗在国歌声中冉冉升起、和爸爸妈妈齐声唱起《义勇军进行曲》时,他们被这庄严的气氛感染了。接着进行团体操表演《国旗国旗红红的哩》。最后进行亲子手工以及环保手工颁奖活动。在手工制作活动中,有的班级制作灯笼、有的制作鞭炮、有的制作国旗、有的画脸谱……丰富多彩的活动吸引了家长和孩子的参与兴趣。通过这一系列的庆国庆活动,孩子们了解许多中华民族文化的知识,在他们幼小的心灵中播下了热爱祖国的种子,这也是我园开展传统礼仪教育的序曲,相信这一天会使孩子们难忘。

本活动要求结合每月一次的幼儿园月刊制作及本次亲子活动,举办一期以"缤纷异彩庆国庆亲子活动"为主题的月刊制作比赛。

活动分析

通过项目活动二,我们已经学习了文字处理的一般方法和技巧,本活动要求综合应用 Word 技能完成一份月刊的制作,其中包括一张图文混排的月刊封面。

方法与步骤

一、封面设计

好的封面能提高视觉效果,给人以愉悦的感受,使阅读者在未看月刊内容之前就有一个良好的初步印象。

月刊的封面一般采用图文混排的模式,要求文字清晰醒目,整体美观大方。

1. 文字内容应包含幼儿园最基本的信息,让人一目了然,一般包括月刊的主题、幼儿园园名、出版日期、联系方式。

2. 图像可以采用和本次月刊主题有关的图片或幼儿园的标志等,也可以纯为装饰性图案,反映出本次月刊的主题思想。

参考样张如图 2-5-1 所示。

二、内页设计

一份好的月刊可以分成几大版块,每一版块主题一致,图文并茂。

参考样例如图 2-5-2 所示。

图 2-5-1　月刊封面样例

图 2-5-2　月刊主题版块样例

评估

一、综合活动的评估

根据综合实践活动，完成下面的综合活动评估表，先在小组范围内进行自我评估，再由老师对学生进行评估。

综合活动评估表

姓名：_____　　　　　　　　　　　　　　　　　　　　　　　日期：_____

学　习　目　标		自　评		教　师　评	
		继续学习	已掌握	继续学习	已掌握
1. 网上获取和筛选信息的能力	使用搜索引擎查找信息				
	根据网址浏览和获取信息				
2. 根据问题的要求，规划设计版面的能力					
3. 恰当选择信息处理工具的能力	认识文字处理软件				
4. 文字的基本操作	文字处理窗口的认识				
	打开文档				
	保存文档				
	文字的输入				
5. 文字的格式化	字体，字的大小与颜色				
	插入页眉、页脚、页码				
	边框与底纹				
6. 根据实际需要，选择恰当的表格样式的能力					
7. 插入表格的操作	建立表格				
	表格的简单编辑				

学　习　目　标	自　评		教　师　评	
	继续学习	已掌握	继续学习	已掌握
8. 插入艺术字及调整艺术字的大小				
9. 文本框的使用及简单的处理能力				
10. 插入图片及调整图片的大小、位置等				
11. 自选图形的绘制与填充				
12. 图片叠加、图片透空、图形图像旋转、水印效果				
13. 分析问题、解决问题的综合能力				

二、整个项目的评估

复习整个项目的学习内容，完成下面的学习评估表。

整个项目学生学习评估表

姓名：＿＿＿＿＿＿

在整个项目的所有活动中最喜爱的活动：＿＿＿＿＿＿＿＿＿＿＿＿＿＿＿＿

1. 在"幼儿园亲子活动"项目中最喜欢的一件作品是什么？为什么？

＿＿＿＿＿＿＿＿＿＿＿＿＿＿＿＿＿＿＿＿＿＿＿＿＿＿＿＿＿＿＿＿＿＿

＿＿＿＿＿＿＿＿＿＿＿＿＿＿＿＿＿＿＿＿＿＿＿＿＿＿＿＿＿＿＿＿＿＿

2. 这个项目的学习包括以下哪些技术领域？

　　□电子表格　　　　　　□文字处理　　　　　□图像处理

　　□因特网　　　　　　　□程序设计　　　　　□数据库

　　□多媒体演示文稿　　　□网页制作

3. 为了完成这个项目，自己所必须学习的哪项技能最具挑战性？为什么？

＿＿＿＿＿＿＿＿＿＿＿＿＿＿＿＿＿＿＿＿＿＿＿＿＿＿＿＿＿＿＿＿＿＿

＿＿＿＿＿＿＿＿＿＿＿＿＿＿＿＿＿＿＿＿＿＿＿＿＿＿＿＿＿＿＿＿＿＿

4. 为了完成这个项目，自己对必须学习的哪项技能最感兴趣？为什么？

＿＿＿＿＿＿＿＿＿＿＿＿＿＿＿＿＿＿＿＿＿＿＿＿＿＿＿＿＿＿＿＿＿＿

5. 为了完成这个项目，自己所必须学习的哪项技能最有用？为什么？

＿＿＿＿＿＿＿＿＿＿＿＿＿＿＿＿＿＿＿＿＿＿＿＿＿＿＿＿＿＿＿＿＿＿

6. 比较文字处理软件、网络的应用，它们各使用哪几个方面的信息处理？

＿＿＿＿＿＿＿＿＿＿＿＿＿＿＿＿＿＿＿＿＿＿＿＿＿＿＿＿＿＿＿＿＿＿

7. 请举例说明在什么情况下使用文字处理软件。

＿＿＿＿＿＿＿＿＿＿＿＿＿＿＿＿＿＿＿＿＿＿＿＿＿＿＿＿＿＿＿＿＿＿

＿＿＿＿＿＿＿＿＿＿＿＿＿＿＿＿＿＿＿＿＿＿＿＿＿＿＿＿＿＿＿＿＿＿

归纳与小结

利用文字处理软件进行文本处理的基本过程和方法如下面的流程图所示。

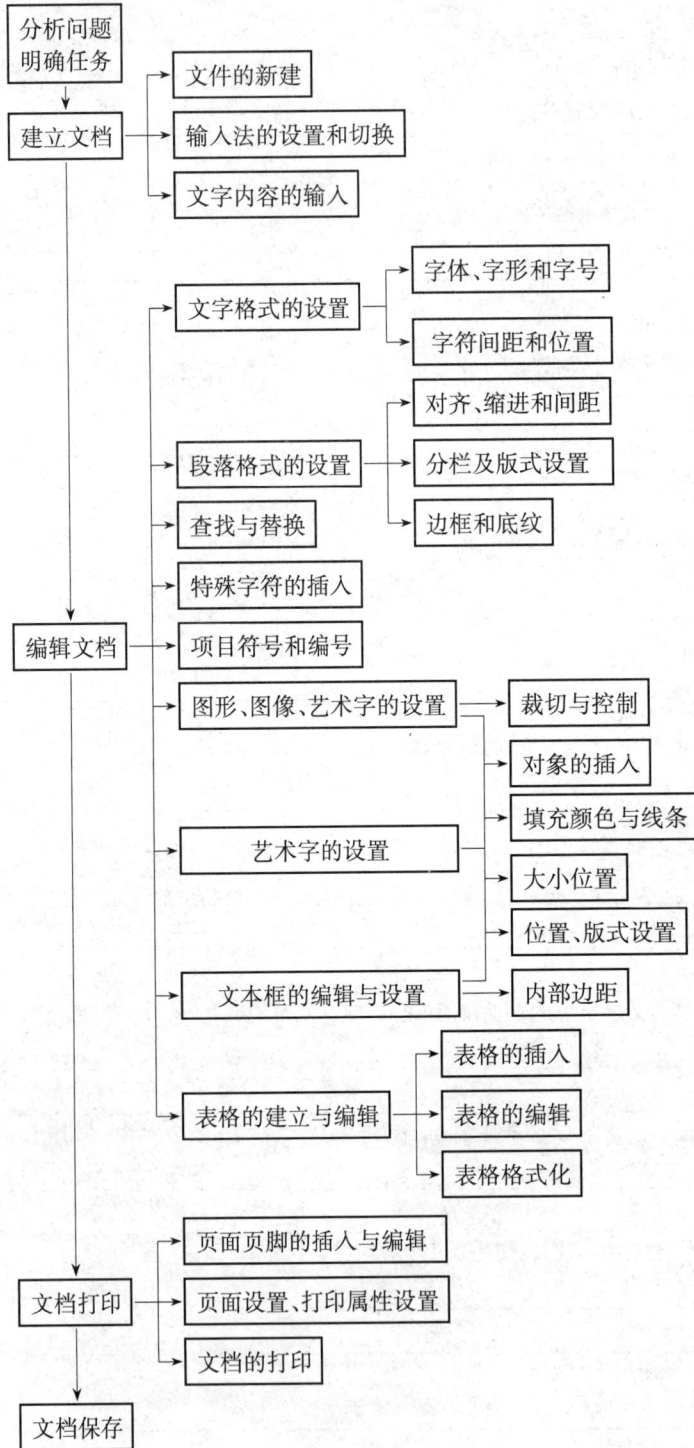

项目三

因特网应用

——幼儿园数码相机的选购和图片博客的创建

　　家庭是幼儿园重要的合作伙伴,为了在日常活动中争取家长的理解、支持和主动参与,幼儿园领导准备开展一次家校互动活动,让家长了解自己孩子的成长环境以及在幼儿园的生活状态。幼儿园相关领导决定本次活动在网络上开展,先拍摄反映孩子日常学习生活状态的照片,然后将照片上传到网络上便于家长浏览。因此学校需要购买数码相机,分管领导需要你先去了解一下目前主流数码相机的功能参数与价格,并尽快向他汇报。

　　根据分管领导的要求,先要利用互联网搜集当前主流数码相机的性能、价格等信息,将搜集的信息利用 Word 制作"数码相机选购方案"(活动一),并使用邮箱发送给分管领导,利用网络交流工具 QQ 实时与分管领导交流讨论方案(活动二)。确定具体型号后网购所选择的数码相机(活动三)。利用该相机拍摄反映孩子生活学习状态的活动照片以及孩子的作品成果。创建图片博客,将照片上传到图片博客上,实现与家长的互动(活动四)。

活动一　数码相机信息的获取与整理

活动要求

　　由于目前市场上数码相机种类繁多,要从众多的数码相机产品中挑选适合学校需求的一种,也并非易事。因此在购买前需要搜集各类主流数码相机产品,获取数码相机的功能、参数、价格等信息。然后,对这些信息进行加工、处理,形成采购方案(如一张表格)。参考样例如图 3-1-1 所示。

图　片	产　品	功　能　参　数	价　格
	佳能 600D	机身特性:APS-C 规格数码单反;有效像素:1 800万;显示屏尺:3英寸104万像素液晶屏;高清摄像:全高清(1080);传感器尺:22.3 * 14.9 mm CMOS;产品重量:约515 g(仅机身);防抖性能:不支持;存储卡类:SD/SDHC/SDXC	￥4 300

(续表)

图 片	产 品	功 能 参 数	价 格
	佳能 D3100	机身特性：APS－C 规格数码单反；有效像素：1 420万；显示屏尺：3 英寸 23 万像素 TFT 液晶；高清摄像：全高清(1080)；传感器尺：23.1＊15.4 mm CMOS；产品重量：约 455 g(仅机身)；防抖性能：不支持；存储卡类：SD/SDHC/SDXC	￥3 200
	尼康 D5100	机身特性：APS－C 规格数码单反；有效像素：1 620万；显示屏尺：3 英寸 92.1 万像素液晶屏；高清摄像：全高清(1080)；传感器尺：23.6＊15.6 mm CMOS；产品重量：约 510 g(仅机身)，560 g；存储卡类：SD/SDHC/SDXC 卡；机身颜色：黑色	￥4 300
	佳能 600D 套装	机身特性：单反；有效像素：1 800 万；显示屏尺：3 英寸 104 万像素液晶屏；光学变焦：3 倍；等效 35 mm：29—88 mm；高清摄像：全高清(1080)；传感器尺：22.3＊14.9 mm CMOS；产品重量：约 517 g	￥4 600
……	……	……	……

图 3-1-1　活动样例

活动分析

一、活动计划

1. 搜索数码相机相关信息

在浏览器输入搜索引擎网址，并将网址保存在收藏夹中。使用搜索引擎快速找到数码相机的性能、参数和价格等信息。

2. 利用 Word 制作选购方案

保存所搜索的数码相机信息。在 Word 中插入表格，将网页中的文字、图片保存到表格中。调整文档格式，形成选购方案。

3. 交流与讨论

讨论在利用互联网的信息时应注意哪些信息道德、版权等问题。

二、相关技能

1. 根据主题浏览因特网。

2. 搜索并保存特定主题的信息，如文字、图像、动画等信息。

3. Word 表格的设计与编辑。

方法与步骤

一、使用因特网搜索数码相机的性能、参数、价格等信息

1. 在浏览器中打开搜索引擎网址

双击电脑桌面上的"Internet Explorer"图标，启动 IE 浏览器，如图 3-1-2 所示。

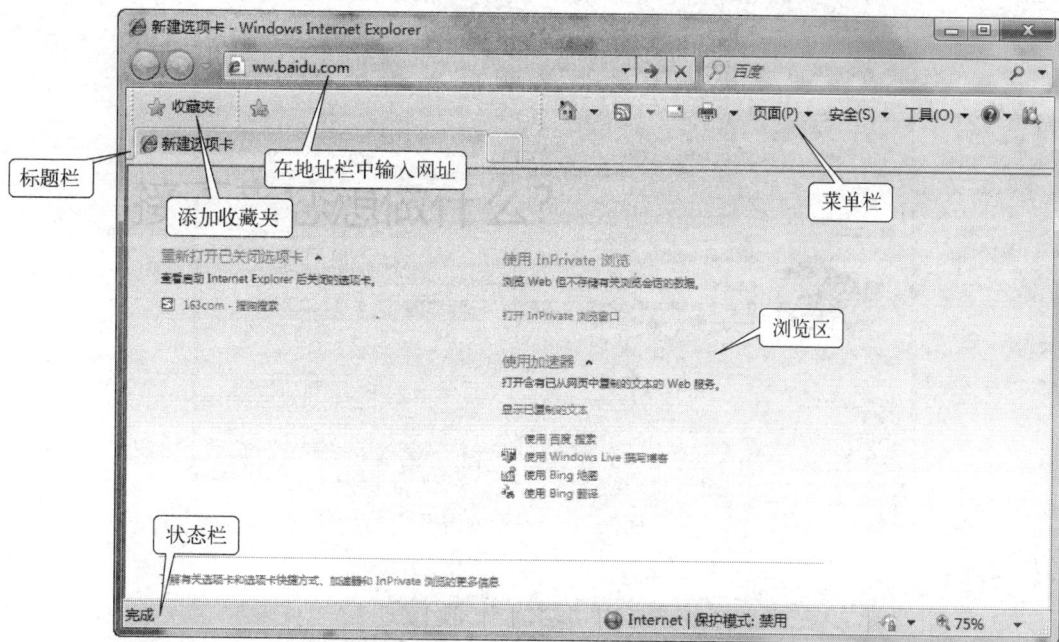

图3-1-2 在浏览器中输入网址

如果只知道找的信息内容,而不知道具体的网站,可以在地址栏中输入搜索引擎网站的网址"http://www.baidu.com",如图3-1-3所示,进入百度搜索网站的主页。

2.输入搜索关键字,查找数码相机的相关信息

在百度的搜索输入框中输入所要查找的关键字"数码相机",如图3-1-3所示。单击"百度一下"按钮,有关数码相机的页面就显示出来了,如图3-1-4所示。

打开搜索结果中的网页,仔细阅读网页内容,查看相关内容。

如果要缩小搜索范围,可以通过增加关键字重

图3-1-3 输入搜索关键字

新进行搜索,如将关键字改为"数码相机 单反",搜索到的结果就是与单反数码相机有关的信息。

3.保存网页信息

(1)将网页上有关数码相机的信息保存到Word文件中

通过百度搜索得到的数码相机信息如图3-1-5所示,按以下步骤对所有文字和图片信息进行保存。

第一步,选择所需要的文字和图片信息,按Ctrl+C键。

第二步,运行Word程序,在新建的文件选择菜单"开始"→"粘贴"或者按Ctrl+V键,把网页上数码相机的相关信息粘贴到Word文件中,如图3-1-6所示。

第三步,保存Word文件,选择"Office按钮"→"保存"。

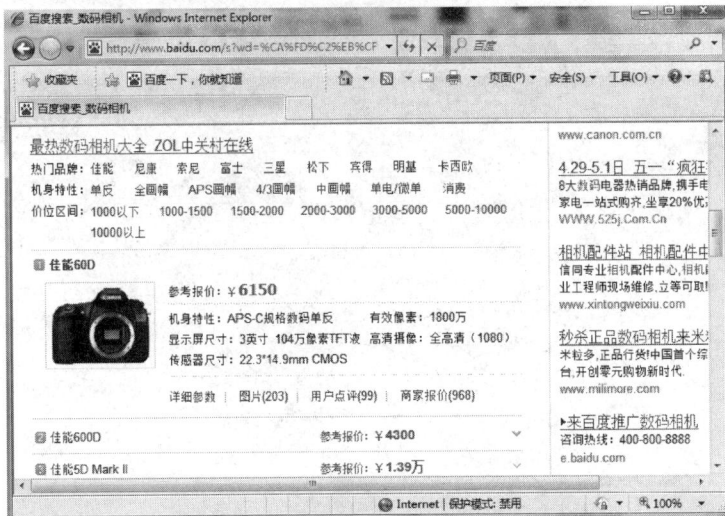

图 3-1-4　搜索结果

图 3-1-5　搜索找到的结果

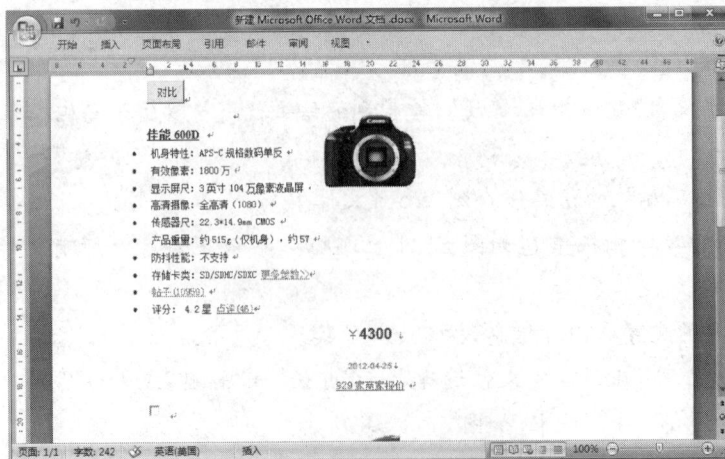

图 3-1-6　信息保存到 Word

二、对获取的信息进行加工、整理，并形成方案

对信息进行一些分析、筛选、添加，把最适宜的信息组合起来保存，成为一篇简易的调查报告（如活动样例图 3-1-1），可以提交给分管领导参考，以决定购买哪种型号的数码相机。

1. 在 Word 中插入表格

新建 Word 文档，将其重名为“数码相机选购方案”。在文档中输入标题“数码相机选购方案”，并设定标题格式。

在标题下插入 4 列 6 行的空白表格。在第一行，输入表格的表头信息。分别在第一行的各列中输入“图片”、“产品”、“功能参数”、“价格”。结果如图 3-1-7 所示。

数码相机选购方案

图片	产品	功能参数	价格

图 3-1-7　表格的表头设置

2. 复制网页内容到表格中

在图 3-1-4 的页面中，在图片处右击鼠标，在弹出的菜单中选择“复制”，将图片复制到第一列中的单元格中。然后将产品型号、功能参数和价格的内容分别复制表格的第二、三、四列中，如图 3-1-8。

图片	产品	功能参数	价格
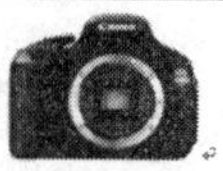	佳能 60D	机身特性：APS-C规格数码单反 有效像素：1800 万 显示屏尺寸：3英寸104 万像素TFT液 高清摄像：全高清（1080） 传感器尺寸：22.3*14.9mm CMOS	￥6100

图 3-1-8　选购方案

3. 调整表格单元格内容

将网页结果的内容直接复制到表格后，格式很乱。可以在 Word 中对单元格的内容进行格式调整，具体包括字体设置、单元格格式设置等操作。具体结果参考活动样例。

讨论：

如果先将网页中的图片、文字等内容复制到新建的 Word 文档中，然后再拷贝到所设计的表格中，应该如何操作？请动手实践。

知识链接

一、因特网与浏览器

1. 因特网

因特网是一个全球性的由采用 TCP/IP 协议族的众多计算机网相互连接而成的最大的开放式计算机网络，也称为互联网（Internet）。因特网发展迅速，在拥有丰富的信息资源的同时，也提供各种各样的服务功能，如电子邮件（E-mail）、文件传输（FTP）、远程登录（Telnet）、万维网（World Wide Web）、聊天系统（Chat）、新闻组（Newsgroup/Usenet）和电子公告牌（BBS）等。其中 WWW（World Wide Web，万维网）是因特网最广泛的用途。

WWW 中包含了文本、图片、声音、动画和视频及将它们连接在一起的文件，这个含有链接的文件称为网页（文件），而存放这些文件的服务器，则称为网站。在 WWW 上的每一个网页都可以通过特定的地址（网址）找到，这个地址也叫统一资源定位器（URL），只要在浏览器的地址栏输入这个地址即可。

网站的地址信息有两种：一种是 IP 地址，另一种是域名地址。域名地址是为解决 IP 地址中长长

的数字串不好记忆的问题而提出的，它用有意义的字符来代替数字，如复旦大学网站的域名为：www.fudan.edu.cn。域名一般也由四个部分组成，其中从左数第一组字串为国家名，第二组为组织名，第三组为单位名，第四组为计算机名（服务器）。

图 3-1-9　中国幼儿教师网

3. 浏览器首页的设置

打开浏览器的第一个网页称为主页（首页），通过主页上的超链接，就可以找到自己感兴趣的信息了。点击菜单栏的"工具"→"Internet 选项"，在弹出的窗口中输入所需要的网址，将其设置为主页，然后点击"应用"（如图 3-1-10 所示）。

二、搜索引擎

搜索引擎是一种提高互联网使用效率的优秀工具。

1. 什么是搜索引擎

搜索引擎其实也是一个网站，只不过这个网站专门为用户提供信息"检索"服务，是万维网环境中的信息检索系统，它使用特有的（引擎）程序把因特网上的所有信息归类，以帮助人们快速地在浩如烟海的信息海洋中搜寻到自己所需要的信息。

2. 主流搜索引擎的进阶使用

现在搜索引擎的功能已经不仅仅局限在了资料的查找。只要有一台能连接因特网的电脑，许多烦恼的问题都可以让它帮忙解决。

2. 浏览器

网页浏览器是个显示网页服务器或档案系统内的文件，并让用户与文件互动的一种软件。它用来显示在万维网或局部局域网络等内的文字、影像及其他资讯。这些文字或影像，可以是连接其他网址的超链接，用户可迅速轻易地浏览各种资讯。目前使用浏览器种类繁多，主要有微软公司的 IE（Internet Explorer）、360 浏览器、开源的 Firefox（火狐）浏览器、搜狗浏览器、谷歌浏览器等。

在浏览器的地址栏输入一个 URL，就可以显示相应的网页内容。如在地址栏输入：http://www.yejs.com.cn，可浏览中国幼儿教师网站上的内容，如图 3-1-9 所示。

图 3-1-10　首页设置

百度（www.baidu.com）是目前最常用的中文信息检索系统，该搜索引擎具有很强的智能型，会根据用户输入的中文信息，自动判断用户的需求。如用户在输入框中输入手机号，系统会返回该手机号的归属地信息；输入计算器，系统会自动提示关于计算器的相关应用程序，可用户选择使用。

还可以尝试输入以下内容，直接获取所要获得的信息或者答案。如：

1 磅＝?克（2.5 磅＝?克）；

1＋1＝?

1公里等于多少米

……

通过百度提供的更多的服务功能，如搜索论文的百度文库、翻译工具、百度百科、MP3 和视频下载等，可以根据用户的需求选择不同应用。

三、网页信息的保存

1. 保存为"网页类型"文件

例如要保存有关"幼儿教育　课改纲要"的信息，可以单击图 3-1-9 中的"专题研究"→"课改纲要"，再在显示的页面中单击第一篇文章链接，就可以找到需要的页面，显示出图3-1-11。

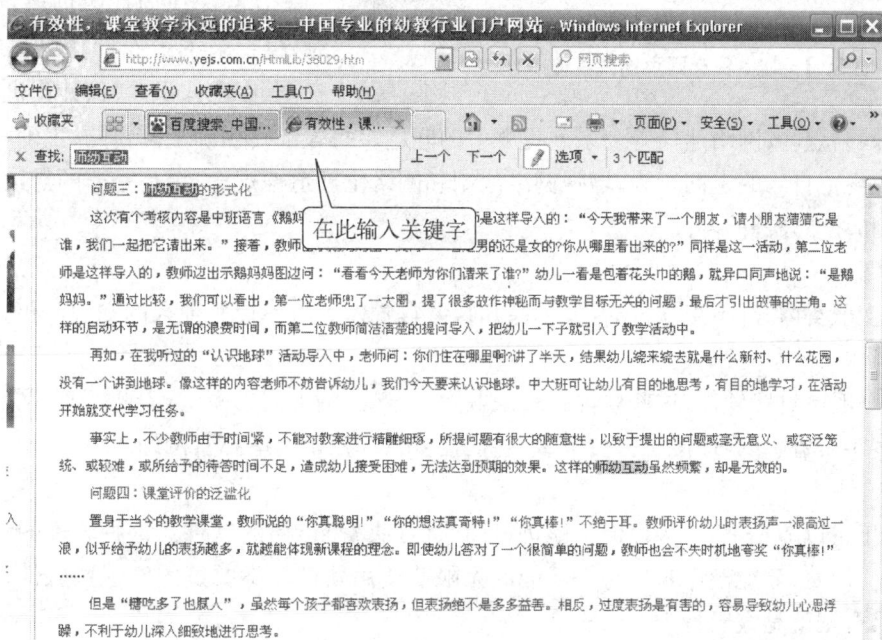

图 3-1-11　打开网页

点击菜单"页面"→"另存为"命令。

2. 查找并保存为"文本类型"文件

先找到所需的信息，以图 3-1-11 为例。如要在此页面中查找"师幼互动"，可以借助于浏览器的命令来帮助查找。

在图 3-1-11 中的查找输入框，输入"师幼互动"。对在此页面中找到的内容将以蓝色字体高亮显示。

点击菜单"页面"→"另存为"命令，在保存类型中选择"文本文件（txt）"图 3-1-12后按"保存"按钮。保存文件中只有文字信息没有图片等其他信息。

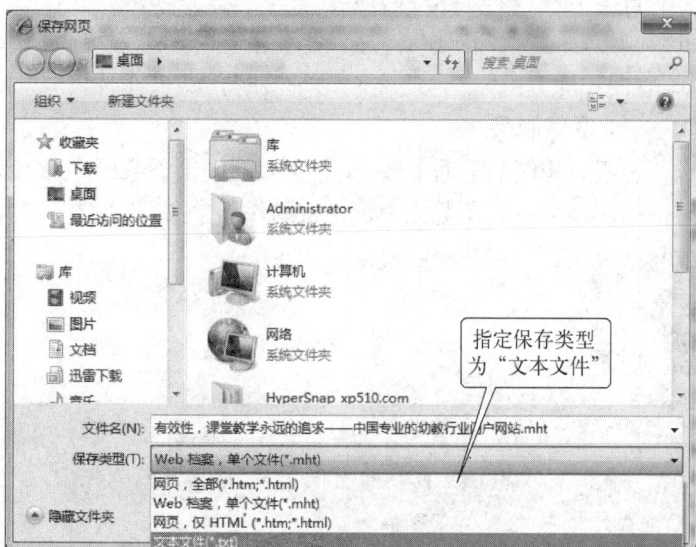

图 3-1-12　保存网页为文本文件

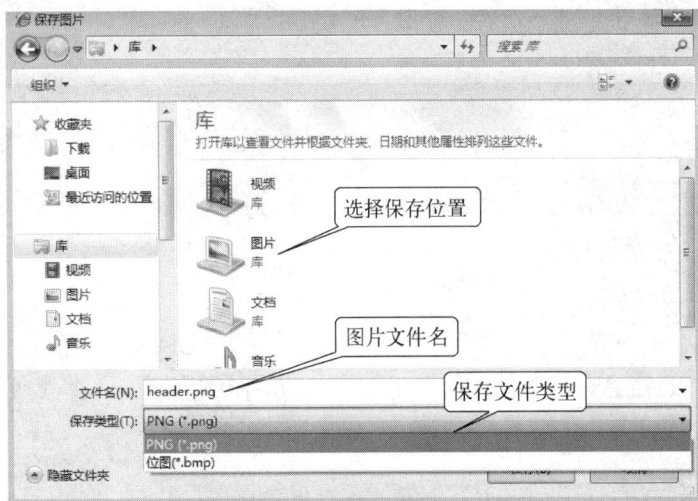

图 3-1-13　保存网页图片具体操作

3. 仅保存图片信息

找到所需的信息后，如果只需要保存其中的图片信息，在所需保存的图片上单击鼠标右键，在弹出的快捷菜单中执行"图片另存为（S）"命令，显示出图 3-1-13；在"保存图片"对话框中，选择适当的位置和文件名，单击"保存（S）"按钮，可将图片保存下来。

四、信息道德意识与版权意识

1. 信息道德意识

互联网在为社会创造巨大价值的同时，也带来了诸如计算机犯罪、危害信息安全、侵犯知识产权、计算机病毒、信息垃圾、信息污染、网络黑客、网络迷信等一系列更棘手的问题。每人都要明确上网目的，正确对待互联网的娱乐功能，努力规范自己的上网行为，增强网络法制和网络伦理道德观念，提高是非的辨别能力，做一名符合法律法规和社会公德的网民。

2. 版权意识

从因特网上取得内容（下载软件、音像制品）时，要自觉做到不能侵犯他人的知识产权。

（1）商业软件

商业软件一般是付费软件，这些软件一般采取网上订购，网下交易模式，因此，现在网上能负责下载的这类软件，多半是盗版的，即使是付费下载，它们也多数存在于一些私营网站。

（2）共享软件

共享软件指可以随意下载、传播但不能进行商业性（收费）传播的软件。这种软件的一大特点是需要支付一定的注册费，才能使用软件全部功能或无限期使用软件。不要试图对这些软件进行功能或时间限制的破除，否则就是盗版行为。

（3）自由软件

自由软件是共享软件的前身，一般是一种免费的软件，甚至用户还可以对这样的软件进行修改（不过修改后，希望告知原作者，这是职业道德），但不可进行商业性（收费）传播。自由软件没有功能、时间限制，但功能有限，一旦功能增强到一定程度，可能转化成共享软件。

（4）音像制品

至于音像制品等的下载，从非正规网站上下载的多数也是盗版的。而从正规的在国家有关部门注册过的网站上得到免费或少量付费的作品下载，可能不存在版权问题，因为版权费用通常已由网站支付或与产权人达成了某种协议。

？提醒

　　1. 软件的作用各不相同，文字处理软件主要用来处理以文字为主的文档。浏览器软件则是用来浏览网页。要根据自己的不同需要，合理选择处理软件。

　　2. 根据主题浏览因特网，可使用分类目录和关键字查找信息。

　　3. 充分利用搜索引擎的高级功能来解决问题。

自主实践活动

为老年活动中心采购设备提供信息

青松老年活动中心准备筹建一个电脑活动教室,需要采购一批电脑,要求是:能上网,能播放全高清视频,具有一定的图片、视频处理能力等。请帮助用户做一个购买前的市场调查,并将调查结果整理成一份简易的调查报告,提交老年活动中心领导,作为决定购买哪一种电脑的参考。

具体要求:

1. 通过搜索引擎找到具有合适信息的网站。
2. 将所需信息以网页形式保存下来。
3. 设计 Word 表格,并将相关信息填入。
4. 给出调查者的分析,与表格合成为一份简易的调查报告。

活动二　数码相机选购方案的网上交流与沟通

活动要求与样例

本活动通过 Outlook 电子邮箱客户端软件将已经制作好的数码相机选购方案发送给领导。分管领导阅读完你的邮件后给你回复,请仔细阅读分管领导长的回信。阅读后根据分管领导提出的问题与建议,到 BBS 上讨论数码相机的相关问题获取技术支持,以便在与分管领导实时交流时解决分管领导的疑问。然后通过 QQ 与分管领导就数码相机的选购方案实时交流。

参考样例如图 3-2-1 所示。

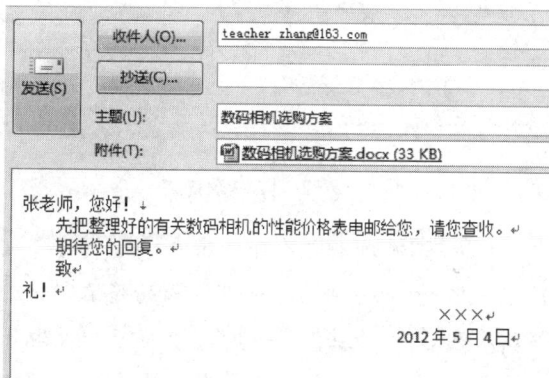

图 3-2-1　活动二参考样例

活动分析

一、活动计划

1. 发送与接收邮件信息

为了能够使用因特网的电邮服务,注册电子邮箱账号。将活动一的"数码相机选购方案"Word 文档发送给领导。并接收、查看、回复领导的邮件。

2. 利用论坛获取数码相机的技术支持信息

根据领导给你的回复邮件,访问 BBS 网站获取关于数码相机的技术支持。以解决领导所提出的疑问。

3. 交流与讨论

在使用邮箱、通讯工具或者 BBS 时,应该遵守哪些网络信息交流规范。

二、相关技能

1. 电子邮件的发送、阅读等操作。

2. 网上交流工具 QQ 的使用。

3. 网络信息交流的道德规范。

方法与步骤

一、给领导发送电子邮件并阅读、回复邮件

利用 Microsoft Office Outlook 的电子邮件客户端,可以进行电子邮件的发送、接收、回复等。

1. 熟悉与设置 Microsoft Office Outlook

(1) 点击"开始"→"所有程序"→"Microsoft Office"→"Microsoft Office Outlook 2007",启用 Outlook 软件。

(2) 首次进入需要先配置 Outlook 的账户信息。点击菜单栏的"工具"→"账户设置",如图 3-2-2。在弹出的窗口中,选择默认"电子邮件"选项卡下的"新建",如图 3-2-3。在弹出的窗口中,选择"下一步"。

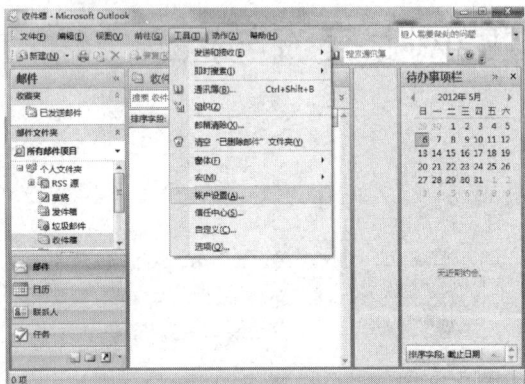

图 3-2-2　账户设置

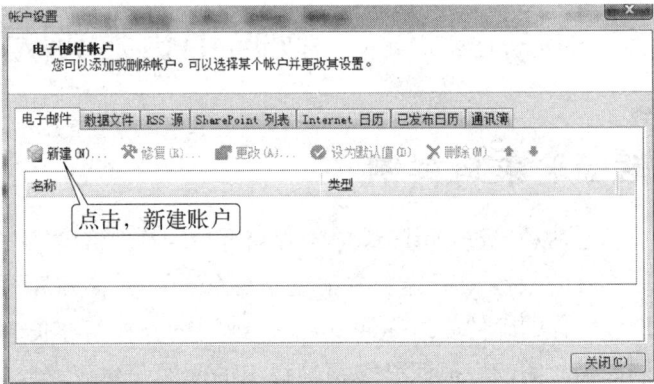

图 3-2-3　新建账户

(3) 在"添加新电子邮件账户"中,分别输入您的姓名、电子邮件地址(在 ISP 处注册过的电子邮箱地址)、密码(此密码为你注册邮箱的登录密码,两次输入的密码要一致,区别大小写),如图 3-2-4。填好所有内容后,点击"下一步"。在提示邮件配置成功后,点击"完成"。

2. 利用 Outlook 发送带有附件的邮件给园领导

(1) 点击 outlook 菜单栏的"新建"→"邮件",弹出窗口如图 3-2-5。

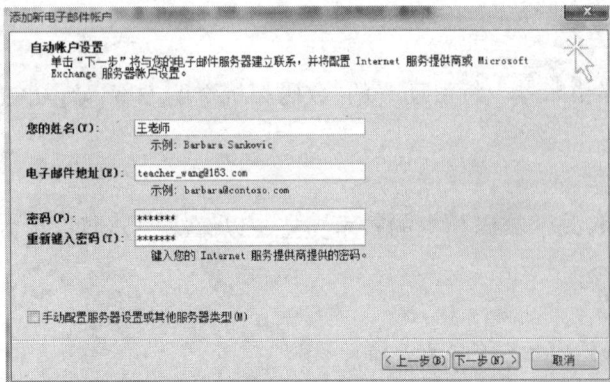

图 3-2-4　自动账户设置

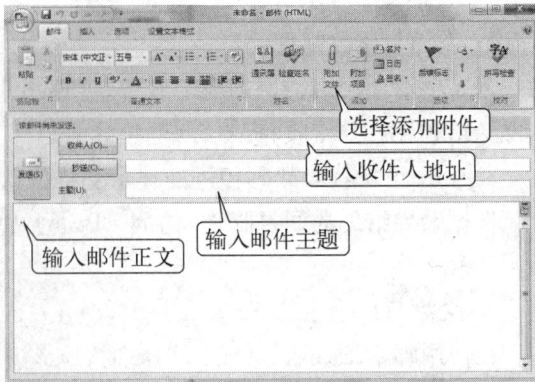

图 3-2-5　新建邮件窗口

（2）在"收件人"文本框中，填写幼儿园分管领导的电子邮件地址。

（3）填写邮件主题。"主题"文本框处，输入本邮件内容的主题，如"数码相机选购方案"。

（4）输入邮件内容。在电子邮件窗口的邮件内容编辑区域，输入邮件正文。

（5）将"数码相机选购方案"Word文件作为附件随邮件正文一起发送。

单击工具栏上的"附件文本"按钮。在弹出的对话框中，选择文件后，单击"插入"按钮，如图3－2－6所示。

（6）发送邮件。在"数码播放器调查"窗口中，

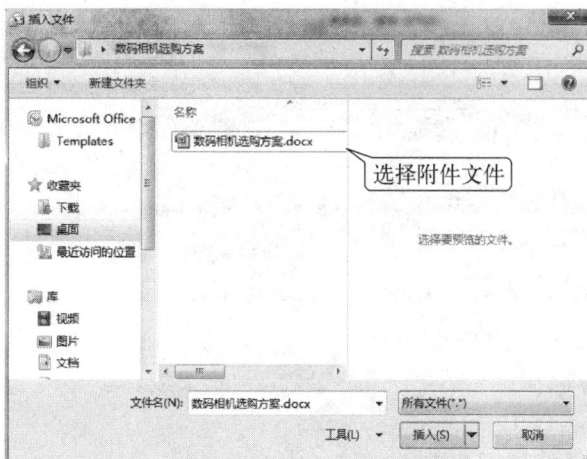

图3－2－6 插入附件

单击工具栏中的"发送"按钮，或选择"文件"→"发送邮件"，就可以把邮件发送出去。

3. 接收并阅读邮件

幼儿园分管领导收到关于"数码相机选购方案"邮件后，把回复意见通过邮件的方式发送给你。这时需要接收分管领导的邮件，了解领导对"数码相机选购方案"的意见。

（1）接收邮件。

点击菜单栏的"发送/接收"，在弹出的菜单中选择你的邮箱，继续点击"收件箱"。如图3－2－7。

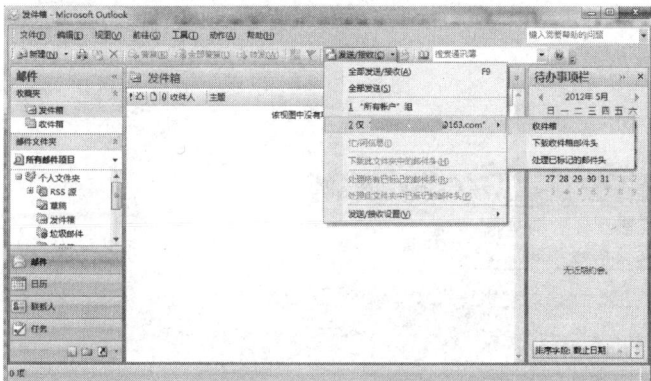

图3－2－7 接收邮件

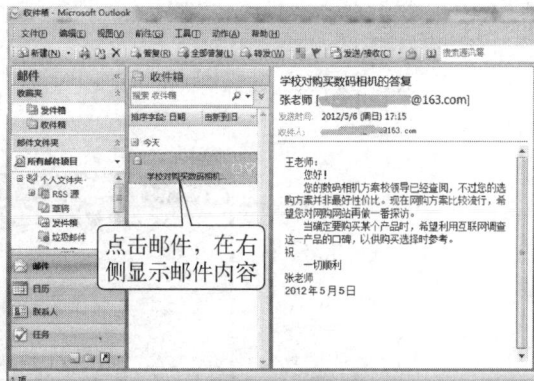

图3－2－8 查看收件箱

（2）阅读电子邮箱内容

接收后，此时收件箱中可以查看领导对你的邮件回复内容。也可以点击收件箱的某一邮件，查看具体详细内容，如图3－2－7。

二、利用论坛获取数码相机的技术支持信息

因特网提供了许多可以给予人们各方面帮助的服务，如论坛（BBS），将网上的信息按主题进行分组提供相关信息，如有关数码相机的信息就可以在数码产品组里得到。下面就通过BBS来获取数码相机的技术支持。

1. 登录BBS

进入论坛的方式有很多，如知道某个具体的论坛地址，就可以在浏览器的地址栏中输入地址（如dcbbs. zol. com. cn 中关村数码相机论坛）；或者通过百度搜索，输入关键字"数码相机论坛"，会有很多论

图3-2-9　百度搜索论坛结果

坛地址供选择,如图3-2-9。

以搜狐的"数码公社"论坛(http://zone.it.sohu.com/)为例,进入"相机讨论区"。

2.发表求助问题

如果没有注册,先在此网站注册,这样才有权限发表和回复帖子。注册后登录,如图3-2-10。

点击发表,如图3-2-11,选择问题类型,输入问题的标题和内容,可以发表求助问题。

3.与别人讨论现有的主题

点击一条帖子,浏览帖子内容,如图3-2-12。如果对帖子内容感兴趣,通过回复的方式与帖子的发表者进行交流。点击"回复",即可回复帖子。

图3-2-10　数码相机论坛页面

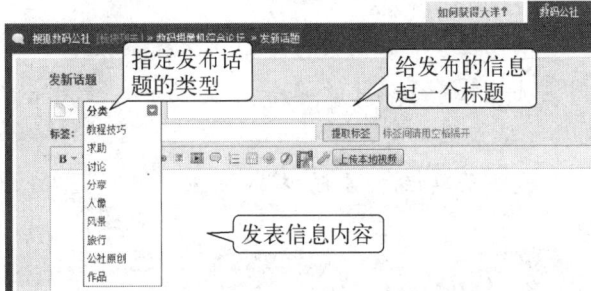

图3-2-11　发表新帖

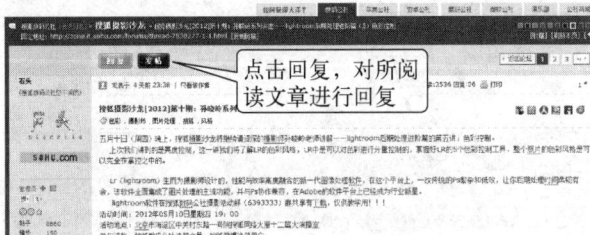

图3-2-12　回复帖子

知识链接

一、电子邮件(E-mail)概述

电子邮件(Electronic Mail,简称E-mail)是一种用电子手段提供信息交换的通信方式。通过网络的电子邮件系统,用户可以以非常快速的方式,与世界上任何一个角落的网络用户联系,这些电子邮件可以是文字、图像、声音等各种方式。

电子邮件服务由专门的服务器提供,Gmail、Hotmail、网易、新浪等邮箱服务是目前比较流行的邮件服务提供商。每个ISP(Internet服务提供商)都有自己的邮件服务器(相当于邮局),用于接收和发送电子邮件。为了区分不同用户的电子信箱,每个信箱有一个地址即E-mail地址。E-mail地址一般组成格式是:"信箱(用户)名@邮件服务器地址"。

符号@(读作[æt]),前面是信箱名,可以在注册时由自己或 ISP 指定,@后面是邮件服务器名,注册时由 ISP 提供。每个电子信箱都有一个信箱密码,只有输入正确的密码,才能打开信箱并读到信箱里的邮件。

发送电子邮件时,一般先编辑好邮件内容,然后发给 ISP 的发件服务器。邮件经过发件服务器处理,确定不是本地服务器收件,再通过因特网发出。邮件被送到收件人的收件服务器后,再由收件服务器分发到属于收信人的信箱中。

电子邮件的收发可以通过网页和专用的电邮客户端软件来进行。现在用的更多的可能是网页上的电子邮件收发。专用的电邮客户端软件包括 Outlook、Foxmail 等。使用邮件客户端软件能够提高邮件的收发效率。

二、网上交流服务概述

1. BBS

BBS 的英文全称是 Bulletin Board System,即"电子公告板"。BBS 最早是用来公布股市价格等信息的。早期的 BBS 与一般街头和校园内的公告板性质相同,只不过是通过电脑来传播或获得消息而已。如今,人们往往利用 BBS 作论坛空间,发表看法,获得帮助,每个 BBS 都有一个确定的讨论主题。利用 BBS 交谈比电子邮件往往要及时。

图 3-2-13　聊天

2. IM(即时通信)概览

即时聊天使亲友的沟通突破时空极限,使办公室的沟通突破上下级极限,使自我与外界的沟通突破心理极限……。作为使用频率最高的网络软件,即时聊天已经突破了作为技术工具的极限,被认为是现代交流方式的象征,并构建起一种新的社会关系。即时通信工具是迄今为止对人类社会生活改变最为深刻的一种网络新形态,没有极限的沟通将带来没有极限的生活。

当前因特网上几种主要的即时通信工具有以下几种。

(1)飞信

飞信(英文名:Fetion)是中国移动推出的"综合通信服务",即融合语音(IVR)、GPRS、短信等多种通信方式,覆盖三种不同形态(完全实时、准实时和非实时)的客户通信需求,实现互联网和移动网间的无缝通信服务。飞信不但可以免费从 PC 给手机发短信,而且可以 Mp3、图片和普通 Office文件都能随时随地任意传输而不受任何限制,能够随时随地与好友开始语聊,并享受超低语聊资费。

(2)QQ

国内常用的即时通信工具当数腾讯的 QQ,连到网上的一台台电脑上,屏幕上大多跳跃着一个个各式各样"小人头儿"——QQ 上的好友来信了。它为用户提供寻呼、聊天、新闻等信息,还有手机上的移动 QQ 服务。现在 QQ 已经升级到 2012 版。

(3)Windows Live Messenger

软件巨头微软开发的 Windows Live Messenger 即时通信软件,其前身即是赫赫有名的 MSNMessenger。有即时消息、表情符号下拉列表、语音对话、视频会议、文件传输等功能。

三、网络信息交流的道德规范

互联网的论坛、即时聊天等交流工具给个人的工作、学习和生活带来了很大的便捷性。在利用互联网来交流信息中,应该遵守国家的相关法律法规,并注意网络交流的礼仪规范。

图 3-2-14　飞信

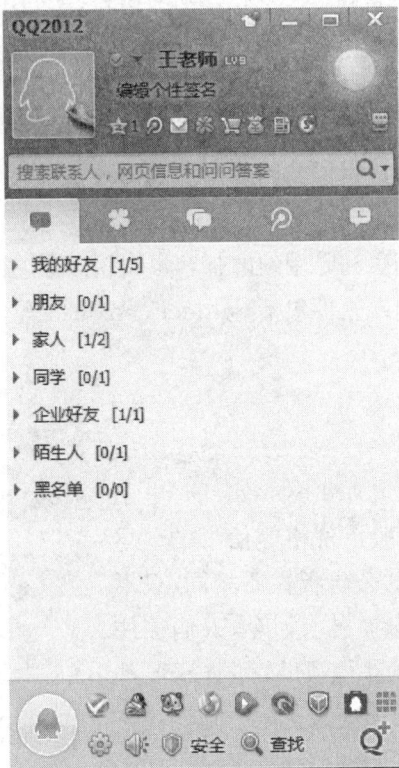

图 3-2-15　QQ

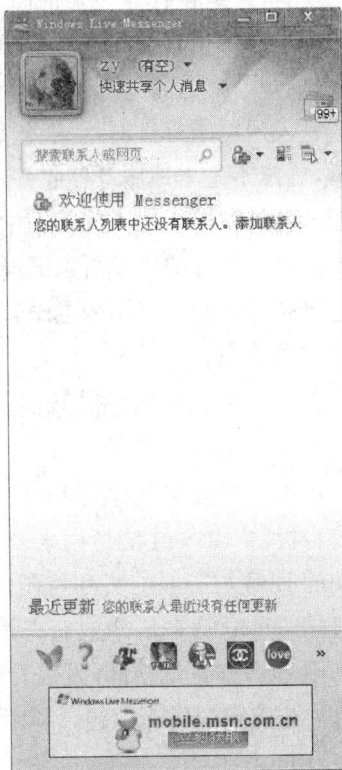

图 3-2-16　WLM

1. 具有是非辨别能力,加强网络信息道德的学习。

2. 文明交流,言语得体。在网上与人交流时,应确保用语文明,不得使用攻击性、侮辱性语言。

3. 合理运用,内容健康。网络是帮助个人更好工作的一种工具,因而在上网时,要注意正确地使用互联网。除了查询信息、正常学习和工作等,要主动远离网络上的不健康内容。

4. 自觉维护"洁净"的网络环境。网络是个虚拟世界,海量的信息之中鱼龙混杂、难辨真假。在运用网络工作或是交际时要提高警惕,防止上当受骗,更不可使用网络进行欺诈甚至从事犯罪活动。

5. 注意信息安全。网络高度发达的同时也给人们带来了高风险。在网络环境中,个人的隐私也极其容易受到侵犯。所以,在上网时既要保护自己的信息也应遵守相关规定,不侵犯他人的隐私。

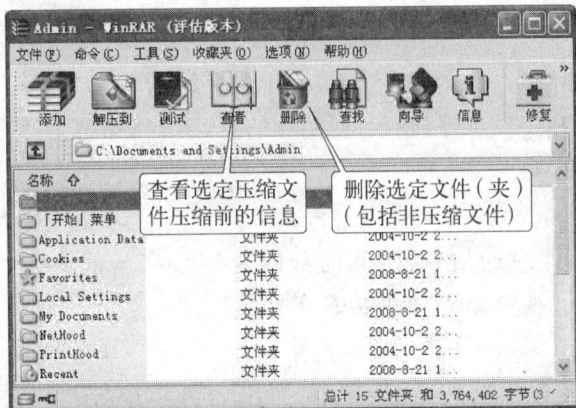

图 3-2-17　压缩软件界面

四、文件的压缩与解压缩

具备文件压缩功能的软件也是可选多多,不过其中又以 WinZIP 与 WinRAR 最为常见,这两种压缩软件在许多方面的性能、功能都不相上下。这里介绍 WinRAR。

1. 压缩软件界面

启动压缩软件:单击"开始-所有程序-WinRAR-WinRAR",显示如图 3-2-17。

2. 文件的压缩

除了主窗口可以进行压缩文件外,其实还有

更方便的使用方法,安装 WinRAR 后,它会将操作命令添加到右击鼠标的快捷命令中,见图3-2-18。

当你点击了"添加到档案文件(A)…",显示出图3-2-19所示的对话框。

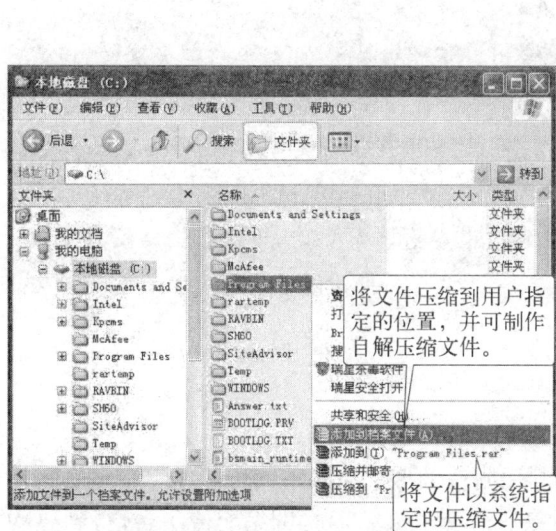

图3-2-18 压缩文件到指定位置

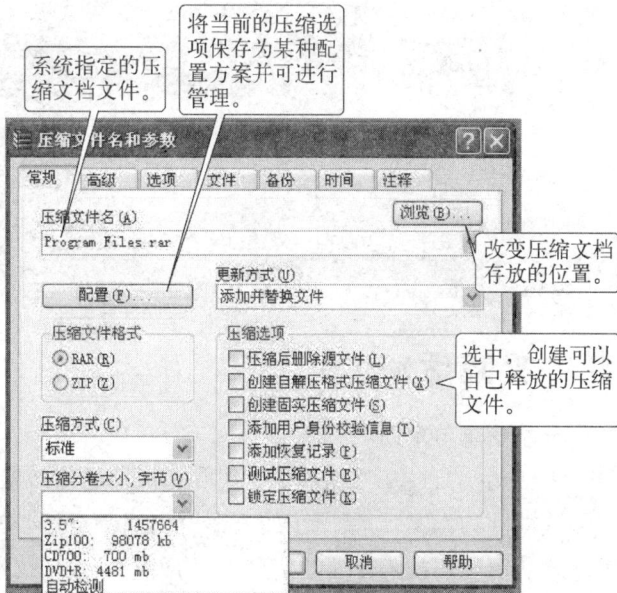

图3-2-19 添加到档案文件

压缩方式选项有:存储——打包,不压缩;最快——高速,很低的压缩率;较快——快速、较低的压缩率;标准——速度与压缩率平衡;较好——较高的压缩率、较低的速度;最好——最高的压缩率、最低的速度。其他设置可在"高级"、"文件"、"备份"等选项卡中进行,一般使用默认设置即可。

3. 文件的解压缩

与压缩一样,解压缩也可使用快捷菜单进行。右击压缩文件,弹出快捷菜单,见图3-2-20。

点击"释放文件(A)…"命令,显示如图3-2-21所示的对话框。

其他设置可在"高级"选项卡中进行,一般也保留默认设置即可。

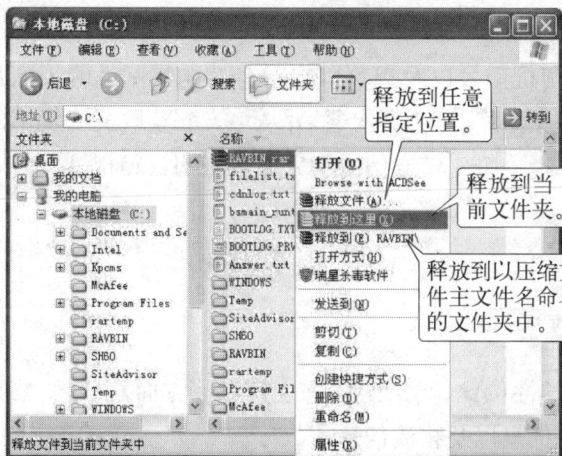

图3-2-20 文件的解压缩

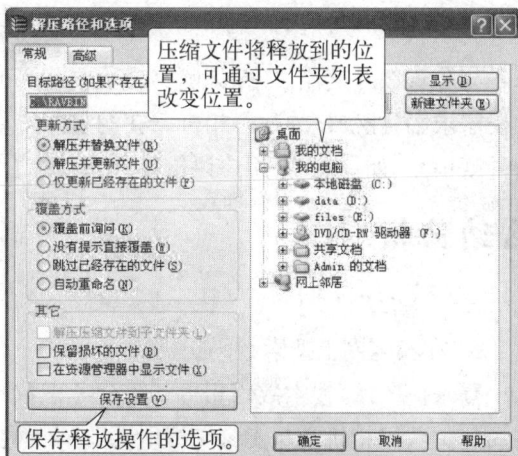

图3-2-21 释放文件

提醒

1. 电子邮件的收发可有两种方式：电邮客户端软件方式与网页方式，它们各有特色，如客户端软件可以下载邮件，可以离线方式阅读。

2. 除了使用 Outlook Express 发送邮件外，还可以使用许多网站提供的免费邮箱来发送，使用方法往往也很简单。

3. 创建多媒体电子邮件，可以使用网页格式来制作；可以发送带有多媒体信息（声音、图片、视频等）附件的电子邮件。

4. 注意在使用因特网交流工具时，不能因为注册信息的虚无而肆意妄为，要懂得网络信息交流的道德规范和遵守网络文明公约。

自主实践活动

分享信息与求助

将活动一"自主实践活动"中获取的各种电脑信息资料以附件的形式电邮给同班同学。同学之间相互阅读彼此的方案，对所阅读的方案提出修改意见，并回复给方案本人。通过网络交流平台，得到要购买电脑的更多的技术方面的信息，为购买电脑做好技术上的准备。

具体要求：

1. 在新浪网上申请一个免费邮箱。

2. 将你所撰写的购买方案发送给其他同学，附件内容为自己所制定的选购方案。

3. 阅读其他同学给你发过来的方案，登录 BBS 讨论有关电脑的技术问题，然后给邮件的主人回复相关的意见。

活动三　　数码相机的网上购买

活动要求

与分管领导交流讨论后，确定了所要购买的数码相机型号以及预算。在"淘宝"购物网站购买满足学校需求、高性价比的数码相机。在淘宝网中，搜索相关产品，与卖家沟通，并从多方面获取关于卖家的信誉度信息（如信用度、用户评价等方面），综合考虑选择一个比较诚信的卖家完成网购数码相机。

活动分析

一、活动计划

1. 在淘宝网上搜索数码相机

登录淘宝网，搜索数码相机。综合考虑数码相机的性价比、卖家的信誉度信息等方面，决定所要购买的一款数码相机。与卖家交流所要购买相机的相关信息以及物流信息。

2. 购买数码相机

拍下所确定购买的数码相机（下订单），确认收货地址，使用支付宝将货款转入担保交易方。

3. 支付与评价

在确认收货后,将保存在担保交易中心的货款支付到卖方。对卖方进行信用评价。

二、相关技能

1. 产品的搜索与购买。

2. 卖家荣誉度信息的查询。

3. 对所购产品的评价管理。

4. 安全网购的技巧。

方法与步骤

一、在淘宝上搜索数码相机

1. 登录与注册

在浏览器地址栏中输入"www.taobao.com",回车后,显示图3-3-1。如果要购买宝贝,则必须注册淘宝账户并登录,否则只能浏览宝贝。

2. 搜索宝贝

在图3-3-1搜索文本框中输入关键词,如"数码相机",按下"搜索"按钮,搜索结果如图3-3-2所示。在搜索时可以按照条件筛选,缩小自己的搜索范围,如在热门品牌中选择某一品牌,对价格范围进行设置,选择数码相机的具体参数类型等(像素、变焦范围、屏幕尺寸等)。

3. 查看卖家信誉度信息

点击所选择的某款相机图片,进入该商品的详细信息页面。也可以点击搜索栏右侧的"精简"模式,进入普通页面。在普通页面中点击所选择的商品图片,查看卖家的信誉度信息,如图3-3-3。

4. 与卖家交流

点击右侧的"和我联系"按钮,弹出聊天对话框,如图3-3-4,在此可以和卖家咨询关于产品的功能参数、物流信息等。

图3-3-1 淘宝网首页

图3-3-2 搜索结果

图3-3-3 查看卖家信誉度信息

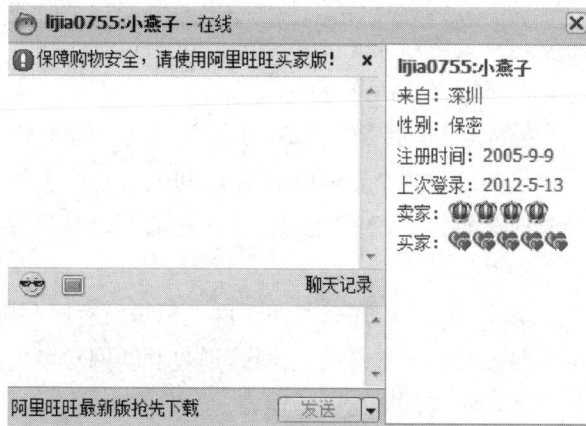

图3-3-4 和卖家联系

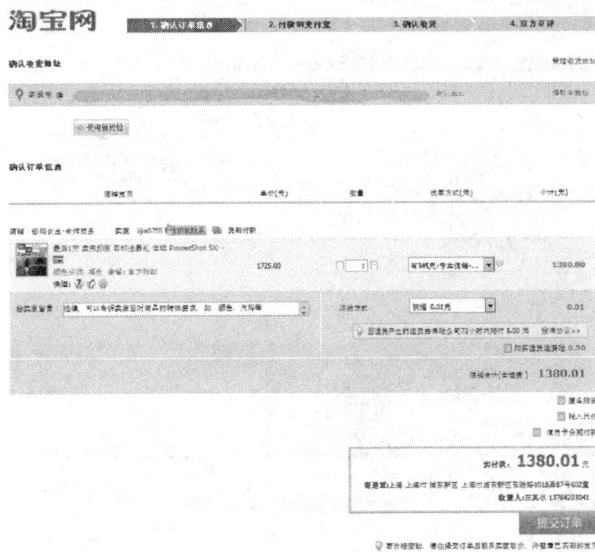

图 3-3-5　购买确认页面

三、支付与评价

1. 确认收货与支付

当收到获取之后，请登录淘宝网，进入"我的淘宝"，点击"已买到的宝贝"，进入确认收货页面。在确认收货页面中，输入支付宝密码，将货款转给卖家，并显示交易成功。

如果发现货物有质量问题，可以通过联系卖家的方式，申请退货或者换货。如果收到货但没有确认，不管你有没有在网上申请任何的退款，淘宝网将强制把买家汇到支付宝账号的钱转给卖家的支付宝账户里。

2. 评价

作为淘宝网买卖双方诚信体制建设的重要机制之一，就是给对方评价。在购买成功后，需要对卖家的服务以及物流服务给予评价。

评价应该如实，不要随意贬损或溢美。如果由于你客观的评价，而招致卖家的信息骚扰，应及时地向淘宝网投诉。

知识与链接

一、网上购物

1. 什么是网上购物

网上购物，顾名思义就是通过互联网检索商品信息，并通过电子订购单发出购物请求，然后通过各种支付手段将钱款支付给卖方，卖方通过邮购的方式发货，或是通过快递公司送货上门。

2. 网上购物的好处

首先，对于消费者来说，可以在家"逛商店"，订货不受时间的限制，可以买到当地没有的商品；网上支付较传统拿现金支付更加安全，可避免现金丢失或遭到抢劫；从订货、买货到货物上门无需亲临现场，既省时又省力；由于网上商品省去租店面、招雇员及储存保管等一系列费用，总的来说其价格较一般商场的同类商品更便宜。

其次，对于卖方来说，由于网上销售没有库存压力、经营成本低、经营规模不受场地限制等，在将来会有更多的卖方选择网上销售，通过互联网对市场信息的及时反馈适时调整经营战略，以此提高卖方经济效益和参与国际竞争的能力。

再次，对于整个市场经济来说，这种新型的购物模式可在更大的范围内、更多的层面上以更高的效

二、购买数码相机

1. 购买数码相机

点击 3-3-3 中的立刻购买按钮，进入确认订单页面，如图 3-3-5。填写自己的收货地址，确认所购买的商品信息，如数量，总价钱等。

正确无误后，点击"提交订单"按钮，进入付款页面。

2. 付款

在付款页面中，可以选择多种付款方式。如果有支付宝（一种安全的第三方支付手段）账号，在输入支付宝密码后，将钱先存入支付宝。如果没有支付宝，可以选择某一银行，但要确认所选择银行开通了网银功能，即可完成付款功能。之后你所要做的就是等待收货。

率实现资源配置。

3. 网上购物的交易对象

这里所谓网上购物的交易对象,是指买卖双方的身份。目前一般有三种,即 C2C、B2C、B2B。

C2C(C to C),一般指个人对个人的交易;B2C(B to C),一般指商家(企业)对个人的交易;B2B(B to B),则指商家(企业)对商家(企业)的交易。"淘宝网"等主要是 C2C,但也兼做 B2C 的购物网站(如 Dell、联想在"淘宝"上都开设有旗舰店)。那些由公司自己开设的商务网站,一般都属于 B2C,如"当当网"等,除非它坚称只做公司的生意。而"阿里巴巴"则是 B2B 的购物网站。

4. 网上购物的支付方式

国内的网上购物,一般付款方式有这样几种。

款到发货(直接银行转帐,在线汇款),买方要承担较大风险;担保交易(淘宝支付宝,百度百付宝,腾讯财付通等的担保交易,或称为第三方支付手段),一种买卖双方风险都降到最低的支付方式;货到付款,卖方可能承担比较大的风险,卖方邮寄一般不会采用这种方式,专人送货(如快递)可以采用。

5. 安全网购

尽管"淘宝网"等网上购物平台是很正规的,但在其上做买卖的卖家却是良莠不齐。因此,如何严防网络钓鱼、安全网购,就成了网购的第一要务。

(1) 学习一些识破网购陷阱的技能

网上购物存在有四大陷阱:

低价诱惑。如果产品以市场价的半价甚至更低的价格出现,特别是名牌产品,这时就要提高警惕,想想为什么它会这么便宜,因为知名品牌产品除了二手货或次品货,正规渠道进货的名牌一般不可能和市场价相差那么远的。

高额奖品。不法卖家往往利用巨额奖金或奖品诱惑吸引消费者购买其产品。

虚假广告。产品说明夸大甚至虚假宣传,实物与网上看到的样品不一致。钱骗到手后把服务器或网店关掉,然后再开一个新的网站或网店继续故伎重施。

设置格式条款。买货容易,退货、维修难,一些卖家买卖合同采取格式化条款,对网上售出的商品不承担"三包"责任、没有退换货说明等。

(2) 查看卖家的信用等级

如"淘宝网",每一笔交易,都有评价,再把评价折算成"❤ ～ ❤❤❤❤❤ 、🔶 ～ 🔶🔶🔶🔶🔶 、👑 ～ 👑👑👑👑👑(蓝冠)、👑 ～ 👑👑👑👑👑(金冠)"的直观表达。❤信用最低,👑👑👑👑👑(金冠)信用最高。

(3) 要防备信用陷阱

现在专门有一些刷信用的网站,只要付钱,它可以在很短的时间内刷到你想要的信用。如何防范可以看时间,如果是用了几年才达到某个信用高度,基本可信,反之要打个问号。但此法也并非万无一失,还需从其他方面去防范。

(4) 选择支付方式

能货到付款则选货到付款,并在验货时不心慈手软,该退则退;如果不能货到付款,也要选择第三方支付方式,如果能先行赔付则更好;款到发货,一般不建议使用这种支付方式,除非是国内知名商家的网上旗舰店。

二、信息安全的基本知识

由于现在的信息处理、传输主要依托于计算机及其构成的网络来进行,因此,计算机及网络的安全在很大程度上代表了信息的安全。

1. 什么是计算机及网络安全

国际标准化组织 ISO 是这样定义计算机安全的：计算机安全是指为保护数据处理系统而采取的技术和管理的安全措施，保护硬件、软件和数据不会因偶然或故意的原因而遭到破坏、更改和泄密。而网络安全则是指信息的保密性、完整性、可靠性和实用性、真实性、占有性。

2. 计算机及网络安全的主要内容

计算机及网络硬件的安全性，指计算机硬件设备、网络硬件设备（服务器、交换机、路由器和存储设备等）的安装和配置的安全性；确保计算机及网络安全的环境条件，包括机房、电源、屏蔽等。

软件安全性，指保护计算机及网络系统软件、应用软件和开发工具使它们不被修改、复制和感染病毒。

图 3-3-6　数据泄露

数据安全性，指保护数据不被非法访问、保护数据的完整性和传输中的保密性等。

运行安全性，指计算机及网络运行遇到突发事件时的安全处理等。

3. 破坏计算机及网络安全的主要途径

破坏计算机及网络安全一般认为存在无意和恶意两条途径。无意途径是因为偶然因素破坏了计算机及网络的软硬件，从而导致了信息的破坏；恶意途径则是人为地去破坏系统，如利用病毒、系统漏洞去破坏，其行为一般已经触犯了法律。

明火执仗的破坏早已被更隐秘的方式所取代，如黑客利用计算机病毒来破坏系统、盗窃网络服务（网银、网游等），截取对用户的系统的控制权，给网络造成更大的破坏。

4. 计算机病毒

计算机病毒是附着于程序或文件中的一段计算机代码，它可在计算机之间传播。通常它一边传播一边感染计算机。病毒可损坏软件、文件或有条件地损坏硬件，或使计算机性能下降很多。

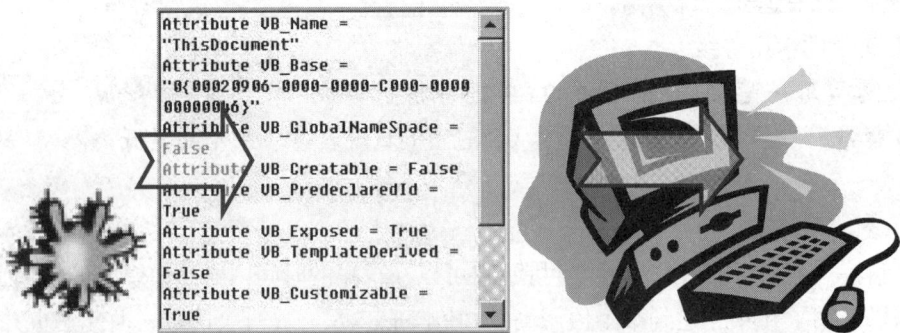

图 3-3-7　病毒代码

以前传播　　　　现在传播

图 3-3-8　病毒的传播

现在最普遍的网络病毒是蠕虫病毒和(特洛伊)木马病毒。

（1）蠕虫病毒

蠕虫病毒是可以将自己自动地从一台计算机复制到另一台计算机的程序,它的传播不必通过"宿主"程序或文件。它控制计算机上可以传输文件或信息的功能,一旦系统感染蠕虫,蠕虫即可进行大量复制、独自传播,危险性很高。

当新的蠕虫爆发时,它们的传播速度非常快。它们堵塞网络并可能导致用户需要等待很长的时间才能查看 Internet 上的网页。

（2）(特洛伊)木马病毒

在神话传说中,特洛伊木马表面上是"礼物",但实际上其中藏匿了袭击特洛伊城的希腊士兵。

现在,特洛伊木马病毒是指表面上是有用的软件、实际目的却是危害计算机安全并导致严重破坏的计算机程序。有些特洛伊木马以电子邮件的形式出现,电子邮件包含的附件声称是 Microsoft 的安全更新程序,但实际上是一些试图禁用防病毒软件和防火墙软件的病毒。

5. 黑客

黑客一词源于英文 Hacker,原指热心于计算机技术、水平高超的电脑专家,尤其是程序设计人员。但到了今天,黑客一词已被用于泛指那些专门利用电脑搞破坏或恶作剧的家伙。例如黑客通过木马来窃取用户在因特网上注册的一系列账号,最终导致用户财产损失;黑客通过系统漏洞侵入网上其他的电脑(这样的电脑被称为"肉鸡"),指挥"肉鸡"为他所用,当大量被它指挥的"肉鸡"同时向某个网站发起攻击时,这个网站即发生"拒绝服务"而瘫痪。

防止黑客最有效的办法就是拒黑客程序于用户计算机外,万一漏进了个别的黑客程序,也还是可补救的。不管什么样的黑客程序,它都要通过网络向黑客传送信息后才能取得控制权,因此只要阻断了不知情的网络传输即可。网络防火墙软件就是具备这些功能的一种比较有效的工具。

6. 钓鱼网站

有时黑客把一个极具诱惑力的弹出窗口挂在正常网站或修改正常网站的某个链接,只要你点击了这个窗口中的链接或已被修改的链接,即进入一个挂马或挂木马下载器的网站,木马随即在你的电脑中兴风作浪。这种等待你自己上钩的不良网站即称为钓鱼网站。

7. 保护计算机及网络信息安全的措施

针对无意的信息破坏,经常进行数据备份是一种好习惯。它可防止硬件损坏、突然停电等带来的信息损失。当然最好从技术上能给以防范,如使用双机冗余系统,配置不间断电源等。

图 3 - 3 - 9　信息安全防护

而对恶意的信息破坏,对普通用户来说,最好就是安装杀毒、病毒监控与防火墙软件,这样就能及时地知道是否有病毒入侵、有漏洞攻击,然后通过防火墙阻断它们与外界的联系,以保护信息安全。

国内目前比较著名的杀毒软件还有：360 安全卫士、金山杀毒、瑞星杀毒等;国外则有：Norton

AntiVirus、McAfee、卡巴斯基等。

提醒

1. 网上购物安全第一,不受可疑的超低价诱惑,而堕入购物陷阱。
2. 验货时不可心慈手软,以免给自己造成不必要的麻烦。
3. 支付方式选择,以资金安全为首选。

自主实践活动

为活动中心网购一批电脑

根据"活动二""自主实践活动"中得到的中心领导的反馈意见,要为老年活动中心购置性价比更高的电脑,决定到购物网站上去淘宝。

具体要求:

1. 注册并登录"百度"旗下的"有啊"购物网站。
2. 搜索"活动二""自主实践活动"中确定准备购买的电脑。
3. 找性价比高,并支持"百付宝"支付的卖家若干。
4. 与这些卖家交流沟通,确定最终卖家。
5. 拍下并购买电脑。
6. 对卖家进行评价。

＊实际操作时可以找低价值的商品,如书籍等来初试网购。

活动四 利用数码相机拍摄的照片开展图片博客的创建

活动要求

幼儿园领导准备借助互联网开展家校互动活动,将孩子们在幼儿园期间的照片展现给家长,让家长及时了解孩子的生活和学习状态,促进家校沟通的效率。利用所购买的数码相机,拍摄学生学习和生活的照片以及成果作品照片,并将照片拷贝到自己的电脑上。根据领导的要求,寻找合适的互联网应用。注册"好看簿"账号,制作两个"好看簿"主题活动,分别为幼儿园生活学习风采和学生作品成果展,将所拍摄的照片上传到图片博客中,并对每张照片加以文字说明。

活动分析

一、活动计划

1. 注册好看簿账号

在互联网中搜索相关的符合活动要求的应用。注册好看簿账号。

2. 创建主题活动

登录后,创建两个好看簿"故事",分别为"幼儿园生活学习风采"和"学生作品成果展",并上传照片到博客上。

　　3. 分享活动

将所创建的主题内容与家长分享,鼓励家长在博客中参与交流。

二、相关技能

1. 博客的注册与使用。

2. 博客的照片上传、发布。

3. 博客文章内容的交流讨论。

方法与步骤

一、图片博客的注册与访问

1. 了解好看簿

　　好看簿是一个 Web 2.0 图片分享网站,是一个帮助您用照片纪录生活的图片博客。为用户自己书写表达提供空间和交流平台。好看簿以故事为基础进行交流,以"故事"为锚点,组织不同用户进行会话交流。用户分享的不仅仅是表达信息的媒体元素,也是分享基于这些媒体元素基础上用户所创作的"故事"。"故事"的创作,不是简单的复述,而是复杂信息的判断、筛选、重构与创造过程。这个"故事"内容在实践中具体表现,形式非常多样,可以是郊游活动的记录、会议内容与过程的记录、课堂教学过程记录、班级学生管理的记录等。

　　2. 注册与登录好看簿

　　在百度中输入关键字"好看簿",查找好看簿网址。或者在浏览器地址栏中输入"www. haokanbu. com",进入好看簿网站首页,如图 3-4-1。

图 3-4-1　好看簿首页

　　在注册页面中,输入用户名、密码和邮箱。邮箱一定要输入正确,一旦忘记密码将用邮箱找回密码。

3. 激活注册账号

登录注册时的电子邮箱,查看好看簿服务器发给你的邮件。在浏览器中输入发到你邮箱里的网址,如图3-4-2。

4. 注册成功后登录

点击图3-4-1首页的右上角的"登录",输入用户名和密码,提示登录成功,进入个人首页,如图3-4-3。此刻,就可以使用好看簿创建自己的故事了。

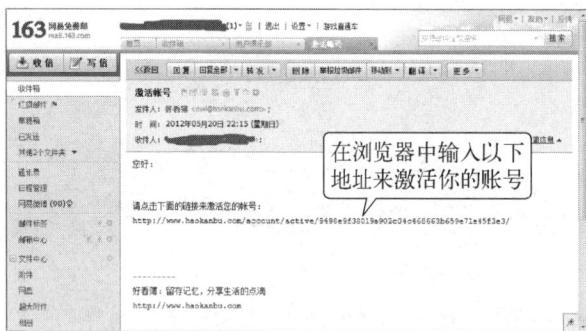

图3-4-2　邮箱确认地址

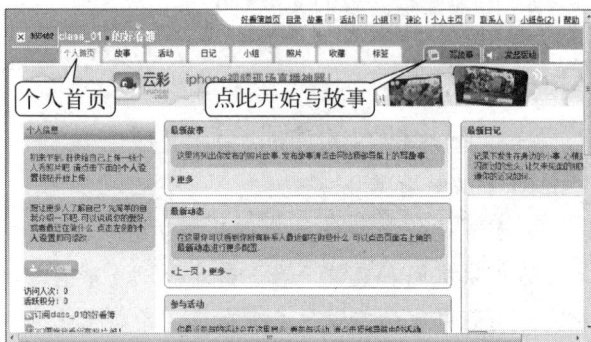

图3-4-3　创建主题活动

二、创建好看簿主题活动

1. 创建主题活动

点击图3-4-3的"写故事",进入撰写图片博客的内容页面。

2. 上传图片

图片博客的特点就是用图片来讲述故事。在图3-4-4中点击添加照片,选择要宣传展示的照片,然后点击上传,在进度条显示100%后,点击下一步。若想删除掉已经上传的照片,选择某一张图片,点击移除。

图3-4-4　上传图片

3. 为照片加说明

在图3-4-5中输入这个主题活动的标题、选项卡,以及关于本次家校互动活动的描述。在3-4-6中输入关于每张图片的内容描述,让家长更容易看到孩子在幼儿园的学习生活状态。输入好以后点击"保存并发布"。

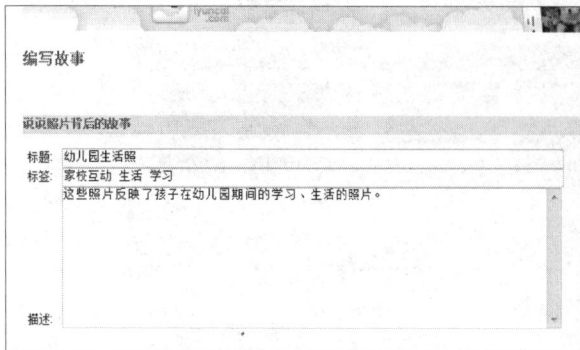

图3-4-5　输入活动信息

图3-4-6　解释每张照片的内容

此时,点击"个人主页"下载菜单中的故事,如图3-4-7,查看所创建主题的详细内容,并可以看到此活动的点击次数和评论数,了解家长对本次活动的互动参与情况。

用以上方法,再次创建一个主题活动,标题为"学生作品成果展",将孩子各方面的作品上传到好看簿中。请学生自己操作。

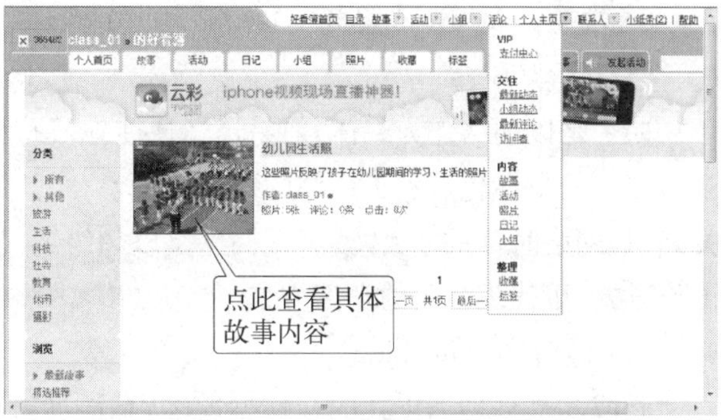

三、鼓励家长参与交流讨论

点击图3-4-7中的图片,浏览具体的照片。点击每张图片下面文字旁边的评价的按钮,可以对照片进行评价。

图3-4-7 "图片博客"的故事首页

图3-4-8 参与评价

如果要编辑本主题活动内容,点击图3-4-8中的编辑,可以增加照片内容,修改每张照片的描述内容。

也可以点击标题下的"单张模式"、"3D廊"、"幻灯片",切换不同的浏览模式体验不同的浏览效果。

知识与链接

一、Web 2.0

1. 什么是Web2.0

目前关于Web2.0的较为经典的定义是 Blogger Don 在他的《Web2.0 概念诠释》一文中提出的"Web2.0是以 Flickr、Craigslist、Linkedin、Tribes、Ryze、Friendster、Del. icio. us、3Things. com 等网站为代表,以 Blog、TAG、SNS、RSS、Wiki 等社会软件的应用为核心,依据六度分隔、xml、Ajax 等新理论和技术实现的互联网新一代模式"。

2. 常见的 Web2.0 服务

(1) 博客(Blog)

博客是以网络作为载体,简易迅速便捷地发布自己的心得,及时有效轻松地与他人进行交流,再集丰富多彩的个性化展示于一体的综合性平台。博客是继 E-mail、BBS、ICQ 之后出现的第四种网络交流方式,是网络时代的个人"读者文摘",是以超级链接为武器的网络日记,是代表着新的生活方式和新的工作方式,更代表着新的学习方式。

(2) 微博客(Micoblog)

微博客是一种非正式的迷你型博客,是最近新兴起的一个 web2.0 表现形式,是一种可以即时发布消息的系统;用户可以通过移动设备、IM 软件(Gtalk、MSN、QQ、Skype)和外部 API 接口等途径向你的微博客发布消息。微博客的另一个特点还在于这个"微"字,一般发布的消息只是只言片语,每次只能发送 140 个字符。最受欢迎的微博客产品是微博。

国内知名微博客有新浪微博、有随心微博、大围脖、饭否、同学网、唠叨、叨叨网、MySpace 聚友9911、贫嘴等。

(3) 播客(Podcasting)

"播客"(Podcasting)这个词源自苹果电脑的"iPod"与"广播"(broadcast)的合成词,指的是一种在互联网上发布文件并允许用户订阅 feed 以自动接收新文件的方法,或用此方法来制作的电台节目。Podcasting 录制的是网络广播或类似的网络声讯节目,网友可将网上的广播节目下载到自己的 iPod、MP3 播放器或其他便携式数码声讯播放器中随身收听,不必端坐电脑前,也不必实时收听,享受随时随地的自由。更有意义的是,还可以自己制作声音节目,并将其上传到网上与广大网友分享。国内这种网站或开设这种功能的网站频道,如"新浪网播客频道"、"土豆网"等等。

(4) 聚合资讯(RSS)

RSS 是英文 Rich Site Summary(丰富站点摘要)或者 Really Simple Syndication(真正简单的整合)的首字母缩写,是一种用于共享新闻标题和其他 Web 内容的 XML 格式标准。

RSS 使得每个人都能成为潜在的信息提供者。发布一个 RSS 文件后,这个 RSS Feed(即 RSS 文件)中包含的信息就能直接被其他站点调用。

网络用户可以将某个网站的 RSS 订阅到在线的 WEB 工具,如 igoogle 中,或订阅到支持 RSS 的客

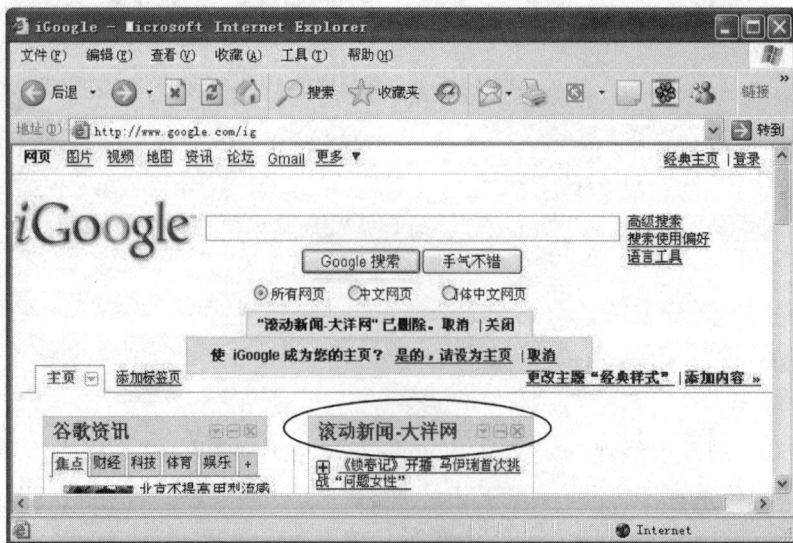

图 3-4-9　在 iGoogle 中订阅了"大洋网-滚动新闻"的 RSS

户端新闻聚合软件(如 Feed Demon、Sharp Reader、NewzCrawler)中,用户在不打开网站内容页面的情况下,就可以阅读支持 RSS 输出的网站内容。当订阅了多个不同网站的 RSS 内容时,可以在一个统一的界面下实现对许多网站 RSS 内容的浏览,而不再需要进入这些网站。

(5) 维基百科(Wiki)

Wiki 的协作是针对同一主题作外延式和内涵式的扩展,将同一个问题谈得很充分很深入。个性化在这里不是最重要的,信息的完整性和充分性以及权威性才是真正的目标。

Wiki 使用最多也最合适的就是去共同进行文档的写作或者文章/书籍的写作。特别是与技术相关的 FAQ,更多也是更合适地以 Wiki 来展现。

维基百科是一个基于 wiki 技术的多语言百科全书协作计划,其目标及宗旨是为全人类提供自由的百科全书——用他们所选择的语言书写成的,一种动态的、可自由访问和编辑的全球知识体。维基百科是一部内容开放的百科全书,内容开放的材料允许任何第三方不受限制地复制、修改,它方便不同行业的人士寻找知识,而使用者也可以不断增加自己的知识从而充实自己。

二、培养良好的社会信息道德

每一个人既是一个独立的主体,但又是一个与所生活的社会休戚相关的个体。因此,做每一件事就不能只从自己的角度去考虑,而应该放到社会中去考虑,考虑是否会给社会带来危害。

就拿从因特网上获取社会信息来说,就应该学会辨识什么样的信息是有益的,什么样的信息是无益也无害的,什么样的信息是有害的(如色情网站,黑客攻击等)。有益的信息多多益善;无聊的信息可偶尔为之,但切不可沉湎于此;有害信息则千万不可越雷池一步,使用或发布有害信息有可能导致不可挽回的损失。

因特网作为一个虚拟的承载、传播信息的空间,不能因为它的虚拟性,就在其上大肆发表不负责任的言论,甚至是一些人身攻击;也不能因为自己有一技之长(如掌握了黑客的技能,应该去反制黑客,而不是成为黑客),就去破坏别人的信息,攫取别人的钱财,把自己的快乐建筑在别人的痛苦之上。任何时候都必须遵守法律规范。

养成良好的社会信息道德,不仅对个人人生发展大有益处,而且也是防范自己的信息不被破坏的有力武器。因为很多的恶意代码(病毒、蠕虫、木马)都寄生在不良网站上,如果经不起不良网站的引诱而浏览了这些网页,恶意代码就会随着网页进入系统,这无异于开门揖盗。

沉湎于网络,沉迷于游戏,网上交友不慎,虽不能提到道德的层面来考量(有害的除外),但它确实给一些家庭带来了痛苦。网络是一把双刃剑。在面对网络,面对游戏时,必须要学会自制,学会适可而止,让网络成为学习、工作的工具。

提醒

1. 使用在好看簿中通过发起活动的方式,提高每次活动的参与度。
2. 使用好看簿的站内搜索,可以搜索到很有优秀的图片资源。

自主实践活动

为老年活动中心管理电脑教室

青松老年活动中心电脑活动教室建立后,在使用过程中发生了一系列的问题,如:有的电脑不知什么原因宕机,有的电脑的重要数据莫名其妙地丢失等等。活动中心的管理者,对电脑的知识也十分有限,故希望帮助他们创建一个安全、良好的电脑使用环境。

具体要求:

1. 使用 U 盘(光盘)版杀毒软件启动电脑并进行杀毒。

2. 安装杀毒软件并进行配置。

3. 对重要数据设定好定期备份。

综合活动与评估 重庆城市轨交发展的调查与分析

活动要求

在自己的邮箱中有一个邮件,邮件要求为重庆城市轨道交通发展做调查。调查可从电视、报纸、网络、座谈、社会调查等不同的途径展开,收集有关重庆城市轨道交通发展的信息,为重庆城市轨道交通规划部门出谋划策,提供更多的信息;然后通过文字处理软件,制作重庆城市轨道交通调查分析的精美电子板报。

活动分析

1. 打开邮箱查看邮件,阅读邮件,最后还要发送带附件的邮件。通过电子邮件的使用,即发送、接收、阅读等,培养信息交流的能力。

2. 小组合作讨论重庆城市轨道交通发展的情况。

3. 查找有关重庆城市轨道交通发展的信息,并整理成文,培养获取信息和整理信息的能力。

4. 对重庆城市轨道交通发展进行分析,包括重庆城市轨道交通发展的历史、重庆城市轨道交通发展的现状、重庆城市轨道交通发展的将来等问题。培养提出问题、分析问题的能力。

5. 根据调查与分析,运用文字处理软件制作一份精美的电子板报,培养整理信息的能力,以及解决问题的能力。

方法与步骤

一、讨论

1. 确定小组成员

姓　名	特　长	分　工

2. 确定小组的研究主题

小组准备对重庆城市轨道交通发展进行哪种形式的调查?

根据讨论的结果,各小组结合组内学生的兴趣等确定自己小组研究有关重庆城市轨道交通发展调查与分析的主题。

二、有关重庆城市轨道交通发展的调查与分析

小组合作,自主实践与探索,对重庆城市轨道交通发展进行调查与分析。这里以"重庆城市轨道交通发展"为主题展开,各小组应根据自己选定的主题展开综合活动,通过多种途径进行调查,最后将结果以板报的形式做出。

1. 打开邮箱,查看邮件、阅读邮件,然后回复表示接受任务。

2. 获取重庆城市轨道交通发展的信息。可以通过搜索引擎查找这方面的信息:www. baidu. com。设计重庆城市轨道交通发展的调查与分析内容,参考内容:

(1) 重庆城市轨道交通的发展。

(2) 国际上城市轨道交通发展的情况。

(3) 大都市热衷于建设轨道交通的目的。

(4) 重庆建市以来最早的城市轨道交通(最早的有轨电车)情况。

(5) 重庆市最早的城市轨道交通规划。

(6) 重庆城市轨道交通发展规划经历的阶段。

(7) 重庆城市轨道交通发展远景规划中你们觉得做怎样的选择较好?还有哪些地方可以补充的?

三、使用 IE 浏览器对重庆城市轨道交通发展进行调查

调查的方法:

1. 通过 IE 浏览器怎样搜索信息?都要搜索哪些信息?

2. 怎样从网上下载文字和图片?

3. 对重庆城市轨道交通发展调查后,进行分析。

重庆城市轨道交通的现状是:_____。

重庆大力发展城市轨道交通的目的是:_____。

也可以自拟问题,对自己感兴趣的话题展开调查分析。

四、制作和发布电子板报

1. 使用文字处理软件制作精美的电子板报。

讨论:报告中应包含哪些内容?

2. 将精美的电子板报以附件的形式发送给规划部门。

(1) 讨论:电子板报做好后,规划部门是否满意,怎样才能让规划部门看到你的调查与分析结果?

(2) 怎样制作电子邮件?通常要知道什么?

(3) 怎样发送文件附件?

评估

一、综合活动的评估

根据综合实践活动,完成下面的评估检查表,先在小组范围内学生自我评估,再由教师对学生进行评估。

综合活动评估表

学生姓名：________ 日期：________

学习目标		自评		教师评	
		继续学习	已掌握	继续学习	已掌握
1. 信息获取	信息的定义与分类				
	信息获取的各种方法及途径				
	根据主题浏览和获取信息				
	搜索并保存特定主题的信息，如文字、图像、动画等信息				
	使用因特网时的法律知识和培养正确使用因特网的态度				
2. 根据问题的要求，规划板报的能力					
3. 综合学科应用的能力					
4. 恰当选择信息处理工具的能力	认识IE浏览器软件				
5. 文字处理	基本文档处理（打开、建立、编辑、保存、编辑工具的基本使用）				
	图形处理（艺术字、图片的插入与编辑、图文混排）				
	排版（字的格式化、段落的格式化）				
	表格处理（建立、编辑、格式化）				
	页面设置				
	文本框及设置、阴影等				
6. 信息交流	因特网基础知识				
	制作、发送、阅读、回复、删除电子邮件				
	制作、发送有附件的电子邮件				
	培养正确使用电子邮件的态度				
	网络信息交流的道德规范				
7. 分析问题、解决问题的能力					

二、整个项目的评估

复习整个项目的学习内容，完成下面的评估表。

整个项目学生学习评估表

学生姓名：

在整个项目的所有活动中喜爱的活动：

1. 这个学习活动包括以下哪些技术方面

□电子表格	□文字处理	□图像处理
□电子邮件	□程序设计	□网上交流
□多媒体演示文稿	□网页制作	□病毒防治
□网页浏览	□数据库	□网络购物

(续表)

2. 为了完成整个项目活动,自己所必须学习的哪项技能最有挑战性?为什么?
_____
_____

3. 为了完成整个项目活动,自己所必须学习的哪项技能最有趣?为什么?
_____
_____

4. 为了完成整个项目活动,自己所必须学习的哪项技能最有用?为什么?
_____
_____

5. 比较文本处理软件、多媒体信息处理软件,它们各处理哪几方面的信息?请举例说明它们应该在什么情况下使用。
_____
_____

6. 发送电子邮件,从发送到邮件送入收信人信箱的过程是怎样的?网上交流有哪些方式?你最喜欢哪一种?为什么?
_____
_____

7. 如何才能做到安全网络购物?
_____
_____

8. 如何下载网上的软件和音像制品才不会有侵权之嫌?为什么说养成良好的社会信息道德、维护别人的知识产权,也可能是在保护你自己的信息安全?
_____
_____

归纳与小结

在日常学习和工作中，我们经常要从因特网上获取信息或得到其他应用服务，对获得的信息分析后，还可能要进行传递与交流，以使信息能为更多的需要者共享。在这个过程中也使我们自己能够得到需要的帮助，这个过程还要求我们安全、合法地去得到、使用信息及其他应用服务。

利用因特网，安全、合法地得到、使用信息以及其他应用服务的过程和方法如下图所示：

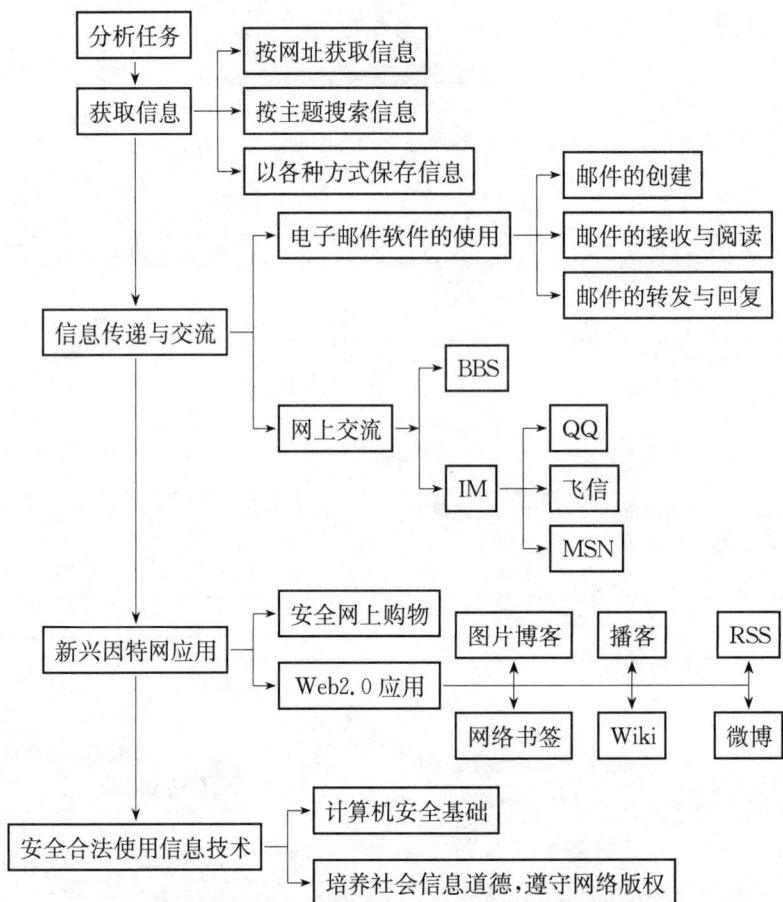

项目四

多媒体信息处理
——中国传统节日宣传短片制作

中华民族文化丰富多彩,源远流长,其中传统节日有着特定的民俗文化内涵,是一种特殊意义的文化资源。而春节作为中华民族第一大节,社会意义尤为巨大。本项目将制作一个中国传统节日系列影视短片,希望能让学前儿童观赏后加深对我国民族传统文化的了解,同时,你也能初步学会运用多媒体技术进行信息的获取、处理及表达等操作技术,提高信息处理的相关能力。

活动一 春节习俗——策划准备

活动要求

计算机多媒体作品制作一般要经过以下四个过程:分析与设计作品;收集相关信息素材;信息素材的整理和加工;信息素材的合成与展示。在本次活动中,首先分析作品所要表达的主题,设计影视短片中应该包含的元素,然后通过多种渠道来获取有关春节的文字、图像及声音等信息。样例参见书后所附光盘。

活动分析

一、活动计划

1. 讨论短片所要表达的主题内容

任何一个作品都是表达作者的某种思想,或赞美歌颂,或批判讽刺,好的主题能让受众产生共鸣,深受启发。

2. 设计影视短片的结构及内容

多媒体信息要比单纯的文字信息更加直观生动,但必须经过精心设计后才可运用,不能生搬硬凑,没有精心设计和构思过的作品不可能较好地表达出主题思想。

3. 撰写影片解说词文稿

语言和文字是多媒体作品中不可或缺的信息,好的解说词可使受众更容易理解作品所要表达的思想内容。

4. 获取与作品主题相关的图像和声音等多媒体信息

获取与作品主题相关的图像和声音等多媒体信息,图像与声音是多媒体作品中的重要元素。

5. 录制影片解说词

录制过程也是一种信息获取的过程,是将文字信息转变为声音信息的一种方法。

二、相关技能

1. 利用网络查找并下载图片文件。

2. 利用网络查找并下载声音文件。

3. 利用文档库对多媒体文档进行组织与管理。

4. 利用"截图工具"获取图片。

5. 使用"录音机"录制声音。

6. 常用多媒体文档(声音)的格式。

方法与步骤

一、讨论短片所要表达的主题内容

春节是我国一个古老的节日,也是全年最重要的一个节日,如何庆贺这个节日,在千百年的历史发展中,形成了一些较为固定的风俗习惯。本影视短片主要是介绍春节中的一些风俗习惯,让受众加深对我国民俗节日的了解,感悟我国悠久的历史文化,增进爱国情感。

二、设计影视短片

1. 影片由片头文字、片尾文字、一小段视频及分别代表八个习俗的 8 张图像构成。

2. 片头文字用飞入方式展示,内容为"中国传统节日系列片之一"和"春节"两行文字。

3. 片尾文字用向上滚动方式展示,内容由 3 行文字组成:"影片策划:XXX"、"影片制作:XXX"和"年月日"。

4. 片头文字后的视频要求能表现喜庆气氛,建议使用央视的春节联欢晚会的开场部分。

5. 用 8 张具有代表性的图像说明春节的 8 个重要习俗,图像之间应有不同的过渡效果。

6. 影片中的声音用录制好的影片解说词,并加入背景音乐,背景音乐应是较欢快的有中国民族风格的音乐。

7. 影片的总时间控制在 3~5 分钟之间。

8. 影片的主色调为红黄二色。

三、撰写影片解说词文稿

根据影片的主题,从多种渠道获取有关春节习俗的文字资料,然后撰写影片解说词文稿。参考文稿如下:

中国传统节日:春节

春节是我国一个古老的节日,也是全年最重要的一个节日,如何庆贺这个节日,在千百年的历史发展中,形成了一些较为固定的风俗习惯,有许多还相传至今。以下介绍几种春节中的传统习俗。

1. 扫尘:我国在尧舜时代就有春节扫尘的风俗。这一习俗寄托着人们破旧立新的愿望和辞旧迎新的祈求。

2. 贴春联:春联也叫门对、春贴、对联、对子、桃符等,它以工整、对偶、简洁、精巧的文字描绘时代背景,抒发美好愿望,是我国特有的文学形式。

3. 贴窗花:窗花不仅烘托了喜庆的节日气氛,也集装饰性、欣赏性和实用性于一体。

4. 年画:春节挂贴年画在城乡都很普遍,浓黑重彩的年画给千家万户平添了许多兴旺欢乐的喜庆气氛,寄托着他们对未来的希望。

5. 守岁:除夕守岁是最重要的年俗活动之一,除夕之夜,全家团聚在一起,通宵守夜,等着辞旧迎新的时刻,期待着新的一年吉祥如意。

6. 爆竹:中国民间有"开门爆竹"一说。即在新的一年到来之际,家家户户开门的第一件事就是燃放爆竹,以哔哔叭叭的爆竹声除旧迎新。

---

7. 拜年：新年的初一，人们都早早起来，穿上最漂亮的衣服，打扮得整整齐齐，出门去走亲访友，相互拜年，恭祝来年大吉大利。

8. 春节食俗：大约自腊月初八以后，家庭主妇们就要忙着张罗过年的食品了。一般不可或缺的有腌腊味、蒸年糕、包饺子等。

四、使用录音机软件录制影片解说词声音

1. 将话筒接入到计算机声卡的话筒输入口，如图 4-1-1。

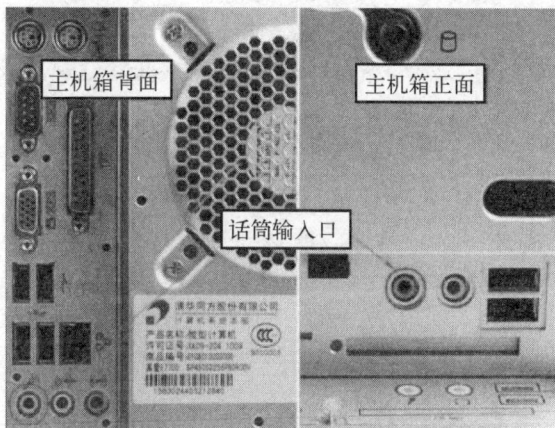

图 4-1-1 话筒输入口

图 4-1-2 附件菜单打开录音机

2. 单击"开始"按钮，然后单击"附件"。打开"附件"中的"录音机"程序，如图 4-1-2。

3. 单击录音机上的"开始录制"按键，如图 4-1-3。

4. 录音完毕后单击录音机上的"停止录制"按键，如图 4-1-4。

5. 保存声音文件。在"另存为"对话框中保存声音文件，步骤一：选中音乐库中的"我的音乐"文件夹；步骤二：以"旁白"为文件名；步骤三：单击"保存"按键确定。如图 4-1-5。

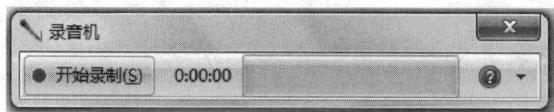

图 4-1-3 录音机开始录制按键

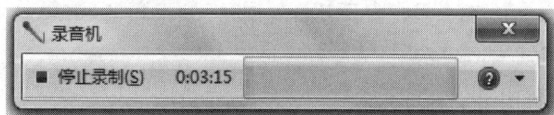

图 4-1-4 录音机停止录制按键

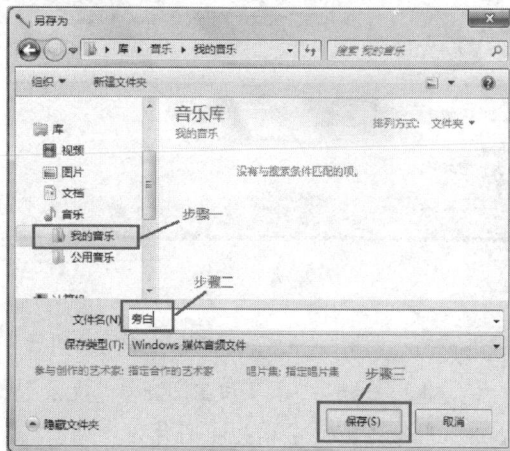

图 4-1-5 保存声音文件操作

五、运用网络技术查找并下载有效的声音信息

1. 打开 IE 浏览器,登录到百度网站(网站地址为 http://www.baidu.com),单击"MP3"进入百度 MP3 搜索网站,如图 4-1-6。

图 4-1-6　百度首页

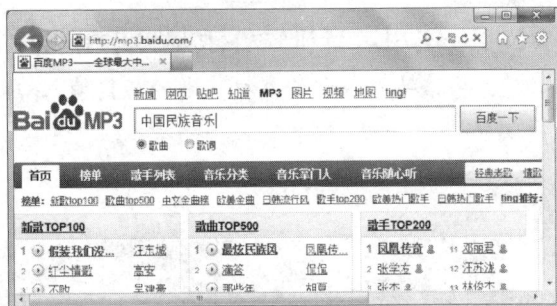

图 4-1-7　输入关键字

2. 在文本框中输入"中国民族音乐"关键字,单击"百度一下"按键,如图 4-1-7。

3. 百度通过搜索,会给出一个符合关键字要求的歌曲列表,如图 4-1-8。在列表中可以试听,也可以单击歌曲名下载声音文件。

图 4-1-8　歌曲列表

图 4-1-9　保存歌曲

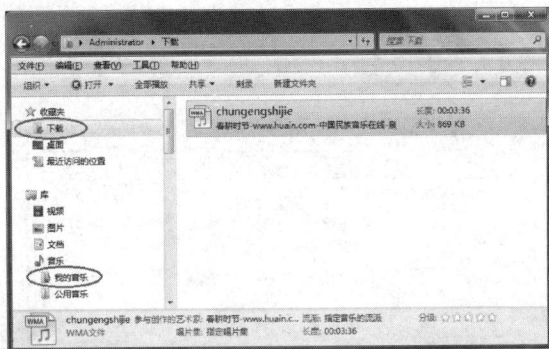

图 4-1-10

4. 在歌曲列表中找出合适的歌曲,单击歌曲名,打开"百度音乐盒"网页,在链接地址上单击,在打开的对话框中单击"保存"按键,保存声音文件,如图 4-1-9。

5. 图 4-1-10 中是刚从网上下载好的声音文件,请将其保存到"我的音乐"文件夹中,并重命名为"春耕时节"。

六、运用网络技术查找并下载有效的图像信息

1. 打开 IE 浏览器,输入网页地址 http://www.google.com.hk/,进入谷歌网站。单击"图片"进入"Google 图片"搜索页面,如图 4-1-11。

2. 输入关键字"春节扫尘",单击"搜索"按键,如图 4-1-12。

3. 进入与关键字相关的图片列表网页,查找需要的图片,如图 4-1-13。

4. 依照网页上给出的图片相关信息选择适当的图片,单击后打开该图片,然后单击右键,在打开的快捷菜单中执行"图片另存为"命令,保存图片,如图 4-1-14。

图 4-1-11　谷歌图片搜索网页

图 4-1-12　输入关键字进行搜索

图 4-1-13　搜索到的图片列表

图 4-1-14　保存图片

　　5. 使用同样的方法查找并下载另外 7 个与春节习俗相关的图片,并保存在"我的图片"文件夹中,如图 4-1-15。

知识链接

一、常用声音文件格式

1. WAV 文件

　　波形(.wav)文件是 Windows 存放数字声音的标准格式,也是一种未经压缩的音频数据文件,文件体积较大,可用于编辑,不适合在网络上传播。图 4-1-16 是通过 Windows2000 中的录音机软件录制的声音波形。

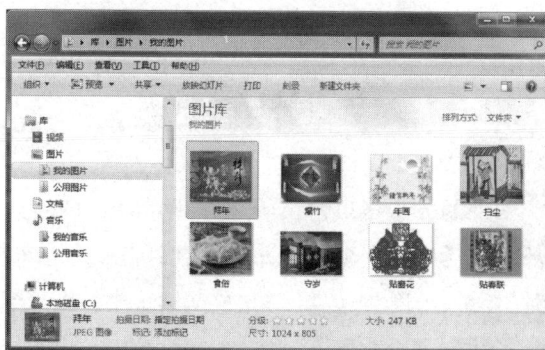

图 4-1-15　图片库

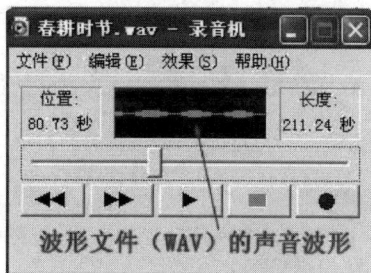

图 4-1-16　声音波形

2. WMA 文件

　　Windows Media Audio 文件是微软公司新发布的一种音频压缩格式,其采样频率范围宽、有版权保护、数据量小且不失真,非常适合放在网络上即时收听。图 4-1-17 是在百度上搜索到的同一首歌曲不同文件格式的歌曲列表。

3. MP3 文件

　　MP3(MPEG Audio Layer3)文件的压缩程度高,音质好,文件体积小,适合保存在携带式个人数码设备中播放。图 4-1-18 为同一

歌曲名	歌手名	专辑名	试听	歌词	铃声	大小	格式	链接速度
1 你们的爱 radio	周笔畅	你们的爱	试听			2.1 M	wma	
2 你们的爱	周笔畅	你们的爱	试听			2.1 M	wma	
3 你们的爱	周笔畅	你们的爱	试听			2.1 M	wma	
4 你们的爱	周笔畅	你们的爱	试听			6.2 M	mp3	
5 你们的爱	周笔畅	你们的爱	试听			6.2 M	mp3	
6 你们的爱	周笔畅	你们的爱	试听			2.1 M	wma	
7 你们的爱	周笔畅	你们的爱	试听			2.1 M	wma	
8 你们的爱	周笔畅	你们的爱	试听			2.1 M	wma	

图 4-1-17　歌曲列表

首乐曲的不同文件格式比较,当我们分别打开它们进行欣赏时,不会感觉有什么大的不同。图 4-1-19 是几种常见的携带式个人数码设备。

春耕时节.wav　36,391 KB　波形声音
春耕时节.mp3　1,445 KB　MP3 格式声音
春耕时节.wma　　870 KB　Windows Media 音频文件

三种音频格式文件大小比

wav:mp3:wma ≈ 42:1.7:1

图 4-1-18　不同文件格式比较

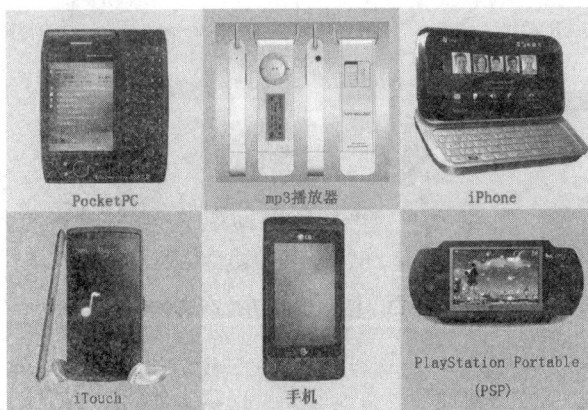

图 4-1-19　常见携带式个人数码设备

4. MIDI 文件

乐器数字接口(Musical Instrument Digital Interface,MIDI)文件,在很多流行的游戏、娱乐软件中都被广泛应用。由于它并不取自对自然声音采样,而是记录演奏乐器的全部动作过程,如音色、音符、延时、音量、力度等信息,因此数据量很小。图 4-1-20 是 MIDI 制作设备及与计算机连接方法的示意图(请参照 http://baike.baidu.com/view/7969.htm)。

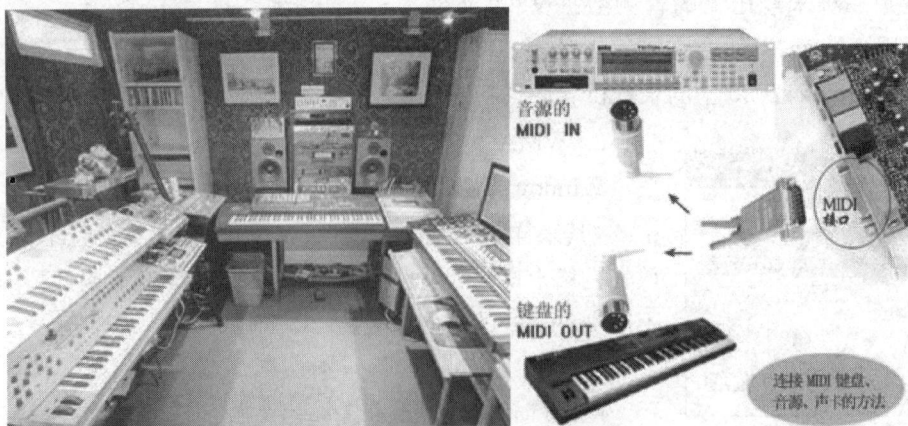

图 4-1-20　MIDI 连接示意图

二、利用多种渠道获取多媒体信息的方法

用计算机获取信息是指将数字化的信息以文件的形式保存到某一存储介质上。以下介绍几种常用的多媒体信息获取方法与技术。

1. 上网查找并下载

因特网可以说是一个信息的海洋，从中我们可以获取大量的信息，但首先应该通过搜索找到我们所需要的信息。在本活动中，我们就是通过两个著名的搜索信息的网站即谷歌和百度来获取声音与图像信息。

2. 用数码相机获取图像信息

数码相机又称 DC(Digital Camera)，是一种获取数字图像信息的常用设备。将数码相机中的图像信息保存到计算机中的方法有很多，图 4-1-21 所示的是使用 USB 接口连接的方法（请参照 http://baike.baidu.com/view/13650.htm）。

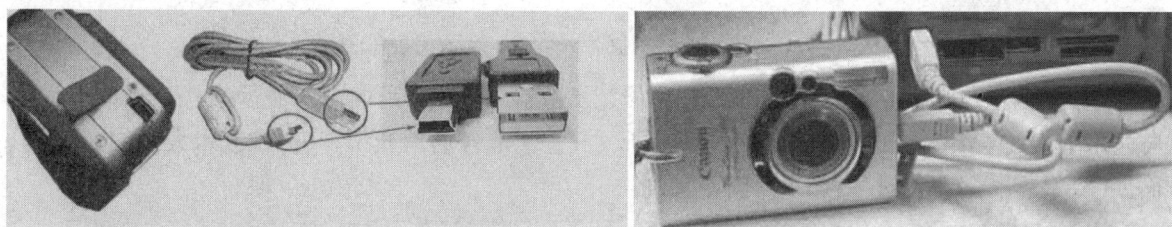

相机上的 USB 接口及 USB 连接线　　　　　数码相机与计算机的 USB 连接线

图 4-1-21　数码相机与计算机连接

3. 用扫描仪获取图像信息

扫描仪是一种计算机获取图像信息的外部仪器设备，不但可以捕获传统的平面图像，有的甚至能捕获三维实物对象的图像。图 4-1-22 所示分别是常见的滚筒式扫描仪、平面扫描仪及笔式扫描仪（请参照 http://baike.baidu.com/view/7818.htm）。

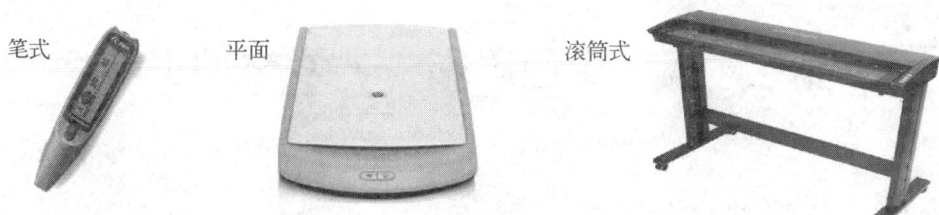

笔式　　　　平面　　　　滚筒式

图 4-1-22　常见的扫描仪

4. 用数码摄像机获取视频信息

数码摄像机又称 DV(Digital Video)，是一种获取数字视频信息的常用设备。将 DV 中数字视频导入到计算机内编辑，通常需要一块视频捕捉卡（比如 IEEE 1394 接口卡），并在专门的视频编辑软件下才能进行。图 4-1-23 表示 DV 与计算机的连接方法（请参照 http://baike.baidu.com/view/5529.htm）。

5. 用录音笔获取声音信息

数码录音笔（Recording）通过对模拟信号的采样、编码将模拟信号转换为数字信号，并进行一定的

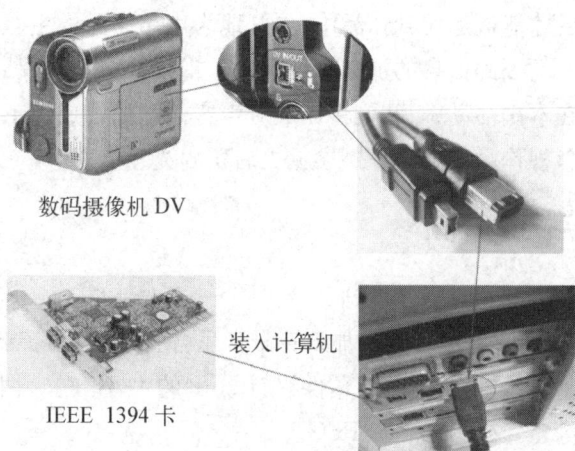

数码摄像机 DV

装入计算机

IEEE 1394 卡

图 4-1-23　DV 与计算机连接

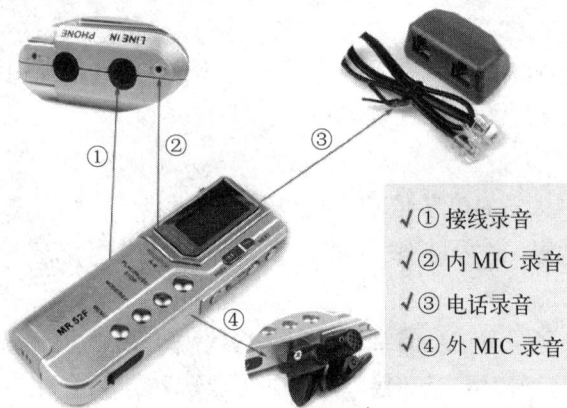

✓① 接线录音
✓② 内 MIC 录音
✓③ 电话录音
✓④ 外 MIC 录音

图 4 - 1 - 24 录音笔说明

压缩后进行存储。如图 4 - 1 - 24 所示。

自主实践活动

城市经济社会的快速发展,总是对文化提出更高的要求。中国上海国际艺术节作为这座东方国际大都市乃至中国文化的一张名片,正以独特的文化魅力,日益显示引领作用。中国上海国际艺术节每年举办一届,首届于 1999 年 11 月 1 日至 12 月 1 日在上海举行。历年的活动内容包括舞台艺术演出、文化艺术展览、群众文化活动和各类演出交易等。参照本活动完成以下要求:

1. 以中国上海国际艺术节为背景,设计一个数码影视作品的主题与内容。

提示:(1) 主题应该鲜明且有针对性,如历届艺术节的简介,包括时间、特色及有代表性的节目等;某届艺术节中的某项活动的介绍;节徽征集作品欣赏;艺术节各场馆介绍;某一位艺术大师的介绍等等方面。(2) 作品内容不宜过多,影片时间不宜过长。

2. 根据主题与内容,查找相关文字资料,撰写解说词,并录制在计算机内。

3. 通过各种渠道获取与主题相关的、能表现作品内容的多媒体信息,如图像,声音,视频等。

附:以下三个相关网站:

(1) http://www. artsbird. com/

(2) http://news. szxq. com/shanghaiguojiyishujie/

(3) http://www. artsbird. com/newweb/viewdir1_2006. php? db=191&page=1

活动二 增色添彩——素材加工

活动要求

从各种渠道获取的信息素材称为原始素材,原始素材通常不能被直接使用,必须通过重新加工处理后才能被运用到作品中,更好地为表达作品的主题服务。

因此信息的加工和处理非常重要,成功的作品不仅需要好的素材,还需要精心的设计与编辑处理。在本次活动中,我们将完成对声音信息的合成加工及对图像信息的编辑处理,使他们能更好地被运用到影视作品中去。样例参见书后所附光盘。

活动分析

一、活动计划

1. 在解说词中加入背景音乐,使作品的语音部分更加生动及富有感染力。

2. 为所有图像文件设计统一的大小与文件格式。影视短片中图像大小一般为 640 像素×480 像素,文件格式为 JPEG。

3. 使用自动平衡命令对所有图像进行编辑,使图像的视觉更加亮丽,层次更加丰富,色彩更加鲜艳。

 4. 使用清晰或柔化效果,使图像更加清晰或柔和。

 5. 使用艺术化滤镜为图像添加纹理。

二、相关技能

 1. 声音文件的增音、降音及混音等简单编辑。

 2. 图像大小与格式的改变。

 3. 编辑图像的亮度、对比度和灰度。

 4. 为图像添加较简单的艺术效果。

 5. 常用多媒体文档(图形图像)的格式。

 6. 利用多种软件编辑图形图像文件。

方法与步骤

一、在解说词中加入背景音乐

 1. GoldWave 是一款常用的音频编辑软件,软件启动后将同时开启两个窗口,如图 4-2-1 所示。左面是主界面窗口,右面是控制器窗口。

 2. 打开素材中"旁白.wma"声音文件。执行"效果"→"音量"→"自动增益"命令,出现"自动增益"对话框,如图 4-2-2 所示。在"自动增益"对话框中直接按"确定"按钮,然后保存文件。

 3. 打开素材中"春耕时节.wma"声音文件。单击工具栏上的"复制"命令按钮,如图 4-2-3 所示。接着关闭该文件。

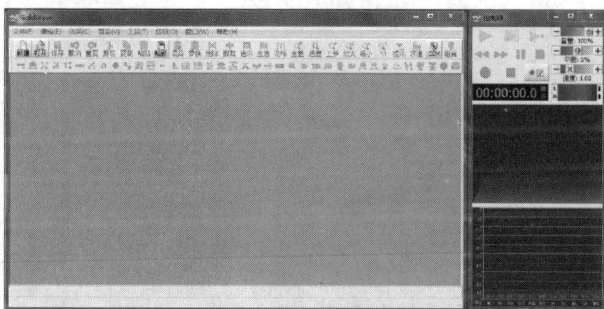

图 4-2-1　GoldWave 的主界面窗口和控制器窗口

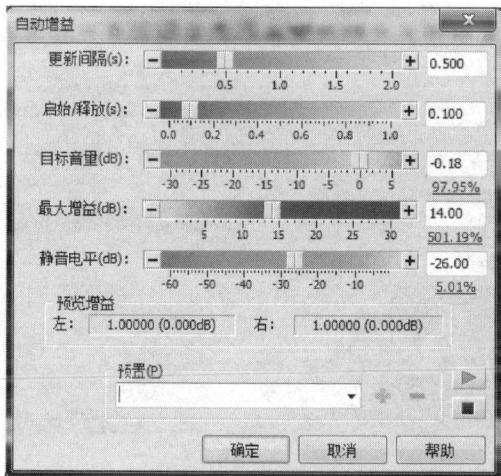

图 4-2-2　"自动增益"对话框

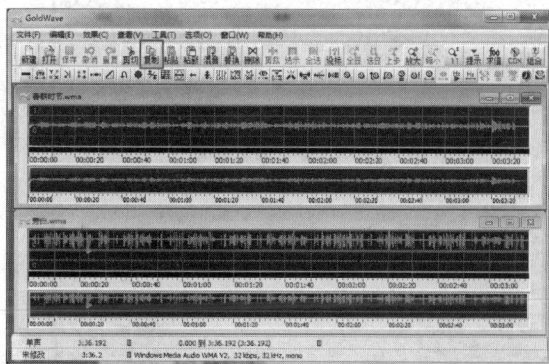

图 4-2-3　工具栏上的"复制"命令按钮

 4. 单击工具栏上的"混音"命令按钮,如图 4-2-4 所示。

 5. 在弹出的"混音"对话框后按键盘上"F4"键试听,然后调节音量大小,调整人声与背景音乐音量的大小,满意后单击"确定"按钮。如图 4-2-5 所示。

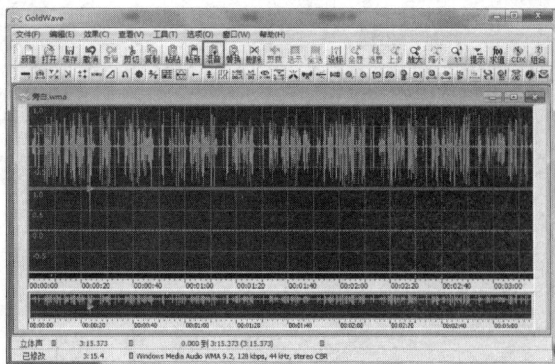

图4-2-4 工具栏上的"混音"命令按钮

图4-2-5 "混音"对话框

图4-2-6 "另存为"对话框

6. 执行"文件"──→"另存为"命令,出现"另存为"对话框,以"旁白.mp3"为文件名保存声音文件。如图4-2-6所示。注意正确选择文件类型。

二、初识 ACDSee 软件界面

1. ACDSee 是目前比较流行的一款图像管理软件,由于其安装简单,功能强大而广受欢迎。图4-2-7是 ACDSee 的安装向导首页面,只需按照向导提示即可完成安装过程。

2. 第一次打开 ACDSee 软件时,进入浏览窗口如图4-2-8所示。在此窗口中分左右两大区域,左面是导航区域,右面是文件区域。

图4-2-7 ACDSee 的安装向导首页面

图4-2-8 ACDSee 浏览窗口

3. 双击文件区域中的某个图片后,进入查看窗口,如图4-2-9所示。在查看窗口中单击"浏览"按钮可返回浏览窗口,单击"编辑"按钮可进入编辑窗口。

4. 在编辑窗口中,可以对所选图片进行简单编辑,如图4-2-10所示。

图 4-2-9　ACDSee 查看窗口

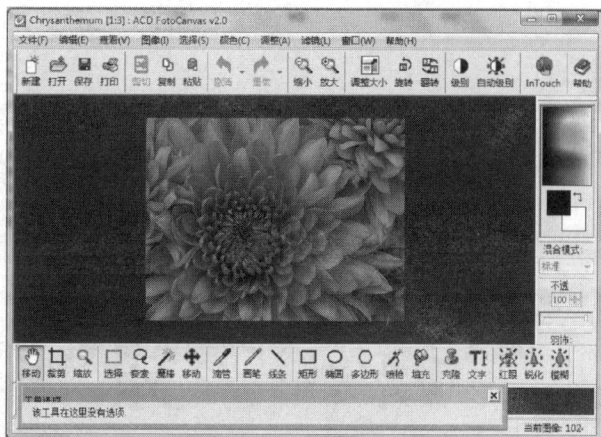

图 4-2-10　ACDSee 编辑窗口

三、使用 ACDSee 软件改变图像的大小与格式

1. 在 ACDSee 编辑窗口中打开素材"拜年.jpg"文件。单击"调整大小"按钮,如图 4-2-11 所示。

图 4-2-11　ACDSee 编辑窗口中"调整大小"按钮

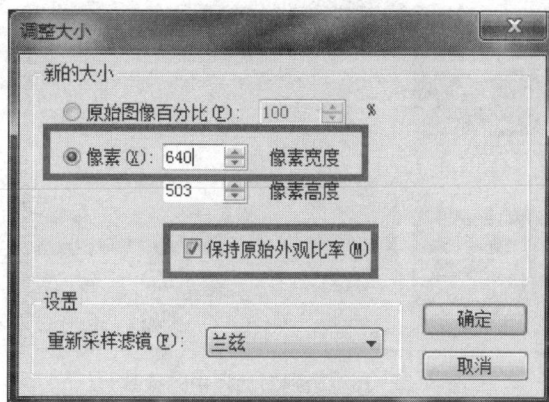

图 4-2-12　"调整大小"对话框

2. 在弹出的"调整大小"对话框中选择"像素",并调整像素宽度大小为 640,注意要保持原始外观比率,如图 4-2-12 所示。按"确定"按钮关闭对话框。

3. 执行"图像"——"画布大小"命令,在"画布大小"对话框中输入高度为 480 像素,如图 4-2-13 所示。按"确定"按钮关闭对话框。

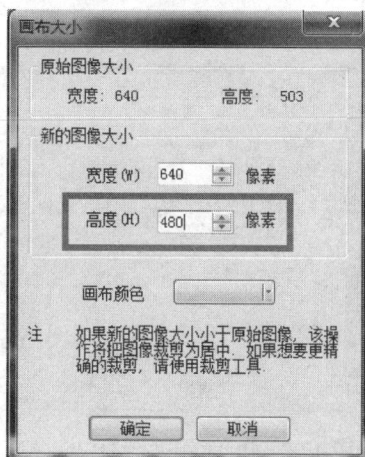

图 4-2-13　"画布大小"对话框

图 4-2-14　"图像另存为"对话框

图 4-2-15　执行"自动级别"命令前后的对比效果

4.执行"文件"——"图像另存为"命令,在对话框中选择保存类型为 JPEG 格式,按"确定"按钮保存图像。如图 4-2-14 所示。

5.用同样方法编辑其他图像,统一图像大小与格式。

四、用 ACDSee 软件编辑图像效果

1.在 ACDSee 编辑窗口中打开素材"年画.jpg"文件。执行"调整"——"自动级别"命令,如图 4-2-15 是执行"自动级别"命令前后图像的对比效果。然后保存文件,并将其他图像文件分别进行自动级别处理。

2.在 ACDSee 编辑窗口中打开"爆竹.jpg"文件,执行"调整"——"亮度/对比度/伽马值"命令,在对话框中对"亮度"、"对比度"及"伽马"值进行适当的调整设置,如图 4-2-16 所示。确定后保存文件。

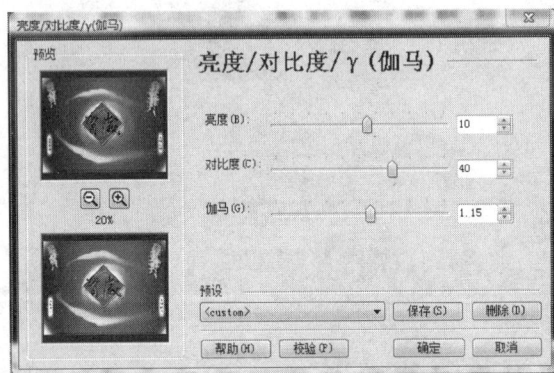

图 4-2-16　级别对话框中的参数

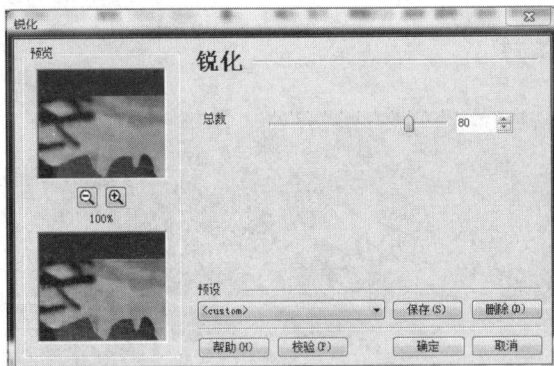

图 4-2-17　锐化对话框

3.在 ACDSee 编辑窗口中打开"守岁.jpg"文件,执行"滤镜"——"锐化"命令,在对话框中调整"总数"为 80,如图 4-2-17 所示。确定后保存文件。

4.在 ACDSee 编辑窗口中打开"贴窗花.jpg"文件,执行"滤镜"——"艺术"——"浮雕"命令,在对话框中调整"仰角"为 30,"重量"为 6,"方向角"为 0。如图 4-2-18 所示。确定后保存文件。

5.在 ACDSee 编辑窗口中打开"拜年.jpg"文件,执行"滤镜"——"艺术效果"——"涂抹"命令,在对话框中设置"强度"为 200,"频率"为 400,如图 4-2-19 所示。确定后保存文件。

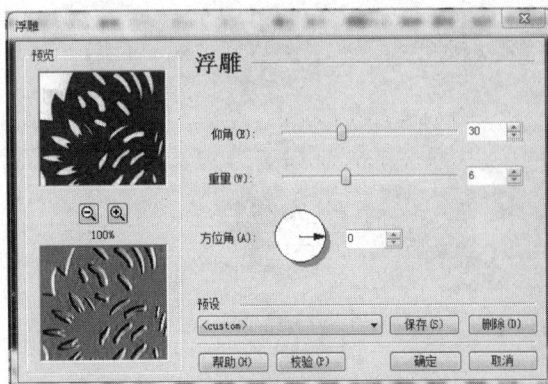

图 4-2-18　浮雕对话框

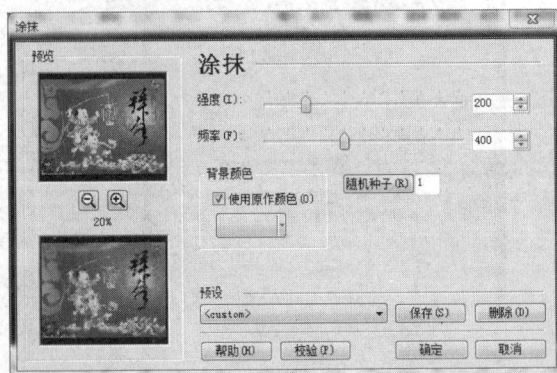

图 4-2-19　涂抹对话框

知识链接

一、常用图形图像文件格式

数字图像的种类有两种，一种是点阵图（也叫位图），另一种是矢量图。通常把点阵图称为图像，把矢量图称为图形。

1. 常用的矢量图形文件：

（1）WMF（Windows Metafile Format）格式是 Microsoft Windows 中常见的一种 Win16 位图元文件格式，整个图形常由各个独立的组成部分拼接而成，只能在 Microsoft Office 中调用编辑。

（2）EMF（Enhanced Meta File）格式是由 Microsoft 公司开发的 Windows 32 位扩展图元文件格式。弥补了 wmf 文件格式的不足，使得图元文件更加易于使用。

（3）SWF（Shockwave Format）格式是用 Flash 制作出的动画文件，这种格式的动画图像能够用比较小的体积来表现丰富的多媒体形式，已被大量应用于 WEB 网页进行多媒体演示与交互性设计。

矢量类图像文件是以数学方法描述的一种由几何元素组成的图形图像，其特点是文件量小，并且任意缩放而不会改变图像质量，适合描述图形，如图 4-2-20 所示。

放大后　　　　　　放大前

图 4-2-20　矢量图放大前后比较

2. 常用的点阵图像文件

（1）PSD 格式：PSD 格式文件是 Photoshop 软件专用的图像文件格式，是唯一支持所有图像模式、图层效果、各种通道、调节图层以及路径等图像信息的文件格式。

（2）JPEG 格式：这种格式的图像容量小，表现颜色丰富、内容细腻，通常被使用在描绘真实场景的地方，如多媒体软件或网页中的照片等。

放大后　　　　　　放大前

图 4-2-21　点阵图放大前后比较

（3）GIF 格式：GIF 格式的特点是图像容量极小，并且支持帧动画和透明区域，是一个在网络中应用广泛的图像文件格式。

（4）TIFF 格式：TIFF 格式图像以不影响图像品质的方式进行图像压缩，特别适用于传统印刷和打印输出的场合。

点阵类图像文件是以点阵形式描述图形图像，其特点是能真实细腻地反映图片的层次、色彩，缺点是文件体积较大，适合描述照片，如图 4-2-21 所示。

二、利用多种软件编辑图形图像文件的方法

目前编辑图形图像文件的软件有很多，以下介绍几种较常用的计算机编辑图形图像文件的软件。

1. Microsoft Photo Editor：这是一款 Microsoft Office 的图片处理软件，功能简捷，操作方便，速度很快，在安装 Office 时可以选择安装。本教材介绍的就是这款图像处理软件，如图 4-2-22 所示。

2. ACDSee：是目前最流行的数字图像管理软件之一，它能广泛应用于图片的获取、管理、浏览、优化甚至和他人的分享，且是一款重量级的看图软件，能快速、高效显示图片，如图 4-2-23 所示。

3. Adobe Photoshop：是 Adobe 公司开发的专业图像处理软件，它的功能完善，性能稳定，使用方便，所以在几乎所有的广告、出版、软件公司首选的平面工具，如图 4-2-24。

图 4 - 2 - 22　Microsoft Office 的图片处理软件

图 4 - 2 - 23　ACDSee 软件

自主实践活动

根据活动一所设计的作品主题及内容,参照本活动方法对多媒体素材文件进行修改与编辑,使得它们能够更好地展现主题,为充分表现主题服务。

1. 为录制好的解说词添加一个背景音乐。

2. 将所有图像文件的格式设置为 JPEG,大小设置为 640 像素×480 像素。

3. 为图像制作适当的艺术效果(如清晰,浮雕和纹理等艺术效果)。

图 4 - 2 - 24　Adobe Photoshop 软件

活动三　精彩影视——影片制作

活动要求

多媒体信息的形式是丰富多彩的,有图片、音乐、动画、视频等,如何将这些素材整合在一起成为能表达主题思想的作品呢? 本活动我们将利用 Windows Movie Maker 软件,把前面收集和编辑好的各种多媒体素材合成在一部 4 分钟左右的数字电影短片中,完成春节习俗短片的全部制作。

活动样例参见书后所附光盘。

活动分析

一、活动计划

1. 初步认识 Windows Movie Maker 软件操作界面,导入声音、图像和视频等多媒体素材。

2. 为影片添加片头和片尾。

3. 在"时间线"上编辑影片,如对视频进行剪辑,让声音淡出等。

4. 为影片加上各种效果与过渡,并调整图像的播放时间使声音与图像同步。

5. 保存与共享电影作品。

二、相关技能

1. 认识 Windows Movie Maker 软件操作界面。

2. 声音、图像和视频等多媒体素材的导入与编辑。

3. 影片各种视频效果与过渡效果的添加。

4. 电影作品的保存与共享。

5. 常用多媒体文档(视频)的格式。

6. 利用 Windows Movie Maker 软件保存不同视频格式。

方法与步骤

一、初识软件操作界面,导入多媒体素材

1. 在"开始"菜单中找到并打开 Windows Movie Maker 软件,如图 4-3-1 所示。

2. 在"任务区"中使用导入命令,导入素材中的图像、音频和视频素材,如图 4-3-2 所示。

3. 以"春节"为文件名保存项目文件"春节.MSWMM",如图 4-3-3 所示。

4. 执行"工具"——"选项"命令,单击对话框中"高级"选项卡,对各选项进行适当设置,如图 4-3-4 所示。

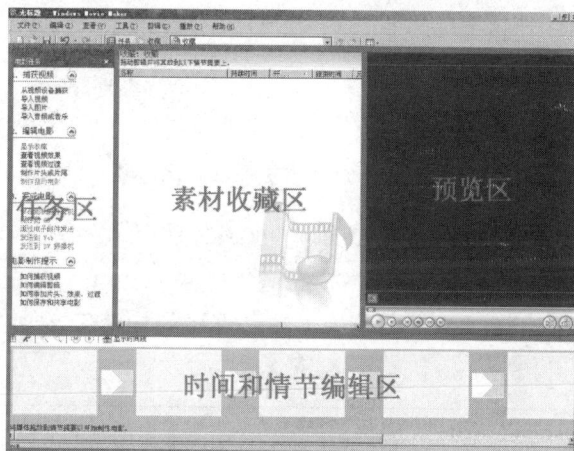

图 4-3-1　Windows Movie Maker 软件界面

5. 将视频文件"春节.avi"拖入至情节编辑区的第一个情节框中,然后按解说词中的解说顺序将图像文件依次放入到以后的各情节框中,如图 4-3-5 所示。

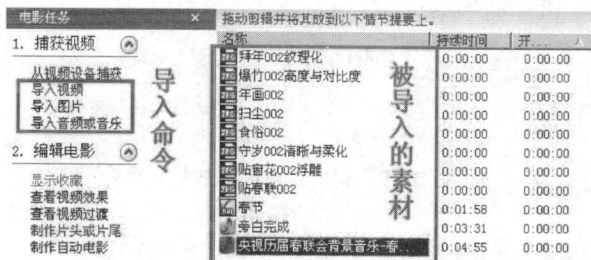

图 4-3-2　导入后的素材列表

图 4-3-3　保存文件

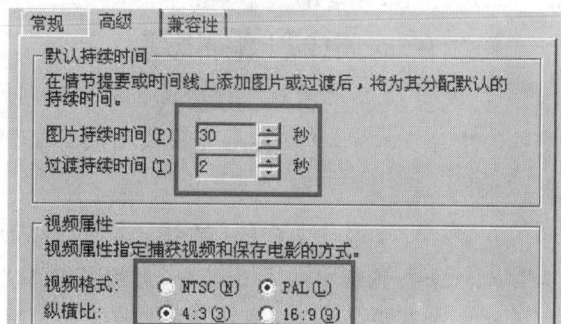

图 4-3-4　"高级"选项对话框

图 4-3-5　情节编辑区

二、为影片添加片头和片尾

1. 在"任务区"中"编辑电影"菜单里使用"制作片头或片尾"命令,出现下一组选项,选择第一项"在电影开头添加片头",如图4－3－6所示。

图4－3－6　制作片头或片尾选项

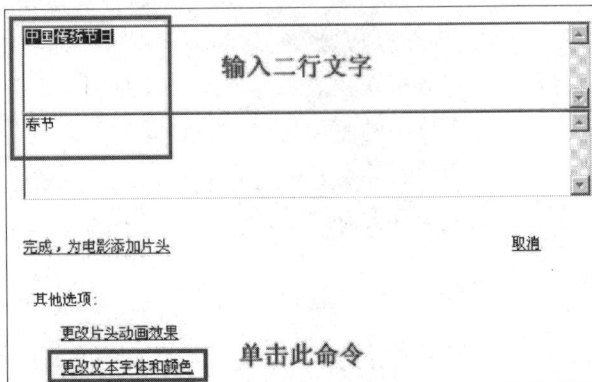

图4－3－7　制作片头界面

2. 在文本框中输入"中国传统节日"和"春节"两行文字,单击"更改文本字体和颜色"命令,如图4－3－7所示。

3. 更改背景和字体颜色为红色与黄色,选择适当字体与字号,单击"更改片头动画效果"命令,如图4－3－8所示。

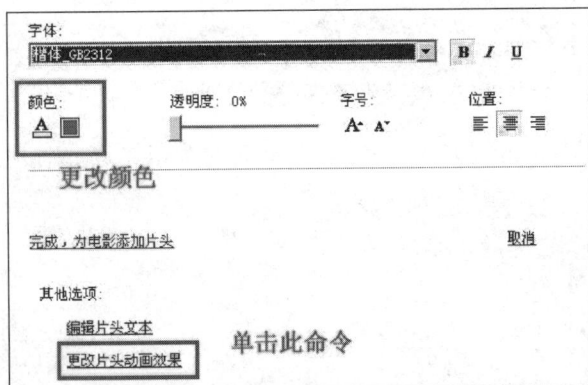

图4－3－8　更改片头动画效果

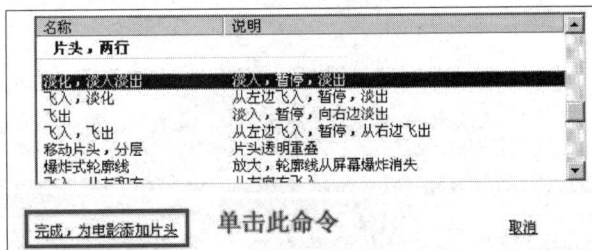

图4－3－9　完成为电影添加片头命令

4. 选择一种满意的片头两行动画效果,单击"完成为电影添加片头"命令,如图4－3－9所示。

5. 使用相同的方法为影片添加片尾,如图4－3－10所示。保存文件。

图4－3－10　片尾内容

三、在"时间线"上编辑影片

1. 单击"显示时间线"按钮,适当放大时间线,单击选中片头文字,并在其尾部用鼠标拖至6秒位置,如图4－3－11所示。

2. 选中"春节"的音频,执行"剪辑/音频/静音"命令,除去视频中的声音部分,然后将素材"央视历届春联会背景音乐-春节序曲"文件加入到音频线的开始处,如图4－3－12所示。

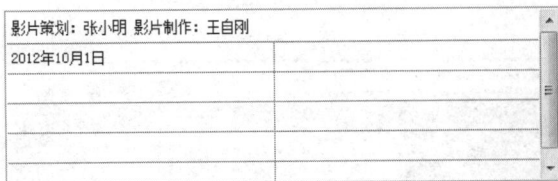

3. 选中新加入的音频,定位时间线于 20 秒的位置,执行"剪辑/拆分"命令,如图 4-3-13,按 Delete 键删除被拆分的后半部分音频。对前半部分执行"剪辑/音频/淡出"命令所示。

4. 将素材中"旁白"文件加入到其后,并拖动至与其部分重叠,如图 4-3-14 所示。

5. 使用以上"拆分"的方法将 50 秒以后的"春节"视频删除,如图 4-3-15 所示。保存文件。

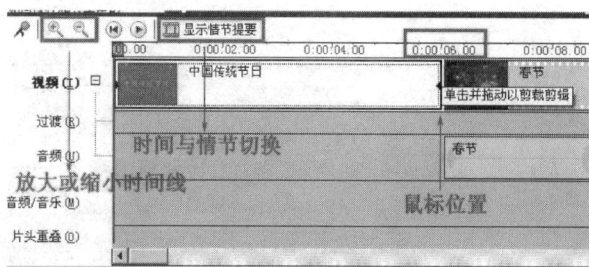

图 4-3-11 时间线中的操作

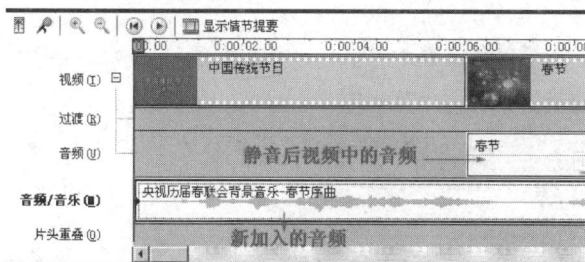

图 4-3-12 添加音频

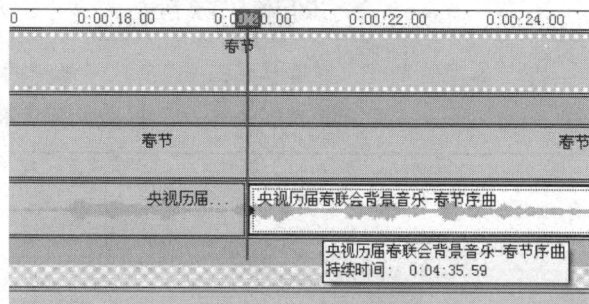

图 4-3-13 拆分音频

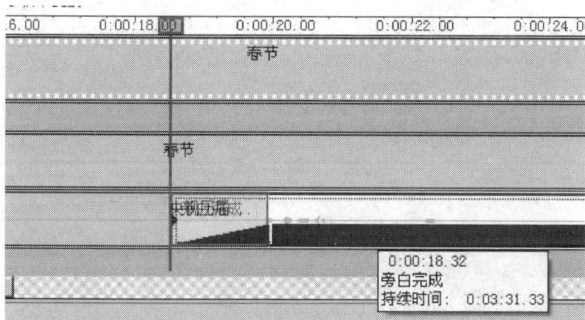

图 4-3-14 添加"旁白"音频

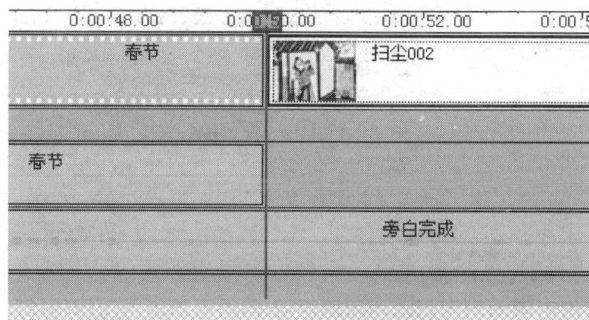

图 4-3-15 删除部分视频

四、加入效果与过渡,并调整图像的播放时间使声音与图像同步

1. 切换到"情节提要"编辑状态,适当加入视频效果与视频过渡,如图 4-3-16 所示。视频效果不需要全部都加,而视频过渡需加全。

2. 切换回到"时间线"编辑状态,播放影片,当旁白解说到了某一习俗时候,暂停播放,并将图像的尾部拖动到该时间位置点上,以使图像与声音同步,如图 4-3-17 所示。

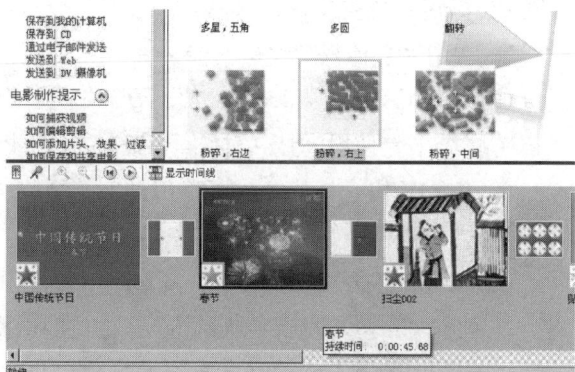

图 4-3-16 添加视频效果与视频过渡

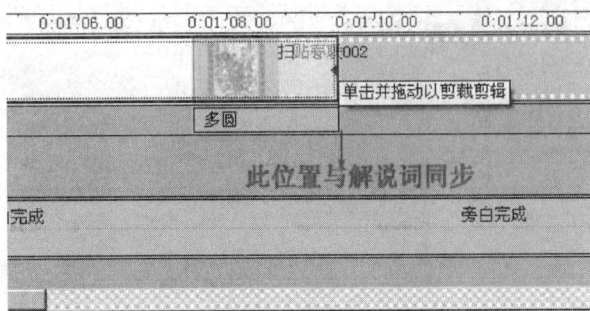

图 4-3-17　使图像与声音同步

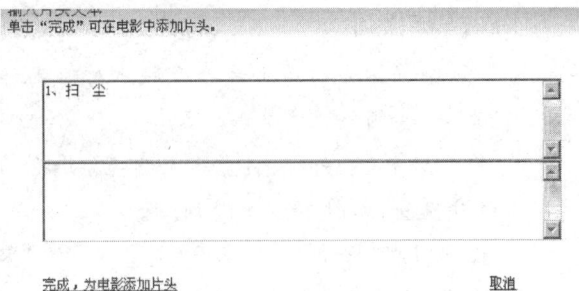

图 4-3-18　添加片头重叠文字

3. 参照图4-3-6,选择第三项"在时间线中的选定剪辑之上添加片头"。输入文字"1. 扫尘",如图4-3-18所示。用同样方法为其他7张图像加上相应的片头重叠文字。

4. 在"任务区"中执行"保存到我的计算机"命令,在"保存电影向导"对话框中输入电影文件名和保存位置,如图4-3-19所示。

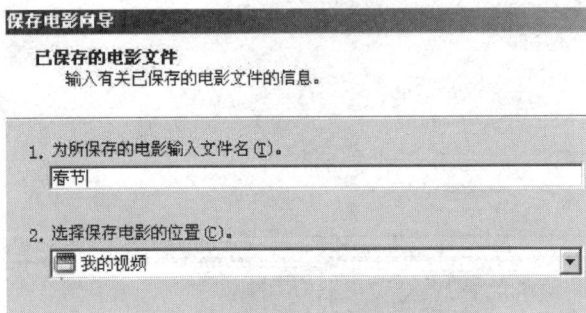

图 4-3-19　保存电影

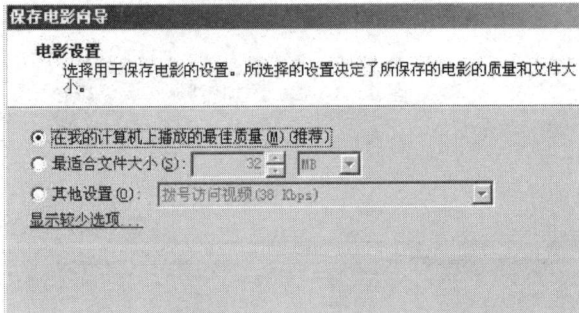

图 4-3-20　电影设置

5. 在下一步的电影设置中选择第一项,如图4-3-20所示。按"下一步"自动生成电影文件。

知识链接

一、常用数字视频文件格式

数字视频文件格式的种类有很多,可分成两大类:多媒体的视频编码格式,如 AVI、MOV、MPEG等格式;流媒体的视频编码格式,如 RM、WMV、3GP、FLV 等格式,其主要特点是只要下载部分文件就可播放,特别适合在线观看影视。

1. 常用多媒体视频编码格式文件

(1) AVI(Audio Video Interleaved)格式于 1992 年被 Microsoft 公司推出,其优点是图像质量好,可以跨多个平台使用,但压缩标准不统一,需下载相应的解码器来播放。

(2) MOV 格式是从 Apple 移植过来的视频文件格式,它具有跨平台、存储空间小的特点,画面效果较 AVI 格式要稍微好一些。

(3) DAT 格式是 MPEG-1 技术应用在 VCD 的制作上的视频文件,其优点是压缩率高,图像质量较好,一张 VCD 盘上可存放大约 60 分钟长的影像。

(4) VOB 格式是 MPEG-2 技术应用在 DVD 的制作上的视频文件,其图像清晰度极高,60 分钟长的电影大约有 4 GB 大小。

2. 常用流媒体视频编码格式文件

（1）RM 格式是 Real 公司首创的流媒体视频文件，避免了等待整个文件全部下载完毕才能观看的缺点，因而特别适合在线观看影视，同时具有小体积而又比较清晰的特点。

（2）WMV 是微软推出的一种流媒体格式，在同等视频质量下，WMV 格式的体积非常小，因此很适合在网上播放和传输。利用 Windows Movie Maker 软件就可以制作这种视频文件。

（3）FLV 是 FLASH VIDEO 的简称，是一种新的视频格式，它的文件极小、加载速度极快，目前许多在线视频网站均采用此视频格式，FLV 已经成为当前视频文件的主流格式。

（4）3GP 是由 QuikTime 公司发布，主要是为了配合 3 G 网络的高传输速度而开发的，也是目前手机中最为常见的一种视频格式。

二、利用 Windows Movie Maker 软件保存不同视频格式的方法

根据视频文件用途的不同，我们可以利用 Windows Movie Maker 软件保存不同的视频格式。参照图 4 - 3 - 20，当选择了"其他设置"时，会出现如图 4 - 3 - 21 所给出的众多选项：

1. Pocket PC 视频（全屏 218 Kbps）

这是一种用于掌上电脑的视频文件，其信息传输速率是 218 Kbps（二进制位/每秒），图像大小是 320×240 像素，每秒播放 15 帧的画面，文件大小大约是 6.44 MB，如图 4 - 3 - 22 所示。

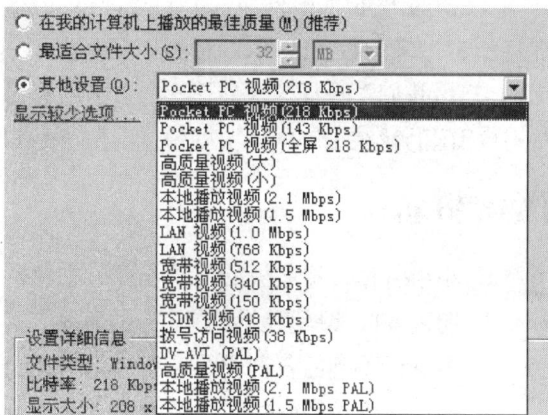

图 4 - 3 - 21　各种视频格式列表

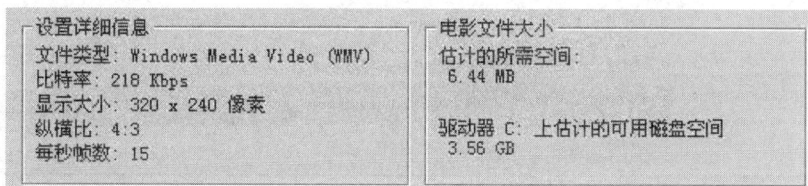

图 4 - 3 - 22　视频文件的详细信息

2. 本地播放视频（2.1 Mbps）

用于存放到硬盘中播放的视频文件，其图像大小是 640×480 像素，每秒播放 25 帧的画面，文件大小大约是 59.34 MB。

3. 宽带视频（512 Kbps）

适用于 512 Kbps 宽带上网用户观看的视频文件，图像大小是 320×240 像素，每秒播放 25 帧的画面，文件大小大约是 14.95 MB，如图 4 - 3 - 22 所示。

自主实践活动

根据活动一所设计的作品主题及内容，参照本活动方法对多媒体素材进行合成与保存，具体要求：

1. 将各种素材制作成一个名为"上海国际艺术节.wmv"的视频文件，长度在 5 分钟之内。

2. 影片要用声音、图像、文字等多种形式来表达主题。

3. 影片中的解说词要与相关图像同步。

综合活动与评估   **建国 60 周年国庆宣传展板的制作**

活动要求

在祖国 60 周年华诞的日子里,举国欢庆,我们自豪,我们骄傲,我们为有一个坚强的祖国而歌唱。60 年,在历史的长河中只是一个涟漪,但对于一个国家来说,这 60 年却是一部伟大的崛起发展的历史,在经历走过来的数次磨砺后,祖国以其坚强不屈的脊梁高高屹立在世界的东方。为了这样一个值得纪念的节日,我们学校准备开展一次"迎国庆,爱祖国"的活动。请你制作一块展板来宣传祖国国庆节的历史,让祖国的花朵了解国庆节的由来、意义及其他相关知识。

活动分析

1. 小组合作讨论展板的主题、构图、主色彩及运用哪些软件。

2. 明确并收集展板设计中所要用到的文字、图像素材。

3. 根据所得到的各种原始素材进行整理,合理设计版面,培养合理布局与整理信息的能力。

4. 使用图像编辑软件对图像素材进行适当处理,培养运用图像处理软件处理信息的能力。

5. 对所得到的文字和图像进行合成,在合成的过程中要合理布局,培养使用文字处理软件进行版面设计的能力,创作出主题突出,结构新颖,视觉效果良好的展板作品。

方法与步骤

一、讨论

1. 确定小组成员

姓　　名	特　　长	分　　工

2. 确定小组的研究主题

要制作这样一个展板需要得到哪些有关的素材(文字和图像)?

根据讨论的结果,各小组结合组内同学的兴趣等来确定小组各成员应完成哪方面的工作?

二、有关数据的处理

小组合作,可从不同的网站去获取与主题相关的数据,通过整理,编辑,合成等步骤来完成本项任务。

1. 参考优秀的展板,设计本项目展板的结构,色彩等版面。可以通过搜索引擎查找相关资源信息。

2. 获取各方面的图像素材。

通过数码相机获取的图像素材：_____。

通过扫描仪获取的图像素材：_____。

通过不同网站获取的图像素材：_____。

3. 图像素材的处理。

利用所学的各种图像处理软件,对原始的图像素材进行适当的处理加工。

4. 综合所得到的文字和图像素材,利用文字处理软件设计展板的版面。

评估

一、综合活动的评估

根据综合实践活动,完成下面的综合活动评估表,先在小组范围内学生自我评估,再由教师对学生进行评估。

综合活动评估表

学生姓名：_____   日期：_____

学　习　目　标		自　评		教 师 评	
		继续学习	已经掌握	继续学习	已经掌握
1. 网上获取和筛选信息的能力	使用搜索引擎查找信息				
	根据网址浏览和获取信息				
2. 通过数码相机获取图像素材的能力					
3. 通过扫描仪获取图像素材的能力					
4. 综合学科的能力					
5. 恰当选择图像处理工具的能力					
6. 图像文件的管理和组织	工作界面的认识				
	查看与浏览				
	图像的管理				
	图像的查找				
	图像的查看				
7. 图像的处理	图像的裁剪				
	图像大小设置				
	亮度、对比度和灰度调整				
	图像的修饰(艺术效果)				
8. 根据实际需要,选择恰当的图像处理软件					
9. 综合处理文字处理软件的使用					
10. 图像处理	图像的插入				
	图像的格式化				
	艺术字的插入				
	艺术字的格式化				
11. 版式设计,合理布局					

（续表）

学　习　目　标		自　　评		教　师　评	
		继续学习	已经掌握	继续学习	已经掌握
12. 文本的格式化	字体的格式化				
	段落的格式化				
	文本框的使用				
	绘图工具栏的使用				
	表格的使用				

二、整个项目的评估

复习整个项目的学习内容，完成下面的学习评估表。

整个项目学生学习评估表

学生姓名：_____
在整个项目的所有活动中喜爱的活动：_____
1. 在你完成的各个作品（声音，视频，文字，图像）中最喜欢的一件作品是什么？为什么？
_____
_____

2. 这个项目的学习包括以下哪些技术领域，请选择：
　　□电子表格　　　　　　□文字处理　　　　　　□图像处理
　　□因特网　　　　　　　□程序设计　　　　　　□数据库
　　□多媒体演示文稿　　　□网页制作　　　　　　□文件下载
3. 为了完成这个项目，自己所必须学习的哪项技能最有挑战性？为什么？
_____
_____

4. 为了完成这个项目，自己所必须学习的哪项技能最有趣？为什么？
_____
_____

5. 为了完成这个项目，自己所必须学习的哪项技能最有用？为什么？
_____
_____

6. 比较图像处理软件、文字处理软件，它们各使用哪几方面的信息处理？
_____
_____

7. 请举例说明在什么情况下使用文字处理软件？在什么情况下使用图像管理和图像处理软件？
_____
_____

8. 请举例说明在什么情况下需要综合使用不同信息处理软件来解决问题？
_____
_____

归纳与小结

随着信息科技的不断发展,计算机处理信息、存储信息及传输信息的能力突飞猛进,使计算机处理多媒体信息变得越来越容易,从而数字化的影视产品已经深入到了包括宣传、娱乐、教育、商业广告等各种领域。一般的数字化影视产品都包含文字、图形图像、动画、声音、视频等多种多媒体元素,简单的制作过程一般如下图所示。

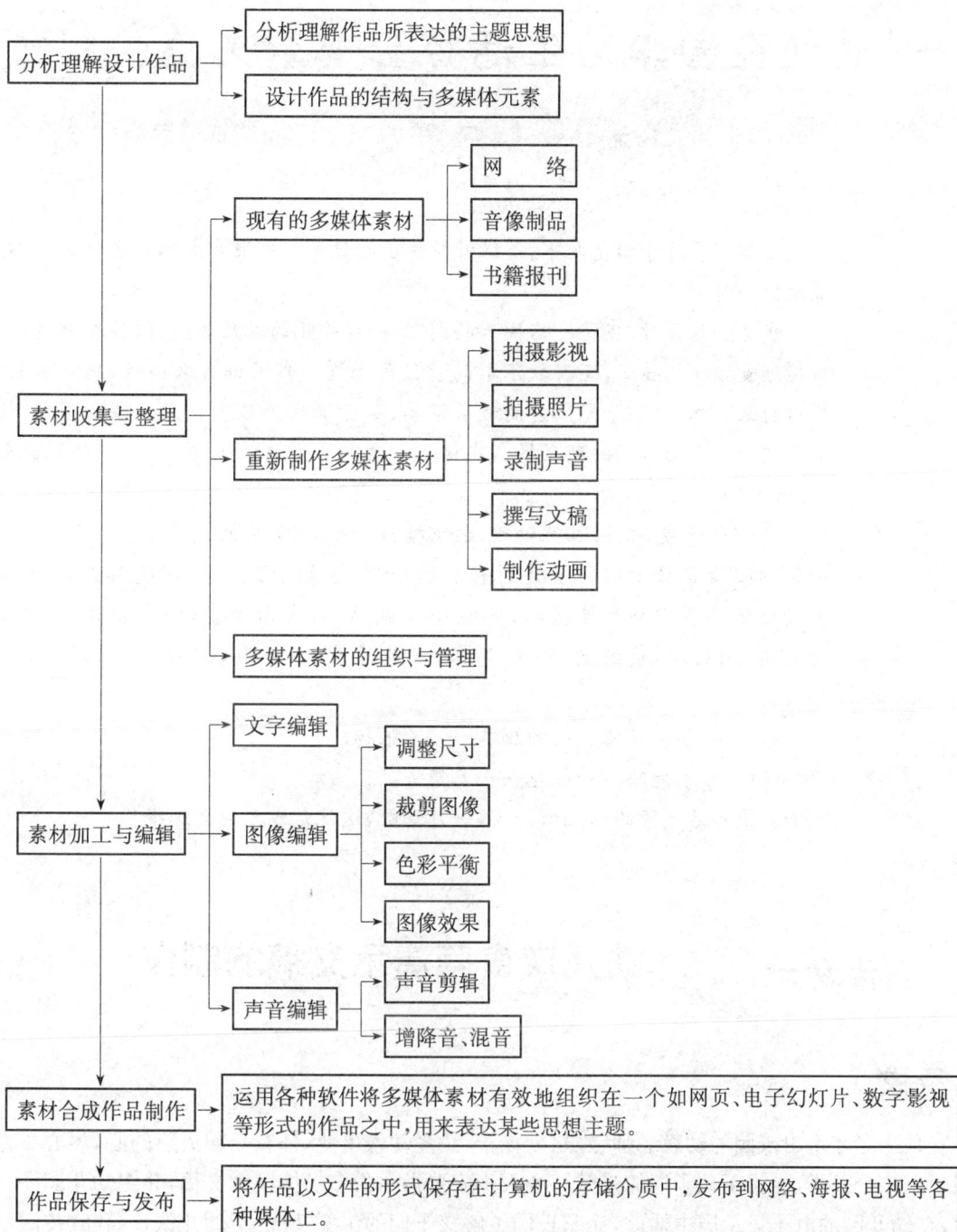

```
分析理解设计作品 ──┬──→ 分析理解作品所表达的主题思想
                  └──→ 设计作品的结构与多媒体元素

素材收集与整理 ──┬──→ 现有的多媒体素材 ──┬──→ 网　　络
               │                      ├──→ 音像制品
               │                      └──→ 书籍报刊
               │
               ├──→ 重新制作多媒体素材 ──┬──→ 拍摄影视
               │                       ├──→ 拍摄照片
               │                       ├──→ 录制声音
               │                       ├──→ 撰写文稿
               │                       └──→ 制作动画
               │
               └──→ 多媒体素材的组织与管理

素材加工与编辑 ──┬──→ 文字编辑
               │
               ├──→ 图像编辑 ──┬──→ 调整尺寸
               │              ├──→ 裁剪图像
               │              ├──→ 色彩平衡
               │              └──→ 图像效果
               │
               └──→ 声音编辑 ──┬──→ 声音剪辑
                              └──→ 增降音、混音

素材合成作品制作 ──→ 运用各种软件将多媒体素材有效地组织在一个如网页、电子幻灯片、数字影视
                  等形式的作品之中,用来表达某些思想主题。

作品保存与发布 ──→ 将作品以文件的形式保存在计算机的存储介质中,发布到网络、海报、电视等各
                 种媒体上。
```

项目五

演 示 文 稿

——幼儿在园学习生活掠影演示文稿的制作

当鲜花绽放于阳光之下,是绿叶最快乐的日子。当果实成熟于金秋时节,是园丁最欣慰的时刻。

我是一片绿叶,我是一名快乐的园丁,一名平凡的幼儿教师,陪伴在身边的,是一群群可爱稚气的孩子,还有数不尽的责任和承诺。我用语言来播种,用汗水来浇灌,用心血来滋润,对孩子充满爱的教育活动,都仿佛在为孩子打开一扇扇窗户,让孩子们看到一个色彩斑斓的新世界。在他们人生起点上给以方向和力量,让他们在无微不至的呵护下茁壮成长。

每一个清晨,我用灿烂的微笑迎接孩子们和家长的到来;每一个黄昏,我以愉悦的心情将孩子们的手交到家长的手里,亲切地说一声:"明天见。"目送他们渐渐走远。多少个春夏秋冬,无数个风风雨雨,我用博爱,滋润快乐;用智慧,开启文明;用鼓励,唤醒自信;用宽容,示范尊重;用无私,引导正义;用平凡,孕育伟大。

绿叶,静静地吐露自己的幽香——不张扬;

绿叶,默默地映衬着红花——无怨言。

我是一名光荣的幼儿教师,做一片绿叶,这就是我无悔的选择!

活动一 幼儿饮食篇演示文稿的制作

活动要求

小安是一名才走出校园的幼教老师,她热爱孩子,热爱幼教事业,怀着一颗火热的心,尽心尽力地爱护和照顾每一个孩子,赢得了孩子们的爱戴。今天小安要做一份多媒体演示文稿,介绍幼儿园一周的午餐食谱,在幼儿园的电子显示屏中播放,让家长们了解孩子们的午餐情况。"幼儿饮食篇"宣传演示文稿样例见图5-1-1。

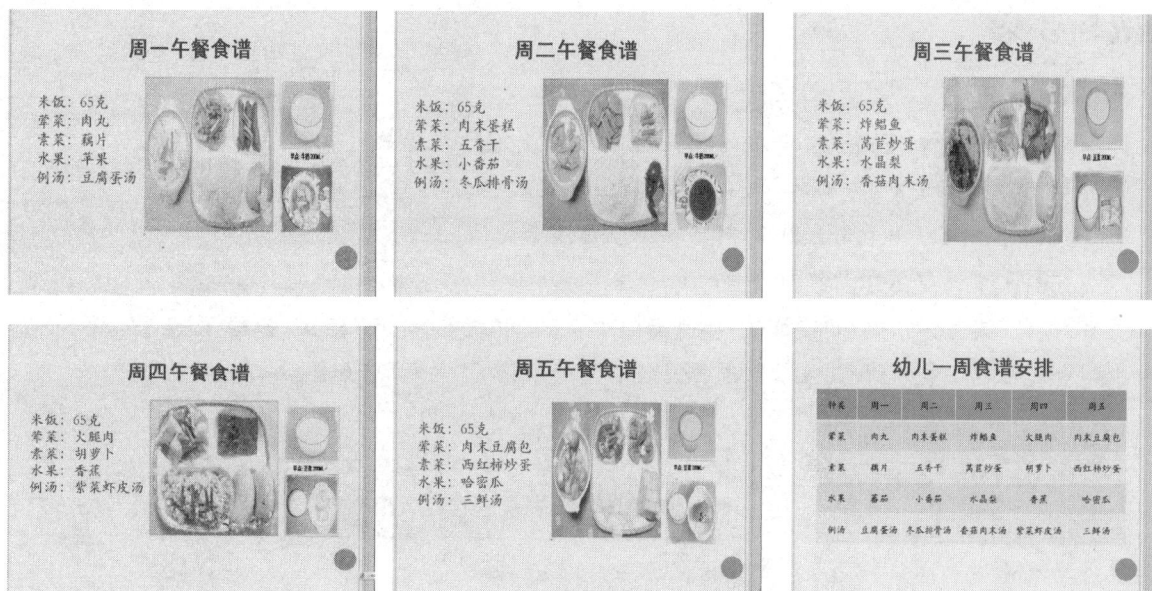

图 5-1-1 "幼儿饮食篇"宣传演示文稿样例

活动分析

一、活动计划

小安老师到幼儿园的膳食科了解小朋友一周的午餐食谱,并拍摄了一些伙食搭配的图片,要制作一份演示文稿。运用幻灯片应用设计模板,并在各页面中插入文字、图片、表格等资料,从而完成一份最简单的幻灯片作品。

1. 获取素材。获取"幼儿饮食篇"多媒体演示文稿所需的素材,演示文稿中文字素材见"幼儿春季午餐食谱.doc",图片素材见"周一食谱.jpg"等图片文件。

2. 设计多媒体演示文稿。制作 6 页幻灯片,前 5 页内容分别为周一至周五的午餐食谱,第 6 页制作表格,表格内容为幼儿一周的午餐食谱。

3. 选择幻灯片主题。从 PowerPoint 自带的"主题"中挑选一个简洁清新,符合幼儿特点的主题样式。

4. 分别制作各张幻灯片。在前五页幻灯片中分别插入标题、文字及图片,并设置文字的格式,在第六页幻灯片插入表格,填写表格内容。

5. 播放幻灯片并保存文件。

二、相关技能

1. 新建 PowerPoint 文件。

2. 设计模板的应用。

3. 插入幻灯片。

4. 插入文本框。

5. 项目符号的使用。

6. 插入图片。

7. 插入表格。

8. 保存 PPT 文件。

方法与步骤

一、准备工作

仔细阅读所给素材,了解幼儿午餐的相关内容,为制作演示文稿做好准备。

二、新建 PPT 文档

运行 Microsoft PowerPoint 2007,新建一个空白演示文稿。

三、选择自己喜爱的"主题"

点击"设计"菜单,在"设计"菜单的"快速访问工具栏"中点击"展开"按钮,如图 5-1-2 所示,在选项卡中将会列出已安装的所有"主题",选择自己喜爱的风格的"主题"。如图 5-1-3。

图 5-1-2　快速访问设计主题

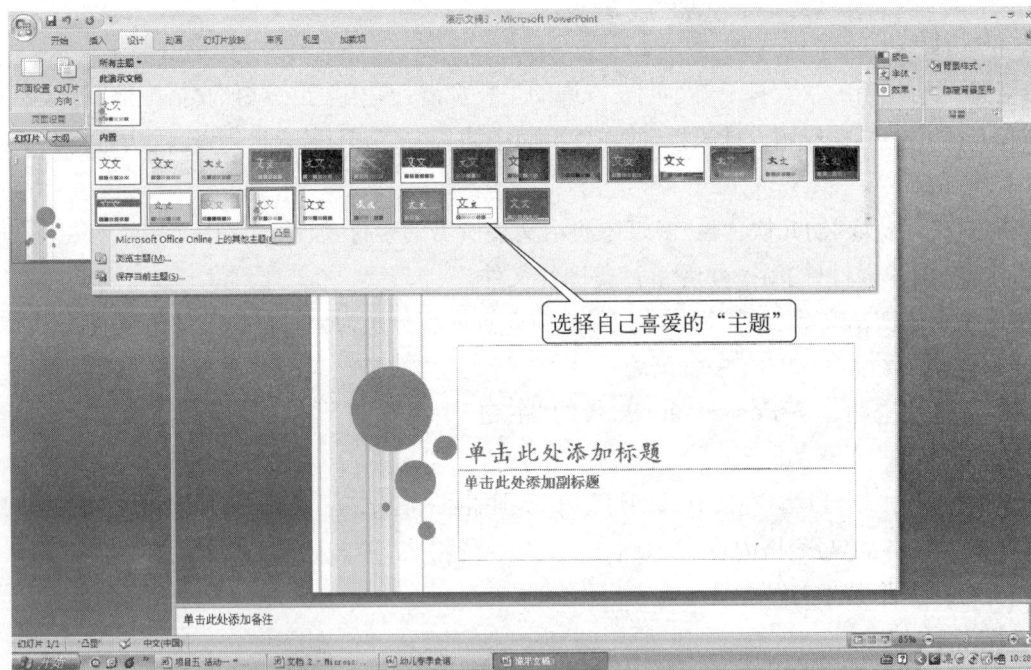

图 5-1-3　选择主题

四、插入幻灯片

选择"开始"菜单,在快速访问工具栏中单击"新建幻灯片"按钮,在演示文稿中插入新的幻灯片。共计 7 张幻灯片(如图 5-1-4)。

五、输入标题和副标题

选择第 1 张幻灯片,添加"标题"和"副标题"。在本题中"标题"为"幼儿饮食篇","副标题"为"幼儿春季午餐食谱"。

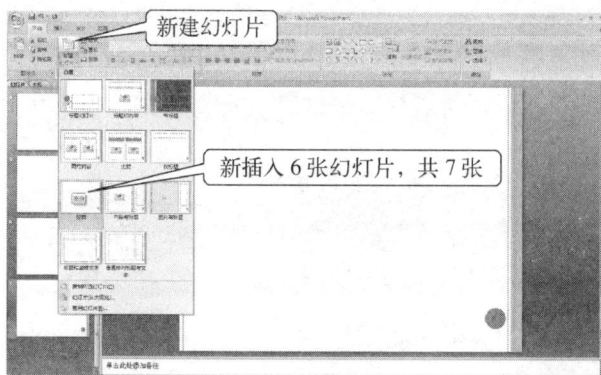

图 5-1-4　插入幻灯片

图 5-1-5　插入文本框及第一张幻灯片样例

点拨：

如果在幻灯片编辑窗口没有出现文本框,可以点击"开始"选项卡中的文本框按钮,添加文本框,在窗口中先拖拉出一个文本框,然后输入标题内容(如图 5-1-5)。

六、制作第二张幻灯片

1. 输入标题:在第一个文本框中输入第二张幻灯片的标题"周一午餐食谱"。

2. 输入内容:在第二个文本框输入内容,或者在素材中查找相应的内容(素材为"幼儿春季午餐食谱.doc"),复制并粘贴入 PPT 中,设置相应的文字格式(字体、字号等)。

3. 插入图片:选择"插入"→"图片"→"来自文件"命令,选择素材盘中提供的图片(周一食谱.jpg),插入图片后,通过拖曳图片,改变图片位置;选中图片;通过拖动图片的控制点,改变图片大小(如图5-1-6)。

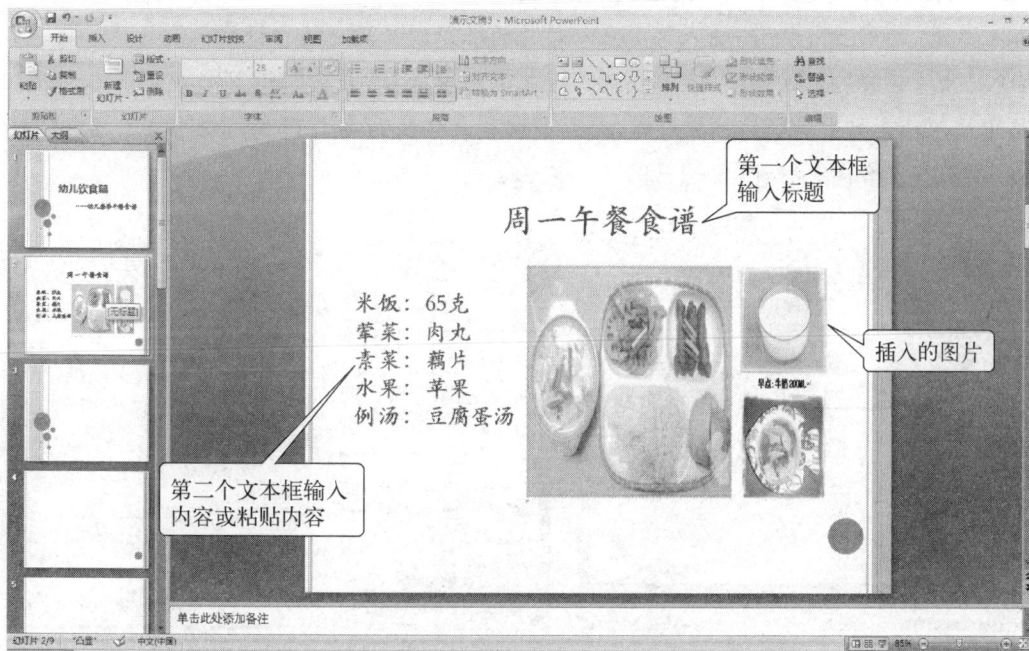

图 5-1-6　第二张幻灯片样例

七、完成第三、四、五、六张幻灯片的制作

参考步骤五,完成第三、四、五、六张幻灯片的制作(如图5-1-7)。

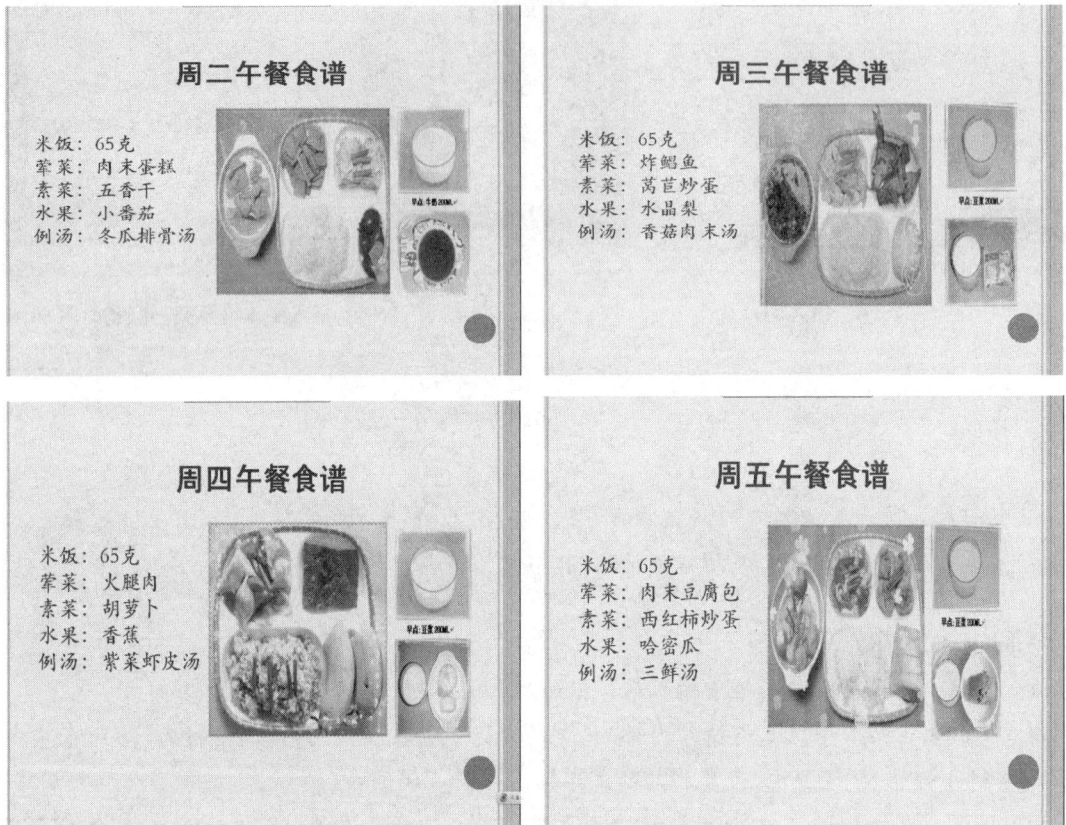

图5-1-7　第三、四、五、六张幻灯片样例

八、制作第七张幻灯片,插入相关表格

1. 输入标题:参考上述操作,输入第7张幻灯片的标题:"幼儿一周食谱安排"。

2. 插入表格:选择"插入"菜单,在其快速访问工具栏中选择"表格",设置"6*5"表格(如图5-1-8),在表格中输入从素材中提取的相应内容,并适当调整表格的行高与列宽。双击表格后,可以在快速访问工具栏中调整表格样式(如图5-1-9)。

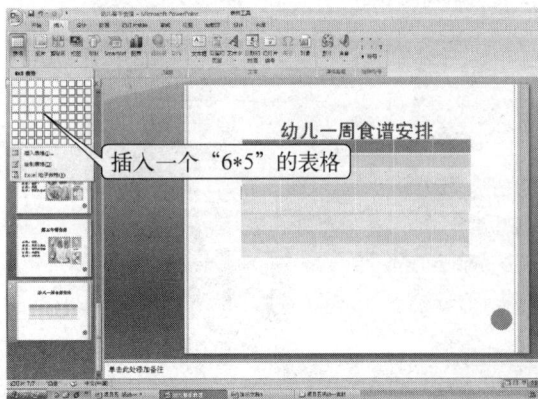

图5-1-8　插入表格

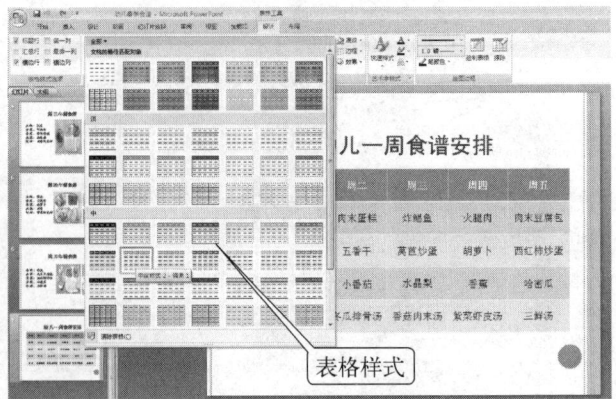

图5-1-9　设置表格样式

九、保存文件

点击"Office"按钮,选择"另存为…",输入文件名"幼儿饮食篇",保存类型为 PowerPoint 演示文稿（ *. ppt）。

点拨：

运用 Powerpoint 2007 版本制作的演示文稿在低版本的 Office 软件中不能正常使用,如果需要在低于 Office2007 的版本中使用 PowerPoint 2007 制作的演示文稿,在存盘时需要选择保存类型为：PowerPoint 97 - 2003 演示文稿。

十、放映幻灯片

点击"幻灯片放映"菜单,在弹出的快速访问工具栏中选择"从头开始"或者"从当前幻灯片开始"按钮,可以放映幻灯片。

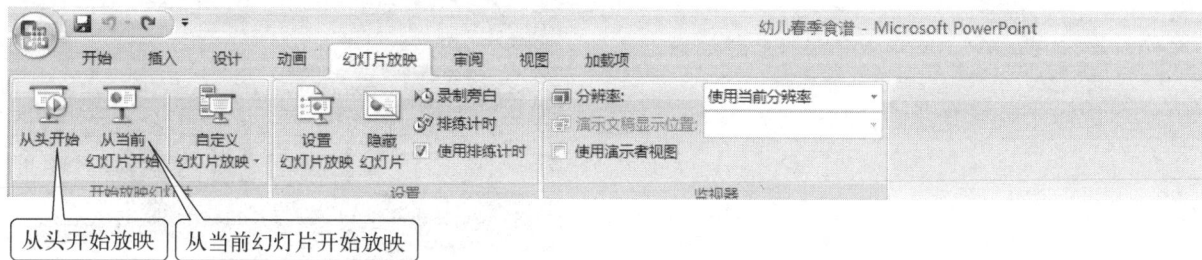

图 5 - 1 - 10 幻灯片放映

点拨：

1. 制作宣传文稿要注意风格的统一,建议每张幻灯片使用统一的"主题"或"背景"。
2. 宣传文稿中的文字尽量使用统一的字体、字号及颜色。

知识链接

一、幻灯片主题的应用

PowerPoint 提供可应用于演示文稿的主题设计,以便为演示文稿提供设计完整、专业的外观。

"主题"设计：包含演示文稿样式的文件,包括项目符号和字体的类型和大小、占位符大小和位置、背景设计和填充、配色方案以及幻灯片母版和可选的标题母版。

通过"设计"菜单展开"主题"面板,选择自己喜爱的"主题"。

二、幻灯片版式的应用

"版式"指的是幻灯片内容在幻灯片上的排列方式。PowerPoint 中提供了文字版式、文字与图片版式、表格版式、图表版式等一系列版式。

在新建幻灯片时可以选择"幻灯片版式"(如图 5 - 1 - 11)。

自主实践活动

上海大众汽车公司将举行成立 25 周年庆,集团的企划部门负责此次会议的筹备工作,首先要制作公司介绍演示文稿。有关资料放在"自主实践活动一上海大众汽车公司介绍"文件夹下,运用所给素材,制作一个介绍大众公司的多媒体演示文稿。将完成的作品以"上海大众汽车公司介绍.ppt"为文件名保存。

具体要求:

1. 不少于 5 张幻灯片,版面布局合理。
2. 至少有一张图片。
3. 至少一张幻灯片使用表格表现内容。

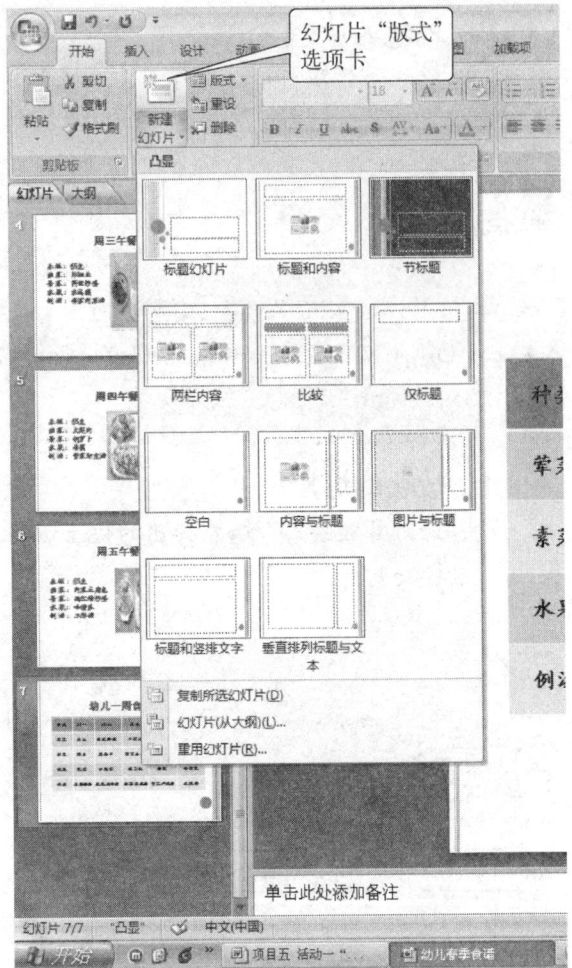

图 5 - 1 - 11　幻灯片版式选项卡

活动二　幼儿巧手篇演示文稿的制作

活动要求

今天小安要做一份多媒体演示文稿,介绍小朋友做的一些手工作品,在幼儿园的电子显示屏中播放,让家长们了解孩子们在幼儿园的生活。"幼儿巧手篇"宣传演示文稿样例见图 5 - 2 - 1。

活动分析

一、活动计划

活动二中我们需要制作一份美观的宣传文稿,通过制作幻灯片背景、在幻灯片中加入艺术字、插入图片并选择图片样式,应用幻灯片母版等操作,掌握宣传文稿的格式设置,使我们的作品风格统一,更丰富、更具吸引力。

1. 获取素材,了解需求。从素材文件"幼儿巧手篇文字材料.doc"中获取相关文字,从"彩蛋.jpg"等图片文件中获取相关图片。

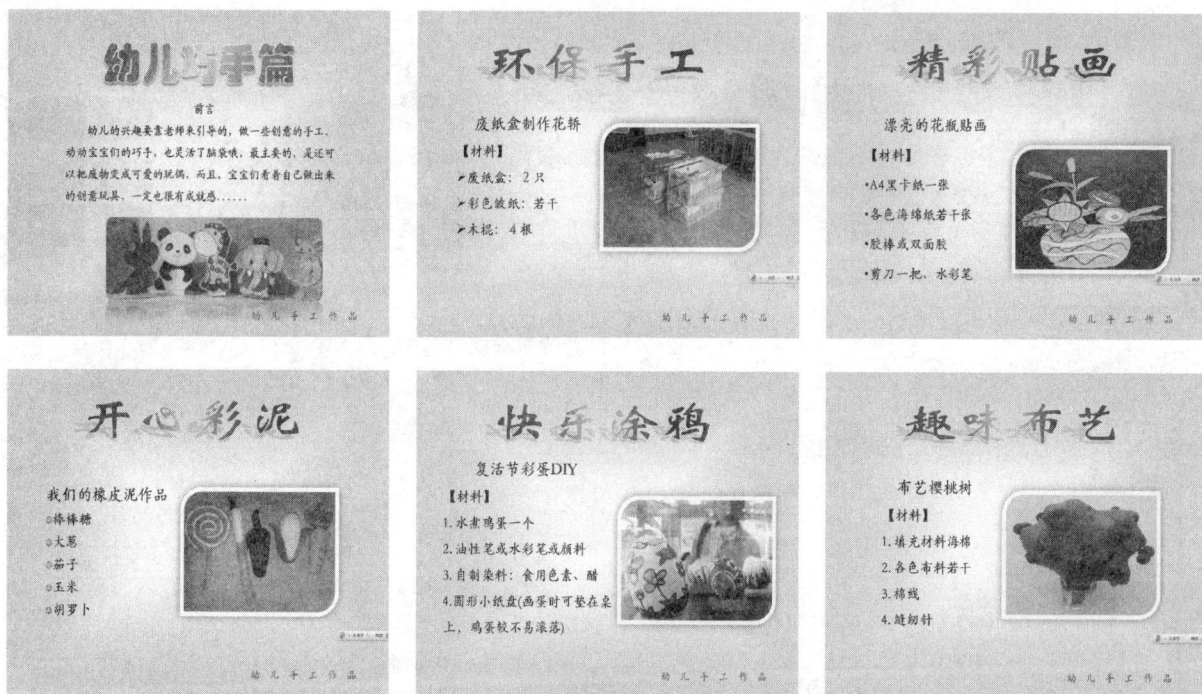

图 5-2-1 "幼儿巧手篇"宣传演示文稿样例

2. 设置幻灯片的背景。制作幻灯片的双色渐变背景。

3. 制作 6 张幻灯片。新建 6 张幻灯片,第一张为前言,整体介绍幼儿的手工制作,后五张分别展示幼儿的手工作品。

4. 幻灯片母版的应用。通过编辑幻灯片母版,在每页幻灯片中加入"幼儿手工制作"文字。

二、相关技能

1. 背景的设置。

2. 艺术字的使用。

3. 图片的使用。

4. 母版的应用。

5. 项目符号和编号的应用。

方法与步骤

一、获取素材,了解需求

仔细阅读所给素材,了解幼儿园小朋友制作的一些手工作品,找出相关内容,为制作演示文稿做好准备。

二、设置幻灯片背景

运行 Microsoft PowerPoint 2007,新建一个空白演示文稿。

设置第一张的背景,之后插入的其他张的背景将默认与第一张相同。

单击"设计"菜单,在其相应的快速访问工具栏中选择"背景样式"工具栏,如图 5-2-2 所示。

设置双色渐变背景:在弹出的"背景样式"对话框中,选择"渐变填充",设置"渐变光圈"中"光圈一"的颜色;再次设置"渐变光圈"中"光圈二"的颜色;删除"光圈三"。这时可以看见幻灯片的背景色已设置成双色渐变。如图 5-2-3 所示。点击"全部应用"按钮。

图 5-2-2 设置背景样式

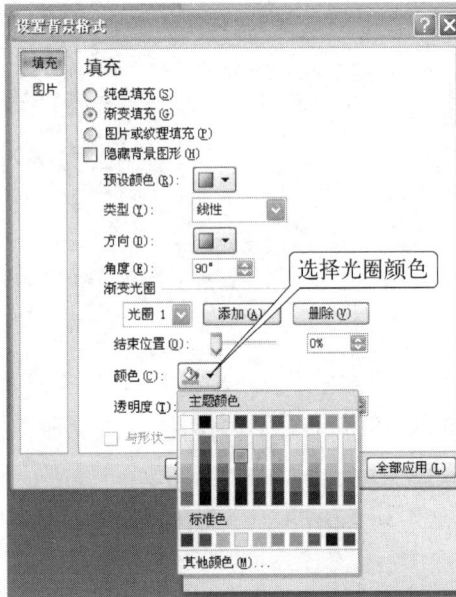

图 5-2-3 选择光圈颜色

图 5-2-4 活动样例 1

三、制作第一张幻灯片

单击"新建"→"新建幻灯片",在演示文稿中插入新的幻灯片。

1. 插入艺术字标题

（1）插入艺术字标题

单击"插入"→"艺术字"按钮,选择一种艺术字样式,在"请在此键入您自己的内容"对话框中输入文字"幼儿巧手篇"。

（2）编辑艺术字

单击"艺术字",可拖动控制块根据需要调整"艺术字"的大小和位置。

提示：单击"艺术字"→"艺术字样式"中更改艺术字样式,调整"文本填充"、"文本轮廓"及"文本效果"。如图 5-2-5 所示。

图 5-2-5 选择艺术字样式

2. 文字内容

从素材中选取"前言"的内容,粘贴到当前幻灯片,通过"开始"菜单对应的快速访问工具栏,设置文字的字体、字号及颜色。并设置段落"行距",本题设置1.5倍行距。

3. 插入图片

单击"插入"菜单→"图片",在素材库中选择相应的图片。调整图片大小;双击插入的图片,在"图片样式"选项卡中选择喜欢的图片样式。如图5-2-6所示。

图5-2-6 选择图片样式

四、制作第二张幻灯片

1. 插入艺术字标题

输入艺术字标题"环保手工"。

2. 输入文字内容并设置字体格式

参考步骤5,从素材中选取"环保手工"的内容,粘贴到当前幻灯片,并适当调整字体、字号、颜色及行距。

3. 设置项目符号

选中文本框中文字,再通过"开始"菜单相对应的快速访问工具栏中的"项目符号"选项,设置项目符号。(还可通过"编号"选项,设置数字编号)

4. 插入图片

单击"插入"→"图片",选择素材盘中提供的图片,单击"确定"按钮。

5. 编辑图片

改变图片大小:右击图片→"大小和位置"→打开设置图片大小和位置的对话框→点击"大小选项"→取消"锁定纵横比","相对于图片的原始尺寸"的选中状态(把√去掉)→在尺寸和旋转区域输入具体数值,设置图片的高度及宽度。本题中图片高度为7厘米,宽度为10厘米,如图5-2-8所示。

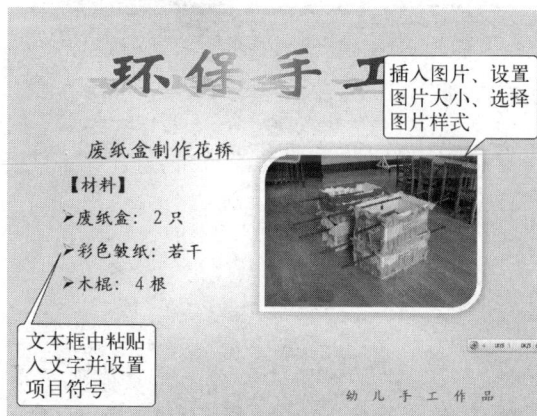

图5-2-7 活动样例2

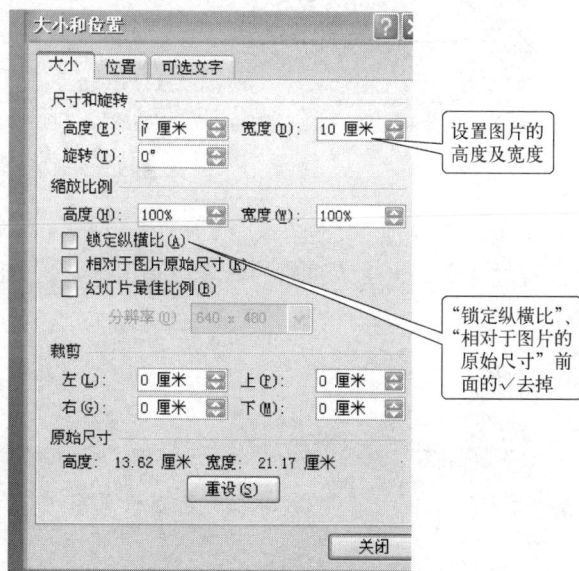

图5-2-8 图片大小和位置设置

6. 选择图片样式

双击已插入的图片,展开图片样式选项卡中,从中选择喜爱的图片样式,如图 5-2-9 所示,并可以根据需要调整"图片形状"、"图片边框"、"图片效果"。

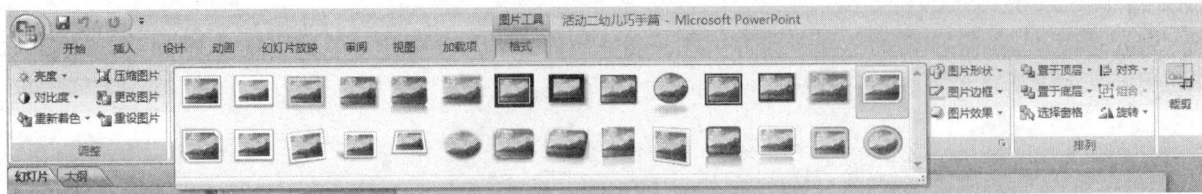

图 5-2-9 设置图片样式

五、完成其余 4 张幻灯片的制作

参考步骤四制作其余四张幻灯片。

六、设置幻灯片母版

1. 单击"视图"→"幻灯片母版",如图 5-2-10 所示。

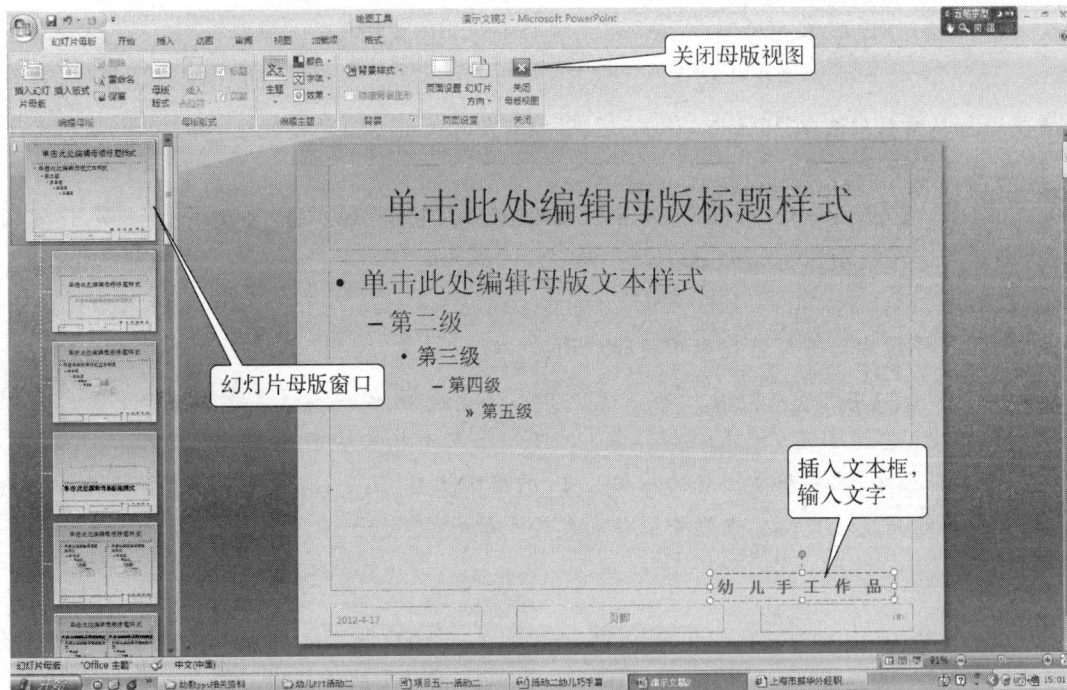

图 5-2-10 应用幻灯片母版

2. 插入文本框,输入文字"幼儿手工作品",并设置文字格式。然后"关闭母版视图"。可以观察到六张幻灯片中都出现了页脚的内容。如图 5-2-10 所示。

点拨:

母版规定了演示文稿(幻灯片、讲义及备注)的文本、背景、日期及页码格式。母版体现了演示文稿的外观,包含了演示文稿中的共有信息。在各张幻灯片中共有的图片、文字信息可以放在母版中。

七、保存文件并放映幻灯片

单击"文件"→"另存为……",输入文件名"幼儿手工篇",保存类型为演示文稿(∗.ppt)。放映幻灯片。

知识链接

一、配色方案

配色方案由幻灯片设计中使用的若干种颜色(用于背景、文本和线条、阴影、标题文本、填充、强调和超链接)等组成。演示文稿的配色方案由应用的设计模板确定。

可以通过选择幻灯片"设计"→"颜色"→"新建主题颜色",打开任务窗格来查看及编辑幻灯片的配色方案。如图5-2-11所示。

二、幻灯片配色原则

制作一份美观的宣传文稿,需要色彩和谐、布局合理。版面中要有主色调,配色时,构图要注意均衡,均衡与否,取决于色彩的轻重、强弱感的正确处理。同一画面中暖色、纯色面积小,冷色、浊色面积大,易平衡。明度相同,纯度高而强烈的色,面积要小,纯度低的浊色、灰色面积大,可以求得平衡。画面上部色亮,下部色暗,易求得安定感。重色在上,轻色在下会产生动感。为了突出某一部分或为了打破单调感,需有重点色。对于初学者来说,一般而言,深色背景配浅色文字,或浅色背景配深色文字;标题醒目;背景中大色块的颜色不超过三种,效果会比较突出。

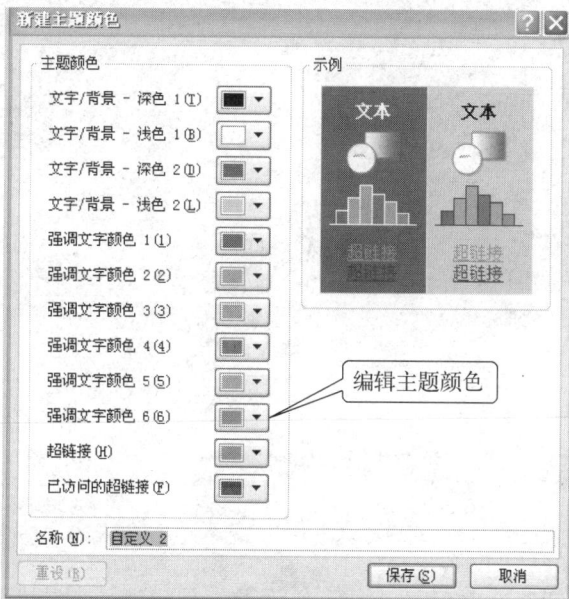

图 5-2-11 查看和编辑颜色方案

自主实践活动

上海大众汽车公司的人事部门将制作一份"上海大众人力资源管理"的宣传文稿。有关资料放在"自主实践活动二上海大众公司人力资源管理系统"文件夹下,运用所给素材,制作多媒体演示文稿。将完成的作品以"上海大众公司人力资源管理.ppt"为文件名保存在D盘根目录下。

具体要求:

1. 设计不少于5张幻灯片,介绍上海大众公司人力资源管理。

2. 幻灯片的背景为双色渐变。

3. 幻灯片中包含合适的图片及相应的文字。

4. 幻灯片图文并茂、排版合理,字体大小合适。

5. 制作要求:

(1) 每张幻灯片均使用艺术字标题。

(2) 幻灯片中图片大小相等。

(3) 幻灯片上使用的图片要加上粗的边框。

活动三　幼儿体育游戏简介演示文稿的制作

活动要求

　　幼教老师小安要做一份多媒体演示文稿,介绍小朋友在幼儿园进行的一些体育游戏,在幼儿园的电子显示屏中播放,让家长们了解孩子们在幼儿园的生活。"幼儿游戏篇"宣传演示文稿样例如图 5-3-1 所示。

图 5-3-1 "幼儿游戏篇"宣传演示文稿样例

活动分析

一、活动计划

　　连续播放的静态页面会造成用户的视觉疲劳,在浏览过程中,用户不能方便地快速访问所需页面。本活动通过幻灯片切换、链接、设置动画效果、插入声音、视频对象等方法,使作品更贴近用户、更生动活泼。

　　1. 获取素材,了解需求。从素材文件"不倒翁.doc"等 Word 文件中获取相关文字,从"不倒翁1.jpg"等图片文件中获取相关图片。

　　2. 设置幻灯片的背景。制作幻灯片的双色渐变背景。

　　3. 制作6张幻灯片。新建6张幻灯片,第一张为目录,后四张分别为幼儿的4个游戏项目,最后一张归纳小结。

　　4. 设置幻灯片母版。通过设置幻灯片母版,在每张幻灯片页脚处加入"幼儿手工制作"文字。

5. 设置幻灯片切换。选择幻灯片之间的过滤效果。

6. 设置幻灯片链接。设置第一张目录张与后四张之间的链接,同时在后五张制作"返回按钮",能返回到第一张。

7. 设置动画方案。使每一张中的标题、文字、图片能呈现动画效果。

8. 插入声音对象。在第四张中插入声音文件"童谣.mp3",并设置播放声音的格式。

二、相关技能

1. 幻灯片切换。

2. 幻灯片链接。

3. 设置动画方案。

4. 插入声音对象。

方法与步骤

一、准备工作

1. 仔细阅读所给素材,了解幼儿游戏的相关内容,为制作演示文稿做好准备。

2. 新建PPT文档,参考活动二的步骤,根据所给素材,完成6张PPT的制作。

二、幻灯片切换

1. 单击"动画"→展开"切换效果"选项卡(如图5-3-2所示)。

2. 设置幻灯片切换:在"幻灯片切换"的任务窗格中选择需要的切换方式,并按需要修改切换效果的相关设置包括速度、声音、换片方式。点击"全部应用"按钮,统一设计所有幻灯片的切换方式(如图5-3-3所示)。

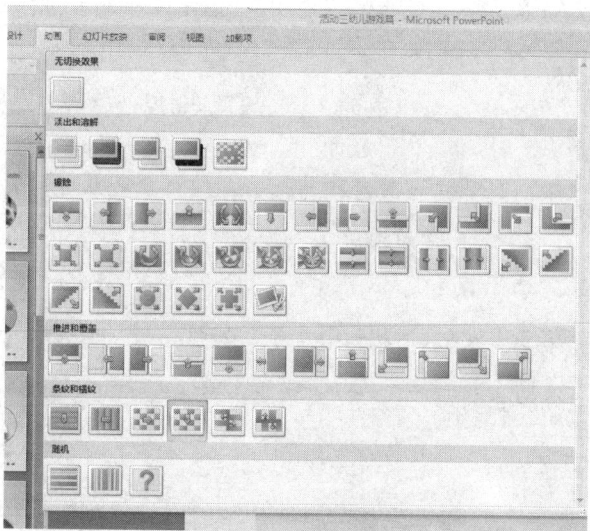

图5-3-2 幻灯片切换选项卡

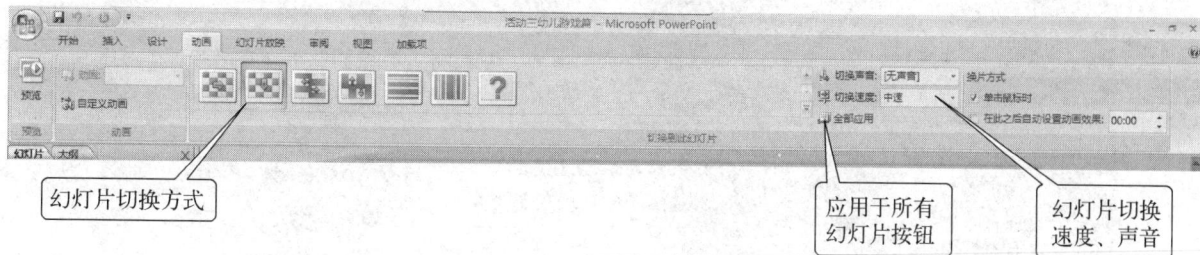

幻灯片切换方式

应用于所有幻灯片按钮

幻灯片切换速度、声音

图5-3-3 幻灯片切换的设置

三、幻灯片链接

1. 插入"超链接"

把第一张幻灯片制作成目录的形式:选中文字"小火车游戏",右击选择"超链接"(如图5-3-4所示)。

2. 设置"插入超链接"对话框

设置"插入超链接"对话框(如图5-3-5)所示:单击"本文档中的位置"选项,在右侧的"请选择文档中的位置"框中选择"幻灯片2",使第一张幻灯片中的文字"小火车游戏"与标题为"小火车游戏"的第

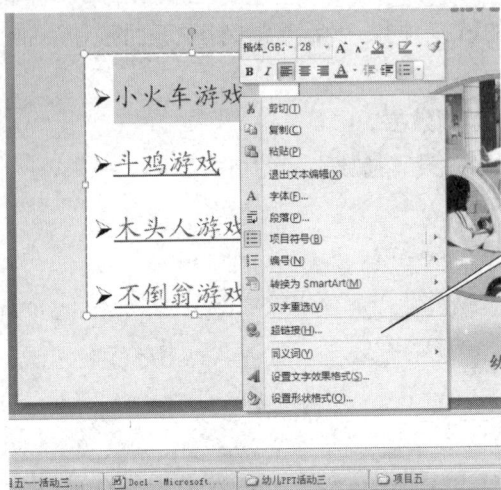

图 5-3-4　设置超链接

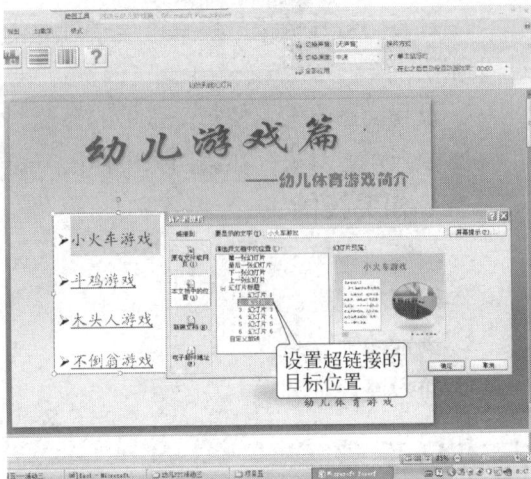

图 5-3-5　设置超链接

二张幻灯片建立超链接关系。并依次建立其他三行小标题与相应幻灯片的链接关系。

3. 设置返回按钮

选择第二张幻灯片，单击"开始"菜单，在"绘图"区域中展开"形状"选项，选择最后一行"动作按钮"中的第五个按钮(形状如小房子)，如图 5-3-6 所示，鼠标变为"＋"，在工作区拖曳出现"返回"按钮 🏠 → 在自动弹出的"动作设置"对话框中单击"确定"按钮。在幻灯片放映过程中，用户只需点击 🏠 就能返回第一页。

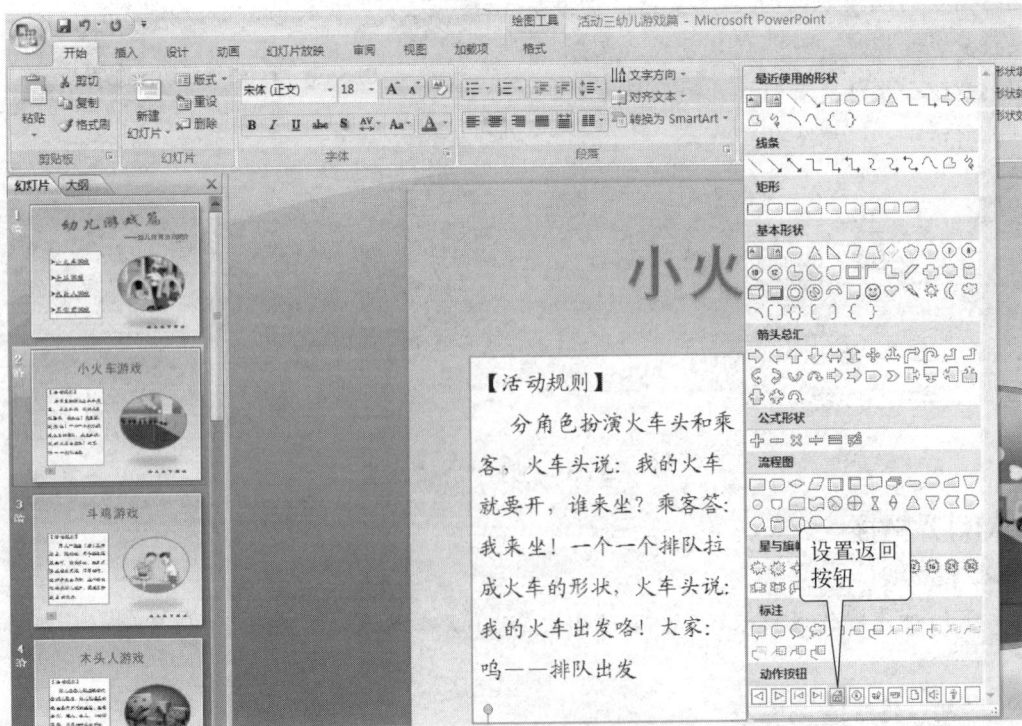

图 5-3-6　设置返回按钮

点拨：

⬆️默认设置为：链接到第一张幻灯片，可以通过修改"超链接到……"下拉列表的选择改变链接的位置。

4. 添加返回按钮

通过"复制"、"粘贴"的方式，将"返回"按钮⬆️，粘贴到其余各张幻灯片中。

点拨：

还可以在幻灯片中插入文本框，输入文字"返回"，将文字"返回"链接到第一张幻灯片。

四、设置自定义动画

1. 进入"自定义动画"窗口

单击"自定义动画"按钮：选中第一张幻灯片中的艺术字标题，单击"动画"菜单，再单击"自定义动画"按钮（如图 5 - 3 - 7 所示）。

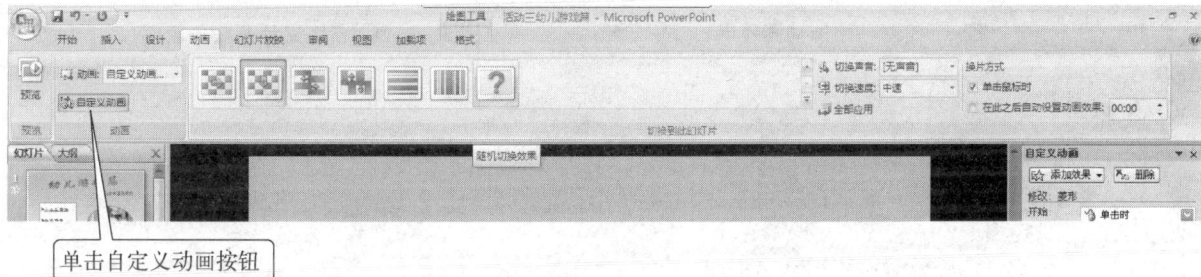

图 5 - 3 - 7　自定义动画

2. 添加动画效果

在右侧窗口自动打开"自定义动画"任务窗格，单击"添加效果"，在下拉列表中选择动画效果（如图 5 - 3 - 8）。并设置动画的开始时间、播放方向、播放速度等选项。

点拨：

在自动预览选框中打"√"能预览动画效果，否则只能在幻灯片放映时才能实现动画效果。

3. 参考第二步操作，设置"文本框"、"图片"等对象的动画效果

如图 5 - 3 - 9 显示的是第 1 张幻灯片 3 个对象所包含的动画效果。每行动画前的数字表示动画的播放顺序，幻灯片上的对象也会显示对应的数字。每行动画中的鼠标图标表示此效果以单击鼠标开始。每行动画第 3 项内容表示动画效果的类型。如果要以另一个效果替换现有效果，可点击"更改"按钮进行修改。

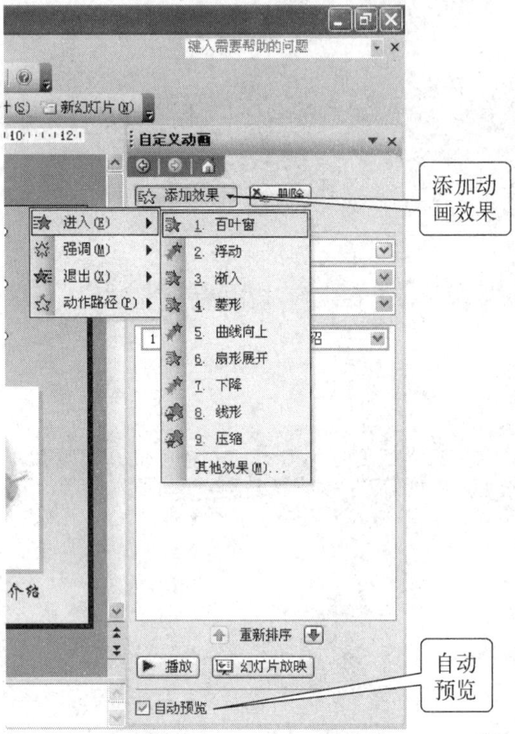

图 5 - 3 - 8　添加动画效果

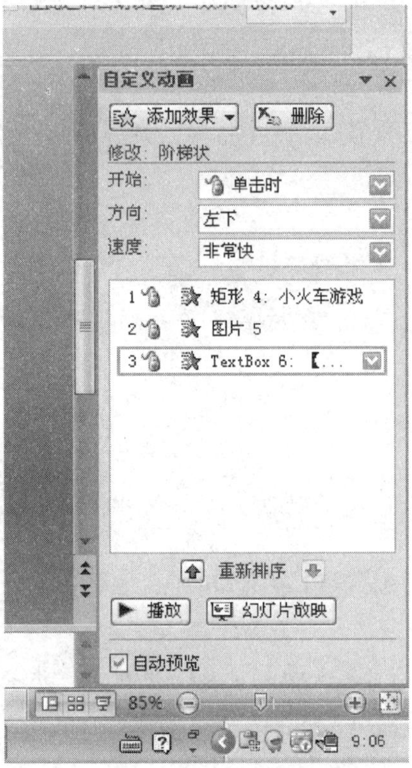

图 5 - 3 - 9　自定义动画任务窗格

点拨：

如果希望在某个对象演示过程中退出幻灯片，可以通过设置"退出动画"效果来实现，方法参照"进入动画"的设置操作。

五、插入声音

1. 插入声音

选择第四张幻灯片，单击"插入"→"声音"→"文件中的声音"，如图 5 - 3 - 10 选择素材中的声音文件，当前窗口会跳出"喇叭"图标 ，在自动弹出的"您希望在幻灯片放映时如何开始播放声音"对话框中单击"自动"按钮，设置声音播放模式（如图 5 - 3 - 11 所示）。

图 5 - 3 - 10　插入声音

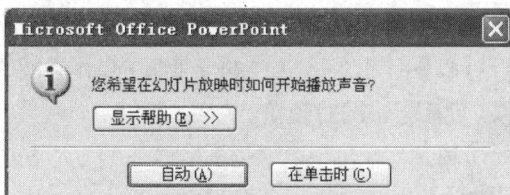

图 5 - 3 - 11 自动播放声音设置

点拨：

> 如果希望在单击幻灯片上的声音图标时才开始播放声音文件，可单击"在单击时"按钮。

2. 编辑声音对象

在"自定义动画"任务窗格中右击"声音文件"，选择"效果选项"(如图 5 - 3 - 12)，打开"播放声音"对话框，在"效果"选项中，设置开始播放声音与结束播放声音的位置(如图 5 - 3 - 13)。

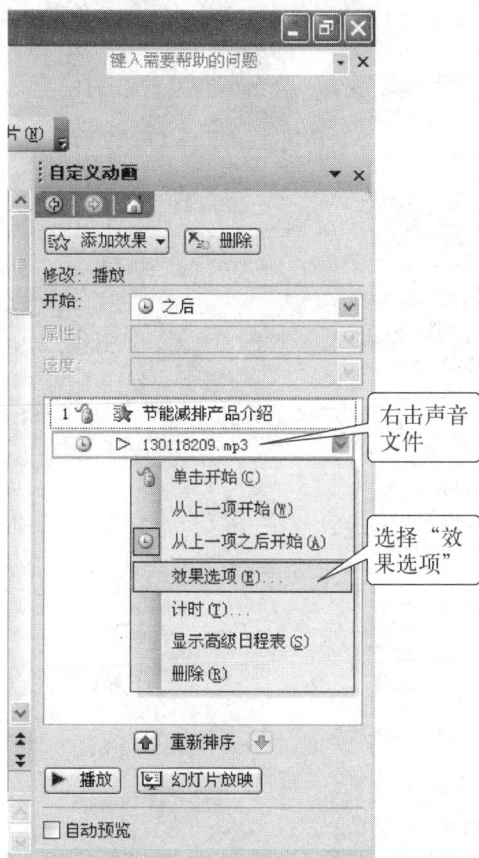

图 5 - 3 - 12 设置声音效果

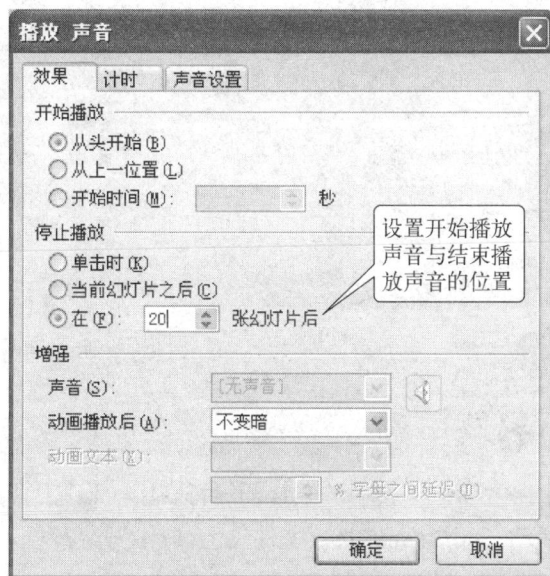

图 5 - 3 - 13 声音播放设置

六、保存文件并放映幻灯片

以"幼儿游戏篇.ppt"为文件名保存文件，并放映幻灯片。

知识链接

一、插入视频

单击"插入"→"影片"→"文件中的影片"，插入视频对象，并且可以对视频对象进行编辑。方法类似于"声音"的操作。

二、插入 SmartArt 图形

SmartArt 是 Office2007 新增的功能组件。它可以设计出精美的图形。在 PowerPoint2007 中能非常轻松地插入组织结构、业务流程等图示。SmartArt 图形工具具有 80 余套图形模板,利用这些图形模板可以设计出各式各样的专业图形,并且能够快速为幻灯片的特定对象或者所有对象设置多种动画效果,而且能够即时预览。

单击"插入"→"SmartArt"→"插入 SmartArt 图形对象",如图 5 - 3 - 14 所示,可以对其进行编辑。

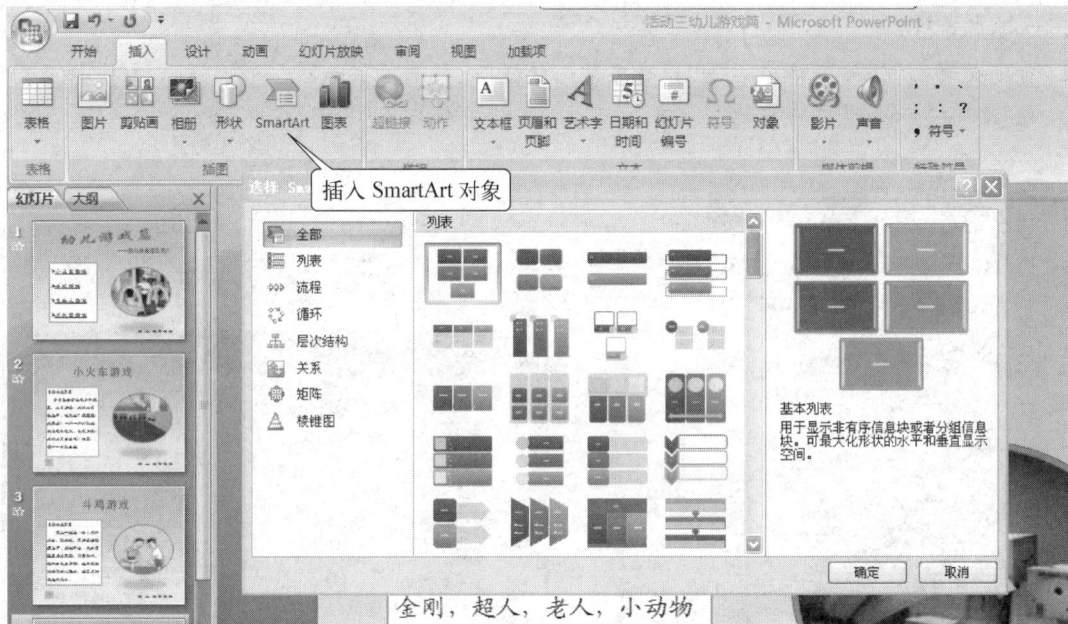

图 5 - 3 - 14 插入 SmartArt 对象

自主实践活动

上海大众汽车公司的销售部门将制作一份"上海大众新品报价"的宣传文稿。有关资料放在"自主实践活动三大众新品报价"文件夹下,运用所给素材,制作多媒体演示文稿。将完成的作品以"大众新品报价.ppt"为文件名保存。

1. 设计要求:

(1) 设计不少于 5 张幻灯片,介绍上海大众新品的报价。

(2) 其中第一张幻灯片是封面,封面中的标题要求能体现主题,并且封面能与各幻灯片相互链接。

(3) 第二张幻灯片开始分别介绍上海大众新品的报价。

(4) 幻灯片中包含合适的图片及相应的文字。

(5) 幻灯片图文并茂、排版合理,字体与图片大小合适,图文搭配正确。

2. 制作要求

(1) 第一张幻灯片能与其余各幻灯片建立链接关系,其余各张幻灯片能返回第一张幻灯片。

(2) 各幻灯片设置合适的切换方式。

(3) 幻灯片中图片大小相等。

(4) 每一张幻灯片均设置醒目的动画效果。

活动四　好习惯养成教育演示文稿的制作

活动要求

　　幼教老师小安要做一份多媒体演示文稿,介绍幼儿好习惯的养成教育,在幼儿园的电子显示屏中播放,让家长们了解孩子们在幼儿园接受的教育,当孩子们回家后也可以进行相应的教育。"幼儿教育篇——好习惯的养成教育"宣传演示文稿样例如图5-4-1所示。

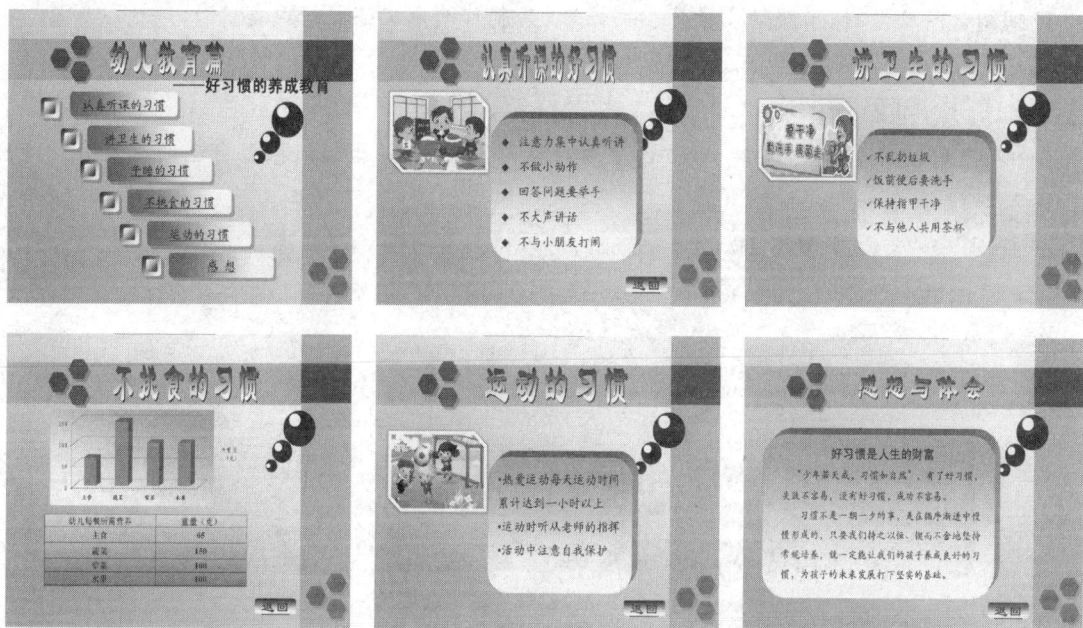

图5-4-1　"幼儿教育篇——好习惯的养成教育"宣传演示文稿样例

活动分析

一、活动计划

　　在本次活动中要运用自定义图形工具,创意设计幻灯片母版,制作极具个性的幻灯片背景,使作品更具特色,更能吸引眼球。

　　1. 获取素材,了解需求。从素材文件"幼儿教育篇文字素材. doc"文件中获取相关文字,从"午睡. jpg"等图片文件中获取相关图片素材。

　　2. 设置幻灯片的背景。制作幻灯片的双色渐变背景。

　　3. 设置幻灯片母版。通过在"母版"编辑窗口绘制自定义图形,设计一份有个性的幻灯片作品。

　　4. 制作7张幻灯片。新建7页幻灯片,第一页为目录,后五页分别为幼儿5个好习惯的养成教育,最后一页为"感想与体会"。

　　5. 插入图表。在第五页上以图表的形式,表现幼儿每餐所需营养成分。

　　6. 设置幻灯片切换。选择幻灯片之间的过滤效果。

　　7. 设置幻灯片链接。设置第一页目录页与后六页之间的链接,同时在后五页制作"返回按钮",能返回到第一页。

8. 设置动画方案。使每一页中的标题、文字、图片能呈现动画效果。

二、相关技能

1. 幻灯片母版的设计。

2. 自定义图形的应用。

3. 幻灯片配色。

4. 由表格生成图表。

方法与步骤

一、准备工作

1. 仔细阅读所给素材,了解幼儿教育相关内容,为制作演示文稿做好准备。

2. 新建PPT文档,参考活动三,并设置双色渐变背景。

二、幻灯片母版设计

根据个人喜好,设计一份独特的母版(这里仅对样例做说明,学生可以根据自己的喜好来设计)。

1. 进入"幻灯片母版"编辑

单击"视图"→"幻灯片母版"(如图5-4-2),进入幻灯片母版编辑状态。

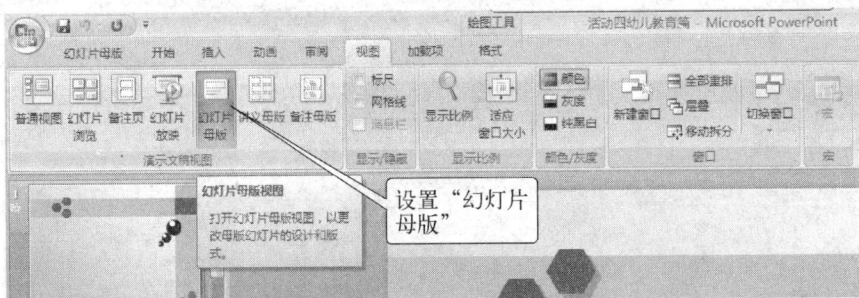

图5-4-2 幻灯片母版选项

2. 在"母版"编辑窗口绘制自定义图形

(1) 绘制一个"矩形"并设置其格式:选择"开始"菜单,在"绘图"区域中选择"矩形",如图5-4-3。

图5-4-3 在母版中绘制"矩形"

在编辑窗口画一个"矩形"对象,右击"矩形","设置形状格式"选项,单击"填充"选项卡,在"填充"区域,选"纯色填充",下拉颜色列表,选取相应的颜色如图5-4-4所示,并设置其透明度。

(2)同理绘制其余两个"矩形"。

(3)把三个矩形组合:按住Shift键,同时选中三个"矩形",鼠标右击,在弹出的对话框中选择"组合"→"组合",将三个矩形组合成一个对象。如图5-4-5所示。

(4)绘制其他的自选图形:选择"插入"菜单,在快速访问工具栏中点击"形状"按钮,在"基本形状"中选择"六边形",在编辑窗口画一个"六边形",右击"六边形",选择"设置形状格式"选项,选"填充"选项卡,设置六边形的颜色。同理,在阴影选项卡中设置六边形的阴影(如图5-4-6所示)。

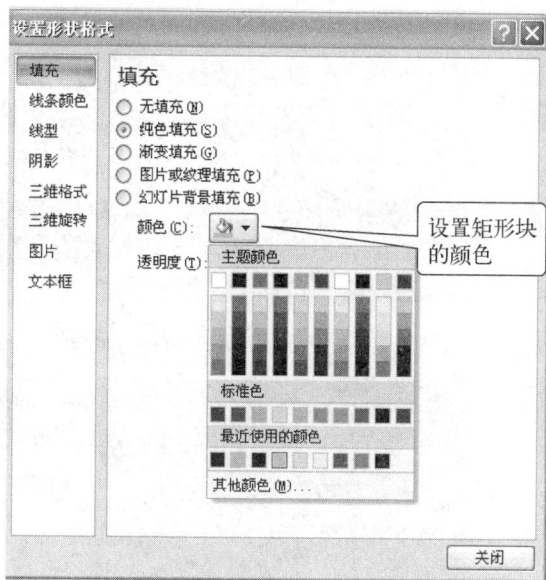

图5-4-4 设置矩形块颜色

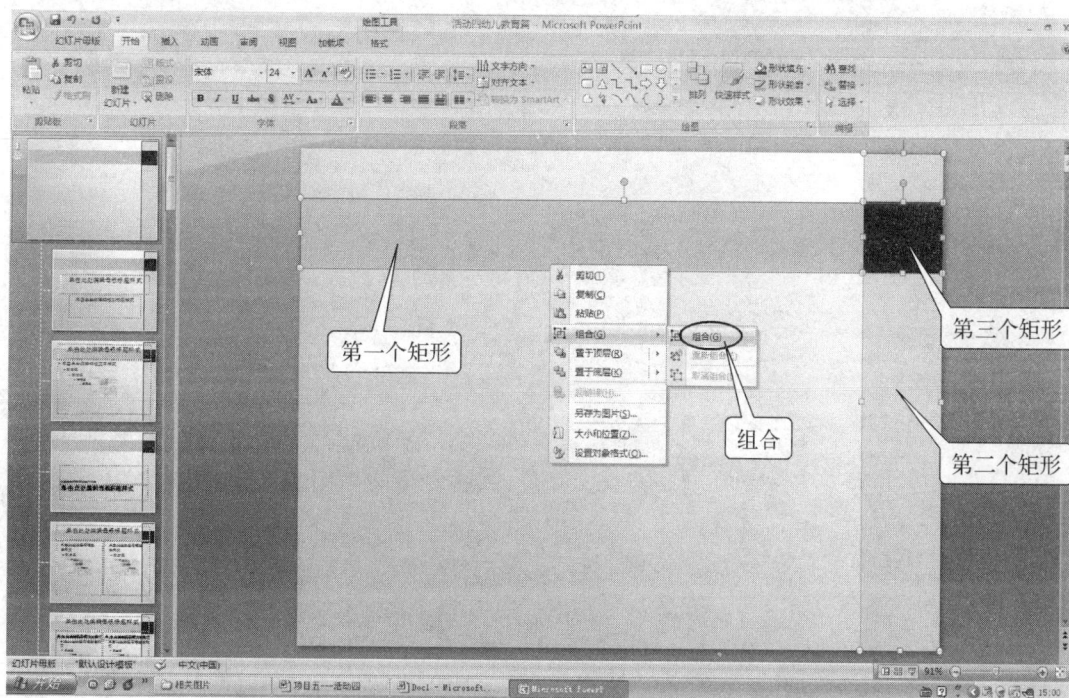

图5-4-5 组合

(5)参考上述步骤绘制其余图形,创建一个有自己独特风格的"幻灯片母版"。(如图5-4-7)并"关闭母版视图"。

三、创建第一张幻灯片

1. 插入艺术字标题及副标题

2. 创建小标题

(1)制作小标题的背景:"插入"→"形状"→"矩形"→"圆角矩形",在编辑区域绘制圆角矩形。右击圆角矩形,设置"形状格式",在其各选项中设置圆角矩形的边框、填充颜色及阴影效果,将该图形复制

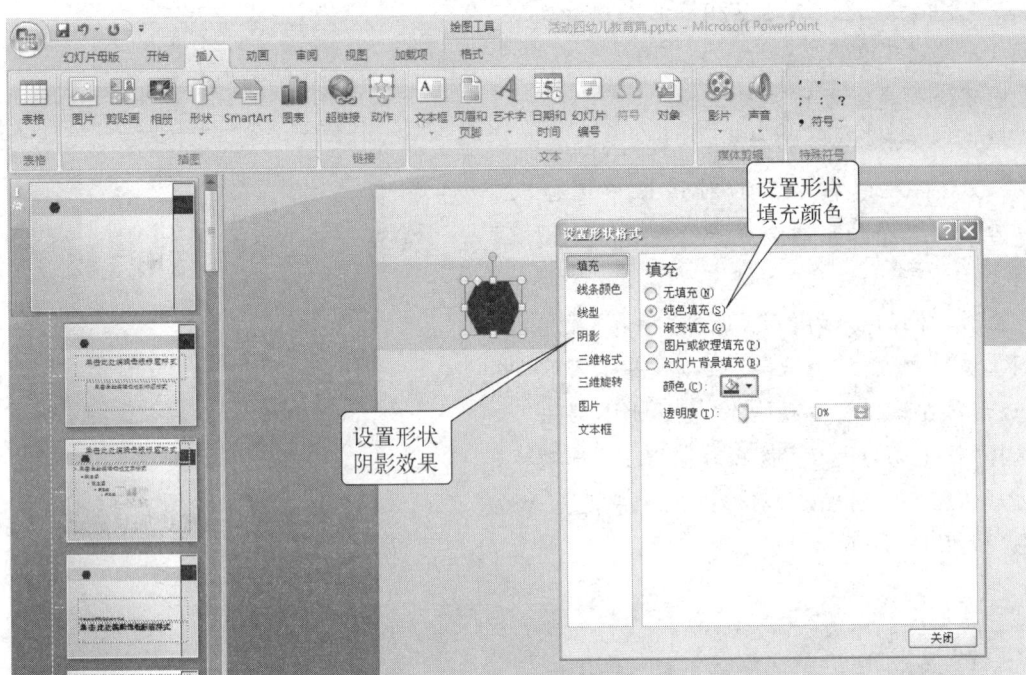

图 5-4-6 设置形状颜色

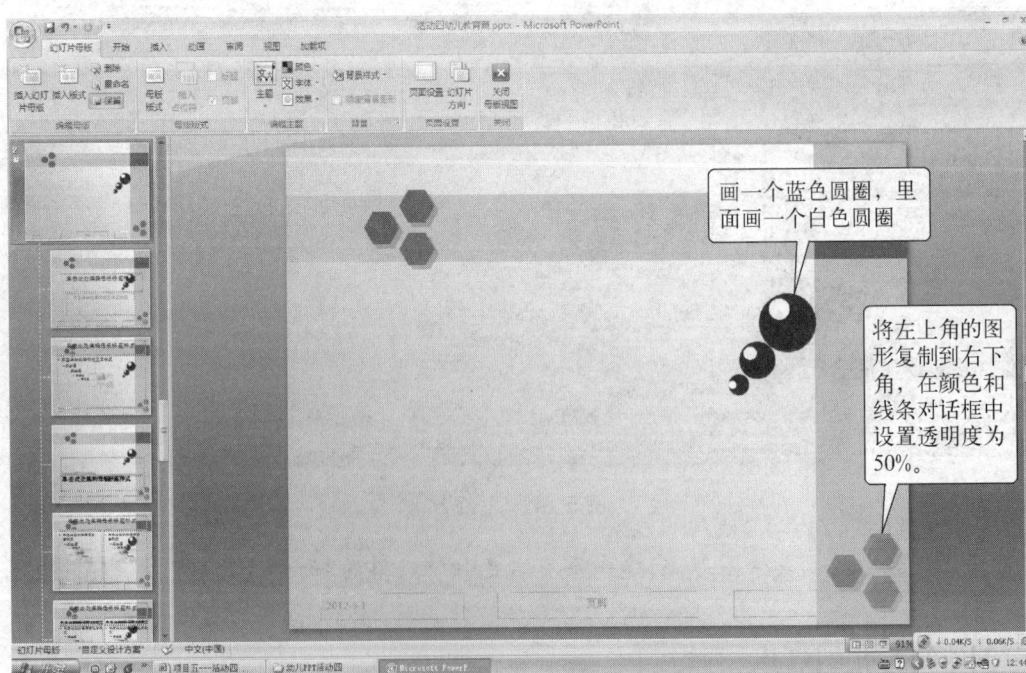

图 5-4-7 创建幻灯片母版

5个,按样例排列。

（2）添加小标题文字：右击"圆角矩形"→"编辑文字"→输入小标题"认真听课的习惯",同理给其他5个"圆角矩形"添加文字（如图5-4-8）。

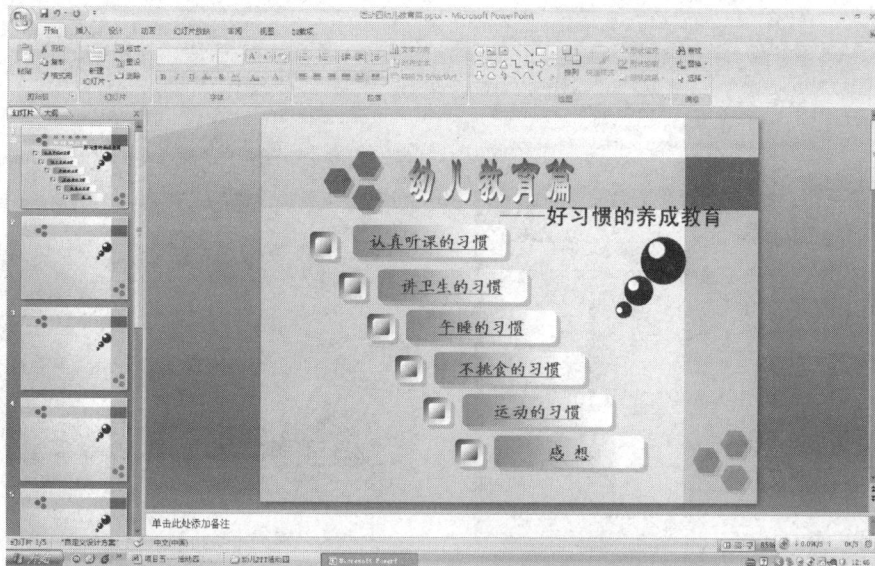

图5-4-8 创建各级标题

3. 改变超链接文字的颜色

选择"设计"→"颜色"→"新建主题颜色",在弹出的对话框中调整"超链接"的颜色和"已访问超链接"的颜色,如图5-4-9所示。

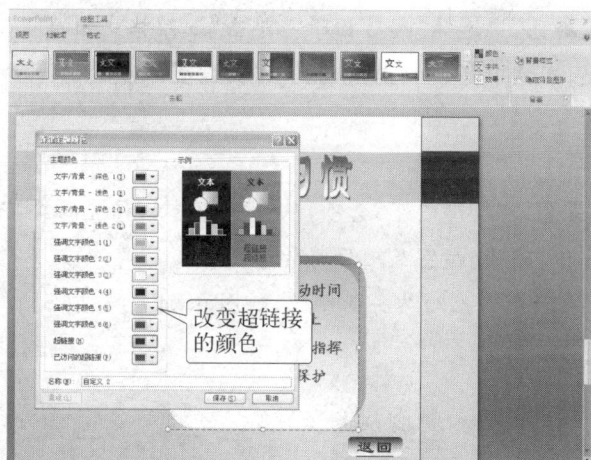

图5-4-9 修改超链接颜色

四、创建第二、三、四张幻灯片

1. 插入艺术字标题

2. 插入图片,编辑图片格式

"插入"→"图片",从素材中选择所需的图片,调整图片大小与位置,单击插入的图片,在弹出的"图片样式"选项卡中选择喜好的图片样式,如图5-4-10所示。

图5-4-10 插入、编辑图片样式

3. 插入形状

"插入"→"形状"→"圆角矩形",在幻灯片编辑区域绘制圆角矩形;单击圆角矩形,在弹出的快速访问工具栏中选择"形状效果"→"三维旋转"→"倾斜"→"倾斜右上",如图5-4-11所示。

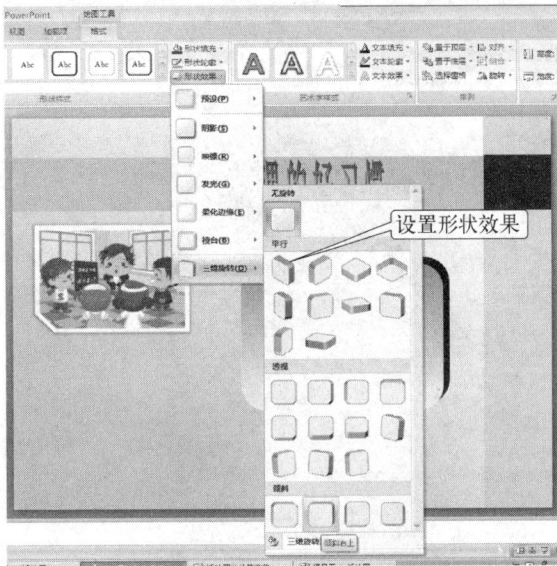

图5-4-11　插入形状

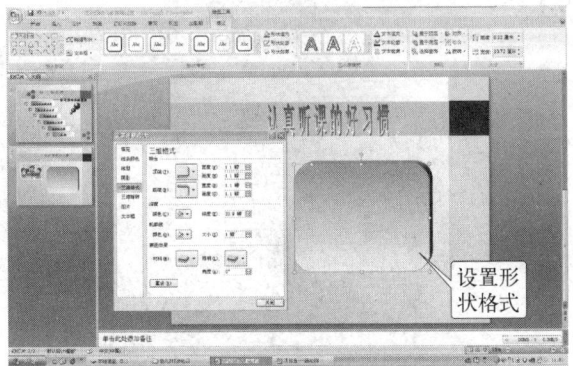

图5-4-12　设置形状格式

4. 设置形状格式

右击圆角矩形,选取"设置形状格式"选项,弹出"设置形状格式"对话框,单击"填充",在填充选项卡中选择"渐变填充",在"预设颜色"中选择"雨后初晴",单击"三维格式",在"三维格式"选项卡中设置棱台底端和顶端的宽度和高度,本例中宽度和高度均为1.1,设置深度为34,颜色为蓝色,如图5-4-12所示。

5. 插入文字

选择已插入的形状,右击选择"编辑文字"选项,从素材中选取相应的文字材料复制,并粘贴到当前位置,排列文字,并设置其字体、字号、颜色及项目符号等。

6. 参考上述步骤完成第三、第四张幻灯片的制作,如图5-4-13、图5-4-14所示。

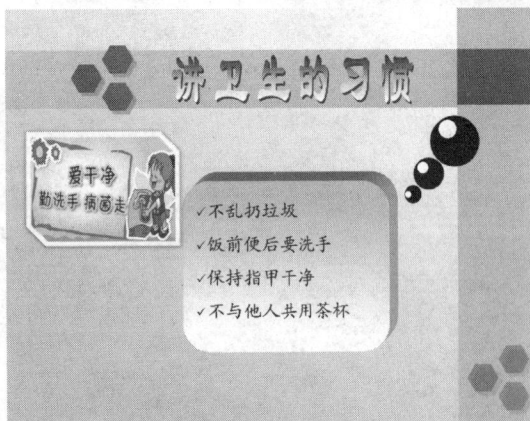

图5-4-13　样例1

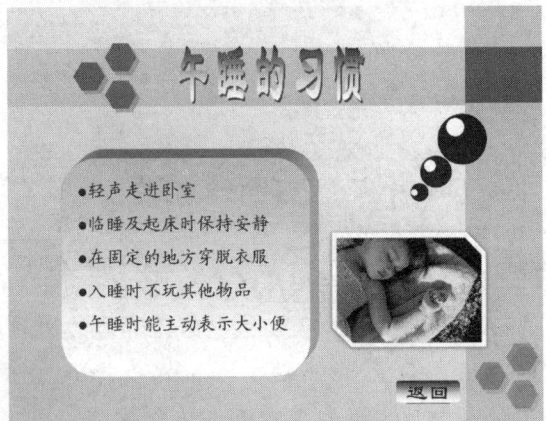

图5-4-14　样例2

五、创建第五张幻灯片

1. 插入艺术字标题

2. 插入表格

单击"插入"→"表格",设置"2行5列",在表格中输入从素材中选取的相关内容,如图5-4-15所示。

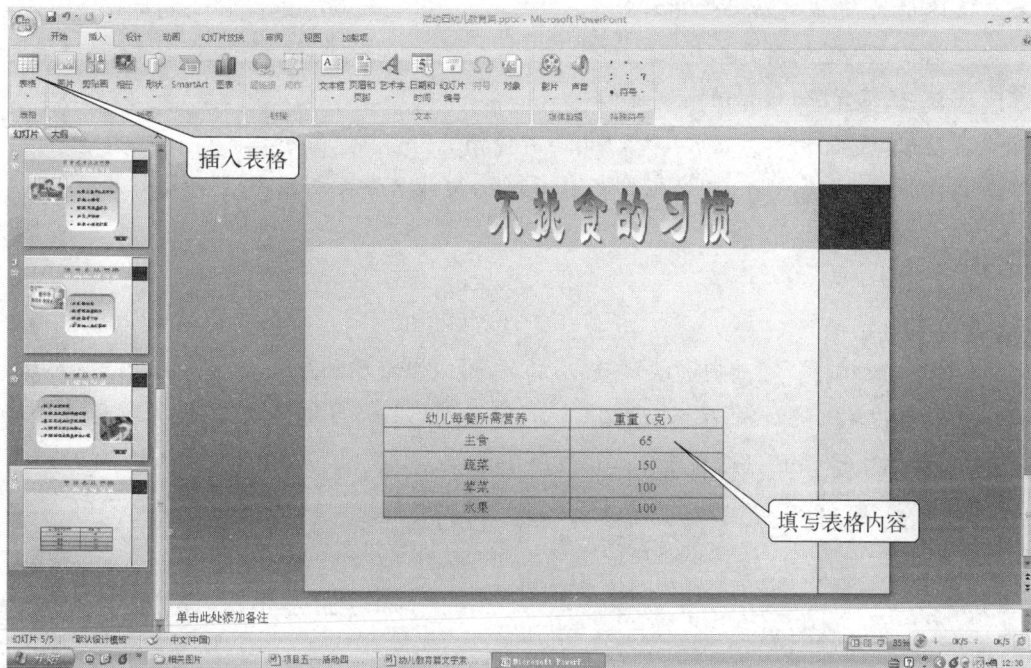

图5-4-15 插入表格

3. 插入图表

选中表格的全部内容,右击"复制",将表格内容复制到剪贴板。选择"插入"→"图表",在弹出的数据表中选中原有的内容,并右击选择"删除"→"粘贴"当前表格的内容(如图5-4-16所示),在编辑区

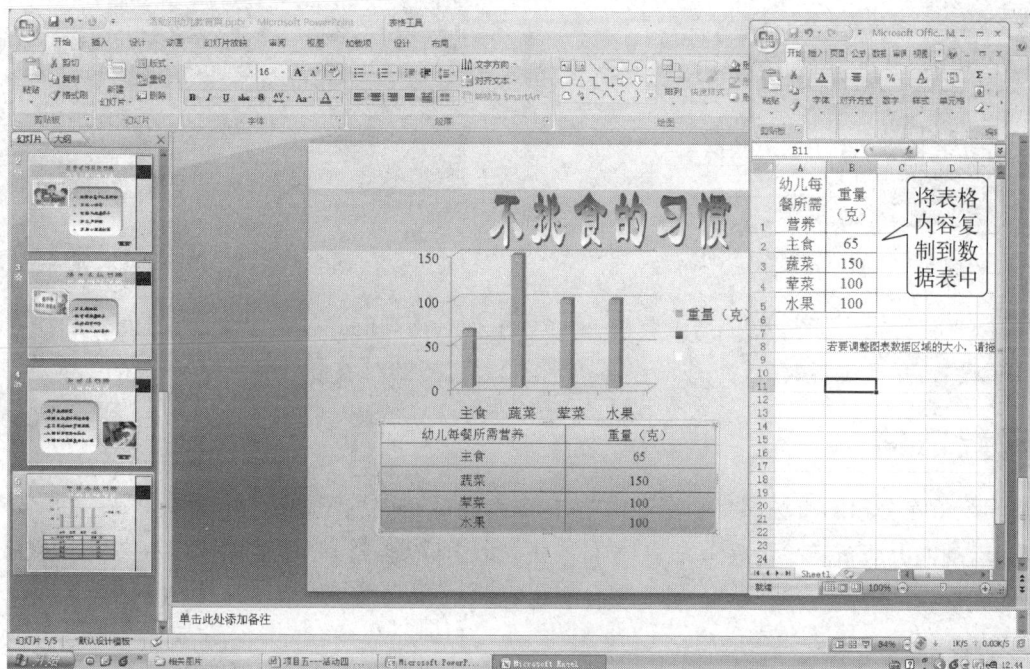

图5-4-16 插入图表

域将出现对应的图表。

4. 设置图表格式

选中"图表"右击可以对"图表类型"、"图表区格式"进行设置。

六、后续操作

1. 参考上述步骤,完成其余幻灯片的创建。

2. 参考活动三,设置"幻灯片切换"。

3. 参考活动三,设置"幻灯片动画效果"。

4. 参考活动三,设置"幻灯片链接"以及"幻灯片返回"。

5. 保存文件并放映幻灯片:以"幼儿教育篇.ppt"为文件名保存文件,并放映幻灯片。

知识链接

设置自定义动画路径

如果对系统内的动画路径(动画运动轨迹)不满意,可以设定动画路径。设定动画路径的方法为:

1. 选中需要设置动画的对象,单击"动画"→"自定义动画"→"自定义动画"任务窗格→"添加效果"按钮,选择"动作路径"→"绘制自定义路径",选择某个选项(如"曲线"),如图5-4-17所示。

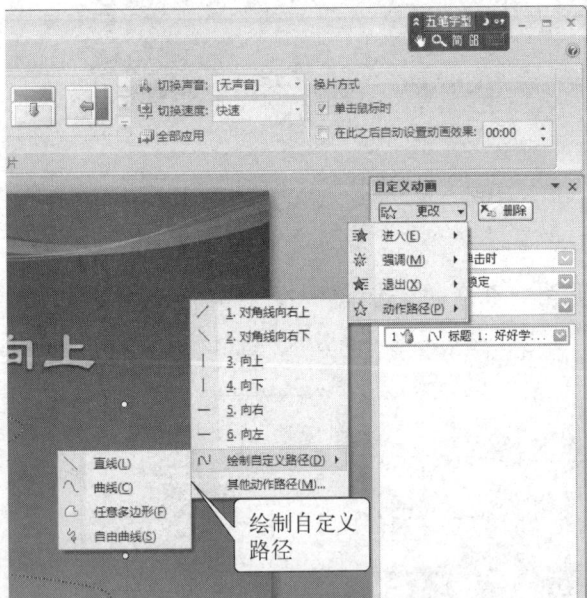

图5-4-17 绘制自定义路径

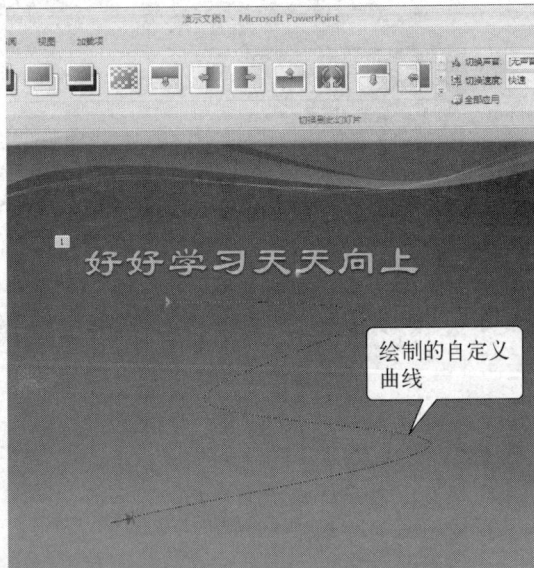

图5-4-18 绘制自定义曲线

2. 鼠标变成细"十"字线状,根据需要,在工作区中描绘动画的路径。全部路径描绘完成后,双击鼠标结束路径设置,路径设置效果(如图5-4-18所示)。选择的对象将沿着自定义的路径运动。

自主实践活动

上海大众汽车公司的市场部将制作一份"上海大众新品精锐汽车介绍"的宣传文稿。有关资料放在"自主实践活动四大众新品晶锐汽车介绍"文件夹下,运用所给素材,制作多媒体演示文稿。将完成的作品以"上海大众新品精锐汽车介绍.ppt"为文件名保存。

1. 设计要求

(1) 设计不少于5张幻灯片,介绍上海大众新品晶锐汽车。

(2) 其中第一张幻灯片是封面,封面中的标题要求能体现主题,并且封面能与各幻灯片相互链接。

(3) 第二张幻灯片开始分别介绍上海大众新品晶锐汽车的各类参数。

(4) 幻灯片中包含合适的图片及相应的文字。

(5) 幻灯片图文并茂、排版合理,字体与图片大小合适,图文搭配正确。

2. 制作要求

(1) 标题使用"艺术字"。

(2) 第一张幻灯片能与其余各幻灯片建立链接关系,其余各张幻灯片能返回第一张幻灯片。

(3) 各幻灯片设置合适的切换方式。

(4) 每一张幻灯片均设置醒目的动画效果。

综合活动与评估 "让感恩走进心灵"主题班会演示文稿的制作

活动要求

经班委会讨论,根据当前大多数独生子女表现出的他们所获得的一切都是理所当然的这样一种无所谓的态度,拟进行一次"让感恩走进心灵"的主题班会活动,激发学生爱的情感,引领学生学会感恩、善于感恩,使学生懂得在家感恩父母,对家庭负责;在学校感恩教师和同学,对学校对班级负责;感恩生存于这个社会,对社会负责,以实际行动回报家庭、学校和社会,报效祖国。

活动分析

1. 个人或小组合作讨论,明确主题班会中的节目单。

2. 查找和筛选相关素材,培养获取信息、筛选信息的能力。

3. 将获取的信息加以整理,并依此合理布局页面的内容。

4. 使用演示文稿制作软件进行文稿制作,培养使用信息技术进行信息发布及宣传的能力。

方法与步骤

一、素材准备

1. 使用网络搜索引擎查找信息

① 到网上去寻找一些关于感恩的诗歌、演讲稿。

② 下载以"感恩"为主题的音乐、歌曲。

③ 到网上收集以"感恩"为主题的小测试题。

2. 利用周记的写作,引导大家尝试用欣赏的目光看待自己的周围,品味自己所感触到的关心与爱护。

3. 创作以"感恩"为主题的小品。

二、信息整理

1. 确定主题班会的主题、封面。

2. 确定主题班会的节目单。

3. 每个节目相应的内容整理,填入节目单。

节 目 名 称	相 关 内 容	所 需 素 材	备　　注
例 1. 演讲《感恩母爱》	演讲稿《感恩母爱》	背景音乐：歌曲《感恩的心》	将音乐播放器与 PPT 建立超链接
例 2. 观视频谈体会	视频《感恩》	视频《感恩》	在 PPT 中插入视频素材，注意控制时间

三、演示文稿的制作

设计一份"让感恩走进心灵"的多媒体演示文稿。

设计要求：1. 能体现主题班会的整个过程。

2. 演示文稿布局合理、配色美观大方。

3. 演示文稿生动活泼、有声有色。

4. 设计演示文稿的母版，使其个性鲜明。

评估

一、综合活动的评估

根据综合实践活动，完成下面的评估表，先在小组范围内学生自我评估，再由教师对学生进行评估。

综合活动评估表

学生姓名：_____　　　　　　　　　　　　　　　　　　　　　　日期：_____

学 习 目 标		自 评		教 师 评	
		继续学习	已掌握	继续学习	已掌握
1. 获取和筛选信息的能力	使用网络搜索引擎查找信息				
	将文字素材整理成计算机文档				
	根据主题需要筛选内容				
2. 根据主题班会的需要，小组合作，规划主题班会的各个环节，制定节目单					
3. 恰当选择信息处理工具的能力	会使用文字处理软件				
	会使用音频播放软件				
	会使用视频播放软件				
	会使用图形处理软件				
4. 建立演示文稿	插入文字对象				
	插入图片对象				
	插入音频对象				
	插入视频对象				
5. 内容对象的格式化	文字、段落格式的设置				
	图片对象、艺术字格式设置				
	多媒体对象的添加及设置				
6. 演示文稿版式设计	应用设计模板的应用				
	个性化母版的制作				

（续表）

学 习 目 标		自 评		教 师 评	
		继续学习	已掌握	继续学习	已掌握
7. 动态效果的设置	幻灯片的切换				
	对象的动画设置				
8. 超级链接设置	链接的设置				
	动作按钮的使用				
9. 通过网络交流信息的能力	资源共享及网上邻居的使用				
10. 综合运用多个软件解决问题的能力					
11. 分析问题、解决问题的能力					

二、整个项目的评估

复习整个项目的学习内容、完成下面的学习评估表。

整个项目学生学习评估表

学生姓名：＿＿＿＿＿＿＿

在整个项目的所有活动中喜爱的活动：＿＿＿＿＿＿＿＿＿＿＿＿＿＿＿＿＿＿＿＿＿

1. 在"演示文稿制作"项目中最喜欢的一件作品是什么？为什么？

＿＿＿

＿＿＿

2. 这个项目的学习包括以下技术领域

□文字处理　　　　　　　□图像处理　　　　　　　□多媒体演示文稿

□因特网　　　　　　　　□资料扫描及拍摄　　　　□声音视频

3. 为了完成这个项目，自己所必须学习的哪项技能最有挑战性？为什么？

＿＿＿

4. 为了完成这个项目，自己对必须学习的哪项技能最有兴趣？为什么？

＿＿＿

5. 为了完成这个项目，自己所学习的哪项技能最有用？为什么？

＿＿＿

6. 比较文字处理软件、多媒体演示文稿制作软件、图像处理软件，它们各使用哪几方面的信息处理？

＿＿＿

7. 请举例说明文字处理软件、多媒体演示文稿制作软件及图像处理软件的使用组合？

＿＿＿

8. 请归纳使用多媒体演示文稿制作策划的重点、难点？

＿＿＿

归纳与小结

利用演示文稿制作软件的基本流程如下图所示。

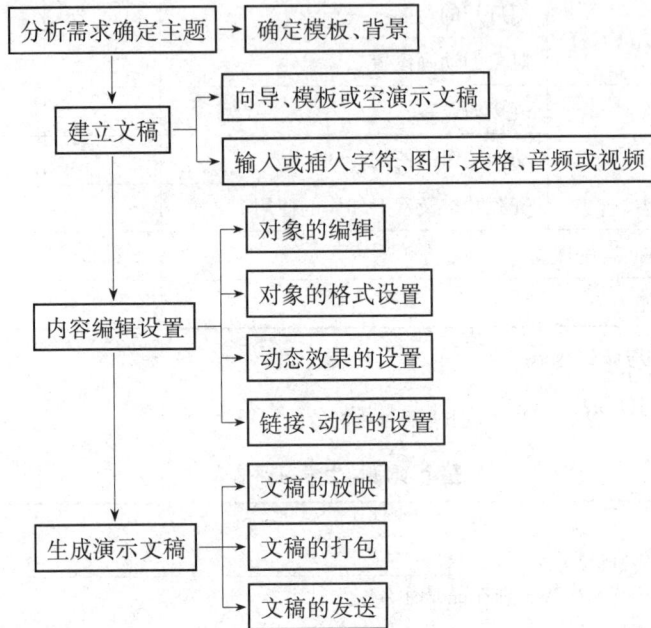

```
┌──────────────┐    ┌──────────────┐
│分析需求确定主题├──→│  确定模板、背景  │
└──────┬───────┘    └──────────────┘
       │
       ↓            ┌────────────────────┐
┌──────────────┐ ┌→│  向导、模板或空演示文稿  │
│   建立文稿   ├─┤ └────────────────────┘
└──────┬───────┘ └→┌──────────────────────────────┐
       │           │输入或插入字符、图片、表格、音频或视频│
       │           └──────────────────────────────┘
       ↓            ┌──────────────┐
       │         ┌→│   对象的编辑   │
       │         │ └──────────────┘
       │         │ ┌──────────────┐
┌──────────────┐├→│  对象的格式设置  │
│   内容编辑设置 ├┤ └──────────────┘
└──────┬───────┘│ ┌──────────────┐
       │        ├→│  动态效果的设置  │
       │        │ └──────────────┘
       │        │ ┌──────────────┐
       │        └→│ 链接、动作的设置 │
       │          └──────────────┘
       ↓           ┌──────────────┐
       │        ┌→│   文稿的放映   │
       │        │ └──────────────┘
┌──────────────┐│ ┌──────────────┐
│   生成演示文稿 ├┤→│   文稿的打包   │
└──────────────┘│ └──────────────┘
                │ ┌──────────────┐
                └→│   文稿的发送   │
                  └──────────────┘
```

项目六

电 子 表 格

——幼儿在园表现及身体素质情况的统计与分析

　　幼儿的在园表现情况和幼儿的身体素质情况是家长和幼儿园老师共同关心的问题，幼儿在园情况包括幼儿在园一日情况和一段时期情况，包括幼儿的入园、进餐、教育、游戏活动的表现；幼儿的身体素质情况包括幼儿的年龄、身高、体重、立定跳远等身体素质的相关数据。幼儿园应该对幼儿的在园表现情况以及幼儿的身体素质情况进行客观的观察与记录，通过量化的统计与分析，实现对幼儿成长情况的实时掌握与动态追踪。

　　在统计分析之前，首先要对幼儿在园情况及各项素质情况进行量化统计，获取幼儿的相关数据。有些数据是直接获取的，有些数据是通过统计后得到的。通过本项目的完成，要学会输入数据，然后使用公式与函数来计算各种统计值，最后生成柱形图和折线统计图等各种图表，更加直观、清晰地帮助分析幼儿的成长情况。

活动一　　幼儿在园一日情况的评价与分析

活动要求

　　好孩子幼儿园对每个幼儿的在园一日情况进行了量化的统计。李小明小朋友在 2012 年 5 月 12 日在园表现情况如下：早上很有礼貌地向老师和小朋友问早；吃饭时不随便讲话；饭后将餐具放在指定地点；中午睡觉没有遵守睡眠时纪律，随便下床走路；在游戏过程中，和小朋友争抢玩具；游戏活动结束后，把玩具送回原处，但没有摆放整齐……

　　设计一张表格，对李小明小朋友的在园表现进行打分记录。通过公式或函数，计算李小明当天的入园、进餐、睡眠、教育活动、游戏活动、离园等方面的得分，进而对李小明的表现进行评价。为了让表格更加美观和直观醒目，需要设置表格的格式。参考样例如图 6-1-1 所示。

图 6-1-1　幼儿在园一日情况评价表的样例

活动分析

一、活动计划

1. 交流与讨论

要全面地评价一个幼儿的在园表现情况,应该对幼儿哪些方面的表现进行观察与记录?

2. 设计评价表

请在纸张上规划设计一个幼儿在园一日情况的评价表。

3. 输入幼儿表现得分

在电子表格软件中,设计幼儿在园一日情况的评价表,然后在表格中输入李小明小朋友某一天在各个小项目的表现得分。

4. 计算数据

利用电子表格软件,计算李小明小朋友当天在入园、进餐、睡眠、教育活动、游戏活动、离园等各项目的得分。

5. 格式化评价表

你准备把幼儿在园一日情况的评价表的各部分设置成怎样的格式?

二、相关技能

1. 表格的设计。

2. 电子表格中数据的输入与编辑。

3. 利用公式进行数据的计算。

4. 表格格式的设置(对齐方式、字体格式)。

方法与步骤

一、设计"幼儿在园一日情况的评价表"

表格设计的内容包括:确定表格数据的构成;确定表格数据项目的名称;确定各项数据的位置与相互次序。表6-1-1仅供参考。

表6-1-1　幼儿在园一日情况的评价表(供参考)

幼儿姓名:　　　　　　　　　　　　　　　　　　　　　　　　　　日期:　年　月　日

项目内容	评　价　标　准	权重	评分(10分制)	分项得分	项目总分
入园	1. 有礼貌地向教师和小朋友问早	0.3			
	2. 将自带衣物整齐地叠放在固定的地方	0.4			
	3. 愉快地参加力所能及的晨间劳动	0.4			
进餐	1. 正确使用餐具,会干稀饭菜搭配吃	0.3			
	2. 吃东西时不随便讲话,细嚼慢咽,不咂嘴	0.2			
	……				
睡眠	1. 按顺序穿脱衣服,衣服脱下后放在指定地方	0.2			
	……				
教育活动	1. 坐姿端正,双脚并放椅前,双手自然放腿上	0.2			
	……				

(续表)

项目内容	评 价 标 准	权重	评分(10分制)	分项得分	项目总分
游戏活动	1. 取放玩具动作要轻,游戏后把玩具送回原处,摆放整齐	0.2			
	……				
离园	1. 玩具、物品整理好放回原处	0.4			
	……				

注:分项得分＝权重×评分

二、运行 Excel,认识 Excel 窗口界面

1. 运行 Excel

单击"开始"→"所有程序"→"Microsoft office"→"Microsoft office Excel 2007"。

2. 讨论 Excel 和 Word 的相同点和不同点,工具栏有相同之处吗? 哪些按钮是不同的?

3. 认识 Excel 窗口界面,认识行、行号、列、列标、单元格、单元格标识符等。如图 6 - 1 - 2 所示。

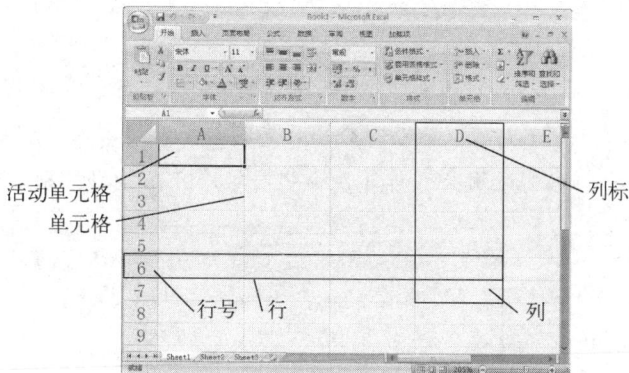

图 6 - 1 - 2 Excel 窗口

三、输入数据,进行数据的统计

1. 输入数据

(1)输入电子表格的列标题,用同样的方法输入行标题。

(2)输入电子表格的其他内容。

项目内容和评分标准在学生光盘"\项目六\活动一\素材\幼儿在园一日情况的评价标准.doc"文件中有参考样例,可以复制其中的内容,将其粘贴到相应的单元格中,具体操作步骤如下:

① 打开"幼儿在园一日情况的评价标准.doc"文件,选择其中的表格。

② 选择"编辑"→"复制"。

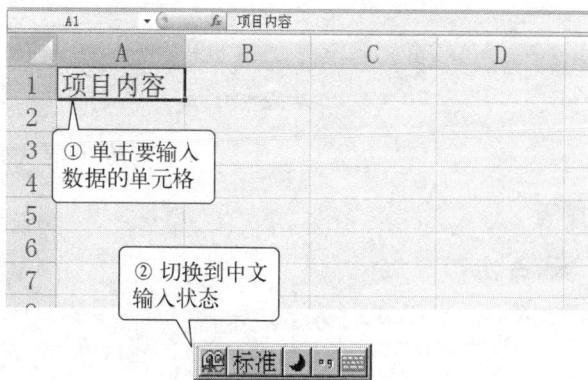

图 6 - 1 - 3 Excel 工作表的窗口

③ 切换到电子表格软件,单击单元格 A1。

④ 选择"开始"→"粘贴",将文字处理软件中的评价标准复制到电子表格软件的表格中。

⑤ 调整行高、列宽。

将鼠标光标移动到行号(列标)的边界上,当鼠标光标变成双箭头时,按下鼠标左键,拖动行号(列标)的下(右)边界来设置所需的行高(列宽),调整到合适的高度(宽度)后松开鼠标左键。

在行的下边界线和列的右边界线上双击,即可将行高、列宽调整到与其中内容相适应。

(3)在 D1—F1 单元格分别输入"评分(10 分制)"、"分项得分"、"项目总分"。

(4)在列标题"评分"下输入李小明小朋友的每个评价分项的得分。

(5) 保存新建的 Excel 文件,文件名“幼儿在园一日情况的评价表”。

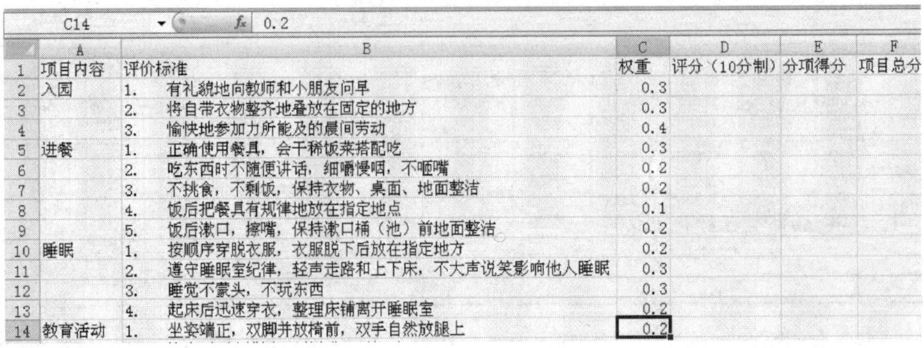

C14 fx 0.2

	A	B	C	D	E	F
1	项目内容	评价标准	权重	评分（10分制）	分项得分	项目总分
2	入园	1. 有礼貌地向教师和小朋友问早	0.3			
3		2. 将自带衣物整齐地叠放在固定的地方	0.3			
4		3. 愉快地参加力所能及的晨间劳动	0.4			
5	进餐	1. 正确使用餐具，会干稀饭菜搭配吃	0.3			
6		2. 吃东西时不随便讲话，细嚼慢咽，不咂嘴	0.2			
7		3. 不挑食，不剩饭，保持衣物、桌面、地面整洁	0.2			
8		4. 饭后把餐具有规律地放在指定地点	0.1			
9		5. 饭后漱口，擦嘴，保持漱口桶（池）前地面整洁	0.2			
10	睡眠	1. 按顺序穿脱衣服，衣服脱下后放在指定地方	0.2			
11		2. 遵守睡眠室纪律，轻声走路和上下床，不大声说笑影响他人睡眠	0.3			
12		3. 睡觉不蒙头，不玩东西	0.3			
13		4. 起床后迅速穿衣，整理床铺离开睡眠室	0.2			
14	教育活动	1. 坐姿端正，双脚并放椅前，双手自然放腿上	0.2			

图 6-1-4

2. 计算

用公式计算幼儿入园、进餐、睡眠等项目的分项得分及项目总分。

(1) 讨论：分项得分应该怎样计算？计算公式是什么？

(2) 运用公式计算李小明同学该日在“入园”项目第 1 个分项的得分。参见图 6-1-5。

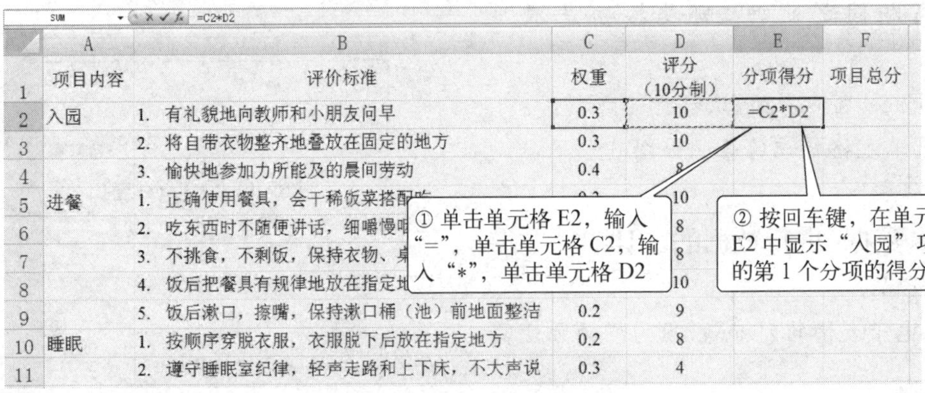

SUM fx =C2*D2

	A	B	C	D	E	F
1	项目内容	评价标准	权重	评分（10分制）	分项得分	项目总分
2	入园	1. 有礼貌地向教师和小朋友问早	0.3	10	=C2*D2	
3		2. 将自带衣物整齐地叠放在固定的地方	0.3	10		
4		3. 愉快地参加力所能及的晨间劳动	0.4	8		
5	进餐	1. 正确使用餐具，会干稀饭菜搭配吃		10		
6		2. 吃东西时不随便讲话，细嚼慢咽		8		
7		3. 不挑食，不剩饭，保持衣物、桌		8		
8		4. 饭后把餐具有规律地放在指定地		10		
9		5. 饭后漱口，擦嘴，保持漱口桶（池）前地面整洁	0.2	9		
10	睡眠	1. 按顺序穿脱衣服，衣服脱下后放在指定地方	0.2	8		
11		2. 遵守睡眠室纪律，轻声走路和上下床，不大声说	0.3	4		

图 6-1-5 公式的使用

点拨：

在 Excel 中输入公式时,必须先输入等号“=”。

(3) 将鼠标指针移到单元格 E2 的右下方,此时鼠标指针变成黑色十字形状(称为“填充柄”);按住鼠标左键的同时向下进行拖曳,一直拖曳到单元格 E25,即可计算完成所有的分项得分。

讨论：

“入园”项目的项目总分应该怎样计算？计算公式是什么？参见图 6-1-6。

用同样的方法,计算出“进餐”项目总分 F5、“睡眠”项目总分 F10、“教育活动”项目总分 F14、“游戏活动”项目总分 F19、“离园”项目总分 F23。

四、表格格式的设置

为了使表格更加美观,需要对表格进行格式设置。

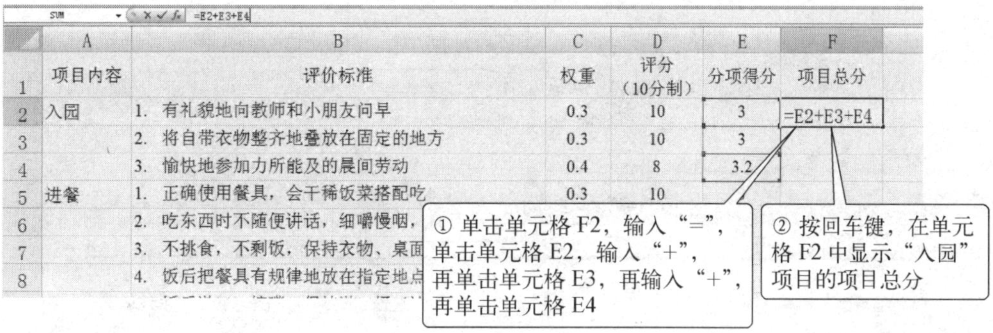

图6-1-6 公式的使用2

1. 表格标题的插入

（1）右击行号"1"，选择"插入"，在第1行前插入一空白行。

（2）在第一行中输入表格标题"幼儿在园一日情况的评价表"。如图6-1-7。

（3）用同样的方法在标题下插入一空白行，在相应的单元格输入幼儿姓名和日期。

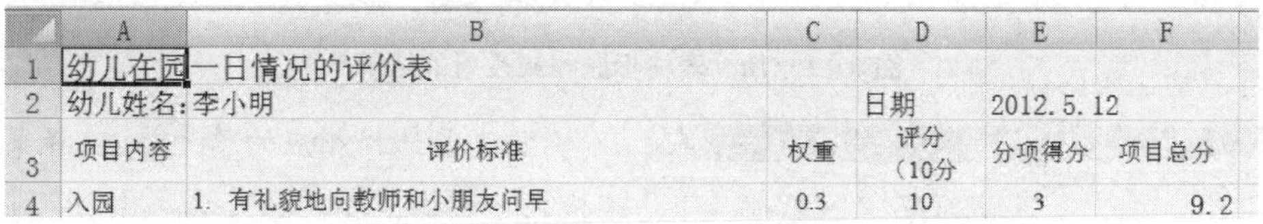

图6-1-7 表格标题的插入

2. 标题格式的设置

（1）设定标题的字体。选择标题所在的单元格A1，然后设定标题的字体和颜色，如图6-1-8所示。

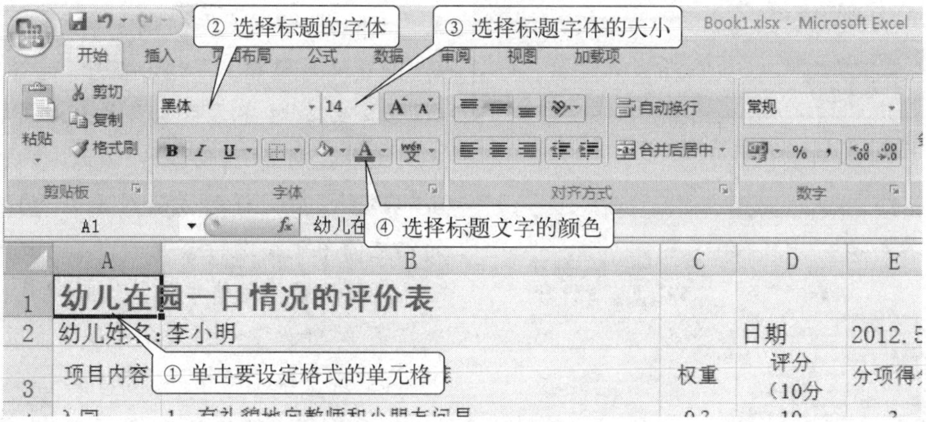

图6-1-8 表格标题格式的设置

（2）设定标题的对齐方式，把表格标题显示在表格的中间位置。选择单元格A1到F1，然后设定标题的合并方式和对齐方式，如图6-1-9所示。

结果如图6-1-10所示。

3. 表格内容的格式设置

除了对表格的标题进行格式设置外，还可以对表格内容进行格式设置，包括字体、对齐方式、数据显示格式、边框和填充颜色等。

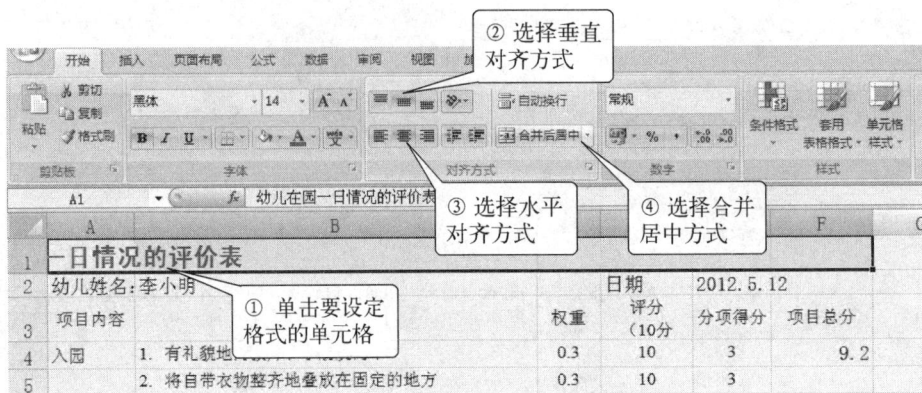

图 6-1-9　表格标题对齐方式的设置

图 6-1-10　表格标题格式设置的结果

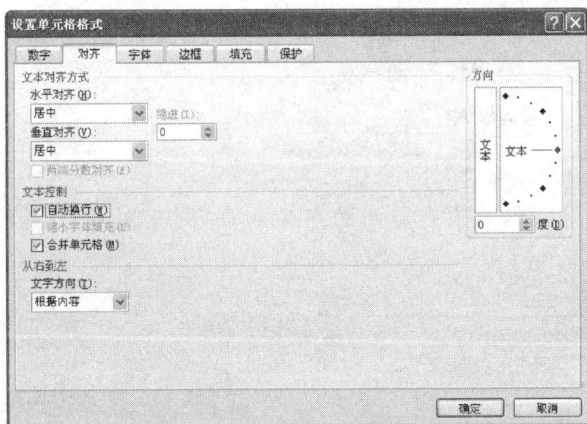

图 6-1-11　单元格格式的设置

图 6-1-12　表格内容格式设置的结果

首先要选择相应的单元格,选择菜单"开始"→"格式"→"设置单元格格式",弹出"设置单元格格式"对话框。也可以:右击相应的单元格,在弹出的快捷菜单中选择"设置单元格格式"命令,弹出"设置单元格格式"对话框。如图 6-1-11 所示。然后选择各选项卡,进行格式设置。

(1)合并单元格。选择单元格 A4 到 A6,选择菜单"开始"→"格式"→"设置单元格格式",在弹出的"设置单元格格式"对话框中,选择"对齐"选项卡,选择文本对齐方式为"水平对齐"和"垂直对齐",文本控制为"自动换行"以及"合并单元格",单击"确定"。用同样的方法对项目内容及项目总分的相应的单元格进行合并。

(2)设置单元格字体。选择单元格 A3 到 F3,选择菜单"开始"→"格式"→"设置单元格格式",在弹出的"设置单元格格式"对话框中,选择"字体"选项卡,选择合适的字体和字体大小,单击"确定"。用同样的方法对项目内容列中相应的单元格进行字体设置。

(3)设置单元格边框。选择单元格 A1 到 F27,选择菜单"开始"→"格式"→"设置单元格格式",在弹出的"设置单元格格式"对话框中,选择"边框"选项卡,在"预置"中选择"无",取消表格的边框。

对表格内容进行格式设置的结果如图 6-1-12

所示。

知识链接

一、Excel 的运行与认识

常见的电子表格软件有 Excel 软件、金山电子表格软件、OpenOffice. org Calc 软件等，我们现在学习的是 Excel 软件。

1. 认识工作簿与工作表

启动 Excel 后，会自动创建并打开一个新的工作簿。工作簿文件扩展名为".XLSX"。每一个工作簿最多可包含 255 个不同类型的工作表，默认情况下一个工作簿中包含 3 个工作表，默认的工作表名为 sheet1，sheet2，sheet3。

Excel 中工作表是一个表格，行号由 1、2、3……进行编号，列号采用 A、B、C……进行编号。每个工作表由多个纵横排列的单元格构成。每个单元格的地址由列号和行号组成，如单元格 A1，单元格 C4 等。

2. 学习电子表格软件的基本操作

打开光盘中本活动的样例文件，熟悉电子表格软件的菜单界面。

二、行高、列宽的调整

1. 用鼠标设置行高、列宽

将鼠标光标移动到行号(列号)的边界线上，当鼠标光标变成双箭头时，按下鼠标左键，拖动行号(列号)的下(右)边界来设置所需的行高(列宽)，调整到合适的高度(宽度)后松开鼠标左键。

在行的下边界线和列的右边界线上双击，即可将行高、列宽调整到与其中内容相适应。

2. 利用菜单精确设置行高、列宽

方法一：选定所需调整的区域，单击菜单"开始"→"格式"→"行高"(或"列宽")，然后在"行高"(或"列宽")对话框上设定行高或列宽的精确值。

方法二：选定需要设置的行或列，单击菜单"开始"→"格式"→"自动调整行高"(或"自动调整列宽")，系统将自动调整到最佳的行高或列宽。

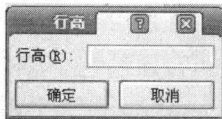

图 6-1-13　行高对话框

三、公式的使用

在电子表格软件中，使用公式可以对表中的数值进行加、减、乘、除等运算，用"+"号表示加，用"—"号表示减，用"＊"号表示乘，用"/"表示除；公式中只能使用圆括号，圆括号可以有多层。

在输入公式时，要以等号"＝"开头。在公式中，还可以用到其他单元格的数据，在计算公式的值时，把其他单元格的值代入公式计算。

例如输入公式："$=11+B1*C2$"，按回车键，表示用单元格 B1 中的值乘以单元格 C2 中的值再与 11 相加，然后把计算的结果显示在输入公式的单元格 D3 中。

四、套用表格格式和单元格样式

使用 Excel 提供的套用表格格式的功能，可以非常有效地节省时间、提高效率，使编排出的表格规范，且具有一定的专业性。

选择表格的相关区域，选择菜单"开始"→

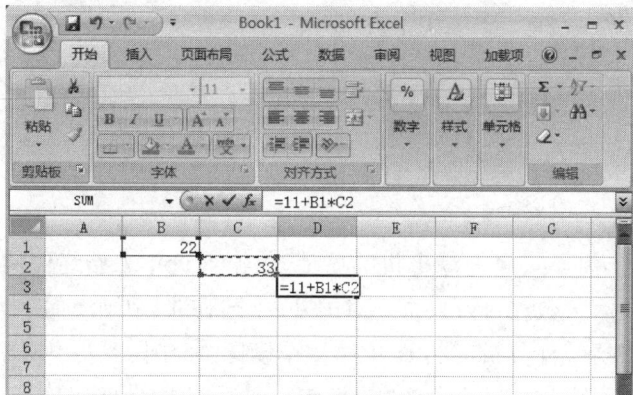

图 6-1-14　公式的输入

"套用表格格式"命令,在下拉列表中选择自己喜欢的格式。

Excel还提供了"单元格样式"功能,针对主题单元格和表格标题,预设了一些样式,让用户快速地选择和使用。选择单元格内容,选择菜单"开始"→"单元格样式",在下拉列表中选择自己喜欢的样式即可。

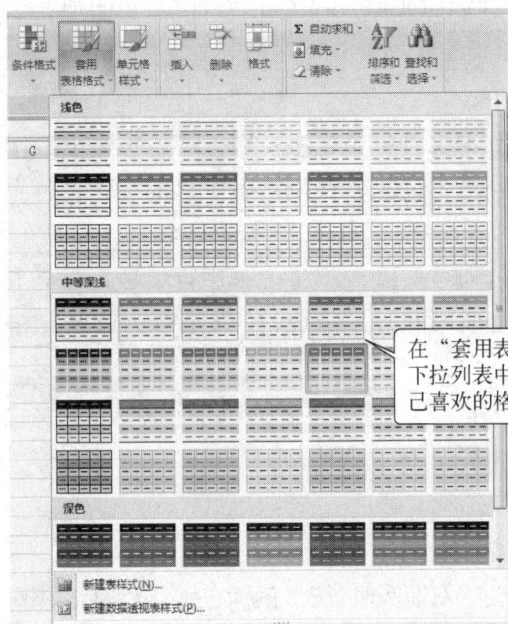

图 6-1-15 套用表格格式

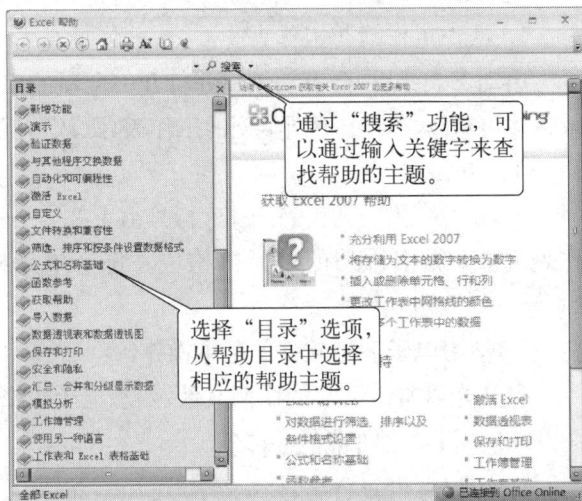

图 6-1-16 Excel 帮助窗口

五、系统的帮助功能

在使用电子表格软件处理数据过程中经常会遇到各种问题,可以请教老师,也可以请教其他学生,还可以通过电子表格软件提供的帮助功能来解决。

点击菜单栏上的 ● 按钮或者按键盘上 F1 键,打开"Excel 帮助"窗口。

? 提醒

1. 各种软件的作用互不相同,文字处理软件主要用来处理以文字为主的文档,电子表格软件主要是用来处理数据及表格,要根据自己不同的需要,合理选择处理软件。

2. 在电子表格中可以方便地利用公式和函数进行数据的统计。

3. 有些统计数据是涉及个人信息的,不应当让所有的人知道,注意重要信息的保密性。

自主实践活动

上海入境旅游情况统计

旅游业作为一种产业,可以促进地区的发展,上海是一座充满生机的城市,旅游业近年来始终保持持续、稳定、健康的发展,每年来上海旅游的国外旅客人数在百万人次。对国外、中国香港、中国澳门、中国台湾地区2005年第一季度入境上海旅游情况进行统计分析。2005年第一季度国外、中国香港、中国澳门、中国台湾地区入境上海旅游人数的有关数据可以从配套光盘的"2005年1月～3月上海旅游统计资料.doc"文件中找到。

具体要求：

1. 设计统计表，表格应该统计国外、中国香港、中国澳门、中国台湾地区入境上海旅游的情况。表格中应该包括国家或地区名称、2005 年 1～3 月各个月的入境上海旅游者信息（人数、与上一年同期比）。

2. 使用公式和函数第一季度国外、中国香港、中国澳门、中国台湾地区入境上海旅游者总人数，与上一年同期相比的增长情况进行数据的统计，计算正确。

3. 对创建的统计表格进行格式的设置，要清晰和醒目。

4. 根据统计表，利用文字处理软件创建分析报告，要求主题鲜明、版面清晰、版面布局合理、分析有理。

5. 分析报告中要有自己的观点，自己从统计表中获得哪些信息？能得出什么结论？例如：可以分析各个月入境上海旅游人数的变化情况。

活动二 幼儿在园一日情况的班级统计与分析

活动要求

好孩子幼儿园中(2)班有 20 名小朋友，他们在某一天在园的表现情况如表 6－2－1 所示。幼儿园为了能准确地分析每位小朋友的在园表现，以及中(2)班小朋友的整体在园表现，需要通过电子表格软件对每个小朋友的在园表现情况进行统计与分析。

表 6－2－1 中(2)班幼儿在园一日情况的班级统计表

幼儿姓名	入 园	进 餐	睡 眠	教育活动	游戏活动	离 园
学生 1	6	8	8	7	6	10
学生 2	7	8	8	8	8	10
学生 3	10	9	9	8	8	10
学生 4	3	5	8	7	4	8
……	……	……	……	……	……	……

找出当日总体表现最好的五名小朋友；统计出中(2)班作为一个整体，在入园、进餐等各个方面的表现情况。撰写好孩子幼儿园中(2)班幼儿在园一日情况的班级统计与分析报告，报告中要有数据表还要有统计图，通过统计图能十分清晰地看出中(2)班小朋友在哪些方面的行为表现较好，哪些方面的行为还有待进一步规范和引导；最后要对班级的表现情况进行文字分析，为幼儿园领导和中(2)班教师进一步制订教学计划提供有力的依据。参考样例见图 6－2－1。

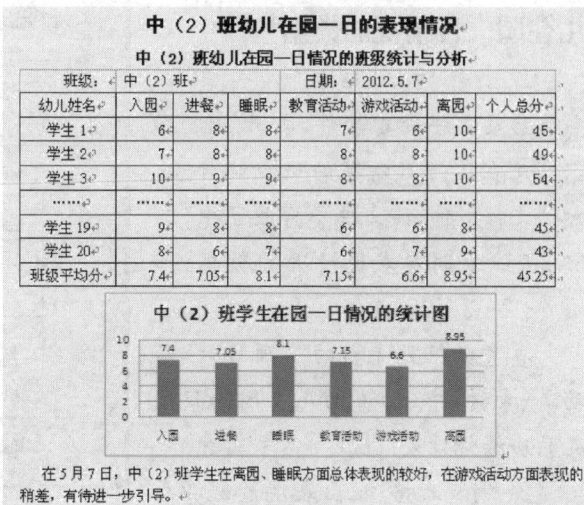

图6－2－1 "中(2)班幼儿在园一日的表现情况"分析报告的样例

活动分析

一、活动计划

1. 讨论文字处理软件中有关幼儿在园一日情况的数据

中(2)班所有幼儿的在园一日情况的数据保存在文字处理软件的表格中,找出当天表现最好的 5 位小朋友。Word 表格中的数据能使用公式进行统计吗?

把 Word 中"中(2)班幼儿在园一日情况的班级统计表"的数据复制到电子表格软件中。

2. 统计每位小朋友的表现得分以及班级小朋友在各个项目表现的平均得分

如何计算每位小朋友的表现得分? 如何计算全班小朋友在"入园"方面表现的平均得分?

3. 格式化"中(2)班幼儿在园一日情况的班级统计表"

格式化"中(2)班幼儿在园一日情况的班级统计表",先讨论如何格式化,再具体操作实施。

4. 讨论统计图

为了能更清晰地看出中(2)班幼儿在哪些方面的表现最好,需要制作统计图,应该制作什么类型的统计图? 手工制作这种类型统计图的方法与步骤如何?

5. 创建图表分析幼儿的表现情况

学习在电子表格中根据数据表制作统计图表。

6. 撰写一份"中(2)班幼儿在园一日的表现情况"的分析报告

对中(2)班幼儿表现情况的统计表与统计图进行讨论与分析,然后根据讨论结果撰写分析报告。

二、相关技能

1. 进行数据的计算。

2. 数据表的格式化——数据显示格式、边框、底纹。

3. 数据的排序。

4. 数据图表(柱形图)的创建。

5. Word 和 Excel 之间内容的复制。

方法与步骤

一、讨论文字处理软件中幼儿在园一日情况的数据

1. 打开 Word 文档

启动文字处理软件,打开"中(2)班幼儿在园一日情况的班级统计表.doc"文档文件,该文件中存放了中(2)班 20 位小朋友表现情况的数据,如图 6-2-2 所示。

参考数据见光盘的"\项目六\活动二\素材\中(2)班幼儿在园一日情况的班级统计表.doc"

2. 浏览表格,找出表现最好即总得分最高的 5 名学生:

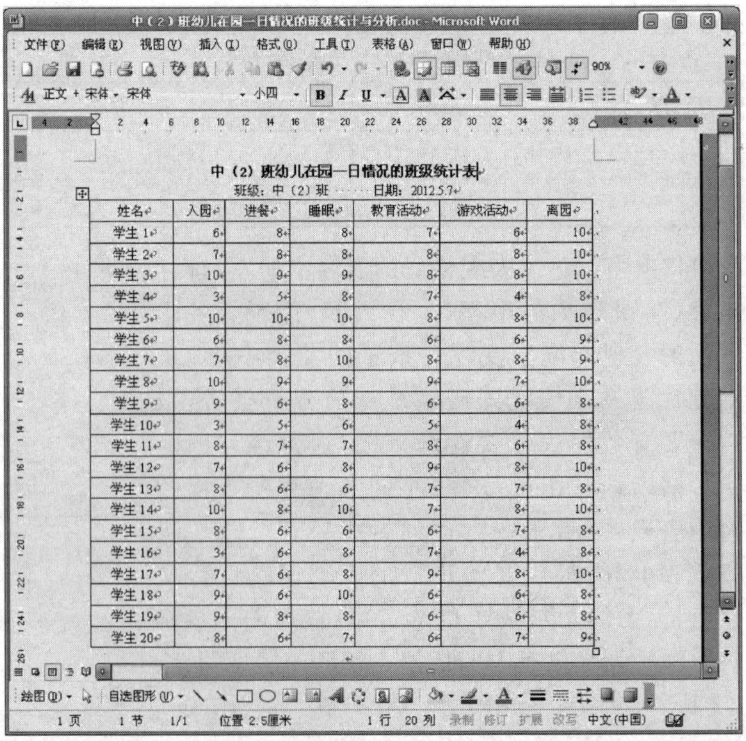

图 6-2-2 中(2)班幼儿在园一日情况的班级统计表.doc 文档

得分最高的学生为：＿＿＿＿＿＿＿＿＿＿＿＿。

得分排名第 2 的学生为：＿＿＿＿＿＿＿＿＿＿。

得分排名第 3 的学生为：＿＿＿＿＿＿＿＿＿＿。

二、统计每位学生的总得分以及每个项目的班级学生平均得分

1. 启动电子表格软件，把文字处理软件表格中的数据复制到电子表格软件的工作表中

（1）切换到文字处理软件，选择其中的表格。

（2）选择"开始"→"复制"。

（3）切换到电子表格软件，单击单元格 B4。

（4）选择"开始"→"粘贴"→"选择性粘贴"，弹出"选择性粘贴"对话框，如图 6-2-3 所示。

（5）保存电子表格文件，文件名"中（2）班在园一日情况"。

2. 讨论与分析

（1）学生 1 在园一日表现情况总得分的计算公式：＿＿＿＿＿＿＿＿＿＿＿

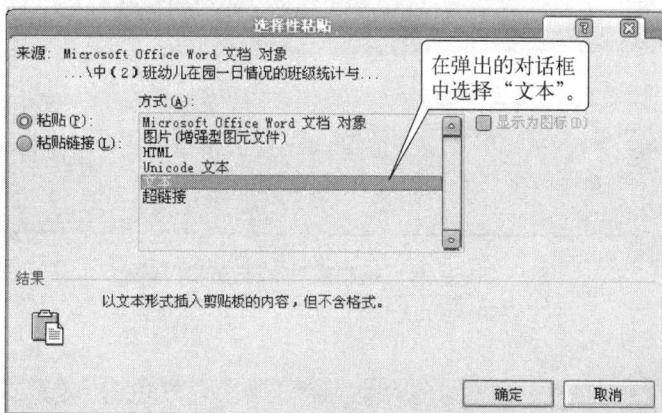

图 6-2-3　选择性粘贴对话框

（2）中（2）班学生在"入园"项目的平均得分的计算公式：＿＿＿＿＿＿＿＿＿＿

3. 数据的统计

（1）计算每位学生在园表现情况的总得分

① 在单元格 I4 中输入文字"个人总得分"。

② 在单元格 I5 中，单击"开始"→"自动求和 Σ"，在 I5 中出现 sum(C5：H5)，即计算 C5 到 H5 单元格的数据的总和，求出"学生 1"的个人总得分。

③ 把单元格 I5 中的公式"复制"→"粘贴"到 I6 到 I24 单元格，计算其他学生的个人总得分；或者选择单元格 I5，用填充柄功能计算其他学生个人总得分。

（2）计算中（2）班学生在"入园"项目的平均得分

① 在单元格 B25 中输入文字"平均得分"。

② 用插入函数的方法计算中（2）班学生在"入园"项目的平均得分：

③ 单击单元格 C25，选择菜单"公式"→"插入函数"，在函数列表中选择求平均值函数 AVERAGE，数据源选择 C5 到 C24 的数据区域，单击确定。

④ 把单元格 C25 中的公式复制到 D25 到 I25 单元格，计算中（2）班学生在其他项目的平均得分；或者选择单元格 I5，用填充柄功能计算中（2）班学生在其他项目的平均得分。

结果如图 6-2-4。

	A	B	C	D	E	F	G	H	I
1									
2									
3									
4		姓名	入园	进餐	睡眠	教育活动	游戏活动	离园	个人总得分
5		学生1	6	8	8	7	6	10	45
6		学生2	7	8	8	8	8	10	49
7		学生3	10	9	9	8	8	10	54
8		学生4	3	5	8	7	4	8	35
9		学生5	10	10	10	8	8	10	56
10		学生6	6	8	8	7	6	8	43
11		学生7	7	8	10	8	8	9	50
12		学生8	10	9	9	9	7	10	54
13		学生9	9	6	6	8	6	8	43
14		学生10	3	5	6	5	4	8	31
15		学生11	8	7	7	8	6	8	44
16		学生12	7	6	6	8	6	10	43
17		学生13	8	8	6	7	7	6	42
18		学生14	8	8	10	9	8	10	53
19		学生15	8	6	7	6	6	8	41
20		学生16	3	6	6	7	4	8	36
21		学生17	7	8	6	9	8	10	48
22		学生18	9	6	10	6	6	8	45
23		学生19	9	8	8	6	6	8	45
24		学生20	8	6	7	6	6	10	43
25		平均得分	7.4	7.05	8.1	7.15	6.6	8.95	45.25

图 6-2-4　个人总得分与项目平均得分统计结果

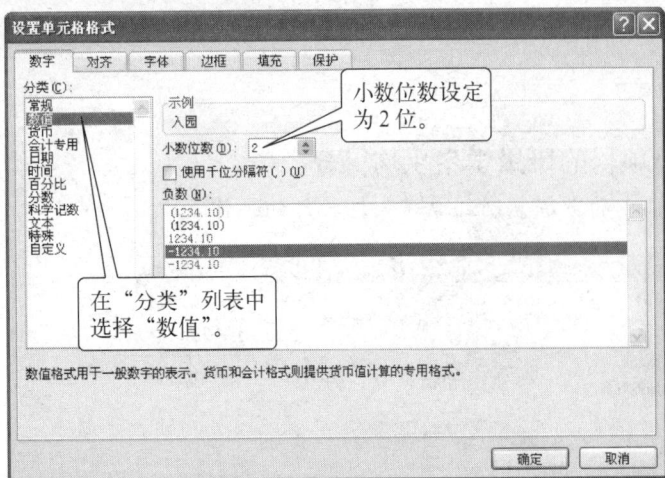

图 6-2-5　单元格格式对话框"数字"选项卡

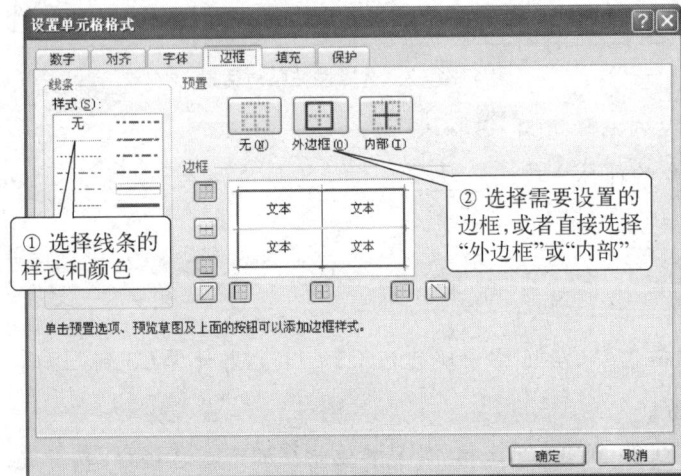

图 6-2-6　单元格格式对话框"边框"选项卡

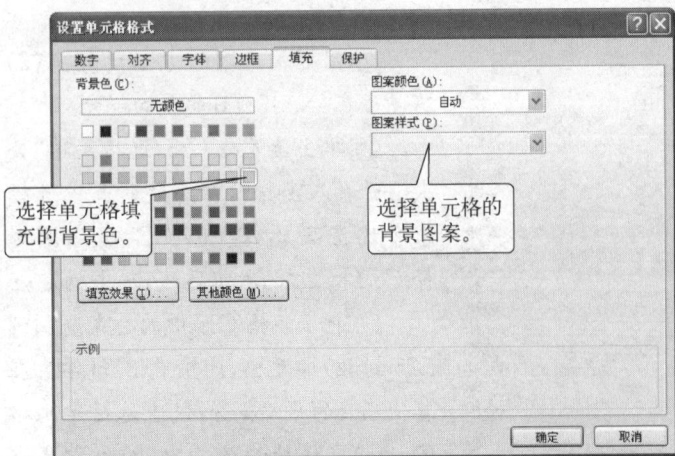

图 6-2-7　单元格格式对话框"填充"选项卡

三、格式化"中(2)班幼儿在园一日情况的班级统计表"

1. 设置表格数字显示格式

在统计表中,把平均得分的数字格式设定为保留 2 位小数:

(1) 选择区域 C25 到 I25。

(2) 选择菜单"开始"→"格式"→"设置单元格格式",在弹出的对话框中选择"数字"选项卡。如图 6-2-5 所示。

2. 设置表格的边框

(1) 选择统计表的内容,即区域 B4 到 I25。

(2) 选择菜单"开始"→"格式"→"设置单元格格式"。在弹出的对话框中选择"边框"选项卡。如图 6-2-6 所示。

3. 设置表格的填充颜色

(1) 选择统计表中需要填充底纹的单元格区域,即区域 B4 到 I4。

(2) 选择菜单"开始"→"格式"→"设置单元格格式"。在弹出的对话框中选择"填充"选项。如图 6-2-7 所示。

4. 设置表格的其他格式

用类似的方式设置表格格式,包括表格的行高、列宽,表格中字体的格式、表格的对齐方式等。格式化后的表格如图 6-2-8。

四、通过排序操作对学生的表现进行分析

选择区域 B5 到 I24,选择菜单"数据"→"排序",弹出排序对话框,如图 6-2-9 所示。排序后的结果如图 6-2-10 所示。

讨论:

当天表现最好的 5 个学生是哪 5 个?表现较差的 2 个是哪 2 个?

如果按"睡眠"项目排序,哪几个学生表现最好?

通过电子表格的"排序"操作和文字处理软件中手工排序,哪个更方便?

姓名	入园	进餐	睡眠	教育活动	游戏活动	离园	个人总得分
学生1	6	8	8	7	6	10	45
学生2	7	8	8	8	8	10	49
学生3	10	9	9	8	8	10	54
学生4	3	5	8	7	4	8	35
学生5	10	10	10	8	8	10	56
学生6	6	8	8	6	6	9	43
学生7	7	8	10	8	8	9	50
学生8	10	9	9	9	7	10	54
学生9	9	6	8	6	8	8	43
学生10	3	5	6	5	4	8	31
学生11	8	7	7	8	6	8	44
学生12	7	6	8	9	8	10	48
学生13	8	6	6	7	7	8	42
学生14	10	8	10	7	8	10	53
学生15	9	6	8	6	7	8	41
学生16	3	6	8	7	4	8	36
学生17	7	6	8	9	8	10	48
学生18	9	6	10	6	6	8	45
学生19	9	6	8	6	8	8	45
学生20	8	6	7	6	7	9	43
平均得分	7.4	7.05	8.1	7.15	6.6	8.95	45.25

图 6-2-8　格式化后的表格

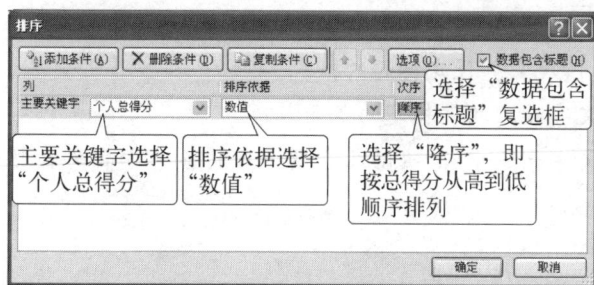

图 6-2-9　排序对话框

姓名	入园	进餐	睡眠	教育活动	游戏活动	离园	个人总得分
学生5	10	10	10	8	8	10	56
学生3	10	9	9	8	8	10	54
学生8	10	9	9	9	7	10	54
学生14	10	8	10	7	8	10	53
学生7	7	8	10	8	8	9	50
学生2	7	8	8	8	8	10	49
学生12	7	6	8	9	8	10	48
学生17	7	6	8	9	8	10	48
学生1	6	8	8	7	6	10	45
学生18	9	6	10	6	6	8	45
学生19	9	6	8	6	8	8	45
学生11	8	7	7	8	6	8	44
学生6	6	8	8	6	6	9	43
学生9	9	6	8	6	8	8	43
学生20	8	6	7	6	7	9	43
学生13	8	6	6	7	7	8	42
学生15	9	6	8	6	7	8	41
学生16	3	6	8	7	4	8	36
学生4	3	5	8	7	4	8	35
学生10	3	5	6	5	4	8	31
平均得分	7.4	7.05	8.1	7.15	6.6	8.95	45.25

图 6-2-10　排序后的结果

五、创建图表分析班级学生的表现情况

1. 统计数据除了可以分类整理制成统计表以外,还可以制成统计图,用统计图表示有关数量之间的关系,比统计表更加形象、具体,使人一目了然,印象深刻。常用的统计图有柱形图、饼图、折线图等。

2. 讨论:

(1) 为了能直观地看出中(2)班学生在每个不同方面的表现好坏,需要采用什么类型的统计图?

(2) 什么是柱形统计图? 一个柱形统计图包括哪些部分?

(3) 在纸张上手工制作柱形统计图的一般步骤是什么?

3. 创建中(2)班幼儿在园一日情况统计图

(1) 选择区域 B4 到 H4,按住 Ctrl 键不放,选择区域 B25 到 H25。

选择"插入"→"柱形图",会生成默认的柱形图,如图 6-2-11。

(2) 选中图例"平均得分",按 Delete 键将其

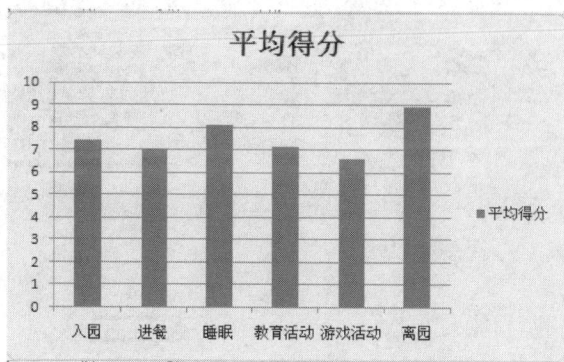

图 6-2-11　生成的默认的柱形图

删除。

双击图表标题"平均得分",修改标题为"中(2)班幼儿在园一日情况",最终统计图如图6-2-12。

4. 讨论

根据图6-2-12的"中(2)班幼儿在园一日情况统计图",讨论：

中(2)班学生在哪个方面的表现最好？在哪个方面的表现最需要提高？

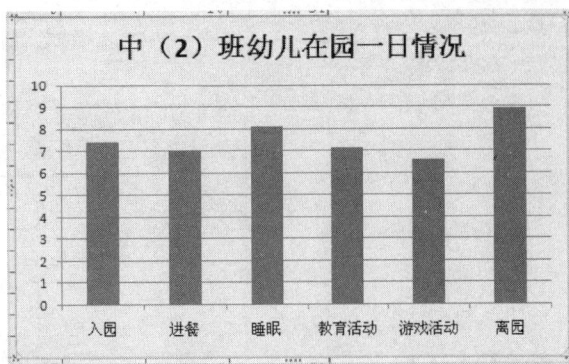

图6-2-12　中(2)班幼儿在园一日情况统计图

点拨：

图表是工作表数据的图形表示。图表依赖于工作表中的数据而存在，当修改、删除工作表中对图表有链接的数据时，图表会自动改变相应的数据点，发生相应的变化。

六、撰写一份"中(2)班幼儿在园一日的表现情况"的分析报告

1. 启动文字处理软件。

2. 输入报告标题："中(2)班幼儿在园一日的表现情况"，并设定标题的格式。

3. 把电子表格软件中的统计表和统计图复制到文字处理软件标题的下面。

4. 在文字处理软件中，在复制的图表下面，利用文字阐述中(2)班幼儿在园一日的各个方面的表现情况。

七、开展交流与讨论

1. 把自己撰写的分析报告文件通过电子邮件发送给教师和其他同学。

2. 收看其他同学发过来的电子邮件，浏览其他同学创建的分析报告。

知识链接

一、函数的使用

函数是一个预先定义好的内置公式，利用函数可以进行简单或复杂的计算。

函数由函数名和用括号括起来的参数组成。如果函数以公式的形式出现，应在函数名前面键入等号"="。例如，求学生成绩表中的班级总分，可以键入："=SUM(G4：G38)"，其中G4到G38单元格中输入的是每个学生的成绩。

函数的输入有以下两种方法：

方法1：对于比较简单的函数，可采用直接输入的方法，如图6-2-13所示。

方法2：通过函数列表输入，如图6-2-14所示。具体操作步骤：

1. 选取要插入函数单元格。

2. 单击"公式"→"插入函数"，打开"插入函数"对话框。

3. 或者直接点击工具栏中的函数命令，如"自动求和"→"求和"。

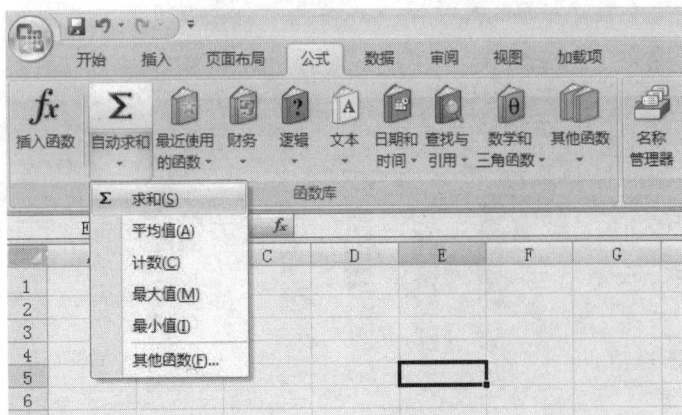

图6-2-13　插入函数

二、图表的创建

利用电子表格软件提供的图表功能,可以基于工作表中的数据建立图形表格,这是一种使用图形来描述数据的方法,用于直观地表达各统计值大小差异。

数据图表化是用图形的方式显示工作表中的数据,利用生动的图形和鲜明的色彩使工作表更引人注目,更加完美。

创建图表的步骤如下:

步骤一:选定要绘制成图表的单元格数据区域,即数据源。

步骤二:选择菜单"插入"→"柱形图",或者其他图表类型。

步骤三:双击默认的柱形图,出现"图表工具"菜单栏。

步骤四:根据需要分别选择"设计"、"布局"、"格式"菜单对图表进行修改。

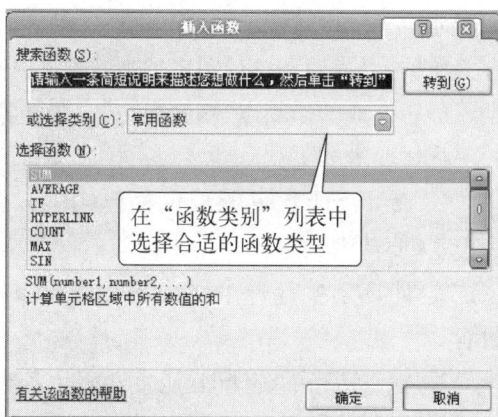

图 6-2-14　"插入函数"对话框

点拨:

图表能更加清晰地反映数据所表达的含义;不同类型的图表,表达的作用是不同的,要根据需要,合理选择图表的类型。

生成图表先要选择数据,当工作表中的数据发生变化时,由这些数据生成的图表会自动进行调整,以反映数据的变化。

三、数据的排序

数据排序是将工作表中选定区域中的数据按指定的条件进行重新排列。数据排序的操作如下。

1. 选定数据区域。

2. 选择菜单"数据"→"排序",打开"排序"对话框。

3. 依次设置"主要关键字"、"排序依据"、"次序"。

4. 设置完毕,单击"确定"。

点拨:

数据的排序是数据处理的常用功能之一,经过排序整理后的数据便于观察,易从中发现规律。可以根据某个关键字排序,也可以根据多个关键字排序。

自主实践活动

学生假期上网情况的分析

网络已经深入到学生生活的各个方面,不仅是学生学习上的帮手,同时也是学生娱乐生活中不可缺少的工具,上网已经成为越来越多的学生假期生活的一个重要组成部分。2005 年寒假对北京、上海、深圳三地中小学生寒假上网情况进行了问卷调查。运用所给出的光盘中的文件,文件中包含调查信息的有关数据,以表格和统计图表的形式对中小学生寒假上网情况进行统计分析,最后形成自己的分析报告。最后完成的作品以"寒假上网"为文件名保存。

具体要求如下:

1. 设计统计表,表格应包含上网内容、调查票数、所占百分比三个项目。创建的统计表格进行格式的设置,要清晰和醒目。

2. 计算学生每种上网内容的百分比。通过排序操作找出学生上网做得最多和最少各二项内容。

3. 制作适当的统计图,能直观表示各种上网的情况。根据统计表创建的统计图要进行格式的设置,做到简洁、明了、美观。

4. 利用文字处理软件创建分析报告,要有统计表、统计图,并有文字表述,主题鲜明、版面清晰、布局合理。在分析报告中,对学生上网情况进行分析。

活动三　幼儿整个学期在园情况的统计与分析

活动要求

好孩子幼儿园在每学期结束时,会向每位家长出示一份幼儿本学期的在园表现情况的分析报告。现在每位学生每个月的在园表现情况已经统计好,存放在文字处理软件中,如图6-3-1所示。

2011学年第2学期幼儿在园表现情况的统计表(李小明)

项目	2月	3月	4月	5月	6月
入园	5.5	6.5	8.3	7.6	8.8
进餐	6.2	7.4	8.5	8	9.2
睡眠	5.6	7.8	7.9	7.3	8.6
教育活动	6.5	7.5	8.8	8.5	9.5
游戏活动	6	6.6	7.8	6.9	8.6
离园	7.2	8.1	9.4	9.5	9.8

图6-3-1　幼儿学期在园表现情况统计表的样例

帮助好孩子幼儿园对本学期每位幼儿的在园表现情况进行分析,统计出李小明小朋友每个月表现的总体情况,以及本学期李小明小朋友在每个项目的平均表现情况。撰写一份分析报告,分析李小明小朋友本学期在园表现情况,分析报告中有统计表和统计图。报告一方面能十分清晰地反映每月李小明小朋友各方面的表现情况,另一方面要反映出本学期李小明在每方面表现情况的变化趋势。

活动分析

一、活动计划

1. 统计李小明每个月的总体表现情况,以及本学期李小明在每个项目的平均表现情况。

2. 创建能反映本学期李小明每个项目表现情况变化趋势的统计图,反映本学期李小明每个项目表现情况的变化趋势,并设定图表对象的格式,使之更美观、清晰。

3. 通过文字处理软件,撰写分析幼儿学期在园表现情况的分析报告。报告要反映每月幼儿各方面的表现情况,同时要能清晰地反映出本学期该幼儿在每方面表现情况的变化趋势。

二、相关技能

1. 利用函数进行数据的统计。
2. 图表(折线图)的创建。
3. 图表各部分格式的设置。

方法与步骤

一、数据的统计

统计李小明 2011 学年第二学期每个月的总体表现情况,以及本学期李小明在每个项目的平均表现情况。

1. 创建"幼儿学期在园表现情况"电子表格文件

(1) 打开"幼儿学期在园表现情况-李小明.doc"文件,文件中存放李小明同学 2011 学年第 2 学期每个月每个项目的表现情况表,如图 6-3-3 所示。

参考数据见光盘的"\项目六\活动三\素材\幼儿学期在园表现情况-李小明.doc"文件。

(2) 新建电子表格文件,文件名为"幼儿学期在园表现情况",将工作表"Sheet1"重命名为"李小明"。

(3) 把文字处理软件中的表格标题复制到工作表的 B2 单元格。将表格内容复制到电子表格软件工作表 B4 单元格开始的区域中。结果如图 6-3-4 所示。

2. 计算李小明每个月的总体表现得分,以及本学期李小明在每个项目的平均得分

(1) 讨论:如何计算李小明每个月的总体表现得分,计算公式是怎样的?

(2) 在单元 B11 中输入"总分",然后利用 SUM 函数计算李小明每个月的总体表现得分,如 C11 中函数为 sum(C5:C10)。

(3) 讨论:如何计算本学期李小明在每个项目的平均得分? 计算公式是怎样的?

(4) 在单元 H4 中输入"平均得分",然后利用 AVERAGE 函数计算本学期李小明在每个项目的平均得分,如 H5 中函数为 AVERAGE(C5:G5)。

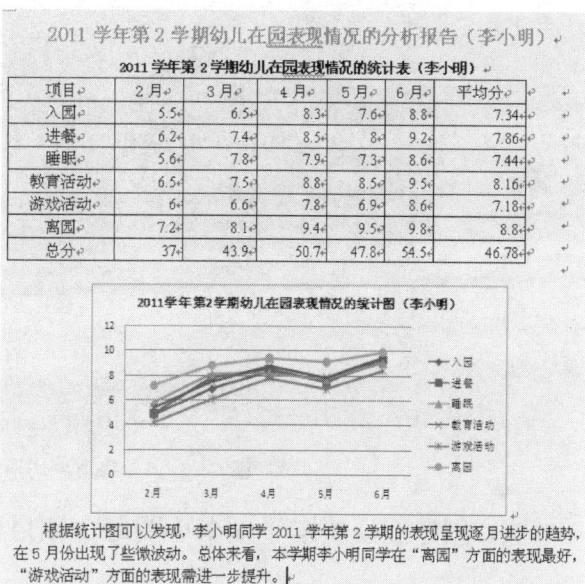

图 6-3-2　幼儿整个学期在园表现情况分析报告的样例

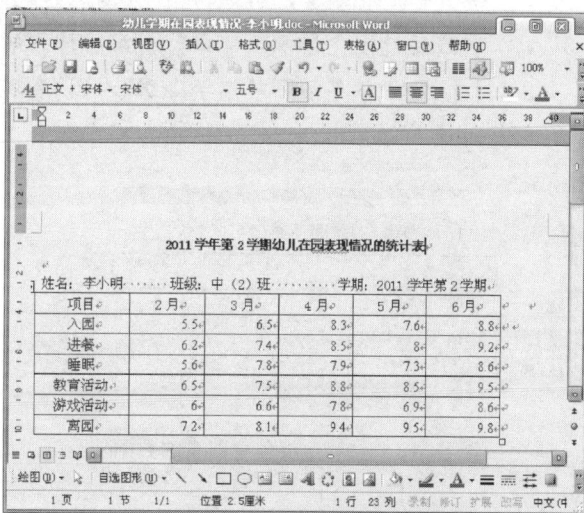

图 6-3-3　幼儿学期在园表现情况-李小明.doc

图 6-3-4　表格内容复制结果

计算完成的结果如图 6-3-5 所示。

	A	B	C	D	E	F	G	H	I
1									
2		2011学年第2学期幼儿在园表现情况的统计表（李小明）							
3									
4		项目	2月	3月	4月	5月	6月	平均得分	
5		入园	5.5	6.5	8.3	7.6	8.8	7.34	
6		进餐	6.2	7.4	8.5	8	9.2	7.86	
7		睡眠	5.6	7.8	7.9	7.3	8.6	7.44	
8		教育活动	6.5	7.5	8.8	8.5	9.5	8.16	
9		游戏活动	6	6.6	7.8	6.9	8.6	7.18	
10		离园	7.2	8.1	9.4	9.5	9.8	8.8	
11		总分	37	43.9	50.7	47.8	54.5	46.78	
12									

图 6-3-5　每项平均得分与每月总得分的计算结果

二、创建能反映本学期李小明每个项目表现情况变化趋势的统计图

1. 讨论

(1) 数学中常用的统计图有哪几种？

(2) 要表示变化趋势,应该采用什么类型的统计图？

(3) 折线统计图包括哪几部分？ 折线统计图的制作步骤是什么？

2. 创建 2011 学年第 2 学期李小明“入园”表现情况变化趋势的统计图

(1) 讨论

图 6-3-6　选择创建图表的数据

要创建2011学年第2学期李小明“入园”表现情况变化的统计图,需要哪些数据？图表类型是什么？ 为什么？ 统计图的标题是什么？ 是否需要“图例”？ 为什么？

(2) 创建折线统计图

① 选择创建图表所需的数据 B4 到 G5。

② 选择菜单“插入”→“图表”→“折线图”。

默认生成的折线图如图 6-3-7 所示。

③ 对图表的标题进行修改,如图 6-3-8 所示。

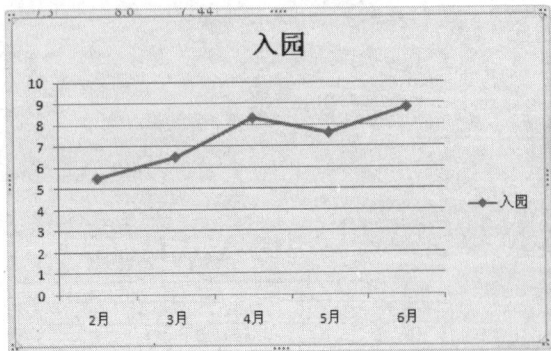

图 6-3-7　“入园”项目表现情况统计图

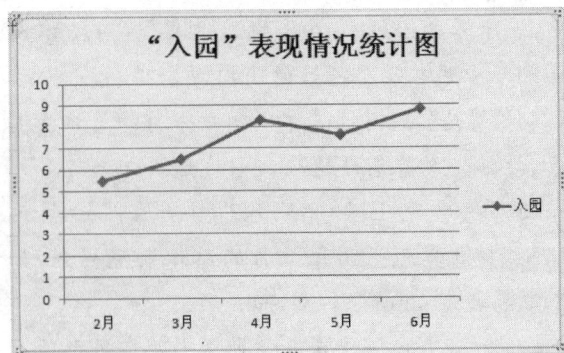

图 6-3-8　对统计表标题进行修改

(3) 设置统计图各部分的格式

① 双击图表的任何部分,菜单栏中会出现“图表工具”的“设计”、“布局”、“格式”三个菜单,进入图

表修改状态,就可以改变该部分的格式。

② 选择"设计"菜单,选择合适的图表布局和图表样式,如图6-3-9所示;

③ 选择"布局"菜单,对图表的选项卡等进行修改,如图6-3-10所示;

④ 选择"格式"菜单,对图表的"形状样式"和"艺术字样式"等进行修改,如图6-3-11所示。

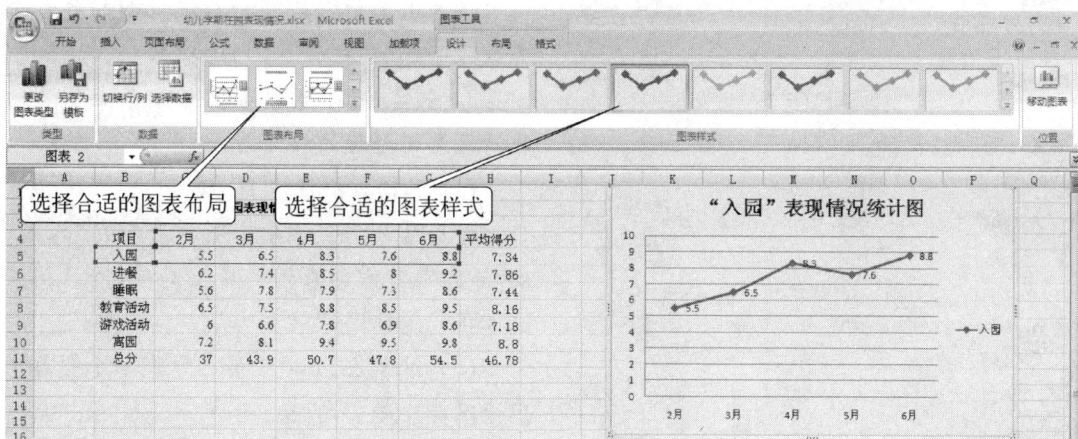

图6-3-9 图表工具—设计

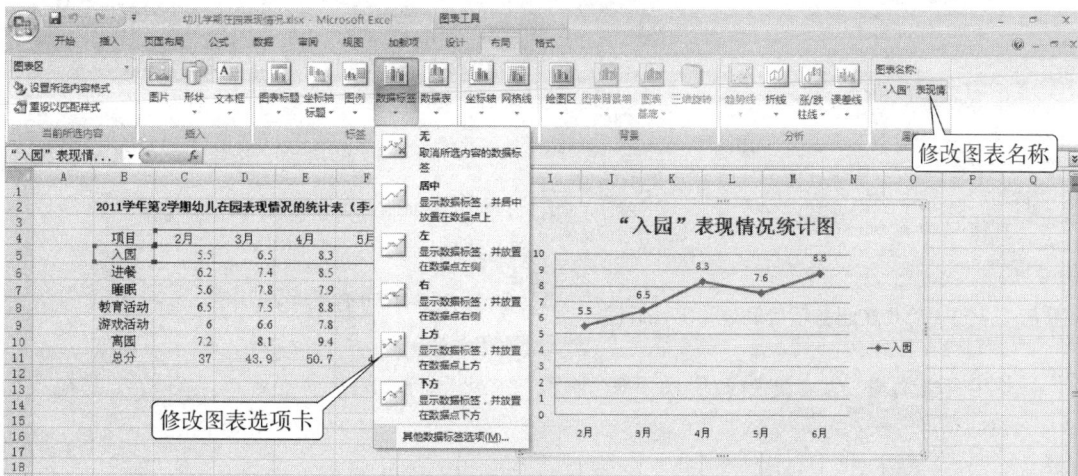

图6-3-10 图表工具—布局

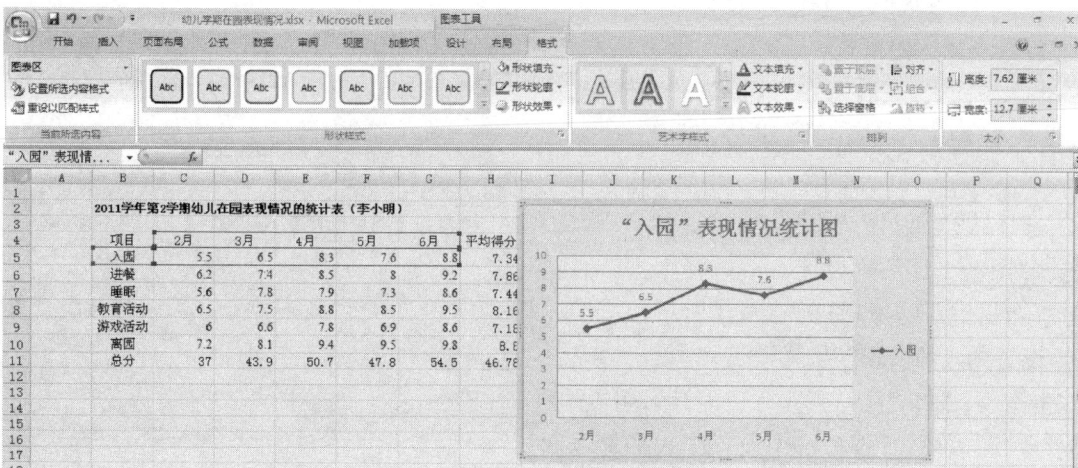

图6-3-11 图表工具—格式

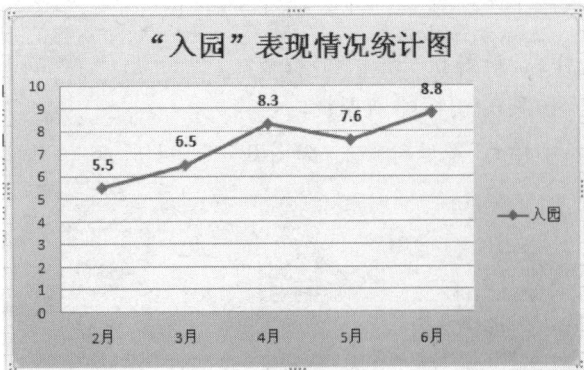

图6-3-12　统计图格式设置结果

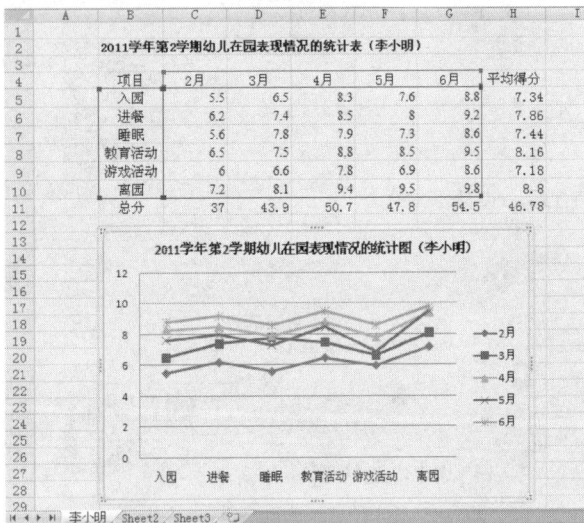

图6-3-13　幼儿在园各项目表现情况统计图

统计图格式设置结果如图6-3-12所示。

（4）讨论

从上面创建的折线统计图中,可以得到什么信息?

请说出上面创建的折线统计图的各个部分的名称。

3. 创建2011学年第2学期李小明各项目表现情况变化趋势的统计图

（1）选择数据区域B4到G10;

（2）因为要表示李小明小朋友在"入园"、"进餐"等各项目方面表现的变化趋势,因此图表类型选择折线统计图;

（3）创建2011学年第2学期李小明各项目表现情况变化趋势的统计图;

（4）设定统计图的折线颜色与粗细、标题的格式、图表布局等。结果如图6-3-13所示。

三、撰写一份2011学年第2学期幼儿学期在园表现情况的分析报告

1. 启动文字处理软件。

2. 输入报告标题:"2011学年第2学期幼儿学期在园表现情况的分析报告(李小明)",并设定标题的字符格式。

3. 把统计表和统计图复制到文字处理软件标题的下面。

4. 在文字处理软件中,在复制的图表下面,输入李小明同学2011学年第2学期幼儿学期在园表现情况的文字分析。

知识链接

一、图表格式的设置

1. 设置图表标题格式

单击选中图表标题,可在"开始"→"字体"选项卡中,设置标题文字的字体、字号、颜色、对齐方式等。

2. 选择(或更改)图表数据源

选择"图表工具"→"设计"→"选择数据"命令,打开选择数据对话框,如图6-3-14所示。

3. 设置图表的"设计"格式

双击图表,选择"图表工具"→"设计",可在"图表布局"或"图表样式"选项卡中设置图表的标题和图例的布局或者折线的样式等。

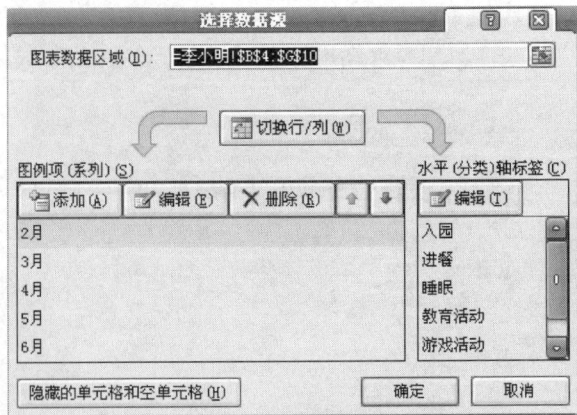

图6-3-14　选择数据源对话框

4. 设置图表的"布局"格式

双击图表,选择"图表工具"→"布局",可在"插入"、"选项卡"、"坐标轴"、"背景"、"分析"等选项卡中设置图表的布局,包括图表标题的位置、图表选项卡、坐标轴、网格线的位置以及绘图区的格式等。

5. 设置图表的"格式"格式

双击图表,选择"图表工具"→"格式",可在"形状格式"、"艺术字样式"、"排列"、"大小"等选项卡中设置图标的形状和艺术字的格式。

6. 图表的编辑

(1)移动图表。选定图表后,拖动图表将其放置于适当的位置后释放按键。

(2)改变图表大小。选定图表后,拖动图表边框上的尺寸控制点可调整图表的大小。

(3)删除图表。选定图表后,按 Delete 键,可把图表删除。

点拨:

1. 折线统计图能清晰地反映事物的发展趋势。

2. 为了使创建的统计图表更加清晰、美观,可以设置图表中元素的格式。

3. 在计算机中,不同软件之间可以进行信息的复制。

4. 使用信息技术来完成任务时,有时可以灵活运用多个软件来共同完成某项任务。

5. 在学习过程中,许多内容需要自己探索,培养探索精神和创新精神。在活动过程中,经常需要小组成员的共同努力,来完成某项任务。

自主实践活动

幼儿园办园规模的发展统计

近几年是幼儿园入学高峰,师生人数和班级数不断上升,光盘中"\项目六\活动三\素材\2007 - 2011 年幼儿园办园规模的统计资料.doc 文件",对某幼儿园 2007—2011 年的师生人数和班级数进行了统计,对这些统计数据进行分析,运用文字处理软件制作该幼儿园办园规模发展趋势的分析报告,并尝试预测未来两年的办园规模。

制作要求:

1. 制作适当的统计图,能直观表示该幼儿园办园规模的发展趋势。

2. 分析报告中要有统计表和统计图,统计表和统计图要进行格式设置,使得它们美观。

3. 分析报告中要配上文字描述,对近五年的办园规模进行分析,并尝试预测未来两年该园的办园规模。分析报告要主题鲜明、版面清晰、布局合理。

活动四 幼儿身体素质的统计与分析

活动要求

好孩子幼儿园为了解当前幼儿的身体素质,按照《国民体质测定标准手册(幼儿部分)》的要求,对某个班级 5 岁幼儿的身体素质进行了测试,获取的数据保存在文字处理软件的表格中。

表 6－4－1　幼儿身体素质的统计与分析(5 岁)

姓　名	性别	身高(厘米)	体重(千克)	10 米折返跑(秒)	立定跳远(厘米)	网球掷远(米)	双脚连续跳(秒)	坐位体前屈(厘米)	走平衡木(秒)
学生 1	男	117	20.6	6.6	103.2	5.2	5.5	15.6	4.8
学生 2	女	112.1	19.6	6.9	96.8	3.8	7	13.8	5.9
学生 3	女	114.5	19.8	6.6	98.2	5.2	5.4	15.5	4.8
学生 4	男	111.7	25.5	7.1	95.8	8.1	6.5	11.2	10.2
学生 5	女	113.4	20.3	8.3	72.6	7.6	5.9	10.8	9.5
……	……	……	……	……	……	……	……	……	……

本活动帮助幼儿园对幼儿身体素质测试情况进行统计与分析，按性别进行统计，统计出男生(女生)的每项身体素质情况及平均身体素质情况。撰写一份分析报告，根据测试结果，对照《国民体质测定标准手册(幼儿部分)》的标准，分析 5 岁幼儿的身体素质情况。参考样例见图 6－4－1。

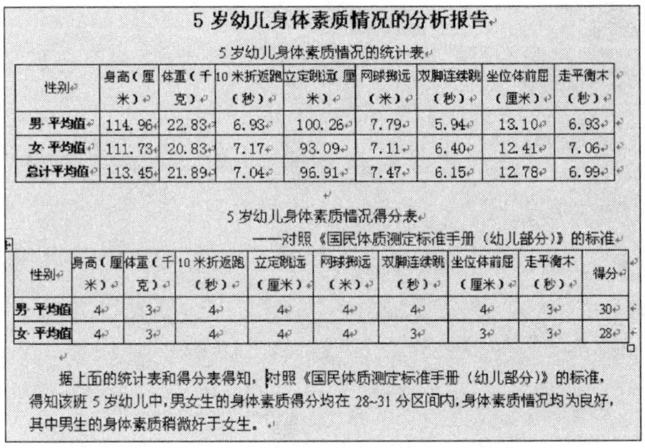
5 岁幼儿身体素质情况的分析报告

5 岁幼儿身体素质情况的统计表

性别	身高（厘米）	体重（千克）	10 米折返跑（秒）	立定跳远（厘米）	网球掷远（米）	双脚连续跳（秒）	坐位体前屈（厘米）	走平衡木（秒）
男 平均值	114.96	22.83	6.93	100.26	7.79	5.94	13.10	6.93
女 平均值	111.73	20.83	7.17	93.09	7.11	6.40	12.41	7.06
总计平均值	113.45	21.89	7.04	96.91	7.47	6.15	12.78	6.99

5 岁幼儿身体素质情况得分表

——对照《国民体质测定标准手册（幼儿部分）》的标准

性别	身高（厘米）	体重（千克）	10 米折返跑（秒）	立定跳远（厘米）	网球掷远（米）	双脚连续跳（秒）	坐位体前屈（厘米）	走平衡木（秒）	得分
男 平均值	4	3	4	4	4	4	4	3	30
女 平均值	4	3	4	4	4	3	3	3	28

据上面的统计表和得分表得知，对照《国民体质测定标准手册（幼儿部分）》的标准，得知该班 5 岁幼儿中，男女生的身体素质得分均在 28~31 分区间内，身体素质情况均为良好，其中男生的身体素质稍微好于女生。

图 6－4－1　幼儿身体素质情况分析报告的样例

活动分析

一、活动计划

1. 查找每个男生的身体素质情况。

如何只显示每个男生的身体素质测试数据？

2. 通过手工查找、排序、筛选三种不同的方法，查找男生中所有身高超过男生平均身高的学生。

3. 根据性别进行分类，计算男女生每个测试项目的平均值。

根据性别进行汇总，计算男女生每个测试项目的平均值。

4. 撰写 5 岁幼儿身体素质情况的统计分析报告

通过文字处理软件，撰写分析 5 岁幼儿身体素质情况的统计分析报告，简要分析被调查的班级的男女生的身体素质情况。

二、相关技能

1. 利用函数进行数据的统计。
2. 数据的筛选。
3. 数据的分类汇总。

方法与步骤

一、创建“5 岁幼儿身体素质情况”电子表格文件

1. 启动文字处理软件，打开学生光盘“项目六\活动四\素材\5 岁幼儿身体素质情况统计表.docx”文件，文件中存放某个班级 15 名 5 岁幼儿的身体素质测试数据。如图 6－4－2 所示。

2. 把文字处理软件中的表格内容复制到电子表格软件工作表 B4 单元格开始的区域中。标题复制到 B2 单元格中。

3. 合并标题单元格，并调整表格行高、列宽。保存文件名为“5 岁幼儿身体素质情况.xlsx”。如图 6－4－3所示。

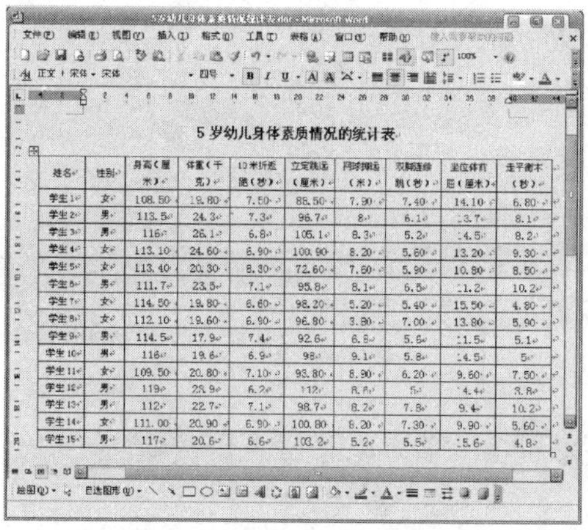

图 6-4-2　5 岁幼儿身体素质情况统计表. doc 文件

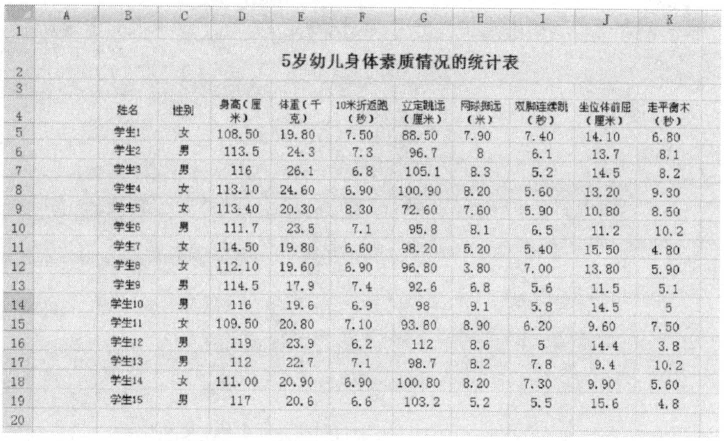

姓名	性别	身高（厘米）	体重（千克）	10米折返跑（秒）	立定跳远（厘米）	网球掷远（米）	双脚连续跳（秒）	坐位体前屈（厘米）	走平衡木（秒）
学生1	女	108.50	19.80	7.50	88.50	7.90	7.40	14.10	6.80
学生2	男	113.5	24.3	7.3	96.7	8	6.1	13.7	8.1
学生3	男	116	26.1	6.8	105.1	8.3	5.2	14.5	8.2
学生4	女	113.10	24.60	6.90	100.90	8.20	5.60	13.20	9.30
学生5	女	113.40	20.30	8.30	72.60	7.60	5.90	10.80	8.50
学生6	男	111.7	23.5	7.1	95.8	8.1	6.5	11.2	10.2
学生7	女	114.50	19.80	6.60	98.20	5.20	5.40	15.50	4.80
学生8	女	112.10	19.60	6.90	96.80	3.80	7.00	13.80	5.90
学生9	男	114.5	17.9	7.4	92.6	6.8	5.6	11.5	5.1
学生10	男	116	19.6	6.9	98	9.1	5.8	14.5	5
学生11	女	109.50	20.80	7.10	93.80	8.90	6.20	9.60	7.50
学生12	男	119	23.9	6.2	112	8.6	5	14.4	3.8
学生13	男	112	22.7	7.1	98.7	8.2	7.8	9.4	10.2
学生14	女	111.00	20.90	6.90	100.80	8.20	7.30	9.90	5.60
学生15	男	117	20.6	6.6	103.2	5.2	5.5	15.6	4.8

图 6-4-3　表格内容复制结果

二、查找每个男生的身体素质情况

1. 请手工找出所有男生的身体素质情况，完成表格 6-4-2。

表 6-4-2　男生的身体素质情况表

姓　名	身高（厘米）	体重（千克）	10 米折返跑（秒）	立定跳远（厘米）	网球掷远（米）	双脚连续跳（秒）	坐位体前屈（厘米）	走平衡木（秒）
……	……	……	……	……	……			……

2. 通过电子表格中“筛选”来找出所有男生的身体素质情况。

3. 鼠标选择身体素质情况表的任何一个单元格。选择菜单“数据”→“筛选”，表格的标题行上出现了下拉菜单。如图 6-4-4 所示。

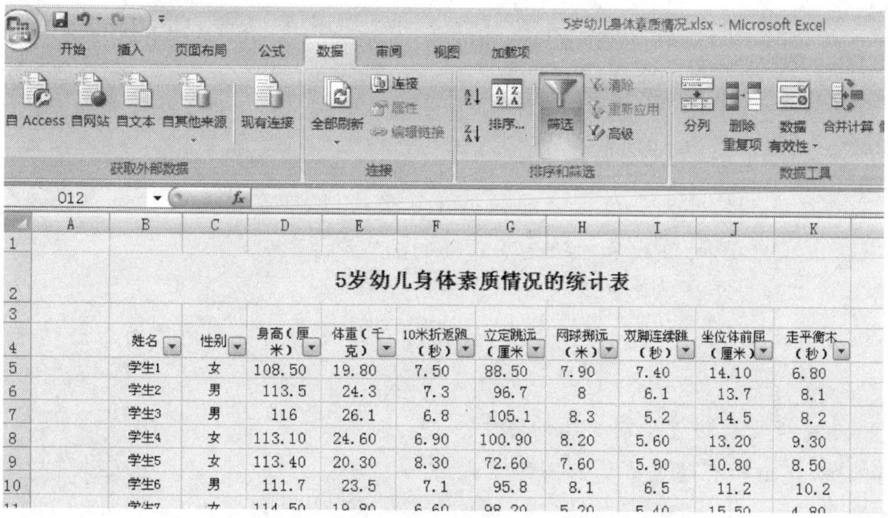

图 6-4-4　“筛选”菜单

4. 如图 6-4-5 所示,如果只显示出所有男生的身体素质情况,则单击"性别"右边的三角,在列表中选择"男",取消选择"女",单击确定即可。结果如图 6-4-6 所示。

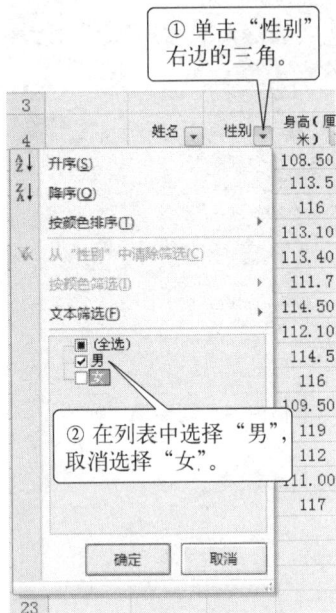

图 6-4-5　筛选条件的选择

图 6-4-6　筛选结果

图 6-4-7　计算男生的平均身高

三、查找所有身高超过平均身高的男生

1. 计算男生的平均身高

(1) 筛选出男生数据

选择菜单"数据"→"筛选",筛选出所有男生的身体素质测试数据。

(2) 计算所有男生的平均身高

复制筛选出的数据,粘贴到单元格 B25 开始的单元格内。

在单元格 D34 中输入"= AVERAGE (D26:D33)"。

(3) 设定单元格格式,使平均值保留2位小数

结果如图 6-4-7 所示。

如果直接在单元格 D20 中对筛选出来的数据计算平均值,即在单元格 D20 中输入"= AVERAGE (D6:D19)",就会出现错误,计算出来的值是不正确的。

2. 手工查找所有超过平均身高的男生

请比较每位男生的身高与男生的平均身高,找出所有超过平均身高的男生。超过平均身高的男生有哪些?

3. 先排序,再查找所有超过平均身高的男生

根据身高排序,找出所有超过平均身高的男生。

选择区域 B4 到 K19,选择菜单"数据"→"排序"。打开"排序"对话框,如图 6-4-8 所示。

以"身高(厘米)"为主要关键字进行排序,排序依据为"数值",次序为"降序",即按照身高数值,从高

到低进行排序。排序结果如图 6-4-9 所示。根据排序结果,找出所有身高高于平均身高的男生。

4. 使用"筛选"功能,找出所有超过平均身高的男生

执行"撤消"或按键 Ctrl+Z,取消前面的排序操作。

如图 6-4-10 所示,单击"身高(厘米)"右边的三角,在列表中选择"数字筛选",选择"大于"。弹出"自定义自动筛选方式"对话框,如图 6-4-11 所示。

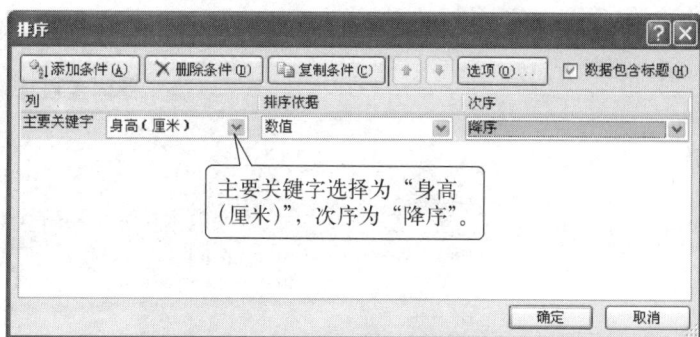

图 6-4-8 "排序"对话框

图 6-4-9 按身高排序结果

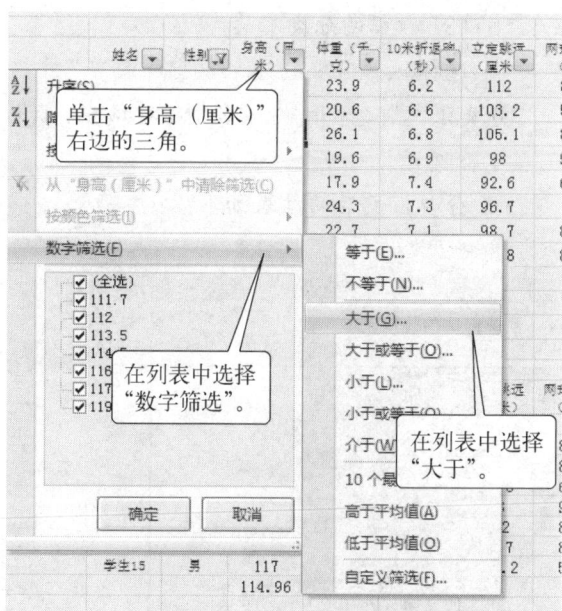

图 6-4-10 数字筛选方式

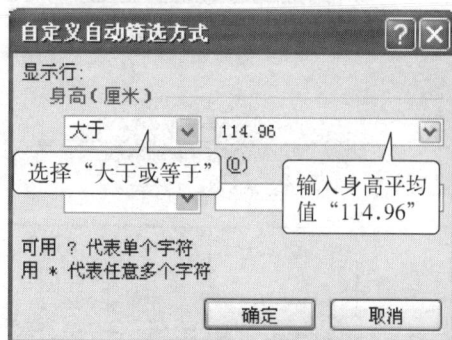

图 6-4-11 "自定义自动筛选方式"对话框

筛选的结果如图 6-4-12 所示。

5. 比较"手工查找"、"先排序再查找"、"自动筛选"三种查找方法,它们各有什么特点?

四、根据性别进行分类,计算男生女生的各测试项目的平均值

1. 手工统计所有男生的每个测试项目的平均值,完成表格 6-4-3

	姓名	性别	身高(厘米)	体重(千克)	10米折返跑(秒)	立定跳远(厘米)	网球掷远(米)	双脚连续跳(秒)	坐位体前屈(厘米)	走平衡木(秒)
6	学生12	男	119	23.9	6.2	112	8.6	5	14.4	3.8
7	学生15	男	117	20.6	6.6	103.2	5.2	5.5	15.6	4.8
10	学生3	男	116	26.1	6.8	105.1	8.3	5.2	14.5	8.2
13	学生10	男	116	19.6	6.9	98	9.1	5.8	14.5	5

图 6-4-12 筛选结果

表 6-4-3 男生的各测试项目的平均值

性别	身高平均值(厘米)	体重平均值(千克)	10米折返跑平均值(秒)	立定跳远平均值(厘米)	网球掷远平均值(米)	双脚连续跳平均值(秒)	坐位体前屈平均值(厘米)	走平衡木平均值(秒)
男								

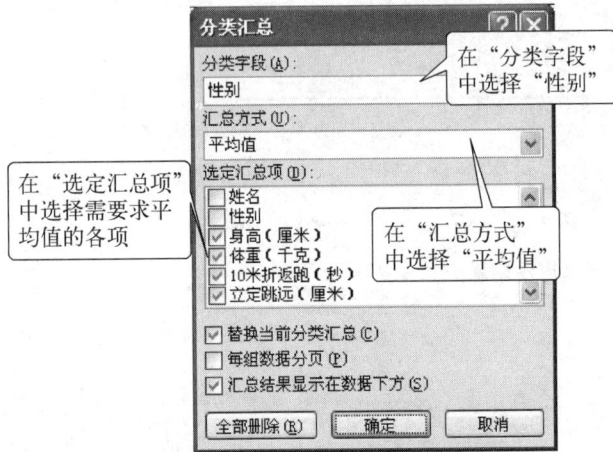

图 6-4-13 "分类汇总"对话框

2. 通过"分类汇总"进行统计

（1）取消上次的筛选

再次选择菜单"数据"→"筛选"，取消前面的筛选操作，显示出所有表格内容。

（2）数据的排序

选择区域B4到K19，选择菜单"数据"→"排序"，根据"性别"的"升序"顺序排列。

（3）数据的分类汇总

选择区域B4到K19，选择菜单"数据"→"分类汇总"。打开"分类汇总"对话框，如图6-4-13所示。

分类汇总后的结果如下：

图 6-4-14 分类汇总后的结果

？点拨：

> 在进行数据的分类汇总前,必须先进行排序,要根据什么字段来分类,必须根据这个字段来排序。

3. 改变显示的级别行或列级别符号 [1 2 3] ,单击工作表左上角的第二级显示级别符号 [2] ,会出现如图6-3-15的分类汇总结果。

			5岁幼儿身体素质情况的统计表								
	姓名	性别	身高(厘米)	体重(千克)	10米折返跑(秒)	立定跳远(厘米)	网球掷远(米)	双脚连续跳(秒)	坐位体前屈(厘米)	走平衡术(秒)	
13		男 平均值	114.963	22.325	6.925	100.263	7.7875	5.9375	13.1	6.925	
21		女 平均值	111.73	20.83	7.17	93.09	7.11	6.40	12.41	6.91	
22		总计平均值	113.45	21.63	7.04	96.91	7.47	6.15	12.78	6.92	

图6-4-15 分类汇总的结果

4. 比较手工统计和通过"分类汇总"功能进行统计这两种方法。它们各有什么特点?

五、对照统计

对照素材文件夹中的文件"《国民体质测定标准手册(幼儿部分)》"的标准,计算男女生在每项身体素质方面的得分,并分别计算男女生的总分。统计结果如图6-4-16所示。

			5岁幼儿身体素质情况的统计表								
	姓名	性别	身高(厘米)	体重(千克)	10米折返跑(秒)	立定跳远(厘米)	网球掷远(米)	双脚连续跳(秒)	坐位体前屈(厘米)	走平衡术(秒)	
13		男 平均值	114.963	22.325	6.925	100.263	7.7875	5.9375	13.1	6.925	
21		女 平均值	111.73	20.83	7.17	93.09	7.11	6.40	12.41	6.91	
22		总计平均值	113.45	21.63	7.04	96.91	7.47	6.15	12.78	6.92	
24		性别	身高(厘米)	体重(千克)	10米折返跑(秒)	立定跳远(厘米)	网球掷远(米)	双脚连续跳(秒)	坐位体前屈(厘米)	走平衡术(秒)	得分
25		男 平均值	4	3	4	4	4	4	3	30	
26		女 平均值	4	3	4	4	3	3	3	28	

图6-4-16 身体素质情况得分

六、撰写一份5岁幼儿身体素质情况的统计分析报告

1. 启动文字处理软件。

2. 输入报告标题:"5岁幼儿身体素质情况的统计分析报告",并设定标题的字符格式。

3. 把2个统计表复制到文字处理软件标题的下面。

4. 在文字处理软件中,在复制的图表下面,输入5岁男生、女生身体素质情况的文字分析。

知识链接

一、数据的自定义筛选

数据筛选是按给定的条件从工作表中筛选出符合条件的记录,而其他不符合条件的记录则被隐藏

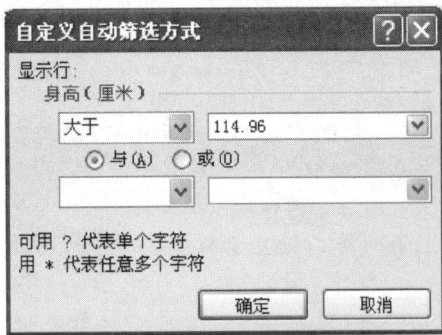

图 6 - 4 - 17 　自定义自动筛选方式

起来。单击列表按钮可选择筛选条件,之后显示出满足条件的记录,未满足条件的记录则被隐藏。

自定义筛选条件,单击列表按钮,在列表中选择"自定义"条件,则弹出"自定义自动筛选方式"对话框。

选择筛选条件后单击"确定",即可显示满足条件的记录,不满足条件记录被隐藏。

二、数据的分类汇总

1. 分类汇总的概念

Excel 分类汇总是通过使用 SUBTOTAL 函数与汇总函数 (包括 Sum、Count 和 Average)一起计算得到的。可以为每列显示多个汇总函数类型。"分类汇总"命令会分级显示列表,以便可以显示和隐藏每个分类汇总的明细行。

2. 插入分类汇总

首先,确保数据区域中要对其进行分类汇总计算的每个列的第一行都具有一个选项卡,每个列中都包含类似的数据,并且该区域不包含任何空白行或空白列。

若要对包含用作分组依据的数据的列进行排序,先选择该列,然后单击在"数据"选项卡上的"排序和筛选"组中,单击"升序"或"降序"。

3. 分类汇总编辑

"汇总方式":计算分类汇总的汇总函数。例如,求和、求平均等。

"选定汇总项"框中,对于包含要计算分类汇总值的每个列,选中其复选框。

如果想按每个分类汇总自动分页,请选中"每组数据分页"复选框。

若要指定汇总行位于明细行的上面,请清除"汇总结果显示在数据下方"复选框,若要指定汇总行位于明细行的下面,请选中此复选框。

4. 级别显示

若要只显示分类汇总和总计的汇总,请单击行编号旁边的分级显示符号"1 2 3"。使用"＋"和"－"符号来显示或隐藏各个分类汇总的明细数据行。

5. 删除已插入的分类汇总

选定列表中包含分类汇总的任意单元格,单击数据——分类汇总,在"分类汇总"对话框中单击"全部删除"按钮,即可删除 Excel 分类汇总。

点拨:

1. 分类汇总可以把数据先按某个关键字进行分类,再按照求和、求平均值等进行数据的汇总。

2. "分类汇总"功能只能根据单个字段来分类,要根据多个字段同时进行分类汇总,需要使用电子表格软件的"数据透视表和图表报告"功能。"数据透视表"能够将数据的筛选、排序和分类汇总等操作一次完成,并生成汇总表格。可以尝试一下。

3. 在学习过程中,许多内容需要自己探索,培养探索精神和创新精神。在活动过程中,经常需要小组成员的共同努力,来完成某项任务。

自主实践活动

学校运动会比赛成绩统计

学校举行了运动会,运动会结束后要对成绩进行统计与分析。运动会的各项比赛在不同的地点进行,运动成绩由不同的工作人员分别录入,然后把所有的比赛成绩汇总在一起,运用文字处理软件制作运动会成绩的分析报告。

制作要求:

1. 分析报告中要阐述哪些同学获得了单项第一名。

2. 不少同学获得了好成绩,为各自的班级争得了荣誉,其所属的班级得到了相应的团体积分,计算每个班级的团体积分,并制作每个班级团体积分的三维柱形统计图。

3. 分析报告中要有统计表和统计图,统计表和统计图要进行格式设置,使得它们美观。

4. 分析报告中要配上文字描述,对运动会成绩进行分析。分析报告要主题鲜明、版面清晰、布局合理。

综合活动与评估 　全国人口发展的统计与分析

活动要求

改革开放以来,中国已经取得了社会经济发展的巨大成就。要建设和谐社会,实现经济与资源环境的和谐发展,人口是一个重要的因素。人口是城市发展的基础,人口数量、人口结构、人口分布与城市经济发展规划、社会事业进步、环境保护等有着十分密切的关系。因此,只有正确认识和控制全国的人口规模和素质等,才能加快和谐社会的实现。

活动分析

1. 小组合作讨论并明确人口问题的研究内容。

2. 查找和筛选有关人口问题的信息,培养获取信息、筛选信息的能力。

3. 根据获取的有关人口问题的信息,合理设计表格,整理信息,培养合理规划表格,整理信息的能力。

4. 使用电子表格对整理的信息进行统计,培养使用信息技术进行数据处理的能力。

5. 对统计的结果进行分析,培养分析能力。

方法与步骤

一、讨论

1. 确定小组成员

姓　名	特　长	分　工

2. 确定小组的研究主题

人口问题主要包括哪几个方面的内容？（如人口数量、……）

根据讨论的结果，各小组结合组内学生的兴趣等确定自己小组研究有关全国人口的主题。

二、有关全国人口问题的统计与分析

小组合作，自主实践与探索，制作有关全国人口规模、人口年龄结构或人口空间分布、人均绿化覆盖率等方面的统计表和统计图，并进行分析。

这里以"全国各省市近年来人口规模的统计与分析"为主题展开，各小组应根据自己选定的主题展开综合活动，通过电子表格软件进行统计与分析。

1. 获取全国近年来人口规模的信息

资源：中国人口信息网 http://www.cpdrc.org.cn/index.asp

也可以通过搜索引擎查找这方面的信息：www.baidu.com

www.google.com

2. 设计反映全国各省市近年来人口规模的表格，并在表格中填入具体数据

参考表格：

全国各省市近年来人口自然变动情况表

年　份	地　区	人口数	出生数	出生率％	死亡数	死亡率％	自然增长数	自然增长率％
2008 年	北京							
2008 年	上海							
2008 年	天津							
2008 年	重庆							
……	……							
2009 年	北京							
……	……							
2010 年	……							
……	……							
2011 年	……							

3. 使用电子表格统计反映全国各省市近年来人口规模

出生率的计算方法：＿＿＿＿＿＿＿＿＿＿＿＿＿＿＿＿＿＿＿＿＿＿＿＿＿＿＿＿＿。

死亡率的计算方法：＿＿＿＿＿＿＿＿＿＿＿＿＿＿＿＿＿＿＿＿＿＿＿＿＿＿＿＿＿。

自然增长数的计算方法：＿＿＿＿＿＿＿＿＿＿＿＿＿＿＿＿＿＿＿＿＿＿＿＿＿。

自然增长率的计算方法：＿＿＿＿＿＿＿＿＿＿＿＿＿＿＿＿＿＿＿＿＿＿＿＿＿。

4. 有关人口数据的排序、筛选和分类汇总

（1）把"全国各省市近年来人口自然变动情况表"中的数据按年份排序，同一年份的各省市的数据按自然增长率的大小排列。

出生率最高的是＿＿＿＿＿＿＿＿＿＿＿＿＿＿＿＿＿＿＿省

死亡率最低的是＿＿＿＿＿＿＿＿＿＿＿＿＿＿＿＿＿＿＿省

自然增长率最大的是_____省

(2) 使用电子表格软件的什么功能,能尽快在"全国各省市近年来人口自然变动情况表"中找出重庆市近年来人口变动的数据? 重庆市近年来人口变动的数据是什么?

_____

(3) 把全国各省市近年来人口自然变动情况表中的数据按年份进行汇总,计算出各个年份全市的人口总数、出生总数、死亡总数。

　　_____年　全国人口总数:_____。

　　　　　　　全国出生总数:_____。

　　　　　　　全国死亡总数:_____。

(4) 分别计算全国各年份的出生率、死亡率、自然增长率。

　　_____年　全国出生率:_____。

　　　　　　　全国死亡率:_____。

　　　　　　　全国自然增长率:_____。

5. 制作统计图表来进一步直观地反映近年来全国人口规模的变化情况。

要表达全国近年来人口数量的变化趋势情况,应选择什么类型的统计图?

_____

6. 根据统计图表进行分析

(1) 讨论:什么是人口密度? 如何计算人口密度?

_____

(2) 查找有关世界主要城市人口密度的信息,把北京、上海、重庆的人口密度情况与这些城市的人口密度情况进行比较。

_____

(3) 讨论:全国的人口规模到底应该增长到什么水平?

_____

(4) 制作全国人口规模的统计分析报告,报告要有统计表、统计图,还要加上文字分析。

评估

一、综合活动的评估

　　根据综合实践活动,完成下面的评估检查表,先在小组范围内学生自我评估,再由教师对学生进行评估。

综合活动评估表

学生姓名:_____　　　　　　　　　　　　　　　　　　　　　　　日期:_____

学　习　目　标		自　评		教　师　评	
		继续学习	已掌握	继续学习	已掌握
1. 网上获取和筛选信息的能力	使用搜索引擎查找信息				
	根据网址浏览和获取信息				
2. 根据问题的要求,规划表格的能力					

(续表)

学　习　目　标		自　评		教 师 评	
		继续学习	已掌握	继续学习	已掌握
3. 综合学科应用的能力					
4. 恰当选择信息处理工具的能力	认识电子表格软件				
5. 工作表基本操作	工作表的认识				
	单元格数据的编辑				
	公式的使用				
	函数的使用				
6. 表格的格式化	字符的字体、字的大小与颜色				
	数据的显示格式				
	表格的边框与底纹				
	数据的对齐方式				
7. 根据实际需要,选择恰当的统计图表类型的能力					
8. 图表的操作	图表的建立				
	图表的编辑				
9. 数据的排序					
10. 数据的筛选	数据的自动筛选				
	数据的高级筛选				
11. 数据的分类汇总					
12. 对数据统计结果进行分析的能力	根据统计图表进行有关的分析				
13. 综合运用多个软件解决问题的能力	撰写统计分析报告				
14. 分析问题、解决问题的能力					

二、整个项目的评估

复习整个项目的学习内容,完成下面的评估表。

整个项目学生学习评估表

学生姓名:＿＿＿＿＿＿＿＿＿

在整个项目的所有活动中喜爱的活动:＿＿＿＿＿＿＿＿＿＿＿＿＿＿＿＿＿＿＿＿

1. 在"幼儿在园表现及身体素质情况的统计与分析"项目中最喜欢的一件作品是什么? 为什么?

＿＿

2. 这个项目的学习包括以下技术领域

　□电子表格　　　□文字处理　　　□图像处理

　□因特网　　　　□程序设计　　　□数据库

　□多媒体演示文稿　□网页制作

3. 为了完成这个项目,自己所必须学习的哪项技能最有挑战性? 为什么?

＿＿

(续 表)

4. 为了完成这个项目,自己所必须学习的哪项技能最有趣? 为什么?

5. 为了完成这个项目,自己所必须学习的哪项技能最有用? 为什么?

6. 比较文字处理软件、电子表格处理软件、多媒体演示文稿制作软件,它们各使用哪几方面的信息处理?

7. 请举例说明在什么情况下使用文字处理软件? 在什么情况下使用电子表格处理处理软件? 在什么情况下使用多媒体演示文稿制作软件?

8. 请举例说明在什么情况下需要综合使用不同信息处理软件来解决问题?

归纳与小结

在日常学习和工作中,我们经常要处理各种各样的表格,对表格数据进行统计、挖掘、提炼后统计和分析,形成科学准确的分析报告,以便人们能获取所需要的信息,为判断和决策提供依据。

通过电子表格进行数据加工和表达的一般过程如下图:

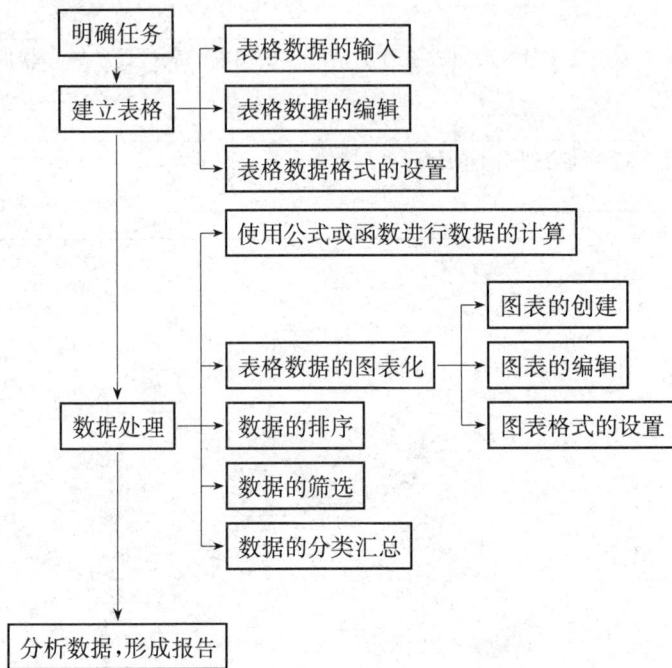

```
明确任务              ┌─→ 表格数据的输入
   ↓                 │
建立表格 ─────────────┼─→ 表格数据的编辑
   │                 │
   │                 └─→ 表格数据格式的设置
   │
   │                 ┌─→ 使用公式或函数进行数据的计算
   │                 │
   │                 │                              ┌─→ 图表的创建
   │                 │                              │
   │                 ├─→ 表格数据的图表化 ──────────┼─→ 图表的编辑
   │                 │                              │
数据处理 ─────────────┤                              └─→ 图表格式的设置
   │                 ├─→ 数据的排序
   │                 │
   │                 ├─→ 数据的筛选
   │                 │
   │                 └─→ 数据的分类汇总
   ↓
分析数据,形成报告
```

项目七

网页设计与制作

——幼儿成长档案的设计与制作

幼儿成长档案已在幼儿园教育实践中被广泛应用,它生动展现了幼儿在成长过程中收集整理的绘画作品、手工创意制作,以及幼儿学会的本领、参加活动的表现、成长阶段的照片等。幼儿成长档案收集、整理的过程,是教师、家长和幼儿共同成长的过程,也是增进家园联系的有效手段,有利于幼儿园教育与家庭教育形成合力,促进幼儿健康成长。

但纸质的成长档案存在一定的局限性,无法记录幼儿说话的声音以及活动等多媒体信息,也不方便大家浏览。本项目将通过 SharePoint Designer 设计制作网页版的幼儿成长档案。

活动一 幼儿成长档案网页的设计

活动要求

幼儿成长档案记录了幼儿在幼儿园中点点滴滴的成长历程,是对每个幼儿成长轨迹的一个完整记录。通过调查研究,了解幼儿成长档案应包含的具体内容,并进行简单的需求分析,为幼儿设计与规划成长档案,同时构建网站框架结构并制作网站首页。参考样例见图 7-1-1(1)(2)。

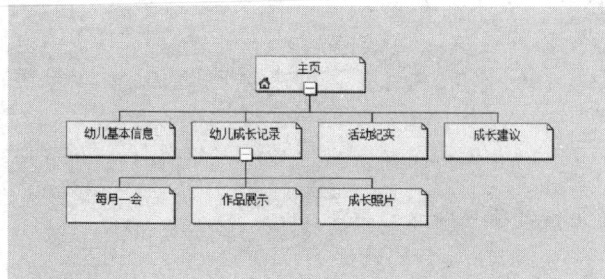

图 7-1-1(1) 幼儿成长档案网站结构图

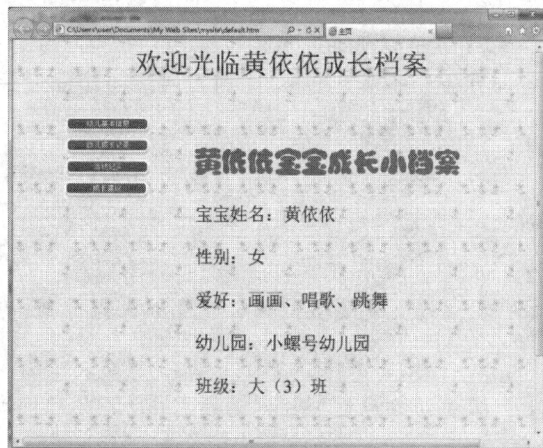

图 7-1-1(2) 幼儿成长档案主页效果图

173

活动分析

一、活动计划

1. 整体规划幼儿档案项目网站

本活动是整个项目的开始,在制作网站之前必须根据初步形成的需求分析,对整个项目网站进行一个整体性的规划,这样有助于顺利完成整个项目。

2. 建立网站结构

结合项目网站的整体规划,利用 SharePoint Designer 2007 的"导航视图"绘制项目网站结构图。

3. 设计幼儿档案主页

网页设计是一项非常个性化的工作,必须考虑大部分浏览者的使用习惯,所以在设计网页时应该遵循一定的规律。

4. 制作幼儿档案主页

按照自己设计好的思路去制作幼儿档案主页,需要掌握一定制作网页的技能,可以按照教材上的步骤一步一步完成。

5. 简单的页面美化

应用一些简单的页面美化技能,使制作的网页更有吸引力。

6. 预览整体效果并保存

二、相关技能

1. 新建网站。

2. 制作网站结构图。

3. 网页布局。

4. 制作字幕。

5. 创建导航链接。

6. 设置页面背景。

7. 保存与预览网页。

方法与步骤

一、整体规划幼儿档案项目网站

1. 收集整理相关资料

明确整个项目要求后,利用网络和其他途径,收集整理有关幼儿档案的资料信息,并进行认真学习。

2. 网站的需求分析

幼儿档案网站设计前,首先要明确幼儿档案建立的目的、作用、内容等。同时分析出网站的功能、呈现方式、目标人群等,形成初步的网站结构。

3. 确定网站框架

根据幼儿档案袋的内容以及浏览的对象,确定幼儿档案项目网站的框架。

二、建立网站结构

根据幼儿档案项目网站的需求,制定出网站的整体规划,利用 SharePoint Designer 制作项目网站结构图。

1. 启动 SharePoint Designer

在 Microsoft Office 软件组中选择 SharePoint Designer，单击打开。

2. 新建网站

选择菜单"文件"→"新建"→"网站"，弹出"新建"对话框，在对话框中选择"空白网站"，完成新建网站，如图 7-1-2 所示。

图 7-1-2　新建网站

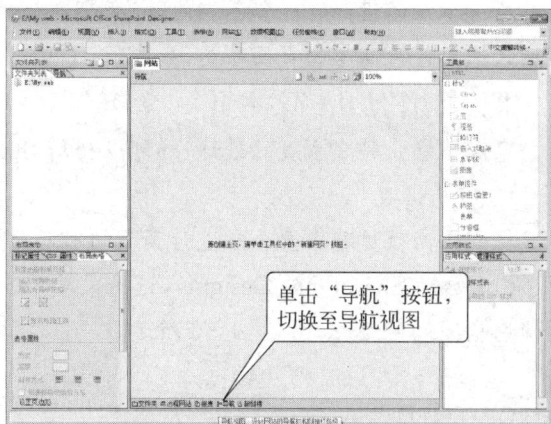

图 7-1-3　切换"导航视图"

3. 切换至"导航视图"

在 SharePoint Designer 中，通过"导航视图"可以直接绘制整个网站的结构图。而且根据此功能绘制的结构图，在每个网页之间都可以自动产生链接关系。

单击"导航"按钮，切换至导航视图，如图 7-1-3 所示。

4. 制作网站结构图

在导航工具栏上，单击 📄 "新建网页"按钮，新建网页，主页默认名称为"default.htm"。选择"主页"再单击 📄 "新建网页"按钮，可以在主页下建立新网页，默认名称为"无标题_1.htm"，按照此方法逐一建立网页，如图 7-1-4 所示。

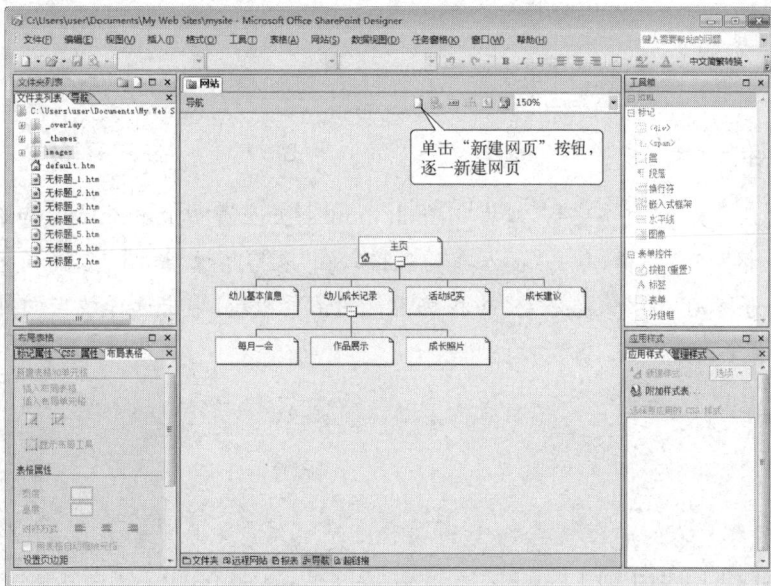

图 7-1-4　制作网站结构图

三、设计幼儿档案主页

1. 确定主页内容

幼儿档案主页应该比较清新简单，一般包含标题、幼儿的基本信息、网页导航等。

2. 设计主页布局

图片和文本是网页的两大构成元素，如何合理布局图片和文本的位置是整个页面布局的关键。网页布局每个人的设计可能各不相同，一个布局合理、结构清晰的网页一定会给浏览者留下良好的印象。这里只选用较为简单的页面布局，如图7-1-5所示。

四、制作幼儿档案主页

完成了幼儿档案主页的设计，就可以利用SharePoint Designer开始制作网站的第一个网页了。

1. 布局网页

在制作网页过程中要合理进行页面的布局，需要借助布局表格和单元格定位文本和图像。

(1) 启动SharePoint Designer，选择菜单"文件"→"打开网站"，出现"打开网站"对话框，选择之前设计结构图的网站，如图7-1-6所示。

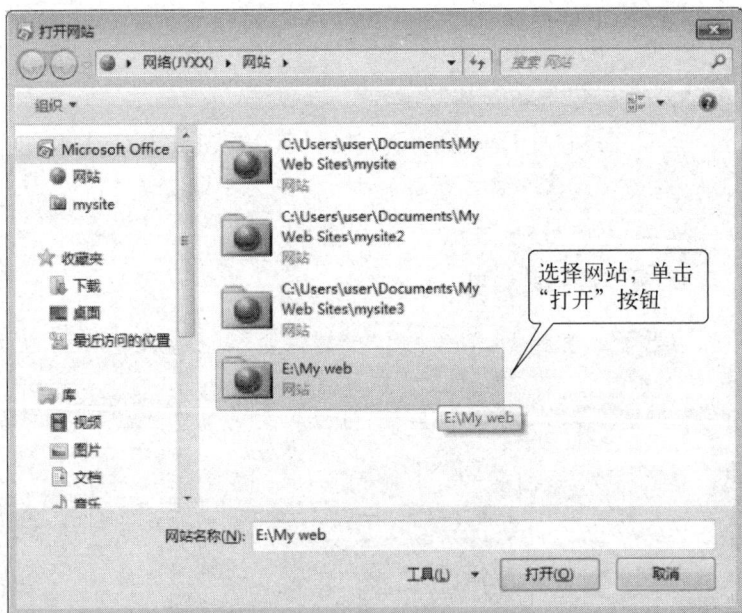

LOGO	标题
导航区	基本信息

图7-1-5　主页布局

图7-1-6　打开项目网站

(2) 在窗口"文件夹列表"任务窗格，双击"default.htm"打开主页"default.htm"，如图7-1-7所示。

(3) 在"布局表格"任务窗格，单击"插入布局表格"，在"表格属性"选项中，输入表格的宽度和高度，宽度为"800"，高度为"600"，在"表格布局"中根据设计的主页布局，单击选择适当的样式，系统自动在网页编辑区应用该样式，如图7-1-8所示。

点拨：

> 为了配合不同浏览者的屏幕分辨率，达到最佳的网页浏览效果。一般在1 024 * 768的分辨率下设置网页为800 * 600的页面。

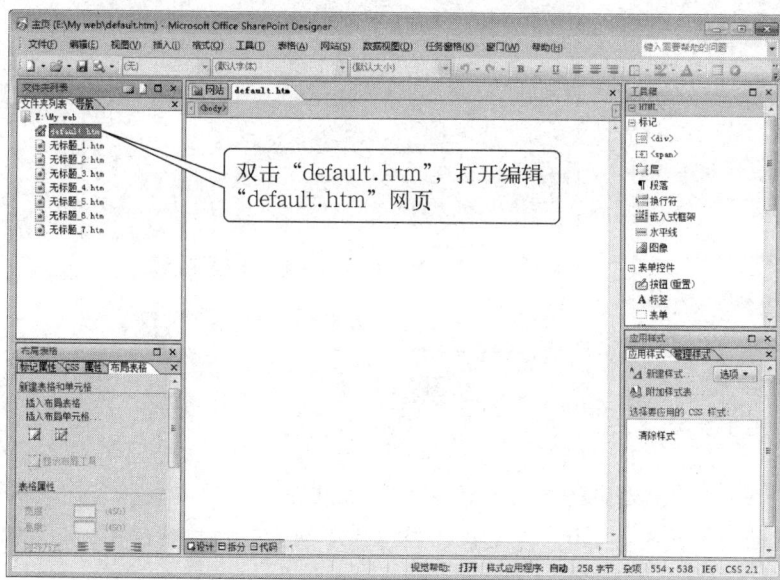

图 7-1-7　打开项目主页

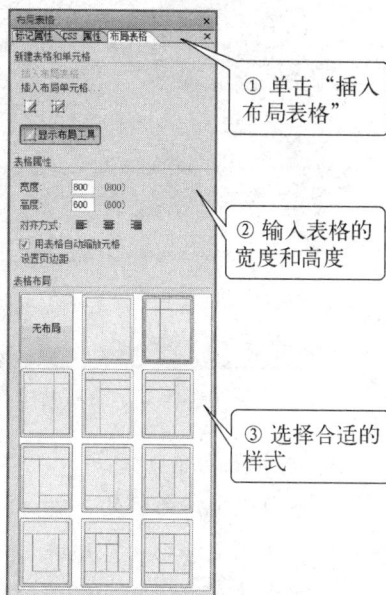

图 7-1-8　布局表格

（4）应用表格布局后，并不一定完全符合要求，可以使用拖动鼠标的方法，方便地调整布局表格。

2. 输入主页内容

（1）在布局表格第一行第二列中输入档案标题，设定标题的字体、字号、颜色等。

（2）在布局表格第二行第二列中输入幼儿的基本信息，并设定字体、字号、颜色等，效果如图 7-1-9 所示。

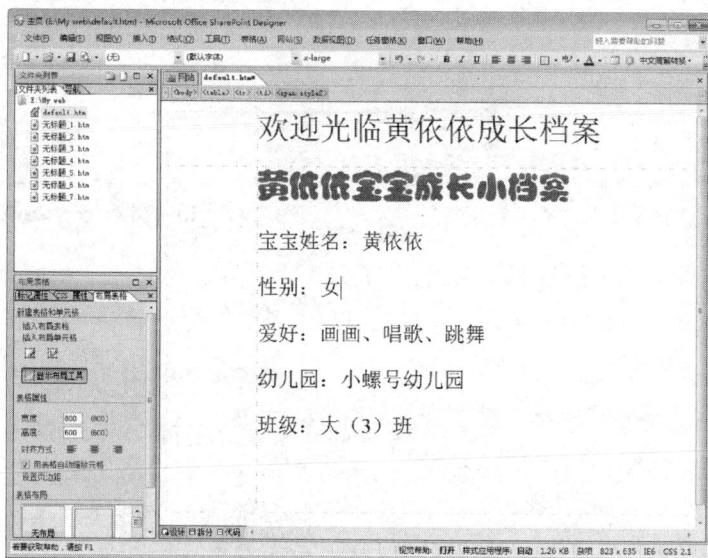

图 7-1-9　主页输入内容后效果

3. 制作字幕

为了使网页略显活泼，可以将网页中的标题制作成字幕效果。

（1）选中标题，选择菜单"插入"→"Web 组件"，弹出"插入 Web 组件"对话框，选择"动态效果"→"字幕"，单击"完成"按钮，如图 7-1-10 所示。

（2）在弹出"字幕属性"对话框中，设置字幕的方向、速度、表现方式等，如图 7-1-11 所示。

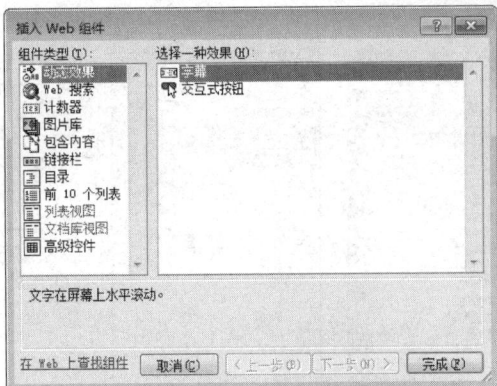

图 7-1-10　插入 Web 组件"字幕"

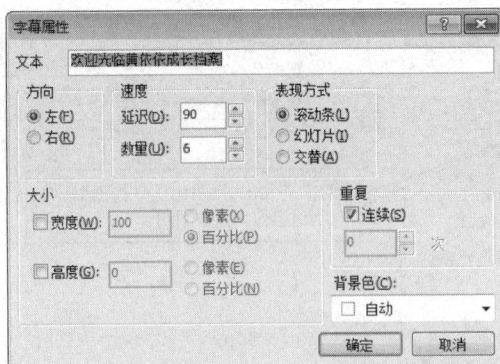

图 7-1-11　设置字幕

4. 添加主页导航栏

一个内容丰富的网站一般由许多网页组成,这些网页之间通常又是通过超链接的方式相互建立关联的。在幼儿主页中也需要建立与下面网页的链接,由于在之前已经建立了网站的组织结构图,所以超链接的创建就可以借助"Web 组件"方便完成。

(1)光标定位在第二行第一列(插入点),选择菜单"插入"→"Web 组件",弹出"插入 Web 组件"对话框,选择"链接栏"→"基于导航结构的链接栏",单击"下一步"按钮,如图 7-1-12 所示。

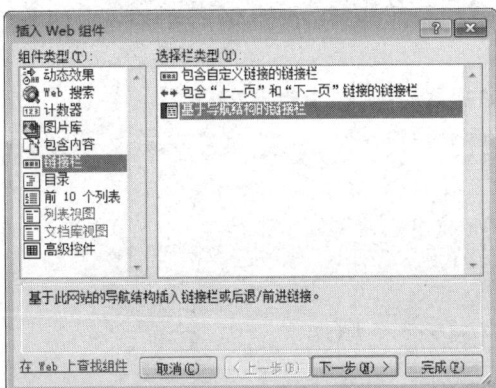

图 7-1-12　插入"基于导航结构的链接栏"

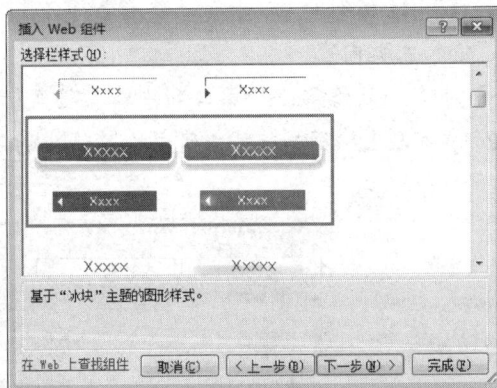

图 7-1-13　插入"基于导航结构的链接栏"

(2)在弹出对话框中,选择导航主题,如图 7-1-13 所示。

(3)在弹出对话框中,选择"插入纵向连接的链接栏",单击"完成"按钮,如图 7-1-14 所示。

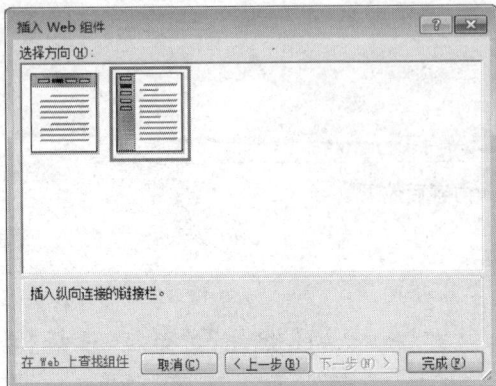

图 7-1-14　插入"基于导航结构的链接栏"

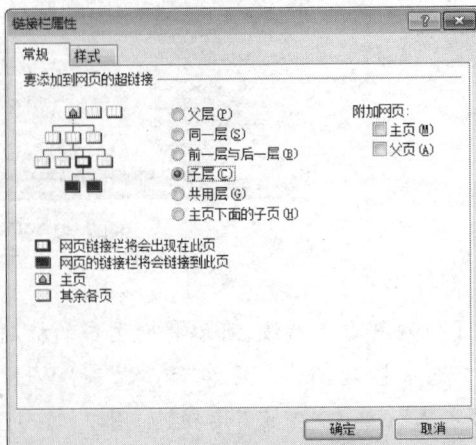

图 7-1-15　链接栏属性设置

（4）弹出"链接栏属性"对话框，在"要添加到网页的超链接"中选择"子层"，单击"确定"按钮，完成设置，如图7-1-15所示。效果如图7-1-16所示。

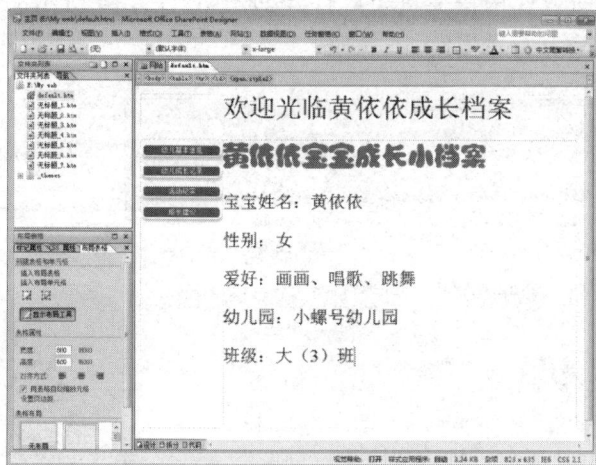

图 7-1-16 效果图

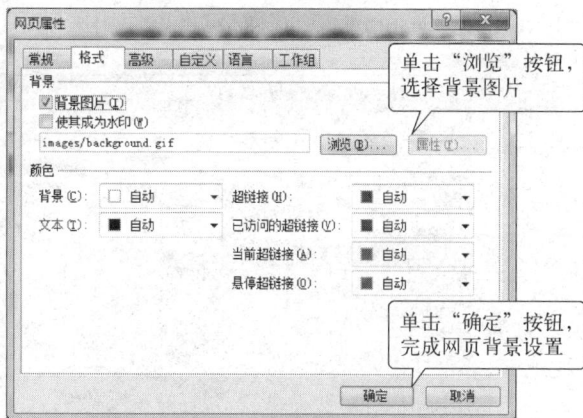

图 7-1-17 设置页面背景

5. 设置页面背景

设置页面背景，往往会为整个页面的美化起到画龙点睛的作用。选择菜单"格式"→"背景"，如图7-1-17所示。

五、预览整体效果并保存

选择工具栏上的"预览"按钮，浏览网页的整体效果。最后，单击工具栏上的"保存"按钮，保存制作的网页。

六、交流与分享

把设计好的网页文件，通过适当的传输方式发送给教师和其他同学，如电子邮件、网上邻居共享等，在组内或班级内介绍自己设计的幼儿成长档案主页。

通过听取其他同学的介绍，做出适当评价；认真倾听他人设计思想，修改自己的成长档案主页。

知识链接

一、网页设计的基本概念

站点（Web Site）：制作网页之初，要先建立站点。站点实际上是一个文件夹，用于保存要在网上发布的网页及一些相关图形、声音等文件，即站点是一些相关网页的集合。

主页（HomePage）：在浏览器的地址栏中键入网址，按回车键后，进入某个站点浏览，浏览器中显示的第一个网页画面称为该站点的主页，也称为首页。主页是站点的大门，通过主页链接到站点中其他各网页，主页是整个站点的"门面"和入口。

网页：通过浏览器在网上看到的每一幅画面就是一个网页。

HTML（HyperText Mark-up Language）：超文本标记语言或超文本链接标示语言，是目前网络上应用最为广泛的语言，也是构成网页文档的主要语言。HTML文本是由HTML命令组成的描述性文本，HTML命令可以说明文字、图形、动画、声音、表格、链接等。HTML的结构包括头部（Head）、主体（Body）两大部分，其中头部描述浏览器所需的信息，而主体则包含所要说明的具体内容。

另外，HTML是网络的通用语言，一种简单、通用的全置标记语言。它允许网页制作人建立文本与图片相结合的复杂页面，这些页面可以被网上任何其他人浏览到，无论使用的是什么类型的电脑或浏览器。

二、使用 SharePoint Designer 帮助

在使用 SharePoint Designer 遇到问题时,可以使用"SharePoint Designer 帮助",方法是选择菜单"帮助"→"Microsoft Office SharePoint Designer 帮助",或用快捷键 F1,打开如图 7-1-18 所示的"SharePoint Designer 帮助"窗格,可以使用关键字搜索和目录搜索。

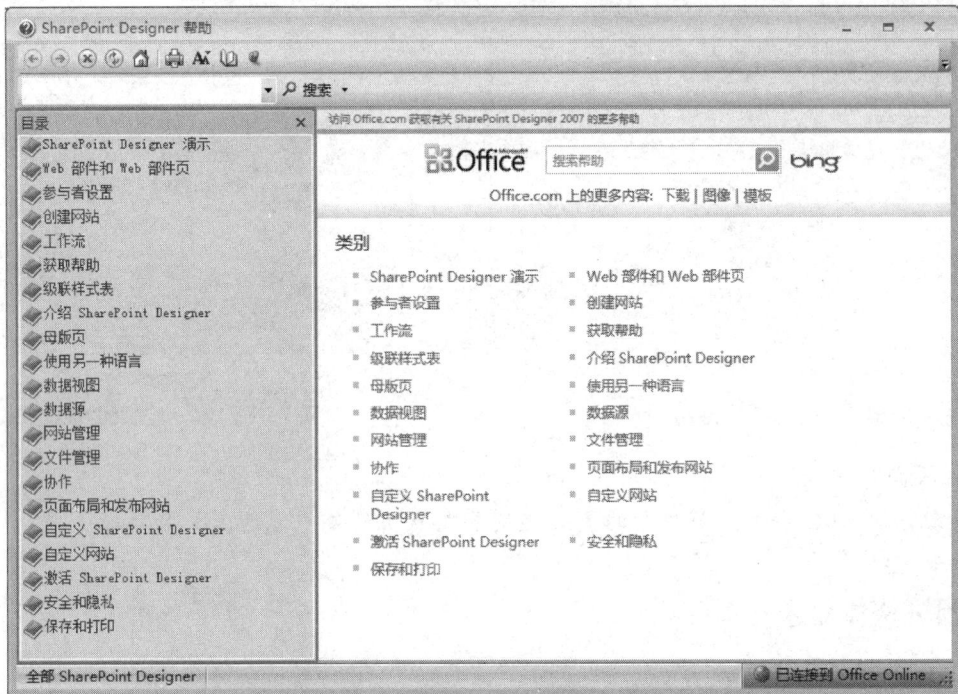

图 7-1-18 "SharePoint Designer 帮助"窗格

1. 使用关键字搜索

如果知道要查找问题的主题和关键字时,可以使用关键字搜索功能迅速在帮助库中查找自己所需的内容,方法是在搜索框内输入需要查找的关键字,单击"搜索"按钮,进行搜索,搜索结果按与问题的相关程度在"搜索结果"任务窗格中列出。

2. 使用目录索引

当你不能确认自己的搜索主题或关键字时,可以使用目录索引。该搜索方法可以帮助浏览目录库,通过单击目录库中相关的帮助主题进入相应的内容浏览。

自主实践活动

为了营造一个具有艺术氛围的学校文化,丰富全体同学的课余生活,发现更多有艺术特长的同学。通过举办学校艺术周活动,陶冶学生热爱学习、热爱生活、热爱艺术的高尚情操,推进学校艺术教育的发展,同时提供同学们一个相互交流、相互学习的机会,学校决定 12 月 21 日~26 日为学校艺术周。

请你帮助学校制作一份艺术周活动计划的网页,让全校师生通过浏览网页了解艺术周的活动安排情况。

设计要求:

1. 网页色彩搭配协调,版面布局合理、有新意。

2. 计划书内容翔实,文字大小、颜色安排合理。

制作要求:

1. 新建艺术周计划书网页,使用网页背景图片对网页进行修饰。

2. 网页中标题用字幕方式呈现。

3. 设置网页中文字的字体、大小、颜色。

4. 网页中应通过表格体现活动周的具体日程安排。

活动二　幼儿阶段成长记录网页的制作

活动要求

　　幼儿在幼儿园的成长过程中,会积累下很多记录成长的足迹。例如一个阶段学会的本领,一个时期完成的绘画或手工作品,每个阶段成长的照片等。本活动利用 SharePoint Designer 将幼儿的这些成长过程制作成网页。

　　上一个活动完成了幼儿档案整个网站的结构设计与主页制作,本次活动将利用已掌握的网页制作技能与学习的新技能,完成"幼儿基本信息"、"幼儿成长记录"网页的设计与制作。网页样例参见图 7-2-1 所示。

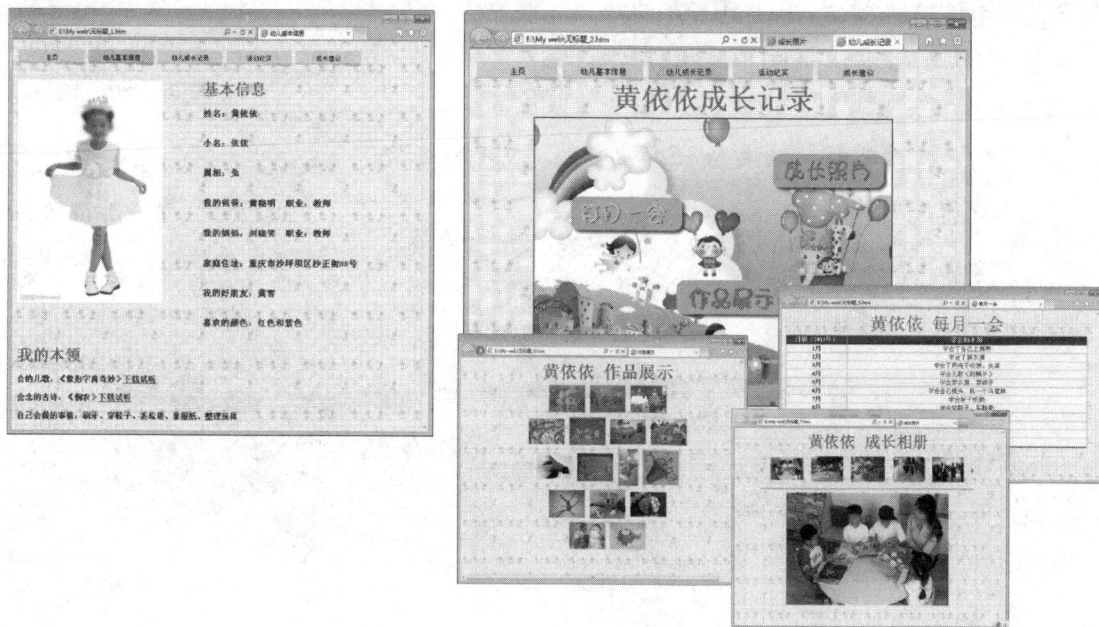

图 7-2-1　幼儿基本信息网页样例

活动分析

一、活动计划

1. 设计幼儿基本信息网页

根据幼儿档案对幼儿基本信息的要求,设计幼儿基本信息网页。

2. 制作幼儿基本信息网页

根据设计布局网页,输入相关信息,完成幼儿基本信息网页的制作。

3. 设计幼儿成长记录网页

成长记录网页由多个子网页组成,根据需要显示的内容,理清网页间的链接关系,设计成长记录网页。

4. 制作幼儿成长记录网页

利用图片热点超链接和图片库等技能,完成幼儿成长记录网页的制作。

二、相关技能

1. 网页中插入声音超链接。

2. 网页中插入图片。

3. 创建图片热点超链接。

4. 插入表格。

5. 插入图片库。

方法与步骤

一、设计幼儿基本信息网页

1. 确定幼儿基本信息网页内容

幼儿基本信息一般包含幼儿个人照片、个人信息、我会的本领等内容。

2. 设计幼儿基本信息网页布局

根据幼儿基本信息的具体内容,设计出网页的布局。这里只选用较为简单的页面布局,如图 7-2-2 所示。

二、制作幼儿基本信息网页

1. 布局网页

(1) 在网站"文件夹列表"任务窗格,双击幼儿基本信息网页"无标题_1.htm",打开网页。

(2) 在"布局表格"任务窗格,单击"插入布局表格",在"表格属性"选项中,输入表格的宽度和高度,宽度为"800",高度为"600",在"表格布局"中根据设计的网页布局,制作布局表格,效果如图 7-2-3 所示。

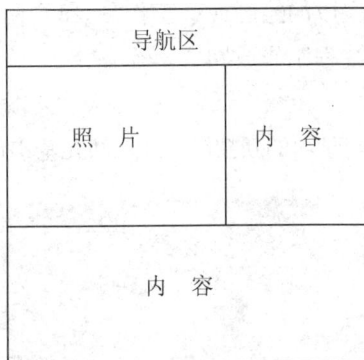

图 7-2-2　网页布局

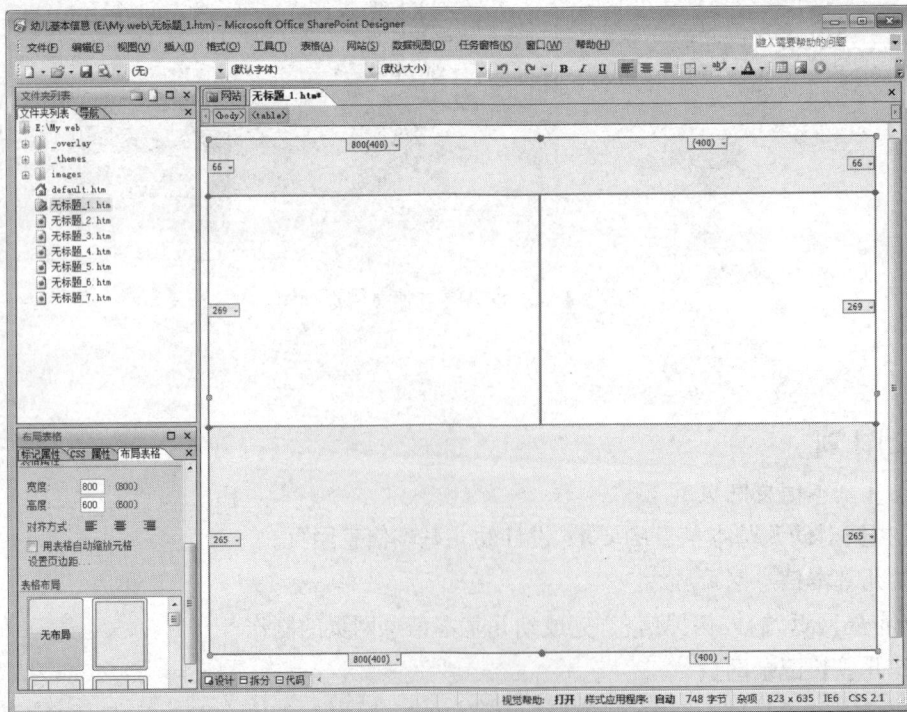

图 7-2-3　网页布局效果

2. 制作网页导航

幼儿基本信息网页,需要实现与同一层网页相互跳转,同时能返回主页。所以需要制作能跳转到同一层网页和主页的超链接导航栏。

(1) 光标定位在第一行(插入点),选择菜单"插入"→"Web 组件",弹出"插入 Web 组件"对话框,选择"链接栏"→"基于导航结构的链接栏",单击"下一步"按钮。

(2) 在弹出对话框中,选择导航主题,在弹出对话框中,选择"插入横向连接的链接栏",单击"完成"按钮,如图 7-2-4 所示。

(3) 弹出"链接栏属性"对话框,在"要添加到网页的超链接"中选择"同一层",附加网页中选择"主页",单击"确定"按钮,完成链接栏设置,如图 7-2-5 所示。效果如图 7-2-6 所示。

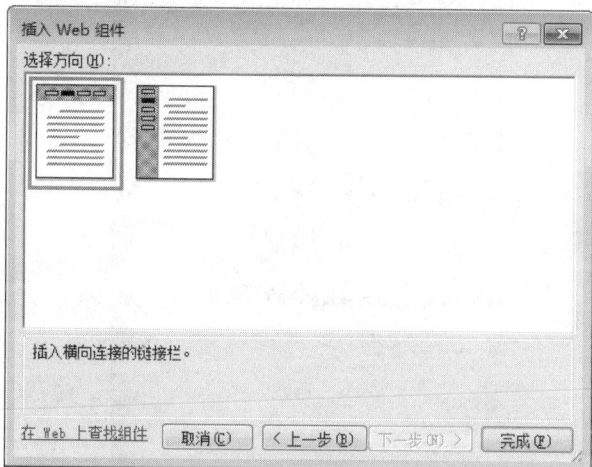

图 7-2-4 插入横向连接的链接栏

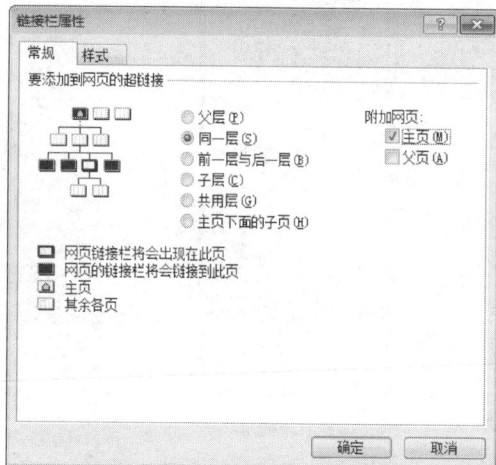

图 7-2-5 插入横向连接的链接栏

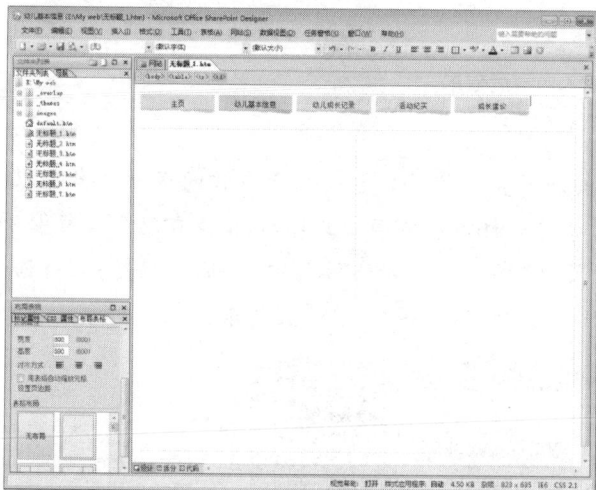

图 7-2-6 插入导航栏的效果图

图 7-2-7 插入图片

3. 插入幼儿照片

为了使幼儿档案更生动,可以将幼儿的照片插入在幼儿基本信息页面中。

(1) 光标定位在第二行第一列(插入点),选择菜单"插入"→"图片"→"来自文件",弹出"图片"对话框,选择所需的幼儿照片,单击"插入"按钮,如图 7-2-7 所示。

(2) 弹出"辅助功能属性"对话框,在"替代文本"中输入"黄依依照片",单击"确定"按钮,完成幼儿

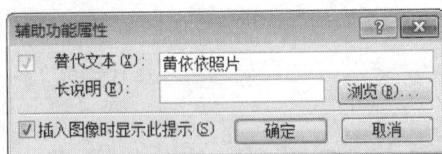

图7-2-8 为图片添加替代文本

照片的插入,如图7-2-8所示。

4. 输入内容

光标定位在第二行第二列,输入幼儿基本信息。光标定位在第三行,输入"我的本领",并设定字体、字号、颜色等,效果如图7-2-9所示。

图7-2-9 网页输入内容后效果

5. 插入声音文件超链接

传统纸质幼儿档案,没办法记录幼儿成长过程中的原始声音文件。利用网页制作的成长档案可以实现这一功能。将幼儿会的儿歌、会念的古诗等,通过录音软件录制成声音文件后,记录在幼儿档案中。

(1) 选中文字"会的儿歌"后的"下载试听",选择菜单"插入"→"超链接",弹出"插入超链接"对话框,选择幼儿儿歌录音声音文件,单击"确定",完成超链接的创建,如图7-2-10所示。

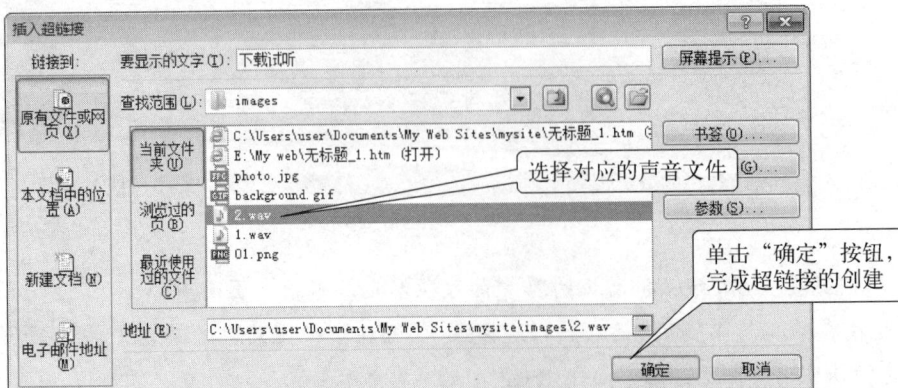

图7-2-10 插入超链接

（2）利用同样的方法，为"会念的古诗"后的"下载试听"创建声音超链接。

6. 设置页面背景

选择菜单"格式"→"背景"，弹出"网页属性"对话框，单击"格式"选项卡，单击"浏览"按钮，选择背景图片，单击"确定"，完成页面背景设置。

7. 保存网页

三、设计幼儿成长记录网页

幼儿成长记录由一个成长记录网页和三个子网页组成，子网页分别为"每月一会"、"作品展示"、"成长相册"。它们的结构图，如图 7-2-11 所示。

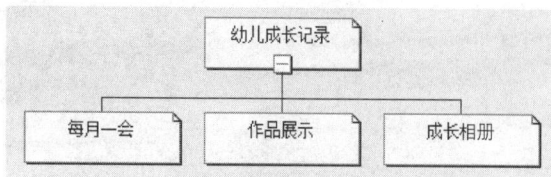

图 7-2-11　成长记录网页结构图

"每月一会"网页主要记录幼儿成长过程中每月学会的新本领。"作品展示"网页是展示幼儿成长过程中的绘画、手工制作等作品。"成长相册"是记录幼儿成长过程中各个阶段的照片。这几个网页相对较简单，网页可以参照图 7-2-12 所示进行布局。

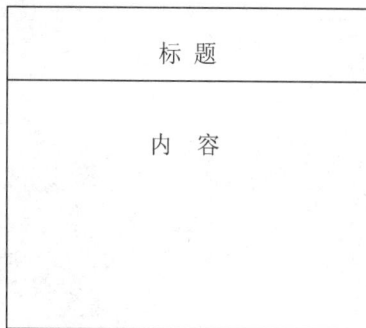

图 7-2-12　网页布局

四、制作幼儿成长记录

1. 制作幼儿成长记录页面

幼儿成长记录页面与"幼儿基本信息"网页为同一层网页，同时又包含三个子网页，所以它需包含链接到同一层网页和主页的导航，也应包含链接到子网页的导航。子网页导航将利用图片创建热点超链接完成。

（1）布局网页

根据幼儿成长记录页面内容，利用表格布局网页比较简单在此不详细陈述，具体步骤参照活动一。

（2）输入标题

光标定位后，输入网页标题内容"黄依依成长记录"。

（3）创建导航

光标定位后，参照"幼儿基本信息网页"导航的制作方法，创建页面导航。

（4）插入图片

光标定位在第二行，选择菜单"插入"→"图片"→"来自文件"，弹出"图片"对话框，选择设计好的子页面导航图片，单击"插入"按钮。

（5）制作图片热点链接

图片热点是将一幅图片划分为若干区域，然后为每个区域分别创建超链接，这些区域就被称为图片热点。在这里将利用图片热点创建"每月一会"、"作品展示"、"成长相册"的超链接。

① 选中导航图片，选择菜单"视图"→"工具栏"→"图片"，弹出"图片"工具栏，如图 7-2-13 所示。

单击"长方形热点"按钮

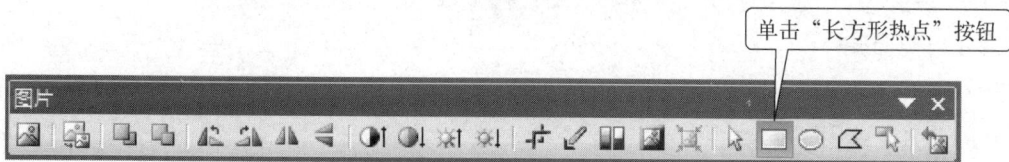

图 7-2-13　图片工具栏

② 单击"长方形热点"按钮，在图片上拖曳鼠标，绘制出长方形热点区域，如图 7-2-14 所示。

③ 绘制出长方形热点后，松开鼠标时，系统自动弹出"插入超链接"对话框，选择链接到"每月一会"

图7-2-14 绘制图片热点

网页"无标题_5. htm",单击"确定"按钮,如图7-2-15所示。

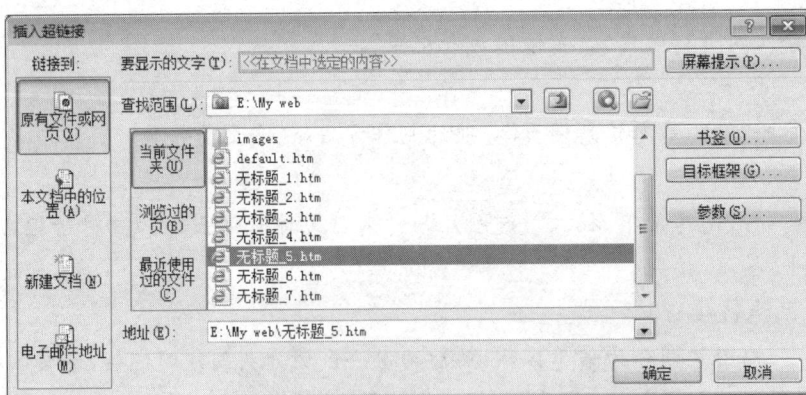

图7-2-15 插入图片热点超链接

④ 参照步骤②③,分别再为"作品展示"、"成长相册"创建图片热点超链接。

(6) 设置网页背景

(7) 保存网页

2. 制作"每月一会"网页

(1) 布局网页

根据"每月一会"网页的页面内容,利用表格布局网页。

(2) 输入标题

光标定位后,输入网页标题"黄依依每月一会"。

（3）插入表格并设置格式

"每月一会"内容在网页中将以表格形式进行呈现，需要学习网页中表格的插入以及格式的设置。

① 光标定位后，选择菜单"表格"→"插入表格"，弹出"插入表格"对话框，设置行数为 13，列数为 2，如图 7 - 2 - 16 所示。

② 选择菜单"视图"→"工具栏"→"表格"，弹出"表格"工具栏，在表格自动套用格式组合中，选择"彩色型 2"，如图 7 - 2 - 17 所示。

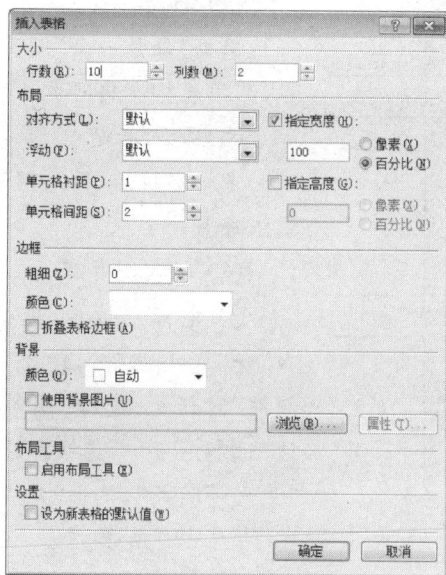

图 7 - 2 - 16　插入表格

图 7 - 2 - 17　表格工具栏

（4）输入"每月一会"内容

根据幼儿每月学会的本领，输入相应的内容，效果如图 7 - 2 - 18 所示。

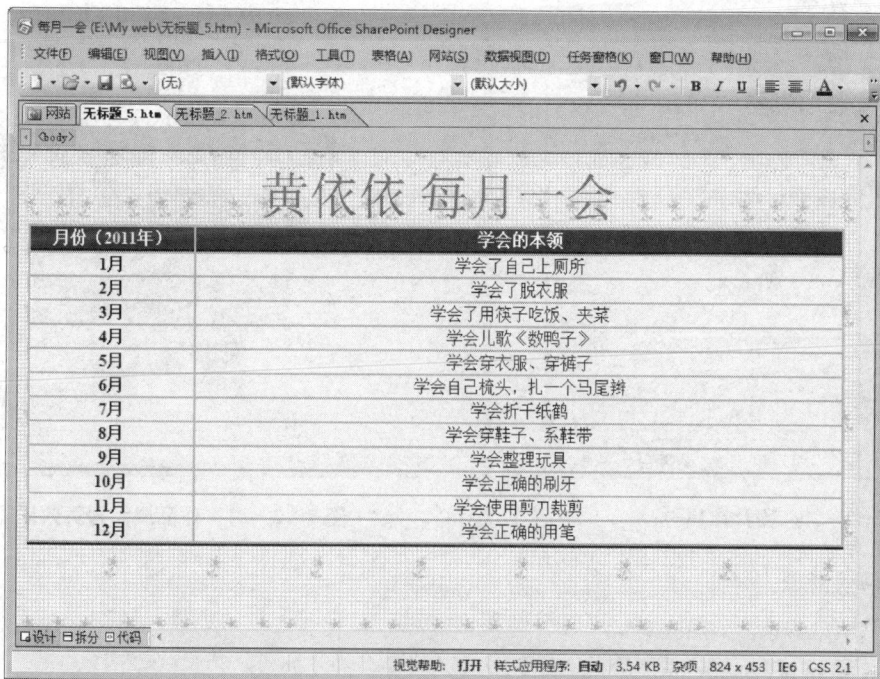

月份（2011年）	学会的本领
1月	学会了自己上厕所
2月	学会了脱衣服
3月	学会了用筷子吃饭、夹菜
4月	学会儿歌《数鸭子》
5月	学会穿衣服、穿裤子
6月	学会自己梳头，扎一个马尾辫
7月	学会折千纸鹤
8月	学会穿鞋子、系鞋带
9月	学会整理玩具
10月	学会正确的刷牙
11月	学会使用剪刀裁剪
12月	学会正确的用笔

图 7 - 2 - 18　"每月一会"网页效果图

（5）设置网页背景

（6）保存网页

3. 制作"作品展示"网页

作品展示网页，将展示幼儿典型的绘画和手工作品。要把众多的图片一张张放置在网页中会耗费大量的时间。使用 SharePoint Designer 组件中提供的图片库功能，就可以自动创建图片的缩略图，轻松完成幼儿的作品展示。

（1）布局网页

根据"每月一会"网页的页面内容，利用表格布局网页。

（2）输入标题

光标定位后，输入网页标题"黄依依每月一会"。

（3）插入图片库

① 光标定位后，选择菜单"插入"→"Web 组件"，弹出"插入 Web 组件"对话框，选择"图片库"，在右边"选择图片库选项"列表中选择"蒙太奇版式"，单击"完成"按钮，如图 7-2-19 所示。

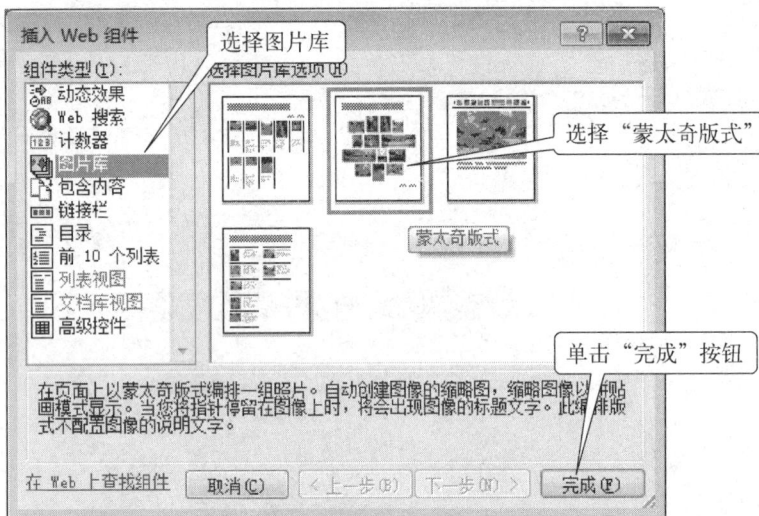

图 7-2-19　插入图片库组件

② 在弹出的"图片库"属性对话框中，添加整理好的所有作品图片，设置缩略图大小，单击"确定"按钮，完成图片库的创建，如图 7-2-20 所示。效果如图 7-2-21 所示。

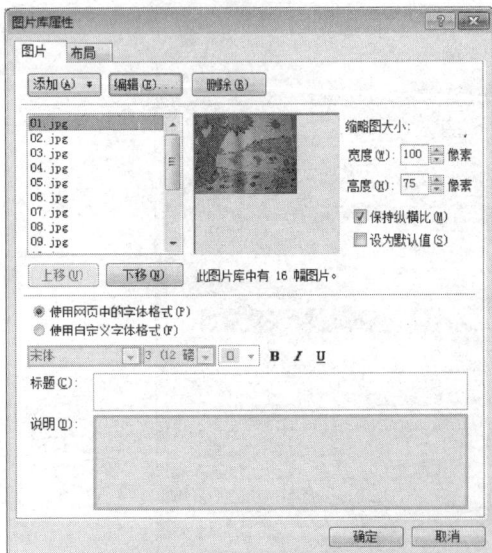

图 7-2-20　图片库属性

图 7-2-21　作品展示网页效果图

（4）设置网页背景

（5）保存网页

4. 制作"成长相册"网页

"成长相册"网页，展示了幼儿各阶段的成长照片，它的制作步骤与"作品展示"网页相同，请参照制

作步骤自己实践一下,效果如图7-
2-22所示。

五、保存并预览

单击工具栏上的"保存"按钮,保存制作的网页。选择工具栏上的"预览"按钮,浏览网页的整体效果。

六、交流与分享

把制作好的网页,通过网上邻居传到教师机,在组内或班级内进行介绍。浏览其他同学的"幼儿基本信息"网页和"幼儿成长记录"网页,借鉴他们做得好的地方,修改自己的网页。

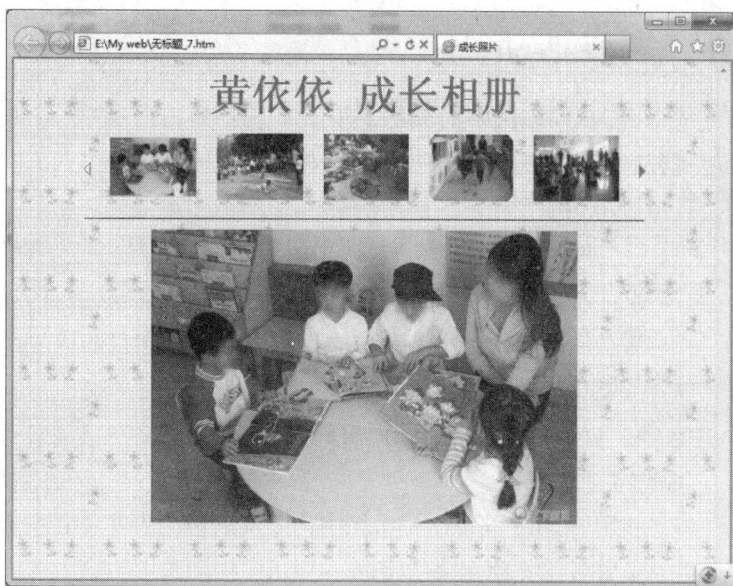

图 7-2-22　成长相册网页效果图

知识链接

一、添加剪辑库中的图片

1. 添加剪贴画

SharePoint Designer 包含剪辑库。您可以预览剪贴画、图片和视频,然后选择运用。

(1)在网页视图模式下,将插入点移到要插入图片的位置。

(2)选择菜单"插入"→"图片"→"剪贴画"。

(3)浏览剪辑库,查找所需的剪贴画,单击图片就可以插入需要的剪贴画。

2. 调整图形大小

(1)在网页视图模式下,鼠标右击插入的图片,在快捷菜单中选择"图片属性",然后单击"外观"选项卡,如图7-2-23所示。

(2)选择"指定大小"复选框,在"宽度"和"高度"框中输入数值。

(3)若想要保持高度与宽度的比例,可选择"保持纵横比"复选框。

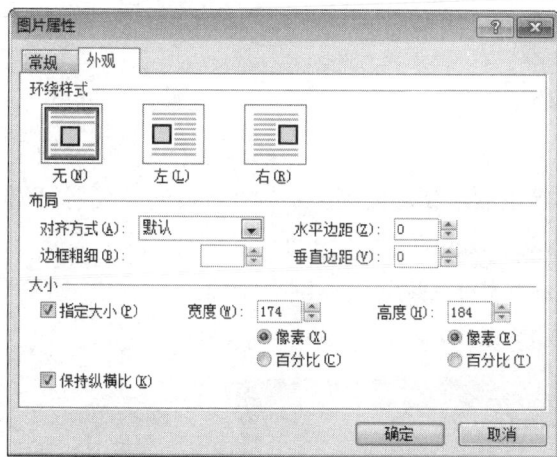

图 7-2-23　图片属性

二、创建书签链接

不仅可以用超链接的方法在多个网页之间进行跳转,也可以在同一个页面里跳转,它的最大优点是可以迅速跳到网页的某部分。

1. 定义书签。将插入点定位在想要创建书签的地方,或者选择想要指定书签的文本。选择菜单"插入"→"书签"。在"书签名称"框中,键入书签的名称。

2. 超链接指向书签。选中需要超链接的文本,选择菜单"插入"→"超链接"。选择包含书签的网页。在"书签"框上,单击要将其作为目的端的书签。

三、设置超链接颜色

在默认情况下,超链接是蓝色的,可以改变超链接的颜色。首先在网页上右击鼠标,选择"网页属性",进入"网页属性"对话框。选择"格式"选项卡,单击"超链接"下拉列表框,选择绿色,单击"确定"按钮,超链接的颜色就改变成绿色。同样的方法还可以修改"已访问的超链接"和"当前超链接"的颜色。

自主实践活动

学校艺术周为同学们提供了很多丰富多彩的活动项目,每个项目都有具体的要求、规定和奖项设置。请制作一个网站,将这些活动项目介绍给同学们。

设计要求:

1. 根据网站内容确定主题,选用适当的网页色调。

2. 设计制作四个以上网页,网页分别为艺术周活动主页、具体活动项目介绍网页。

3. 活动项目介绍网页中要求插入能体现活动项目的照片,以及对活动项目具体介绍的内容。

4. 浏览比较方便,网页间可以相互跳转。

5. 网页色彩搭配协调,版面布局合理、有新意。

制作要求:

1. 利用 SharePoint Designer 中的布局表格对网页中图片及文字等网页元素进行定位。

2. 设置各网页中文字的字体、大小、颜色。

3. 通过使用文字或图片的超链接,实现网页间的相互跳转。

活动三 幼儿活动纪实网页的制作

活动要求

幼儿园定期会开展很多丰富多彩适合幼儿的实践和体验活动,老师们也很有心,每次活动都会拍很多照片作为资料保存。这些照片真实地记录了幼儿在活动中的成长和发展。通过 Flash 电子相册可以方便地将这些照片自动生成 Flash 相册,插入到幼儿的活动纪实网页中,作为幼儿成长档案的一部分。

本活动将利用 Flash 电子相册制作幼儿活动纪实 Flash 相册,并学习在网页中插入 Flash,完成幼儿活动纪实网页的设计与制作。网页样例见图 7-3-1。

图 7-3-1 幼儿活动纪实网页样例

活动分析

一、活动计划

1. 整理归类活动照片

在制作电子相册之前,需要将活动照片进行分类整理。

2. 制作电子相册

通过一个电子相册软件,将活动照片制作成新颖、时尚的电子相册放于网页中,供大家浏览欣赏。

3. 设计幼儿活动纪实网页

根据自己的理解,设计幼儿活动纪实页面。

4. 制作幼儿活动纪实网页

通过网页中插入 Flash,完成活动纪实网页的制作。

二、相关技能

1. 制作电子相册。

2. 网页中插入 Flash。

3. 网页过渡效果设置。

方法与步骤

一、制作电子相册

电子相册是随着网络的发展与普及而新生的一种媒体形式。作为传统相册的延伸,它既有一般相册能保存照片的功能,又有传统相册所无法具备的优点。电子相册可以根据自己的想法在制作过程中添加一些其他元素,如背景音乐等,使自己的相册更加生动、个性化。电子相册正在颠覆人们保存"回忆"的形式,创造出一个全新的、立体的"记忆"空间。在幼儿活动纪实中我们选用电子相册这种形式进行记录,使幼儿的成长档案更加生动。

1. 整理活动中的照片

在制作电子相册之前,先需要将拍摄的照片输入计算机。指定的文件夹内(本活动中将利用幼儿成长相册中的照片)。

2. 制作电子相册

制作电子相册的软件很多,在制作过程中方法和步骤略有不同,在这里我们选用 Flash Slideshow Maker 软件。

(1) 添加照片

打开 Flash Slideshow Maker 软件,在"文件浏览器"窗格中选择素材光盘中的"活动照片"文件夹,选中需要的照片,单击"添加"按钮将照片添加到电子相册,软件自动为每张照片设定了默认的停留时间和转场效果。效果如图 7-3-2 所示。

(2) 选择模板

单击"模板",打开"模板"窗口。在模板窗格区,单击选中自己喜欢的相册模板,在背景音乐窗格区,单击"添加"按钮,选择电子相册的背景音乐。效果如图 7-3-3 所示。

(3) 制作输出

单击"输出",打开"输出"窗口。选择"输出目录",单击"制作输出"按钮,如图 7-3-4 所示。软件自动生成电子相册的 Flash 文件和网页文件。

图 7-3-2 添加活动纪实照片

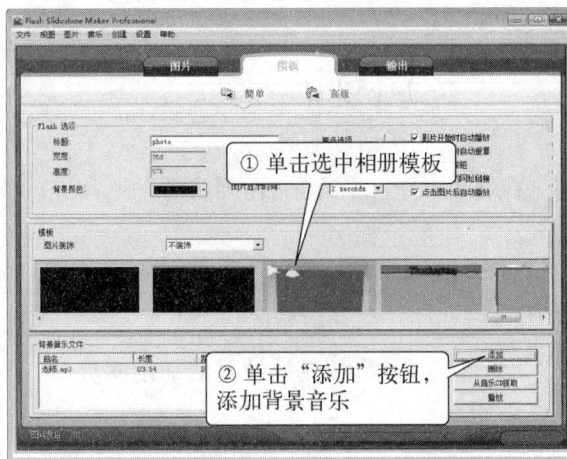

图 7-3-3 设置相册模板和背景音乐

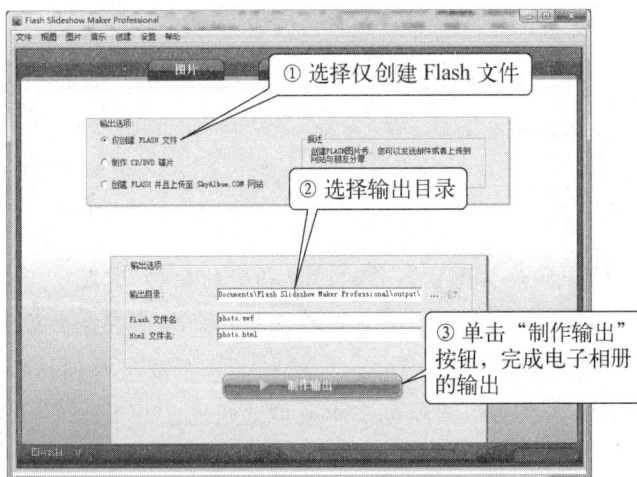

图 7-3-4 输出 Flash 电子相册

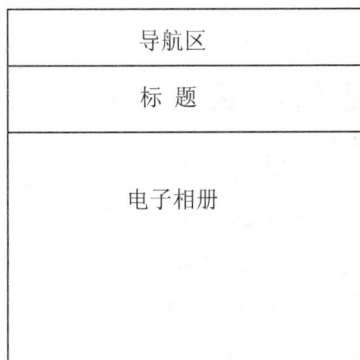

图 7-3-5 网页布局

二、设计幼儿活动纪实页面

1. 确定活动纪实网页内容

活动纪实网页中主要包含标题、导航、Flash 的电子相册等内容。

2. 设计活动纪实网页布局

根据幼儿活动纪实网页的具体内容,自己设计网页的页面布局。这里选用较为简单的页面布局,如图 7-3-5 所示。

三、制作幼儿活动纪实网页

1. 布局网页

(1) 在网站"文件夹列表"任务窗格,双击幼儿活动纪实网页"无标题_3.htm",打开网页。

(2) 在"布局表格"任务窗格,单击"插入布局表格",在"表格属性"选项中,输入表格的宽度和高度,宽度为"800",高度为"600",在"表格布局"中根据设计的网页布局,制作布局表格。

2. 制作网页导航

幼儿活动纪实网页,需要实现与同一层网页相互跳转,同时也能返回主页。所以需要制作能跳转到同一层网页和主页的超链接导航栏。

(1) 光标定位在第一行(插入点),选择菜单"插入"→"Web组件",弹出"插入Web组件"对话框,选择"链接栏"→"基于导航结构的链接栏",单击"下一步"按钮。

(2) 在弹出对话框中,选择导航主题,在弹出对话框中,选择"插入横向连接的链接栏",单击"完成"按钮。

(3) 弹出"链接栏属性"对话框,在"要添加到网页的超链接"中选择"同一层",附加网页中选择"主页",单击"确定"按钮,完成链接栏设置。

3. 输入内容

在表格行第二行输入网页标题"幼儿活动纪实",并设定字体、字号、颜色等,效果如图7-3-6所示。

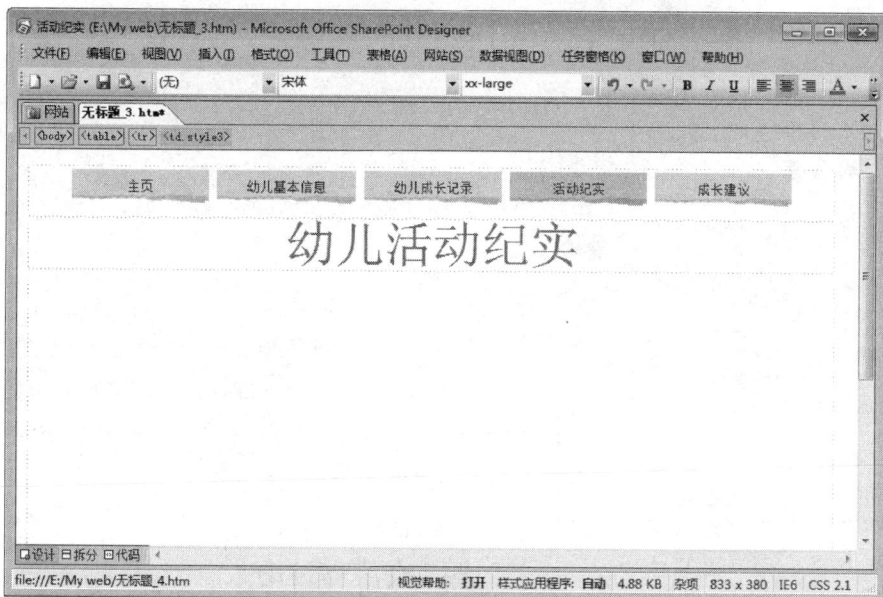

图7-3-6 输入内容的效果图

4. 插入Flash电子相册

(1) 将插入点放置到要插入Flash的位置,选择菜单"插入"→"Web组件",弹出"插入Web组件"对话框,选择"高级控件"→"插件"选项,单击"完成"按钮,如图7-3-7所示。

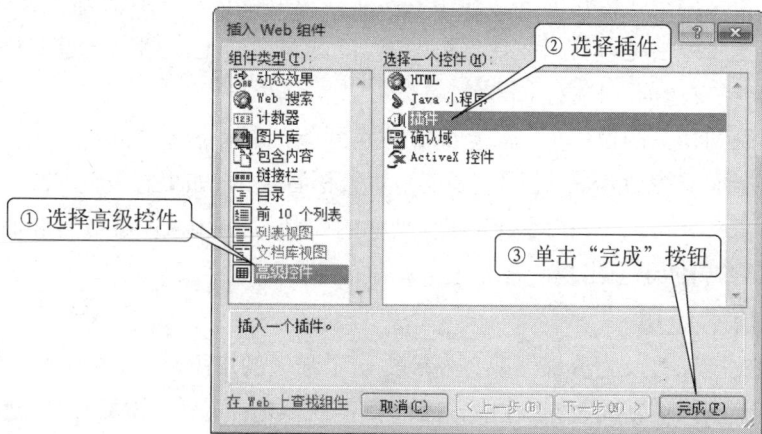

图7-3-7 插入Flash插件

(2) 弹出"插件属性"对话框,单击"浏览"按钮,选择网站中"images"文件夹,选中制作好的Flash电子相册文件,单击"插入"按钮,设置Flash在网页中的大小,高度为400,宽度为550,单击"确定"按钮,如图7－3－8所示。

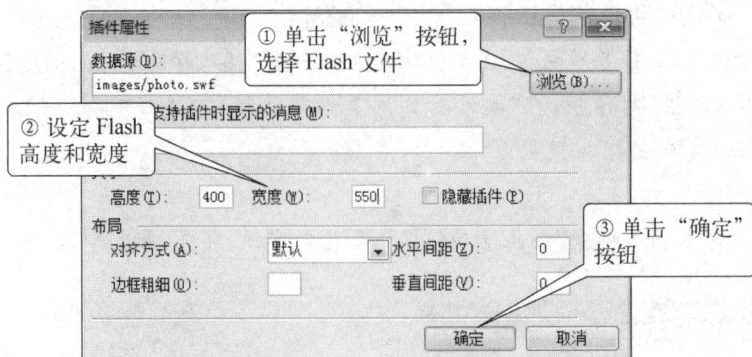

图7－3－8　插件属性

5. 设置页面背景

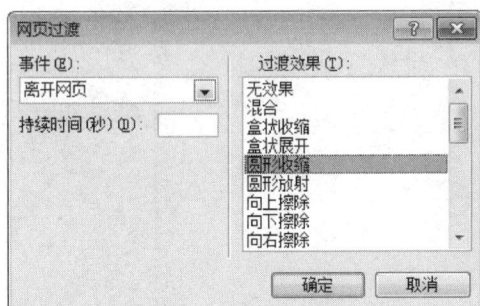

图7－3－9　设置网页过渡

选择菜单"格式"→"背景"，弹出"网页属性"对话框，单击"格式"选项卡，单击"浏览"按钮，选择背景图片，单击"确定"，完成页面背景设置。

6. 添加网页过渡效果

选择菜单"格式"→"网页过渡"，弹出如图7－3－9所示对话框。设置"事件"为"离开网页"，"过渡效果"为"圆形收缩"，单击"确定"按钮。

7. 保存网页

四、交流与讨论

把制做好的"活动纪实网页"，通过网上邻居等方式进行共享，并在组内或班级内进行交流和评价。根据同学们提出的修改意见结合自己的思路修改自己的网页。

知识链接

一、流媒体

所谓流媒体是指采用流式传输的方式在 Internet 播放的媒体格式。流媒体又叫流式媒体，它是指商家用一个视频传送服务器把节目当成数据包发出，传送到网络上。用户通过解压设备对这些数据进行解压后，节目就会像发送前那样显示出来。

这个过程的一系列相关的包称为"流"。流媒体实际指的是一种新的媒体传送方式，而非一种新的媒体。流媒体技术全面应用后，人们在网上聊天可直接语音输入；如果想彼此看见对方的容貌、表情，只要双方各有一个摄像头就可以了；在网上看到感兴趣的商品，点击以后，讲解员和商品的影像就会跳出来；更有真实感的影像新闻也会出现。

二、流媒体技术应用

互联网的迅猛发展和普及为流媒体业务发展提供了强大的市场动力，流媒体业务正变得日益流行。流媒体技术广泛用于多媒体新闻发布、在线直播、网络广告、电子商务、视频点播、远程教育、远程医疗、网络电台、实时视频会议等互联网信息服务的方方面面。流媒体技术的应用将为网络信息交流带来革命性的变化，对人们的工作和生活将产生深远的影响。

一个完整的流媒体解决方案应是相关软硬件的完美集成，它大致包括下面几个方面的内容：内容采集、视音频捕获和压缩编码、内容编辑、内容存储和播放、应用服务器内容管理发布及用户管理等。

自主实践活动

短短的艺术周活动很快就结束了,同学们在艺术活动周中都充分展示了自己的艺术特长。摄影小组的老师和同学拍了不少艺术周的活动照片。学校希望让这些照片在学校网站中展示出来,请你制作成 Flash 电子相册在网页中展示。

设计要求:

1. 根据艺术周的活动主题,确定适当的网页色调。

2. 设计网页,网页为艺术节活动相册。

3. 浏览比较方便,网页间可以相互跳转。

4. 网页色彩搭配协调,版面布局合理、有新意。

制作要求:

1. 利用 SharePoint Designer 中的布局表格对网页元素进行定位。

2. 利用软件将艺术节活动的照片制作成电子相册。

3. 使用超链接,实现网页间的相互跳转。

4. 网页间的跳转选用不同的网页过渡效果实现。

活动四　幼儿成长建议网页的制作

活动要求

幼儿的成长离不开老师和长辈们的关心,幼儿成长档案中记录下了幼儿成长的各方面资料。通过对这些资料的对比分析,可以制定和调整教育策略,为幼儿的成长提供更好更适合的外部环境。

本活动将利用网页表单制作"成长建议",通过网页老师和长辈们可以提出对幼儿成长的建议。网页样例参见图 7 - 4 - 1 所示。

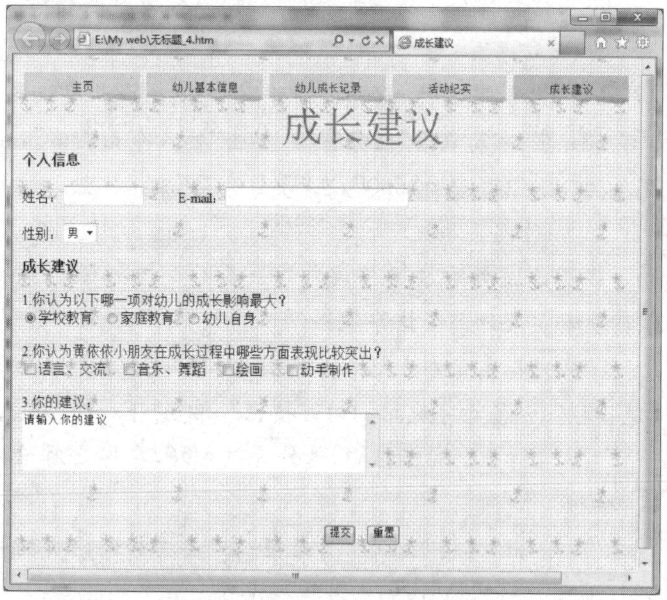

图 7 - 4 - 1　成长建议网页样例

活动分析

一、活动计划

1. 设计成长建议网页

根据成长建议涉及的内容,设计成长建议网页。

2. 个人信息反馈的添加

设计相应表单,收集成长建议发表者的基本信息。

3. 成长建议信息的添加

设计相应表单,收集对幼儿提出的建议。

4. 网站的发布

将制作完成的网站发布在互联网上。

二、相关技能

1. 添加表单。

2. 添加单行文本框。

3. 添加下拉菜单。

4. 添加单选按钮。

5. 添加滚动文本框。

6. 添加复选。

7. Internet 站点发布。

方法与步骤

一、设计成长建议网页

1. 确定成长建议网页内容

成长建议网页中应该包含个人信息,以及需要输入的建议。在小组内讨论,设计网页中呈现的内容。

2. 页面设计

根据成长建议所涉及的具体内容,可以将网页分为两部分:一部分为个人信息;另一部分为反馈的内容。

二、制作个人信息反馈

个人信息部分涉及添加表单中的"单行文本框"和"下拉框"。

1. 布局网页

(1) 在网站"文件夹列表"任务窗格,双击成长建议网页"无标题_4.htm",打开网页。

(2) 在"布局表格"任务窗格,单击"插入布局表格",在"表格属性"选项中,输入表格的宽度和高度,宽度为"800",高度为"600",在"表格布局"中根据设计的网页布局,制作布局表格。

2. 制作网页导航

成长建议网页,需要实现与同一层网页相互跳转,同时也能返回主页。所以需要制作能跳转到同一层网页和主页的超链接导航栏。

(1) 光标定位在表格第一行,选择菜单"插入"→"Web 组件",弹出"插入 Web 组件"对话框,选择"链接栏"→"基于导航结构的链接栏",单击"下一步"按钮。

(2) 在弹出的对话框中,选择导航主题,在弹出对话框中,选择"插入横向连接的链接栏",单击"完成"按钮。

(3) 弹出"链接栏属性"对话框,在"要添加到网页的超链接"中选择"同一层",附加网页中选择"主页",单击"确定"按钮,完成链接栏设置。

3. 输入标题

在表格行第二行输入网页标题"成长建议",并设定字体、字号、颜色等,效果如图 7－4－2 所示。

图 7－4－2　输入内容的效果图

4. 添加表单

表单是网页中进行信息交互的最基本元素,它的主要作用是从客户端收集用户输入的信息,然后提交服务器端并由特定的程序做处理。表单对象中的值缺少表单选项卡就无法传递给服务器。因此,要在网页中插入表单对象,首先要插入表单选项卡。

光标定位在页面,双击"工具栏"任务窗格"表单控件"中"表单"选项,插入一个表单选项卡,如图7-4-3所示。

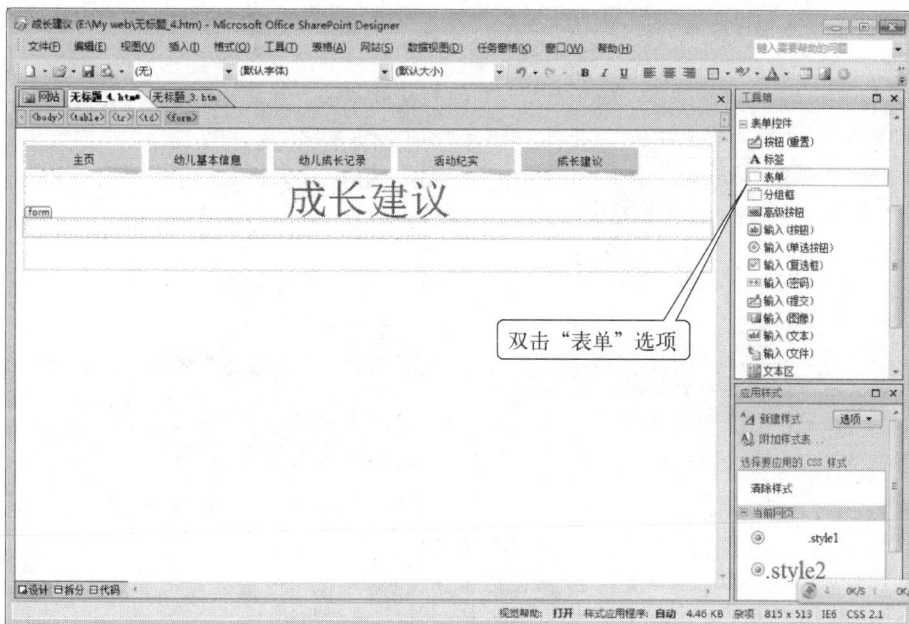

图7-4-3　插入表单选项卡

5. 输入内容

(1) 光标移至空白表单中,输入"个人信息",选中文字,选择菜单"格式"→"字体",设置文字为粗体。

(2) 换行输入"姓名:""E-mail:",换行输入"性别",效果如图7-4-4所示。

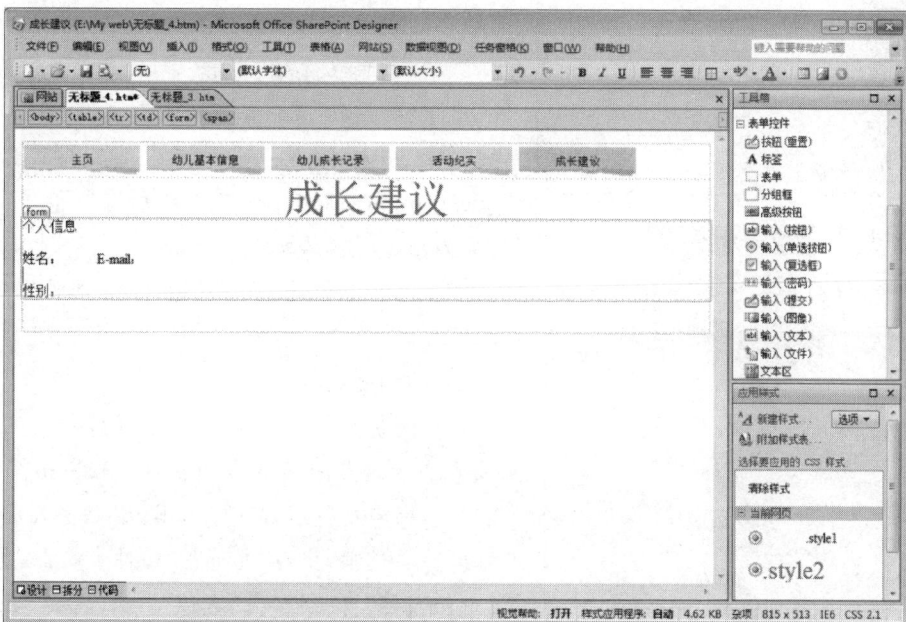

图7-4-4　效果图

197

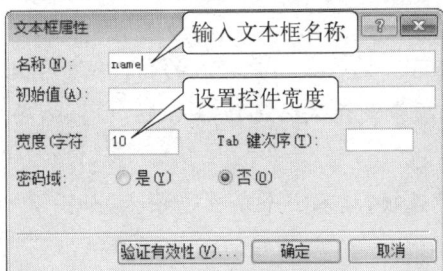

图7-4-5　设置文本框属性

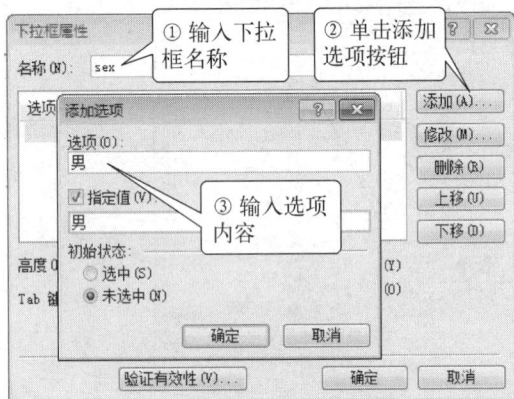

图7-4-6　设置下拉框属性

（4）鼠标再次单击"添加"按钮，在选项输入框中输入"女"，选定"指定值"，单击"确定"。

三、制作成长建议反馈

成长建议部分涉及添加表单中的"选项按钮"、"文本区"和"复选框"。

1. 添加单选按钮

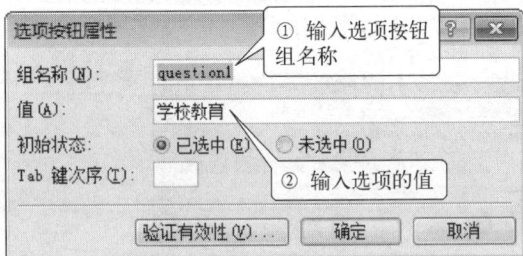

图7-4-7　设置选项按钮属性

（3）重复步骤（2）插入选项按钮及文字，在"组名称"中全部是"question1"，值分别为"家庭教育"、"幼儿自身"。

2. 添加复选框

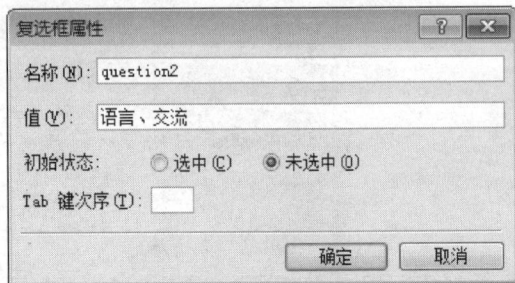

图7-4-8　设置复选框属性

6. 插入单行文本框

（1）光标移至"姓名:"后，双击"工具栏"任务窗格"表单控件"中"输入（文本）"选项，插入一个单行文本框。

（2）鼠标双击"文本框"控件，弹出"文本框属性"对话框，设置"名称"为"name"，"宽度"为"10"，单击"确定"效果如图7-4-5所示。

（3）光标移至"E-mail:"后，双击"工具栏"任务窗格"表单控件"中"输入（文本）"选项，插入一个单行文本框。

（4）鼠标双击"文本框"控件，设置"名称"为"mail"，"宽度"为"30"，单击"确定"。

7. 添加下拉框表单域。

（1）光标移至"性别:"后，双击"工具栏"任务窗格"表单控件"中"下拉框"选项。"性别:"后出现了"下拉框"控件。

（2）鼠标双击"下拉框"控件，弹出"下拉框属性"对话框，设置"名称"为"sex"。

（3）鼠标单击对话框中的"添加"按钮，弹出"添加选项"对话框，在选项输入框中输入"男"，选定"指定值"，单击"确定"。

（1）光标移至"性别"下方，输入"成长建议"，选中文字，设置文字的格式。回车换行输入"你认为以下哪一项对幼儿的成长影响最大？"

（2）回车换行后，双击"工具栏"任务窗格"表单控件"中"单选按钮"选项，插入单选按钮。双击"选项按钮"弹出"选项按钮属性"对话框，在"组名称"中输入"question1"，在值后输入"学校教育"，单击"确定"按钮，效果如图7-4-7所示。

（1）光标移至单选按钮下方，输入"你认为黄依依小朋友在成长过程中哪些方面表现比较突出？"

（2）回车换行后，双击"工具栏"任务窗格"表单控件"中"复选框"选项，出现"复选框"控件。双击"复选框"，弹出"复选框属性"对话框，在"名称"中输入"question2"，在值后输入"语言、交流"，单击"确定"按钮，效果如图7-4-8

所示。

（3）重复步骤（2）插入复选框及文字，在"名称"中分别输入值"音乐、舞蹈"、"绘画"、"动手制作"。

3．添加文本区

（1）光标移至复选框下方，输入"你的建议："。

（2）回车换行后，双击"工具栏"任务窗格"表单控件"中"复选框"选项，出现"文本区"控件。双击"文本区"，弹出"文本区属性"对话框，在"名称"中输入"question3"，初始值为"请输入你的建议"，并设置"宽度"为"50"，"行数"为"4"，单击"确定"按钮，效果如图7-4-9所示。

图7-4-9　设置文本区属性

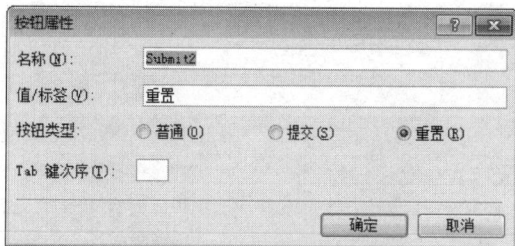

4．添加按钮

按钮是表单中非常重要的表单对象，用户输入信息的提交需要通过按钮来完成。在成长建议网页中需要添加"提交"和"重置"两个按钮。

（1）光标移至文本区下方，双击"工具栏"任务窗格"表单控件"中"输入（提交）"选项，出现"提交"按钮控件。双击"按钮"，弹出"按钮属性"对话框。

（2）同样的方法再次插入，出现"提交"按钮控件。双击"提交"按钮，弹出"按钮属性"对话框，设置按钮类型为"重置"，效果如图7-4-10所示。

图7-4-10　设置按钮属性

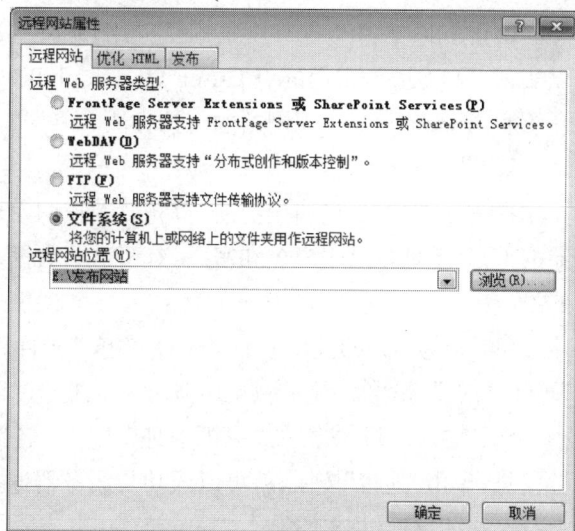

5．设置网页背景

6．保存并预览网页

四、网站的发布

1．网站空间

要将自己的网站发布到因特网上，一定要一个Internet服务提供者（ISP），它最好是拥有安装了FrontPage Server Extensions服务的站点服务器。发布网站还要知道用来发布网站的ISP的站点服务器地址，必要时还须知道用户名称和密码。有了因特网上的网站空间，接下来才可以将自己的网站进行发布。

2．发布网站

为了便于用户发布站点，SharePoint Designer 2007提供了一个相当方便的网页发布工具，只需完成其中的设置，就可以成功地将自己的网站发布到因特网中。

（1）在SharePoint Designer 2007中，打开要发布的站点。

（2）选择菜单"文件"→"发布网站"，出现如图7-4-11所示"远程网站属性"对话框。

SharePoint Designer 2007允许用户以4种方式发布Web网站，在这里选用第四种，使用文件系统发布Web网站。

（3）选择"文件系统"，单击"浏览"按钮，选择网

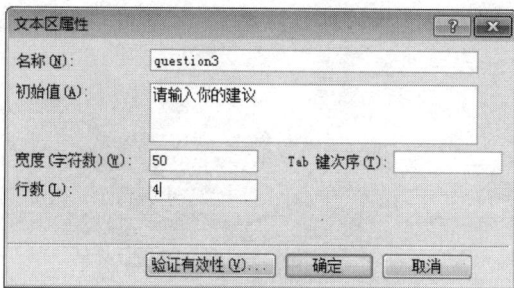

图7-4-11　设置远程网站属性

站将要发布的远程网站位置,单击"确定",出现如图 7－4－12 所示,单击"发布网站"按钮,将网站发布于指定位置。

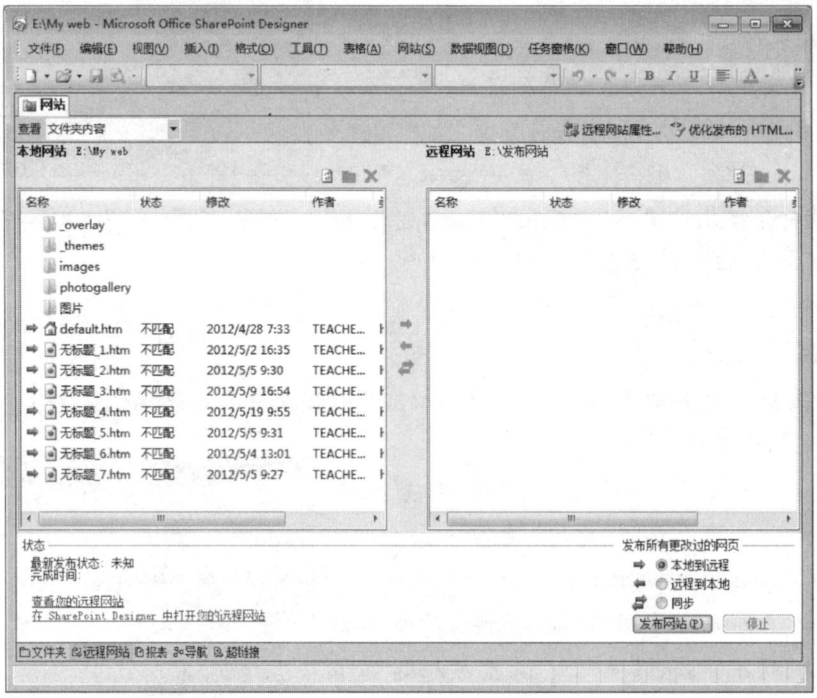

图 7－4－12　设置远程网站发布

五、交流与分享

把制作好的网页,通过网上邻居传到教师机,在组内或班级内进行介绍。浏览其他同学的"成长建议"网页,借鉴他们做得好的地方,修改自己的网页。

知识链接

一、利用 CuteFTP 上传网站

由于 FTP 在 Internet 上的广泛应用,所以有许多工具都可以实现 FTP 功能,常用的有 CuteFTP、LeapFTP 等。这里简单介绍利用 CuteFTP 实现网站的上传方法。

1. 设定 FTP 站点

在进行 FTP 站点的设定前,首先要知道网站要上传的服务器的 FTP 地址以及用户名和密码,有了这些数据才能完成站点的设定。

（1）启动 CuteFTP 软件,选择菜单"文件"→"新建"→"FTP 站点",弹出如图 7－4－13 所示对话框。

（2）输入 FTP 站点的"主机地址"、"用户名"、"密码"等属性信息,单击"连接"按钮,就可以成功与服务器连接了。

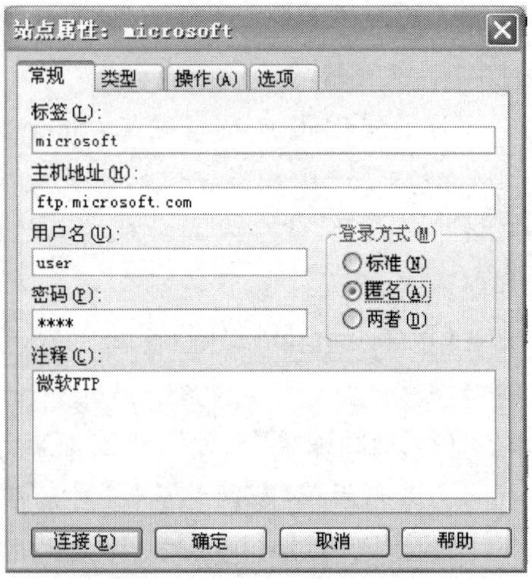

图 7－4－13　设置站点属性

2. 上传站点及文件。

正确连接了 FTP 主机后,一般会出现站点欢迎信息,按"确定"后就进入 CuteFTP 主窗口。

（1）在服务器目录窗口中，选定网站所要上传至服务器的文件夹。

（2）在本地目录窗口中选择要上传的网站文件或目录，单击工具栏中的"上传"按钮。

（3）列表窗口将会显示"队列"的处理状态，可以查看准备上传的目录或文件的上传状态。

上传文件或目录时，文件名或目录名相同时会弹出对话框，确认覆盖单击"确定"即可，更新网站时常用这种方法。

自主实践活动

学校的艺术活动周举办得非常成功，但也需要对活动进行总结。特别是听取参与同学的反馈，他们的建议会对下次更好地举办艺术周活动有很大的帮助。请你为学校制作一份艺术周活动的反馈网页。

具体要求：

1. 根据艺术周的活动主题，确定适当的网页色调。

2. 设计制作艺术活动反馈网页，收集相关反馈信息。

3. 利用表单在网页中插入所需的表单域收集相关信息。

综合活动与评估　学校网站的创建与维护

活动要求

学校作为教育的主要阵地，担负着教书育人的职责。每个学校都有自己的特点和办学特色，学校的网站除了反映上述内容外，学校的规模、教职工的状况、班级情况、学生人数、教学设施、图书馆信息、招生信息以及联系方式等也要反映出来。还可以在网站中将自己所在班级的某一科成绩按优、良、合格和不合格进行统计，用图表的形式体现出来，以便让更多的人了解学校和自己所在的班级。

活动分析

1. 小组合作讨论学校的情况。

2. 查找有关学校网站的信息，培养获取信息的能力。

3. 将学校各方面的信息统计出来，决定校园的网站应从哪几个方面来考虑，培养提出问题、分析问题的能力。

4. 根据学校和班级的信息，合理设计网页，整理信息，培养整理信息的能力。

5. 使用网页设计软件进行网页设计，使用电子表格软件对数据进行统计，培养使用信息技术进行数据处理的能力，以及解决问题的能力。

方法与步骤

一、讨论

1. 确定小组成员

姓　名	特　长	分　工

2. 确定小组的研究主题

学校网站主要包括哪几个方面的内容?(如学校特色、学校规模……)

根据讨论的结果,各小组结合组内学生的兴趣等确定有关学校网站的主题。

二、有关学校网站的创建与维护

小组合作,自主实践与探索,制作有关学校网站的创建和维护工作。

这里以"创建网站与网站维护"为主题展开,各小组应根据自己选定的主题展开综合活动,通过网页设计软件进行创建与维护。

1. 浏览一些学校的网站

资源:http://www.ecnu.edu.cn, http://www.bnu.edu.cn。

也可以通过搜索引擎查找一些学校的网站:www.baidu.com, www.google.com。

2. 设计反映学校情况的网页,并在网页中填入具体内容,如:学校介绍、教学设施、教师状况、学生状况、图书馆、班级介绍、在线帮助、联系方式等等。

3. 使用网页设计软件制作出学校网站,包括创建站点及各个网页。

讨论:

网页的主题是什么?

网页横幅的设计考虑了吗?

网页导航栏如何设计?

使用网页设计软件可以设置滚动字幕,怎样设置?又怎样设置动态效果?

怎样将扫描图片或用数码相机拍的图片添加到网页的图表中?

在网页设计中,表单的作用和目的是什么?通过哪些表单控件设计其内容?

4. 在制作的网站中创建一个讨论式的站点,使用在线帮助,怎样创建讨论式的站点?

5. 网站的发布。

讨论:

网站设计完成后,如果不发布,访问者能看到吗?

网站发布前首先要检查所有的链接,若有问题,则需要维护,怎样检查其链接?

网站怎样发布出去?

评估

一、综合活动的评估

根据综合实践活动,完成下面的评估检查表,先在小组范围内学生自我评估,再由教师对学生进行评估。

综合活动评估表

学生姓名：＿＿＿＿＿＿　　　　　　　　　　　　　　　　　　日期：＿＿＿＿＿＿

学　习　目　标		自　评		教　师　评	
		继续学习	已掌握	继续学习	已掌握
1. 网上获取和筛选信息的能力	使用搜索引擎查找信息				
	根据网址浏览和获取信息				
2. 根据需要简单设计排版网页的能力					
3. 综合学科应用的能力					
4. 恰当选择信息处理工具的能力	认识网页制作软件				
5. 网页制作	网页布局的设计				
	文本图片的编辑				
	表格的建立及属性的设置				
	添加链接				
	动态和交互效果				
	网页的优化				
6. 信息交流	网站的发布				
7. 分析问题、解决问题的能力					

二、整个项目的评估

复习整个项目的学习内容，完成下面的学习评估表。

整个项目学生学习评估表

学生姓名：＿＿＿＿＿＿＿＿＿＿

在整个项目的所有活动中喜爱的活动：＿＿＿＿＿＿＿＿＿＿

1. 在"幼儿成长档案的设计与制作"项目中最喜欢的一件作品是什么？为什么？

＿＿＿＿＿＿＿＿＿＿＿＿＿＿＿＿＿＿＿＿＿＿＿＿＿＿＿＿＿＿＿＿＿＿＿

2. 这个项目的学习包括以下技术领域

　□电子表格　　　　　□文字处理　　　　　□图像处理
　□因特网　　　　　　□程序设计　　　　　□数据库
　□多媒体演示文稿　　□网页制作

3. 为了完成这个项目，自己所必须学习的哪项技能最有挑战性？为什么？

＿＿＿＿＿＿＿＿＿＿＿＿＿＿＿＿＿＿＿＿＿＿＿＿＿＿＿＿＿＿＿＿＿＿＿

4. 为了完成这个项目，自己对必须学习的哪项技能最有兴趣？为什么？

＿＿＿＿＿＿＿＿＿＿＿＿＿＿＿＿＿＿＿＿＿＿＿＿＿＿＿＿＿＿＿＿＿＿＿

5. 为了完成这个项目，自己所必须学习的哪项技能最有用？为什么？

＿＿＿＿＿＿＿＿＿＿＿＿＿＿＿＿＿＿＿＿＿＿＿＿＿＿＿＿＿＿＿＿＿＿＿

6. 比较文字处理软件、电子表格处理软件、多媒体演示文稿制作软件，制作网页软件，它们各使用哪几方面的信息处理？

＿＿＿＿＿＿＿＿＿＿＿＿＿＿＿＿＿＿＿＿＿＿＿＿＿＿＿＿＿＿＿＿＿＿＿

7. 请举例说明在什么情况下使用文字处理软件？在什么情况下使用电子表格处理软件？在什么情况下使用多媒体演示文稿制作软件？在什么情况下使用制作网页的软件？

＿＿＿＿＿＿＿＿＿＿＿＿＿＿＿＿＿＿＿＿＿＿＿＿＿＿＿＿＿＿＿＿＿＿＿

8. 请举例说明在什么情况下需要综合使用不同信息处理软件来解决问题？

＿＿＿＿＿＿＿＿＿＿＿＿＿＿＿＿＿＿＿＿＿＿＿＿＿＿＿＿＿＿＿＿＿＿＿

归纳与小结

　　我们所处的时代是高度信息化的互联网时代,互联网正渗透到我们生活中的方方面面,并且在以十倍甚至百倍的速度提高着我们的工作效率。网站以其方便、快捷和低成本的优势正迅速被各行各业所接受。

　　网站是由一个一个页面构成的,是网页的有机结合。为了达到最佳的视觉表现效果,要反复推敲整体布局的合理性,使浏览者浏览网站时有一个流畅的视觉体验。

　　利用网页制作软件进行网站开发的过程与方法如下图:

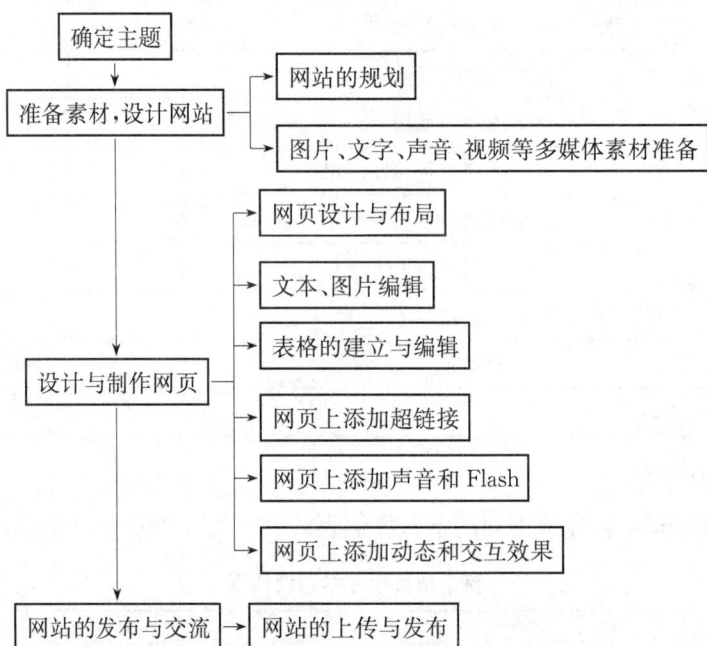

```
确定主题
   │
   ▼
准备素材,设计网站 ──────→ 网站的规划
   │
   │              ──────→ 图片、文字、声音、视频等多媒体素材准备
   │
   │              ──────→ 网页设计与布局
   │
   │              ──────→ 文本、图片编辑
   │
   │              ──────→ 表格的建立与编辑
   ▼
设计与制作网页      ──────→ 网页上添加超链接
   │
   │              ──────→ 网页上添加声音和 Flash
   │
   │              ──────→ 网页上添加动态和交互效果
   ▼
网站的发布与交流 ──────→ 网站的上传与发布
```

项目八

网络初步

——幼儿园简易办公网络的构建与应用

幼儿园为每位教师在办公室里配备了台式计算机，为每个教室配备了多媒体教学设备，还为行政管理部门配备了数台笔记本电脑用于移动办公，并购置了1台打印机用于日常办公资料的打印。同时，随着平板电脑、智能手机等技术的发展，幼儿园部分教师已经在生活中使用这些设备，并设想在日常工作中进行应用。

然而，幼儿园未配备相应的网络环境，所有的信息设备都独立运行，无法实现计算机间文件等资源的共享，也不能访问互联网。幼儿园迫切希望能够在经费有限的情况下，构建一个简易的办公网络，实现基于网络的计算机资源共享，并能够使幼儿园的各类电脑设备实现互联网的访问。

活动一 简易办公网络的构建

活动要求

为幼儿园办公室台式计算机、教室台式计算机以及笔记本电脑构建一个计算机局域网络(示意图参见图8-1-1)，考虑到幼儿园现在未配备专业的网络管理人员，以及经费有限，构建的计算机局域网络结构简单、实用，通过该网络能够实现现有的所有安装 Windows 7 专业版的电脑都能互相连接，并且，客户端计算机网络配置和局域网络的管理、维护简单有效。该简易办公网络的构建，为幼儿园今后基于网络的各类常用信息化应用奠定基础。

活动分析

一、活动计划

1. 确定需要设置网络信息点的位置、数量

根据计算机的位置和数量，确定网络信息点的位置、数量和中心节点的位置。

2. 进行网络布线

根据信息点的位置和数量，选择网线产品进行布线。

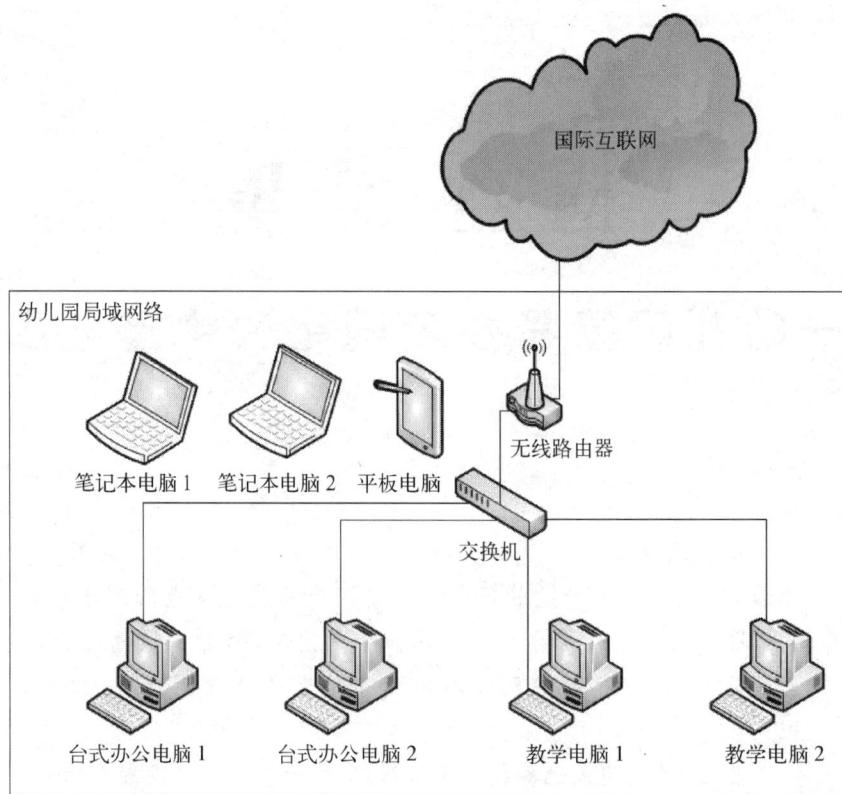

国际互联网

幼儿园局域网络

无线路由器

笔记本电脑1　笔记本电脑2　平板电脑

交换机

台式办公电脑1　　台式办公电脑2　　　教学电脑1　　　　教学电脑2

图8-1-1　简易办公网络拓扑图

3. 确定需要使用的网络连接设备

根据活动的实际需求,确定网络连接设备。

4. 连接计算机与网络设备

使用布好的网络线路,将计算机的网卡与网络设备进行连接,从而实现计算机间物理网络互联。

5. 进行计算机网络配置

在 Windows 7 操作系统中,通过网络配置,逻辑上实现网络互联。

6. 完成计算机连通性测试

在 Windows 7 操作系统中,使用命令测试计算机间是否网络互通。

7. 进行网络连通性故障排除

发现计算机间网络不能连通时,使用常规的步骤与方法检查故障并排除。

二、相关技能

1. 网络跳线的制作方法。

2. Windows 7 中 IP 地址设置方法。

3. Windows 7 中计算机名设置方法。

4. Windows 7 中网络连通性测试命令使用方法。

方法与步骤

一、确定需要设置计算机网络信息点的位置和数量

1. 确定计算机网络信息点的位置和数量

依据幼儿园现有计算机位置和数量,为每台计算机计划设置一个信息点,建议在经费允许的

情况下,位置上考虑今后可能使用的场所,数量上考虑一定的余量。

2. 确定中心节点的位置

当前大多采用星型网络拓扑结构,即用一个节点作为中心节点,其他节点直接与中心节点相连构成的网络(图8-1-2)。常见的中心节点设备为集线器或交换机。基于星型网络拓扑结构,中心节点的位置可以设置在连接到所有计算机节点相对集中的位置,以节约网络线路成本,一定程度上减少由于线路过长引发的故障,同时也便于维护。

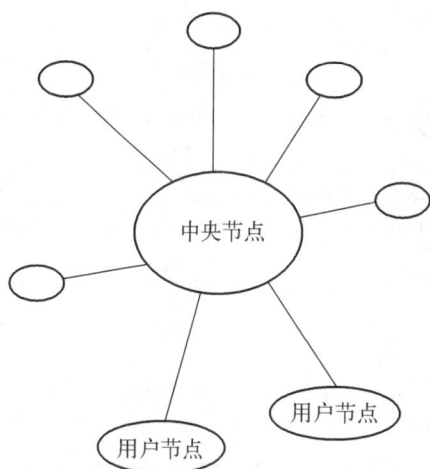

图8-1-2　星型网络拓扑结构

二、进行网络布线

当前常用的网络布线产品有非屏蔽双绞线、屏蔽双绞线、光缆等,综合考虑到网络性能和成本,幼儿园简易办公网络的布线,可以选择常见的超五类非屏蔽双绞线(即超五类线)。超五类线在使用中,计算机到网络设备的最长距离不能超过100米。

为了将计算机与网络设备进行连接,根据幼儿园建立简易办公网络的实际情况可以通过将网线制作成网络跳线的方式进行布线。

网线制作成网络跳线的布线方式直接通过在网线两头做上RJ-45网络水晶头(图8-1-3)即可完成,其优点是成本较低,实现方便,技术难度低。网络跳线需要专门的工具完成制作,网络跳线的两个RJ-45网络水晶头的制作标准要统一,建议一个办公网络内所有的网络跳线标准都要实现统一,便于日常管理和维护。

图8-1-3　网络跳线

三、确定需要使用的网络连接设备

在局域网络中,常用的网络连接设备主要有网络集线器、网络交换机(图8-1-4)、网络路由器等。根据幼儿园的需求,综合考虑性价比,一般可以选择网络交换机作为简易办公网络的连接设备。

图8-1-4　网络交换机

各种端口数量的交换机用于满足不同规模的网络需求,常见的一般有8口、12口、24口、48口等不同端口数量的交换机。

交换机端口的速率也因应用需求的不同有多种速率可供选择,常见的有10 Mbps、100 Mbps和1 000 Mbps,在幼儿园简易办公网络的应用中可以选择市场主流的速率为100 Mbps的网络交换机。

四、连接计算机与网络设备

依据网络布线的情况,只需将网线的一头连接电脑网卡,另外一头连接网络交换机即可实现计算机与交换机的连接。

在一个交换机的端口数量无法满足所有计算机节点连接的情况下,可以将计算机连接到不同的交换机,然后再将交换机通过网络跳线进行连接,进而实现连接在不同交换机上的计算机网络互联。如图8-1-5所示。

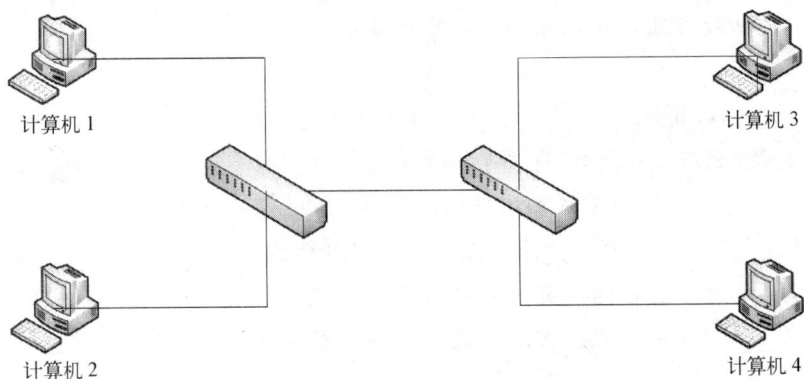

图 8-1-5　多交换机网络连接拓扑图

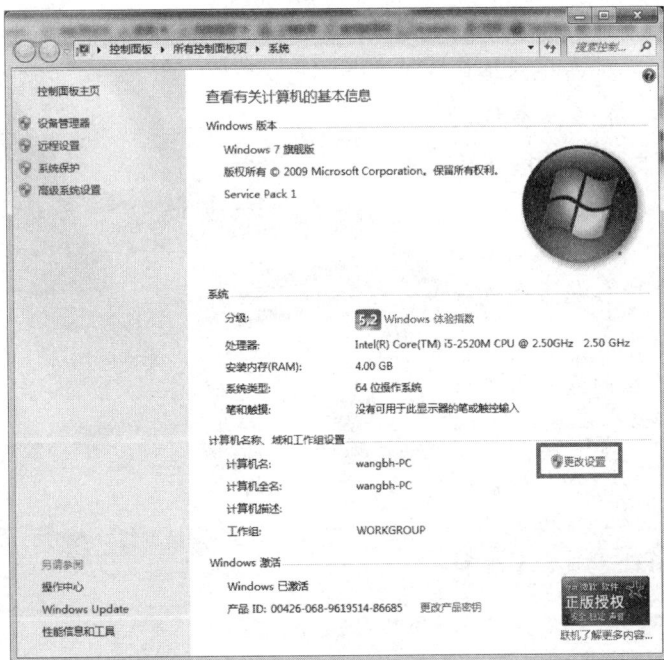

图 8-1-6　系统窗口

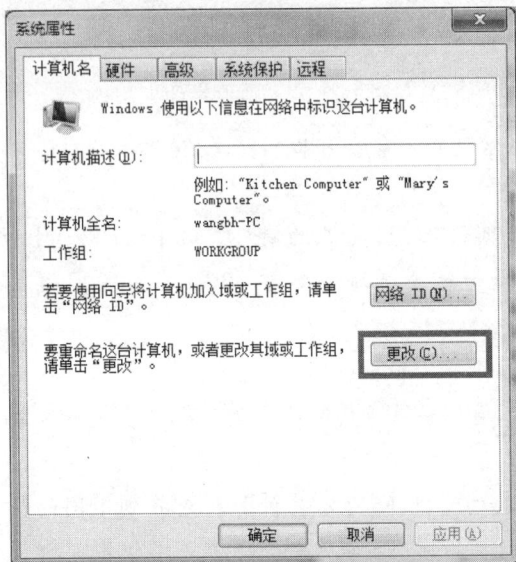

图 8-1-7　系统属性对话框

五、进行计算机网络配置

在完成物理连接的基础上,需要对计算机网络进行配置。

1. 配置计算机名称和工作组

必须给网络中的每台计算机起一个唯一的名字并把它们归类为不同的计算机组。当用户浏览网络时,他们可以根据计算机组快速找到隶属于该组中的所有计算机。

在幼儿园办公网络中,由于计算机数量不是非常多,为了应用方便,只需建立一个组。可采用系统默认的计算机组 WORKGROUP,并使用计算机用户名字的汉语拼音命名其计算机。

给计算机命名的工作在安装操作系统时就已经完成。如果要修改计算机的名字和工作组,可按照以下步骤操作。

(1) 打开"开始"菜单,单击"控制面板",找到"系统"项,双击将其打开。

(2) 在"系统"窗口中,单击"更改设置"命令按钮。如图 8-1-6 所示。

(3) 在"系统属性"对话框中,可以查看到当前计算机的名称和工作组,如需更改,单击"更改(C)…"按钮。如图 8-1-7 所示。

(4) 在"计算机名/域更改"对话框,根据需要,修改计算机名和工作组名称,完成后单击"确定"。如果修改了计算机名或工作组,系统会提示相关信息。如图 8-1-8 所示。

(5) 回到"系统属性"对话框,此时,如果上一步骤中更改了计算机名称或工作组,可以看到更改后的计算机名和工作组已显示在对话框中。如图 8-1-9 所示。

单击"关闭"按钮后,系统会提示重启计算机,单击"立即重新启动(R)"按钮重新启动计算机。如图8-1-10所示。

当计算机重新启动完成,则更改过的计算机名和工作组得以生效。

2. 配置计算机网络地址

计算机与网络设备在实现了物理连接后,进行通信前需要确定使用相同的计算机网络通信协议并作相关的配置。当前使用最多的计算机网络通信协议是 TCP/IP 协议,安装 Windows 7 操作系统的电脑默认情况下均安装了该协议,用户需要进行 IP 地址的相关配置,并保证在同一网络内 IP 地址的唯一性。

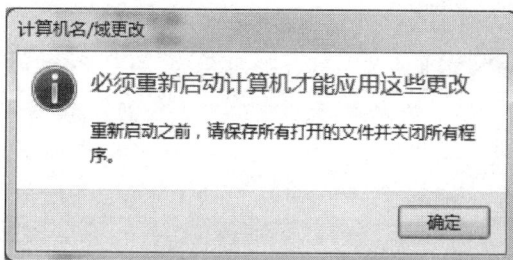

图 8-1-8 计算机名或工作组更改提示

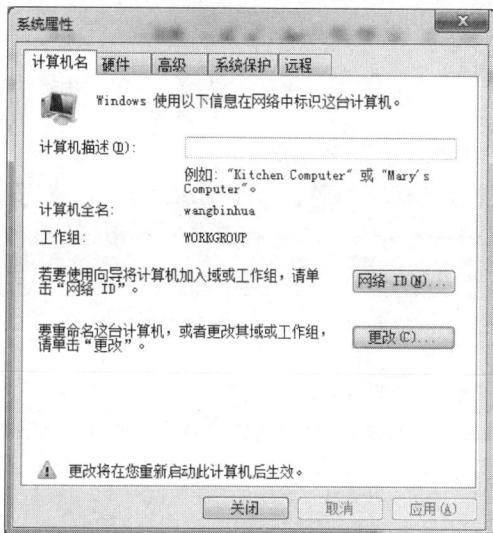

图 8-1-9 系统属性对话框

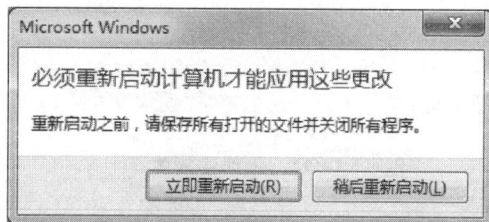

图 8-1-10 重新启动计算机提示对话框

在 Windows 7 操作系统的电脑上,按照以下步骤设置电脑的 IP 地址。

(1) 打开"开始"菜单,单击"控制面板",双击"网络和共享中心"项。

(2) 在"网络和共享中心"窗口中,单击"更改适配器设置"命令按钮。如图8-1-11所示。

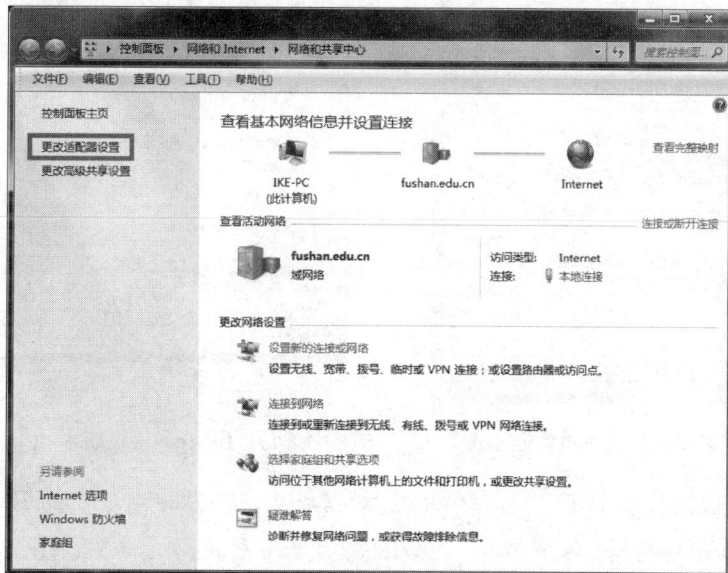

图 8-1-11 网络和共享中心窗口

(3) 在"网络连接"窗口中，找到网卡对应的网络连接，一般第一个有线网卡连接名称为"本地连接"，双击将其打开。如图 8-1-12 所示。

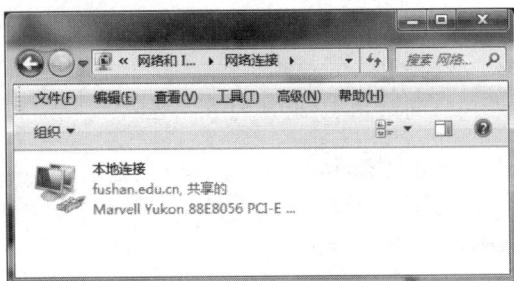

图 8-1-12　网络连接窗口

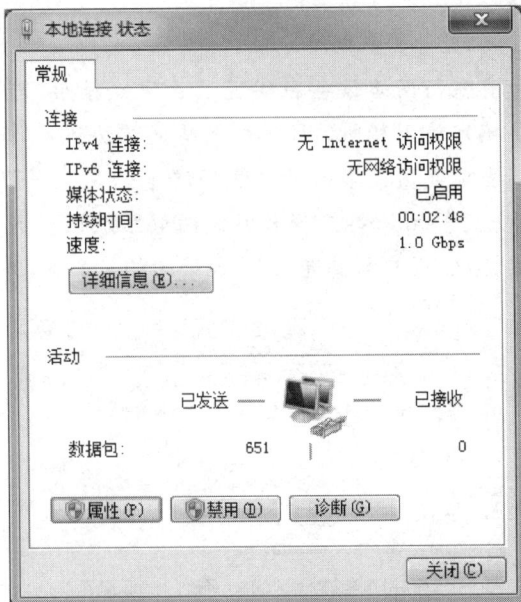

图 8-1-13　本地连接状态对话框

(4) 在"本地连接状态"对话框中，单击"属性(P)"按钮。如图 8-1-13 所示。

(5) 在"本地连接属性"对话框中，选择"Internet 协议版本 4(TCP/IPV4)"项后，单击"属性"按钮。如图 8-1-14 所示。

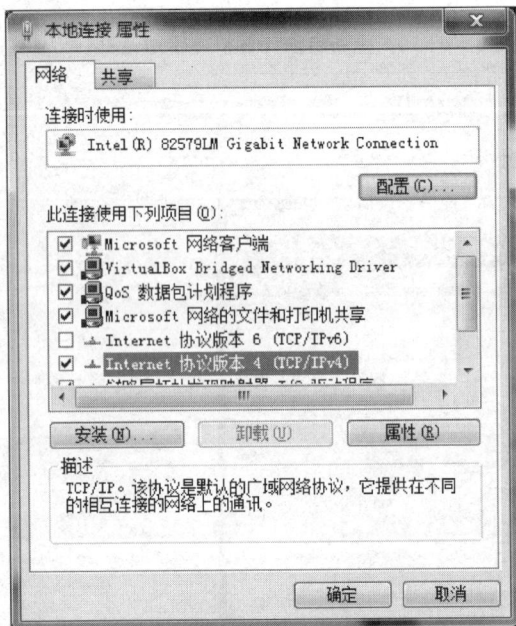

图 8-1-14　本地连接属性对话框

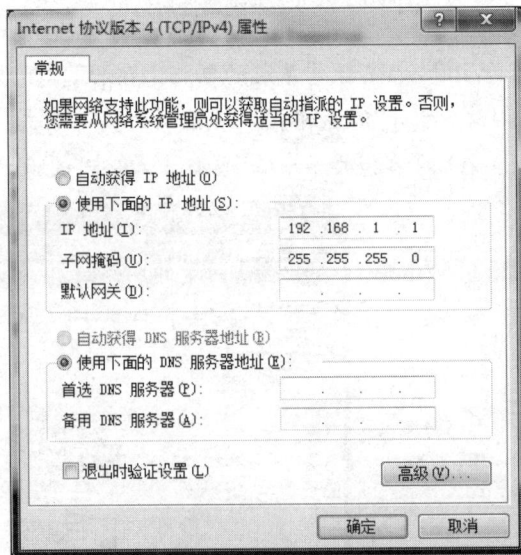

图 8-1-15　Internet 协议版本 4(TCP/IPV4)属性对话框

(6) 在"Internet 协议版本 4(TCP/IPV4)属性"对话框中，选择"使用下面的 IP 地址(S):"选项，并输入计算机 IP 地址和子网掩码，单击"确定"。如图 8-1-15 所示。

IP 地址可以设置为 192.168.1.X,子网掩码可以设置为 255.255.255.0,其中 X 的取值范围为 1-

254,并确保该地址在这个网络内的唯一性。

六、完成计算机连通性测试

在完成了计算机之间通过交换机的互相连接,并为每台计算机设置了计算机名、工作组和 IP 地址,在进行网络应用之前,可以通过计算机命令对计算机间相互的连通性进行测试。

例如,有 A,B 两台计算机,A 计算机的 IP 地址为 192.168.1.1,B 计算机的 IP 地址为 192.168,1.2,要测试 A 与 B 计算机之间网络的连通性,在 Windows 7 中,可以使用 ping 命令。测试操作步骤如下:

1. 在 A 或 B 计算机上,打开"开始"菜单,输入"cmd"命令,并回车,进入命令模式。如图 8-1-16 所示。

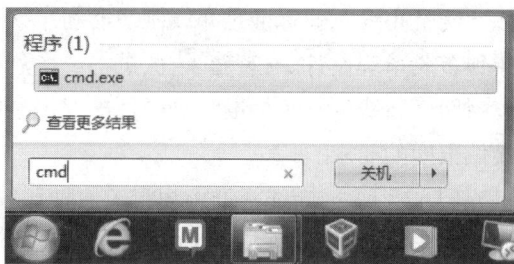

图 8-1-16　开始菜单中运行命令

2. 输入 ping <对方 IP 地址>,并回车,查看命令运行结果。

如在 B 计算机上输入 ping 192.168.1.1,并回车。

如果网络连通成功,将得到正确反馈信息。如图 8-1-17 所示。

如果网络连通故障,将得到错误反馈信息。如图 8-1-18 所示。

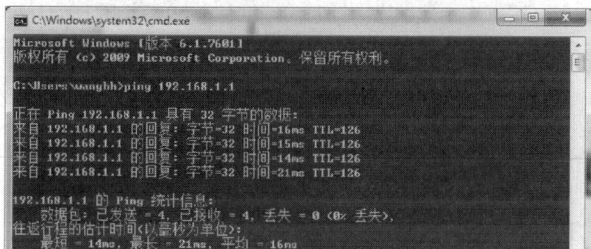

图 8-1-17　网络连接测试信息 1

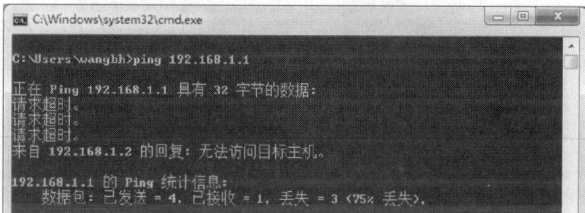

图 8-1-18　网络连接测试信息 2

七、进行网络连通性故障排除

经过网络连通性测试,发现连通故障时,可以按照以下步骤检查故障原因,并采取相应措施排除故障。

1. 检查交换机电源

2. 检查物理连接线路

可以通过专门的线路检测仪器检查线路是否完好,在保证线路完好的情况下,检查交换机端和计算机端网线是否连接正常。

3. 在 Windows 7 中检查网卡的网络连接是否被禁用

在"开始"-"控制面板"-"网络和共享中心"中单击"更改适配器设置"命令按钮,在"网络连接"窗口中,找到网卡对应的网络连接,如果发现被禁用,通过双击图标,可以启用网卡的网络连接。

4. 检查计算机的 IP 地址

(1) 计算机 IP 地址属于同一个网络段。

(2) 计算机 IP 地址与其他计算机不重复。

知识链接

一、网卡

网卡,如图 8-1-19 所示,又称网络适配器、网络接口卡、通信适配器,是计算机与外界局域网的连接设备。网卡

图 8-1-19　网卡

和局域网之间的通信是通过电缆或双绞线以串行传输方式进行的。而网卡和计算机之间的通信则是通过计算机主板上的 I/O 总线以并行传输方式进行。

当前,购买的计算机大多安装了内置网卡。

二、网络布线标准

网络布线工业标准是布线制造商和布线工程行业共同遵循的技术法规,规定了从网络布线产品制造到布线系统设计、安装施工、测试等一系列技术规范。EIA/TIA 568 国际综合布线标准是普遍适用于校园网络布线的一个标准。这个标准规定了一座建筑包括通信插口和校园内各建筑物间的综合布线的最低限度的要求。

EIA/TIA 的布线标准中规定了两种双绞线的线序 568A 与 568B。标准 568A:绿白-1,绿-2,橙白-3,蓝-4,蓝白-5,橙-6,褐白-7,褐-8;标准 568B:橙白-1,橙-2,绿白-3,蓝-4,蓝白-5,绿-6,褐白-7,褐-8。

在同一个局域网络内,建议使用同一个标准。

三、将网线两头制作成网络模块的布线方式

图 8-1-20　使用网络模块完成布线

通过在网线两头制作成网络模块为网络的使用提供接口,一般都需要配合网络面板固定在墙上,在使用时还需要在两头连接网络跳线。如图 8-1-20 所示。

该方式的优势在于灵活性较强,客户端计算机位置更改后只要通过更换相应长度的跳线就可以连接到现有网络;实现起来,布线成本较高,技术难度也相应提高。

四、常用网络设备比较

网络集线器(HUB),属于数据通信系统中的基础设备,主要功能是把所有节点集中在以它为中心的节点上,从而实现节点设备之间的网络互联。

网络交换机(Switch),也叫交换式集线器,功能与网络集线器相似,但性能高于网络集线器。集线器与交换机的比较如表 8-1-1 所示。

表 8-1-1　网络集线器、网络交换机和网络路由器比较

设备名称	主要用途	性 能	应用复杂性	价 格
网络集线器	连接网络节点	低	简单	相对便宜
网络交换机	连接网络节点	高	简单	相对适中

五、网络地址分类

根据 TCP/IP 协议的规定:必须给网络中的每台计算机上的网卡分配一个唯一的 IP 地址以示区别。IP 地址由四个十进制数彼此用".
"分割而成,例如:192.168.1.2。每一个 IP 地址包含了个两部分:分别为网络编号(网络 ID)和计算机编号(主机 ID)。网络编号用于标识拥有该 IP 地址的计算机处在哪个网络上,而计算机编号用于标识拥有该 IP 地址的计算机处在该网络上的位置。

每一个 IP 地址还必须拥有一个子网掩码用于划分该 IP 地址的网络编号和计算机编号。对 IP 地址为 192.168.1.2 的计算机,其缺省的子网掩码为 255.255.255.0。计算机通过特定的计算可以知道该 IP 地址的网络编号为 192.168.1,计算机编号为 1。

Internet 委员会定义了 5 种 IP 地址类型以适合不同容量的网络,即 A 类～E 类。其中 A、B、C 三类地址(如表 8-1-2)由 InternetNIC 在全球范围内统一分配,D、E 类为特殊地址。

表 8-1-2 A、B、C 三类 IP 地址范围

网络类别	最大网络数	第一个可用的网络号	最后一个可用的网络号	每个网络中的最大主机数
A	126	1	126	16 777 214
B	16 382	128.0	191.255	65 534
C	2 097 150	192.0.0	223.255.255	254

其中,A、B、C 三类 IP 地址分别留出一部分私有地址(Private address),专门为组织机构内部使用。

A 类 10.0.0.0—10.255.255.255

B 类 172.16.0.0—172.31.255.255

C 类 192.168.0.0—192.168.255.255

六、计算机名称和组的命名规定

计算机名称一般使用 15 个或更少的字符。但只能包含 0～9 的数字、A～Z 和 a～z 的字母以及连字符(-)。计算机名不能完全由数字组成,也不能包含空格。而且还不能包含特殊字符,如以下字符:

<>;:" * + = \ | ?,

工作组名不能和计算机名相同。命名的规范与计算机名称类同。

点拨:

1. 在布线之前,绘制信息点分布示意图,并做好编号,方便施工;在布线时在网线或网络模块上做好相应的编号,布线完成后,要整理好布线相关文档,便于今后网络线路的维护。

2. 在进行计算机 IP 地址设置前,进行 IP 地址的规划,选择使用一类私有 IP 地址,并为每台计算机分配一个唯一的 IP 地址。将计算机名、计算机位置、IP 地址等信息整理成表格,方便日常维护。

3. 必须以本机的系统管理员(在本机上拥有所有权限的用户)身份登录计算机才能做网络连接配置和计算机命名的工作。

自主实践活动

1. 观察计算机房或学校的网络建设情况,包括网络布线、网络设备、网络地址规划和计算机命名规则等,看看是否有需要改进的地方。

2. 为学校的教学楼制定网络布线和计算机网络配置规划:

(1) 设计教学楼布线的信息点分布示意图,做好信息点编号。

(2) 设计教学楼计算机网络配置规划表,包括计算机位置、计算机名,IP 地址等信息。

3. 使用 ping 命令检查所在环境的计算机间连通情况。

4. 三人一组小组合作,构建一个包含三台计算机以上的简易局域网络。

活动二 办公网络资源的共享

活动要求

幼儿园已经组建了简易的办公局域网络,所有计算机 IP 的地址采用了 192.168.1.0 网段,教师办公室计算机名采用了教师姓名的汉语拼音命名,教室计算机名采用了班级名称的拼音命名,所有计算机都加入了 WORKGROUP 工作组。

在幼儿园的日常工作中,教师在办公室备课准备的教学课件等资源需要复制到教室计算机中,并在上课时使用。以往都是通过移动磁盘(U 盘、移动硬盘等)来进行,现在有了网络,教师希望能通过设置,将办公室计算机中存放教学课件资源的文件夹在网络上进行共享,教室计算机通过网络能访问办公室计算机共享文件夹中的教学课件。

另外,幼儿园购买的一台打印机现安装在名为"DAYINSHI"的计算机上,以往也是通过将需要打印的文档用移动磁盘复制到该计算机上进行打印,为了使用方便,现需要将打印机在网络上进行共享,并在其他计算机上能通过网络访问共享该打印机直接打印,提高日常教学资料打印的效率和方便性。

活动分析

一、活动计划

1. 办公室计算机文件夹的共享

(1) 确定办公室计算机的可用用户账号。由于在教室计算机上访问办公室计算机的共享文件夹时需要用户认证,所以需要了解办公室计算机上用户账户的用户名和密码信息。

(2) 确定办公室计算机中用于共享的文件夹。在办公室计算机中,确定存放需要共享教学课件等资源的文件夹。

(3) 共享办公室计算机中的文件夹。

(4) 在教室计算机上访问办公室计算机的共享文件夹。

2. 计算机"DAYINSHI"的打印机共享

(1) 确定计算机"DAYINSHI"的可用用户账号。由于在其他计算机上访问计算机"DAYINSHI"的共享打印机时需要用户认证,所以需要了解计算机"DAYINSHI"上用户账户的用户名和密码信息。

(2) 共享计算机"DAYINSHI"上的打印机。

(3) 在其他计算机上安装计算机"DAYINSHI"的打印机驱动程序。

(4) 测试网络共享打印机安装情况。

(5) 在其他计算机上使用共享打印机打印资料。

二、相关技能

1. 用户账号信息的查看和设置。

2. 文件夹的共享。

3. 网络共享文件夹的访问。

4. 打印机的共享。

5. 网络共享打印机驱动程序的安装。

6. 打印机的网络共享。

方法与步骤

一、办公室计算机的文件夹共享

1. 确定办公室计算机的可用用户账号信息

在教室计算机上访问办公室计算机的共享文件夹时，需要了解办公室计算机上已经启用的用户账户的用户名和密码信息，通过以下步骤查看或设置用户信息：

（1）打开教师办公室电脑上的"开始"菜单，右击"计算机"，找到"管理(G)"项，单击打开。

（2）在出现的"计算机管理"窗口中，依次单击打开左边控制台树中的"本地用户和组"–"用户"，可以查看到当前已经启用的用户名，图 8-2-1 中，已经启用的用户名为"wangbh"。

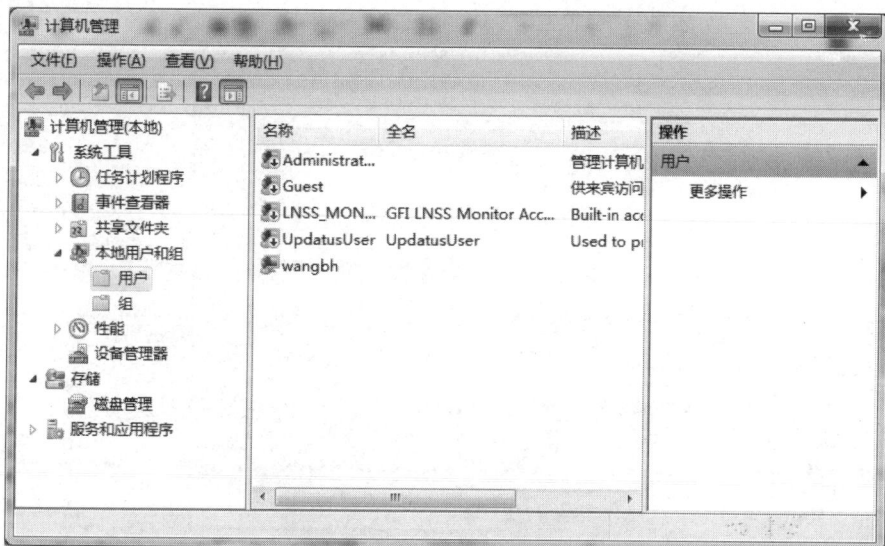

图 8-2-1 计算机管理窗口

（3）如果用户"wangbh"没有设置密码或需要更改密码，通过右击用户名称"wangbh"，单击"设置密码(S)…"命令，在弹出的对话框中选择"继续(P)"按钮，然后在出现的对话框中在"新密码"和"确认密码"中输入需要设置的密码，单击"确定"即可完成密码的设置。如图 8-2-2所示。

2. 确定办公室计算机中需要共享的文件夹

在办公室计算机中，确定存放需要共享教学课件等资源的文件夹。可以在 D 盘中建立一个文件夹，名字为"共享教学资源"，并将需要共享的资源存于该文件夹中。如图 8-2-3所示。

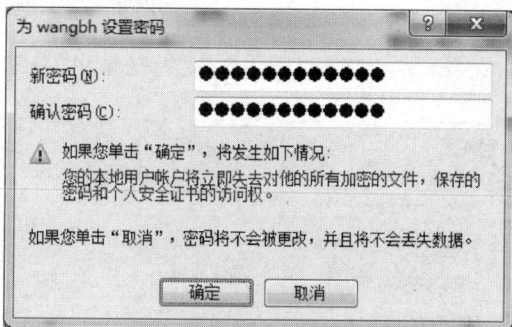

图 8-2-2 用户密码设置对话框

3. 共享办公室计算机中的文件夹

（1）右击 D 盘中的"共享教学资源"文件夹，在出现的快捷菜单中，单击"共享(H)"中的"特定用户…"。如图 8-2-4所示。

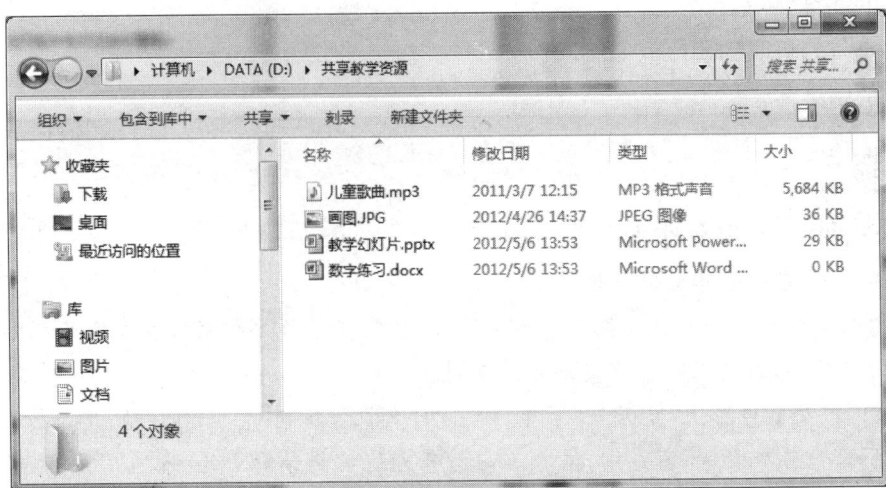

图 8-2-3 "共享教学资源"文件夹

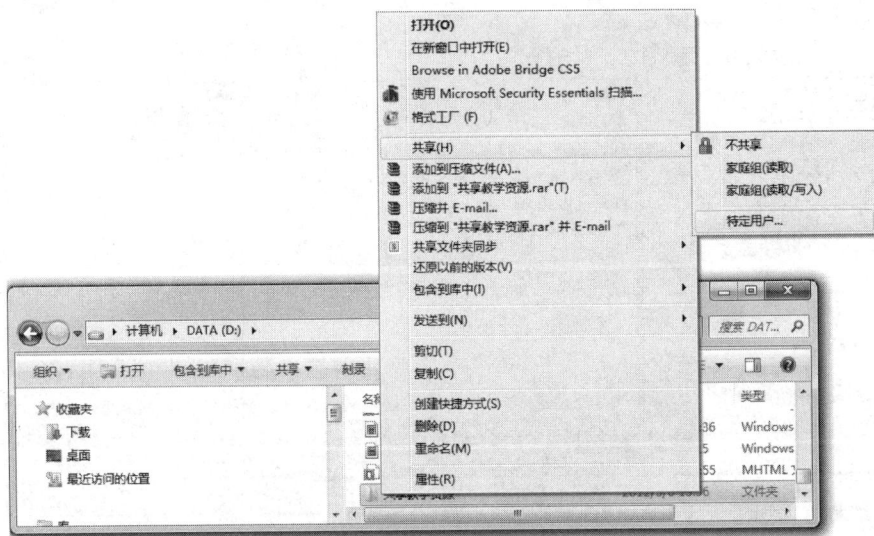

图 8-2-4 共享文件夹"共享教学资源"命令

(2) 在出现的"文件共享"对话框中,确认需要访问的用户账户是否已经在访问列表中,如果没有,请单击其中的下拉列表,选择用户并单击"添加"按钮,然后单击"共享(H)"按钮,完成文件夹共享操作。如图 8-2-5 所示。

4. 在教室计算机上访问办公室计算机的共享文件夹

在大一班教室的计算机(计算机名为"DA1BAN")上要访问教师办公室计算机(计算机名为"WANGBINHUA")上的共享文件夹"共享教学资源",操作步骤如下:

(1) 打开计算机"DA1BAN"上的"开始"菜单,单击"计算机",在出现的"计算机"窗口中,单击左边导

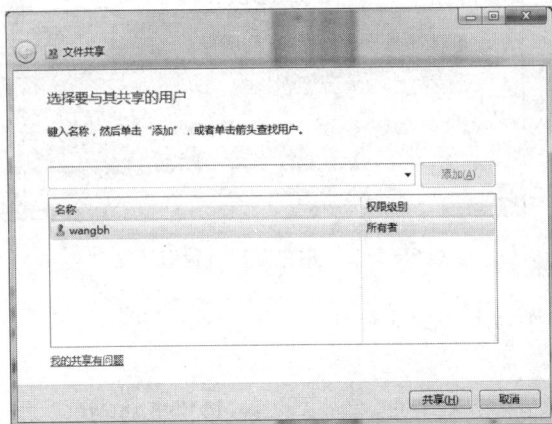

图 8-2-5 "文件共享"对话框

航窗格中的"网络",显示当前网络上的计算机及其他设备。如图 8 - 2 - 6 所示。

图 8 - 2 - 6　当前网络上的计算机

（2）双击教师办公室计算机"WANGBINHUA"
的图标,系统提示网络账号认证的窗口,输入教师办
公室计算机"WANGBINHUA"上的可以访问共享文
件夹的用户账号信息(用户名和密码),单击确定即
可。如图 8 - 2 - 7 所示。

（3）账号认证通过后,显示出教师办公室计算机
"WANGBINHUA"上所有共享文件夹的列表。如图
8 - 2 - 8 所示。

（4）双击"共享教学资源"共享文件夹图标,即可
查看到该文件夹中的文件和文件夹,根据实际需要,
可以进行文件和文件夹的相关操作。如图 8 - 2 - 9
所示。

图 8 - 2 - 7　访问网络上计算机资源时账号认证窗口

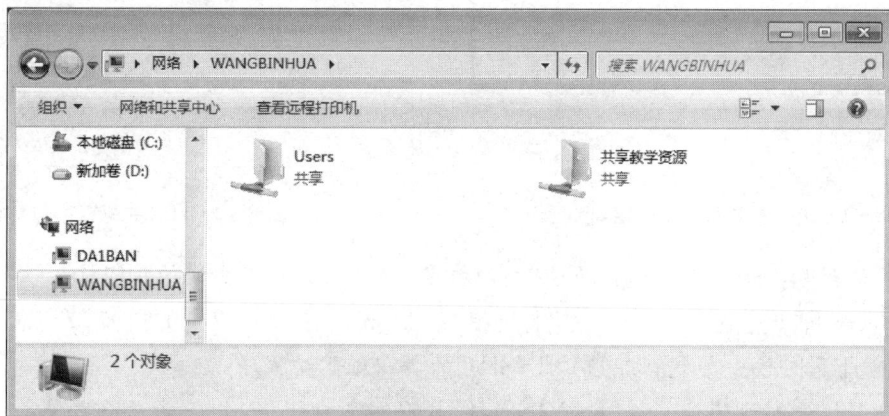

图 8 - 2 - 8　教师办公室电脑上所有共享文件夹的列表

二、计算机"DAYINSHI"的打印机共享

1. 确定办公室计算机的可用用户账号信息

操作方法与步骤,可以参考本活动中"办公室计算机的文件夹共享"的第一个环节"确定办公室计算
机的可用用户账号信息"。

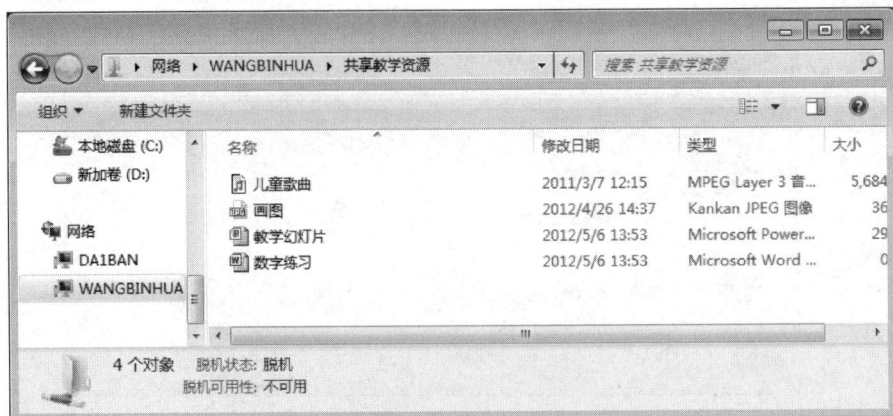

图 8-2-9 共享文件夹中的教学资源

2. 共享计算机"DAYINSHI"上的打印机

（1）打开计算机"DAYINSHI"上的"开始"菜单，单击"设备与打印机"，显示当前计算机上所有安装的打印机等设备列表。如图 8-2-10 所示。

图 8-2-10 设备和打印机窗口

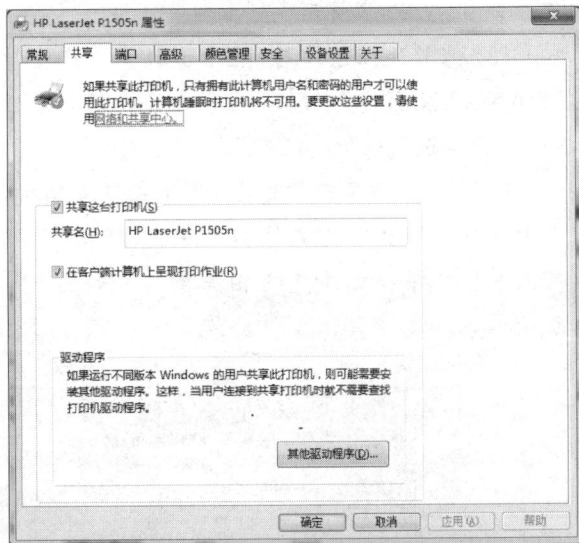

图 8-2-11 共享打印机对话框

（2）右击需要共享的打印机图标，单击"打印机属性（P）"选项，在出现的打印机属性对话框中，选择"共享"选项卡，选中"共享这台打印机（S）"复选框，单击"确定"完成共享。如图 8-2-11 所示。

3. 在其他计算机上安装计算机"DAYINSHI"的打印机驱动程序

在其他计算机上要访问计算机"DAYINSHI"上的共享打印机，并安装网络共享打印机的驱动程序，操作步骤如下：

（1）打开要使用共享打印机的计算机上的"开始"菜单，单击"计算机"，在出现的"计算机"窗口中，单击左边导航窗格中的"网络"，显示当前网络上的计算机及其他设备。如图 8-2-12 所示。

（2）双击计算机"DAYINSHI"的图标，系统提示网络账号认证的窗口，输入计算机"DAYINSHI"上的用户账号信息（用户名和密码），单击确定即可。如图 8-2-13 所示。

（3）账号认证通过后，显示出教师办公室计算机"DAYINSHI"上所有共享资源的列表。找到共享

图 8‑2‑12　当前网络上的计算机

图 8‑2‑13　访问网络上计算机资源时账号认证窗口

的打印机,右击共享打印机的图标,选择"连接(N)…"命令,系统会自动安装打印机。如图 8‑2‑14 所示。

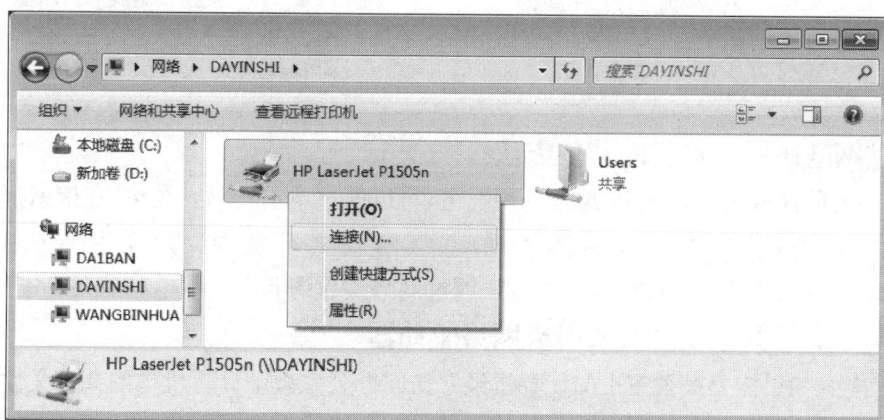

图 8‑2‑14　安装网络共享打印机窗口

（4）安装完成后,通过打开"开始"菜单,单击"设备和打印机",在出现的设备和打印机窗口中,会显示安装成功的网络共享打印机。如图 8‑2‑15 所示。

4. 测试网络共享打印机安装情况

安装完网络共享打印机后,通过右击安装成功的网络打印机图标,选择"打印机属性(P)"命令,在出现的打印机属性对话框中,选择"打印测试页(T)"按钮进行打印测试。如图 8‑2‑16 所示。

如果能够打印出打印测试页,表明已经成功安装了网络共享打印机。

5. 在其他计算机上使用网络共享打印机打印资料

成功安装了网络共享打印机后,使用打印机的方法与使用本地打印机相同,在应用程序中进行打印时,选择使用安装的网络共享打印机即可。如图 8‑2‑17 所示。

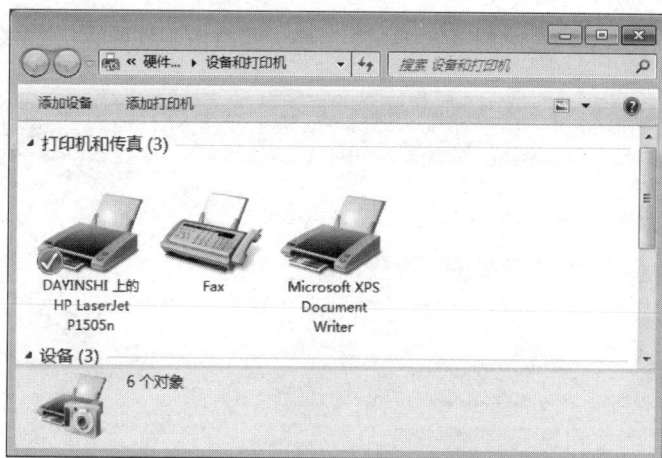

图 8‑2‑15　安装成功的网络共享打印机

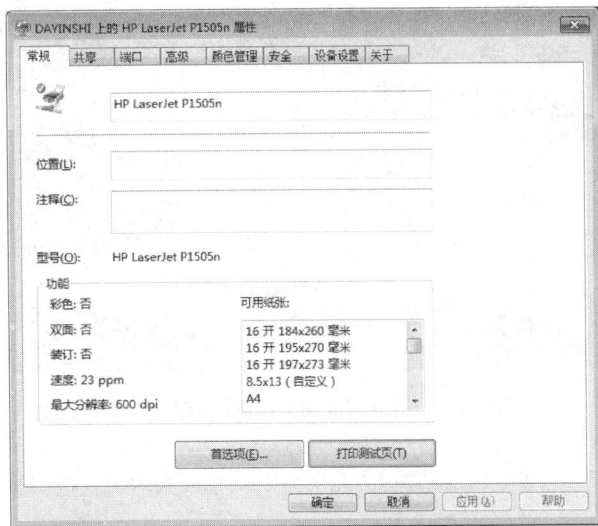

图 8-2-16　对网络共享打印机进行打印测试

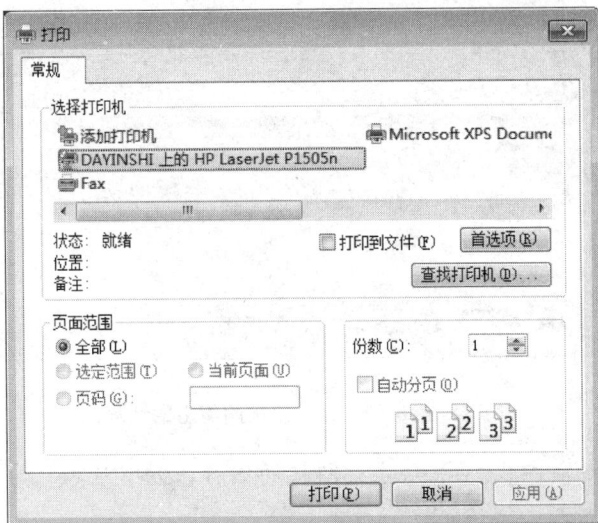

图 8-2-17　使用网络共享打印机打印资料

知识链接

一、通过网络访问计算机的其他方法

在知道要访问的计算机名称或 IP 地址的情况下,可以通过单击"开始"菜单,在搜索框中输入"\\计算机名"或"\\ IP 地址"的方法找到计算机,并显示其共享资源。如在本活动中,可以输入"\\WANGBINHUA"或"\\192.168.1.1"的方法通过网络快速访问办公室电脑的共享资源。

二、将网络中的共享文件夹映射成网络驱动器

在日常工作中,如果需要在教室中的计算机经常访问办公室教师计算机中的共享文件夹,则可把该共享文件夹映射为网络驱动器。即使用时,把该共享文件夹当成自己计算机上的驱动器。

在本活动中,在教室计算机"DA1BAN"上将办公室计算机"WANGBINHUA"上的"共享教学资源"映射成网络驱动器"Z"盘,可以通过以下方法:

1. 在计算机"DA1BAN"上通过网络访问到计算机"WANGBINHUA"的共享文件夹(如图 8-2-8)。

2. 右击"共享教学资源"文件夹,选择"映射网络驱动器(M)…"命令,出现"映射网络驱动器"对话框。如图 8-2-18 所示。

选择驱动器"Z:",选中"登录时重新连接"复选框,单击"完成"按钮。

3. 网络驱动器映射完成后,使用时,只需打开"计算机"即可,与打开本地磁盘的操作相同。如图 8-2-19 所示。

三、取消文件夹共享

如果需要取消办公室计算机中文件夹"共享教学资源"的网络共享,可以通过进入本地 D 盘,右击"共享教学

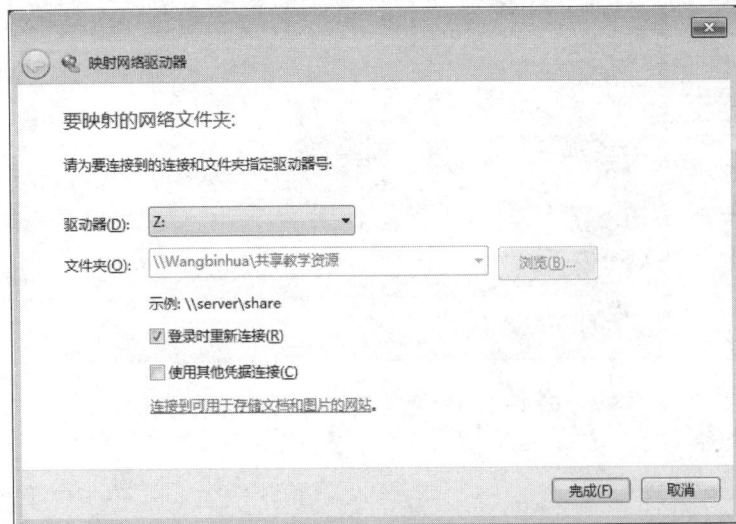

图 8-2-18　映射网络驱动器对话框

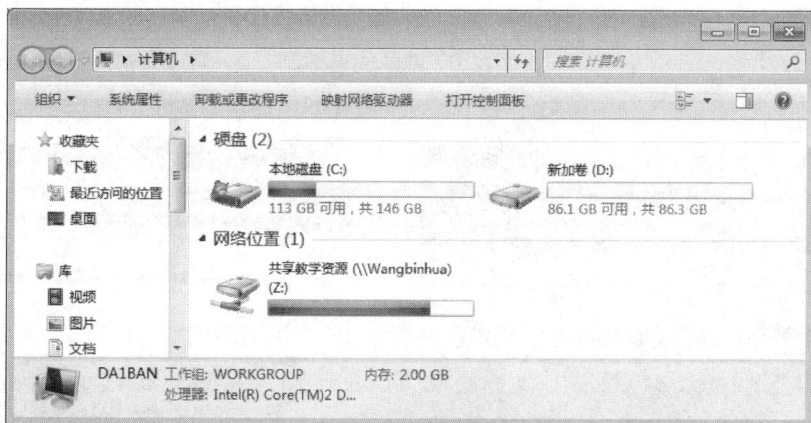

图 8-2-19 使用网络驱动器

资源"文件夹,选择"共享(H)"中的"不共享"命令即可实现取消共享。

四、共享文件夹权限设置

在访问共享文件夹时,使用的账号"wangbh"是办公室电脑的系统管理员,拥有对共享文件夹完全访问的权限,如果希望其他人访问该文件夹,并且只允许读取,不允许删除、更名等操作,可以在共享时通过以下途径:

1. 在办公室计算机的本地用户和组中添加新的用户账号,例如添加用户"test"。如图 8-2-20 所示。

图 8-2-20 计算机管理窗口

2. 在共享文件夹的文件共享对话框中,添加"test"用户,权限级别设置为"读取"。如图8-2-21所示。

3. 在教室或其他计算机上访问该共享文件夹时,使用"test"账号进行用户认证,这样,在访问共享文件夹时,只能读取其中的文件或文件夹,不能对其进行修改或删除。如图 8-2-22 所示。

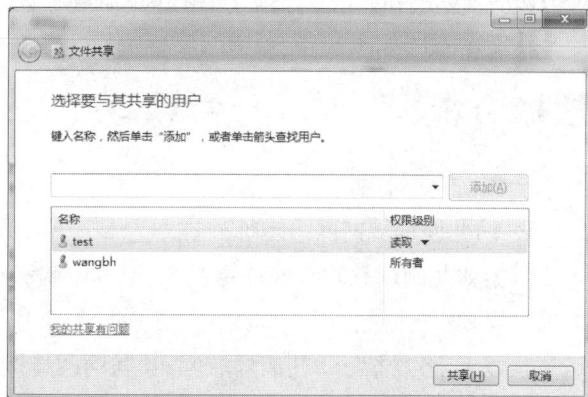

图 8-2-21 文件共享对话框

点拨:

在网络上进行文件夹的共享,要充分考虑数据的安全,建议通过以下措施提高共享文件的安全:

1. 保管好用于共享文件夹的计算机系统管理员账号。

2. 如果需要被多人访问,请根据访问的需求设置不同的访问权限,权限的设置以满足需求为原则,不要简单地对所有用户设置为具有"读取/写入"权限。

3. 共享文件夹中仅保存需要共享的文件或文件夹。

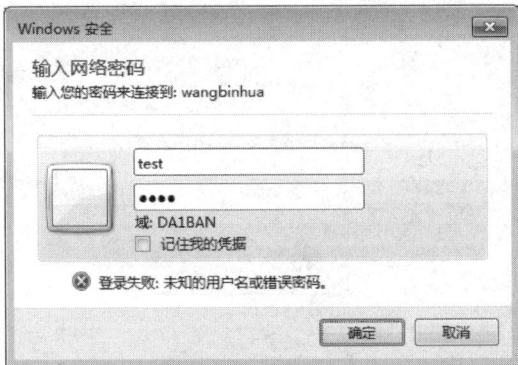

图 8-2-22　访问网络上计算机资源时账号认证窗口

自主实践活动

1. 两人一组,进行文件夹共享和访问的实践,为不同用户分配不同的共享文件夹访问权限。

2. 在地址栏中分别输入"\\计算机名"和"\\计算机 IP"地址的方法访问共享文件夹。

3. 为共享打印机安装其他版本的驱动程序,尝试在非 Windows 7 操作系统的计算机上安装共享打印机驱动程序。

活动三　互联网的共享访问

活动要求

随着互联网的发展和应用的普及,幼儿园的日常工作中,越来越多地需要进行互联网的访问,以进行信息的获取和交流。

幼儿园根据实际需要,向互联网服务提供商申请了 ADSL 线路,并购置了无线路由器设备,型号为 Linksys WRT54G。幼儿园希望通过设备配置共享互联网络,使幼儿园的计算机可以通过现有的有线局域网络访问互联网,同时,对于部分笔记本电脑和平板电脑等智能终端设备能通过无线网络访问互联网。

功能示意图如图 8-3-1 所示。

活动分析

一、活动计划

1. 幼儿园局域网网络地址的规划

依据幼儿园现有的台式计算机、笔记本电脑和移动终端设备的数量和网络访问方式,对网络 IP 地址进行规划。

2. 无线路由器与幼儿园局域网、互联网的连接

通过网络线路,将无线路由器、交换机和 ADSL Modem 进行互连。

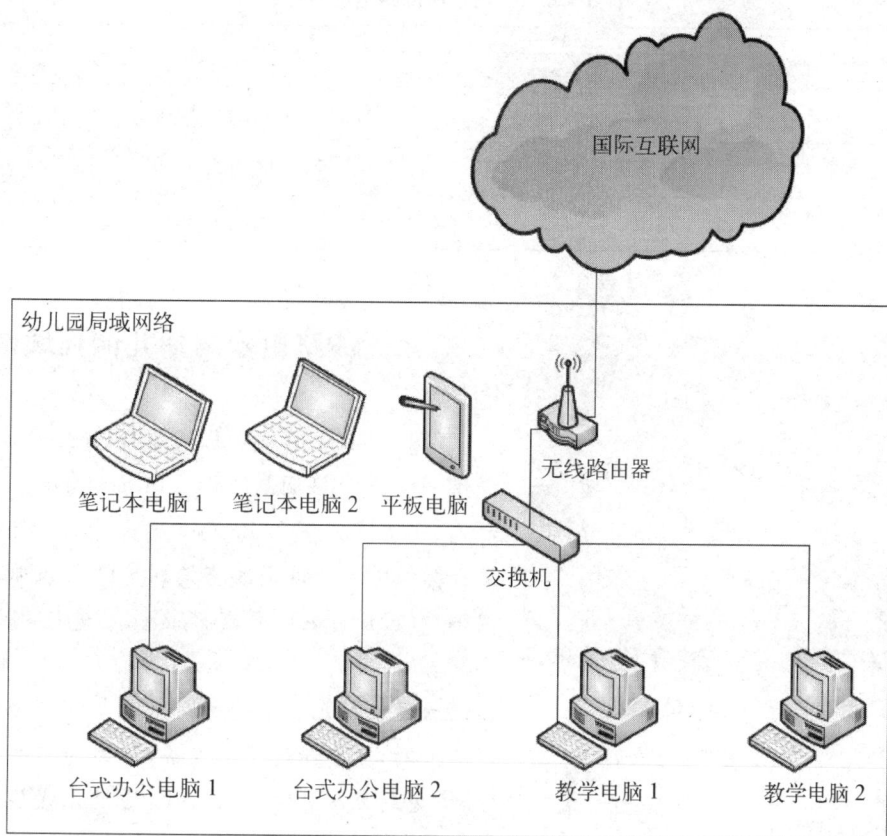

图 8-3-1 幼儿园共享访问互联网拓扑图

3. 无线路由器网络配置

根据幼儿园网络规划,对无线路由器进行网络配置。

4. 台式计算机有线网络配置

基于网络规划和无线路由器状态信息,通过网络地址配置,实现台式计算机互联网访问。

5. 笔记本电脑无线网络连接

通过设置无线网络连接到幼儿园无线网,实现笔记本电脑通过无线访问互联网。

6. 平板电脑无线网络连接

在平板电脑上通过设置无线网络连接到幼儿园无线网,实现平板电脑通过无线访问互联网。

二、相关技能

1. 无线路由器设置方法。

2. Windows 7 中 IP 地址设置方法。

3. Windows 7 中无线网查找和连接方法。

4. 平板电脑无线网查找和连接方法。

方法与步骤

一、幼儿园局域网网络地址的规划

幼儿园现有的局域网络地址采用 C 类私有地址 192.168.1.0,并且现有的台式计算机按照从小到大的顺序已经使用了该网段一部分的 IP 地址,基于现在的实际应用情况,同时考虑到部分笔记本和平板电脑将通过无线路由器进行无线上网,对现有网段 IP 地址进行如下规划,如表 8-3-1 所示。

表8-3-1　幼儿园网络地址规划表

编 号	用 途	IP 地 址
1	有线局域网络	192.168.1.1 - 192.168.1.100
2	无线局域网络	192.168.101 - 192.168.1.200
3	预 留	192.168.1.201 - 192.168.1.253
4	无线路由器	192.168.1.254

图8-3-2　ADSL 调制解调器

图8-3-3　无线路由器 Linksys WRT54G

二、无线路由器与幼儿园局域网、互联网的连接

幼儿园申请了 ADSL 线路后,Internet 服务提供商会提供一台 ADSL 调制解调器(Modem)(如图8-3-2所示)。默认情况下,只能为一台计算机提供互联网访问,该计算机需要通过网线连接到 ADSL 调制解调器的以太网端口(Ethernet),并在计算机上进行相关设置后实现上网。

为了使幼儿园中的所有计算机都能通过一条 ADSL 线路上网,需要通过路由设备,同时为了实现无线网络访问,考虑到成本和管理的方便,通过无线路由器(如图8-3-3所示)将 ADSL 线路与现有的局域网络设备交换机进行连接。本活动中,使用的无线路由器 Linksys WRT54G 具有1个 WAN 端口(标识了"Internet"的端口)和4个 LAN 端口(分别标识了编号为"1","2","3","4"的端口)。

使用无线路由器 Linksys WRT54G 连接调制解调器与网络交换机的方法为:

1. 使用网线将 ADSL 的以太网端口(Ethernet)和无线路由器的 WAN(Internet)端口进行连接。

2. 使用网线将无线路由器的 LAN 端口中的任何一个端口与幼儿园局域网的网络交换机的任一闲置端口进行连接。

通过无线路由器,为幼儿园局域网中的计算机进行互联网的访问做好准备。

三、无线路由器网络配置

新购置的无线路由器 Linksys WRT54G 需要进行配置,一方面实现互联网的网络连接,另一方面,使幼儿园局域网络中的台式计算机、笔记本电脑、平板电脑等设备连接到无线路由器。

1. 连接电脑和无线路由器

通过网线将电脑的有线网卡和无线路由器 LAN 端口中的任何一个闲置端口进行连接。

2. 设置计算机的 IP 地址

打开计算机有线网卡的"Internet 协议版本4(TCP/IPV4)属性"对话框,将计算机有线网卡的 IP 地址设置为"自动获得 IP 地址",并单击"确定"按钮。计算机会从无线路由器自动获取 IP 地址。如图8-3-4所示。

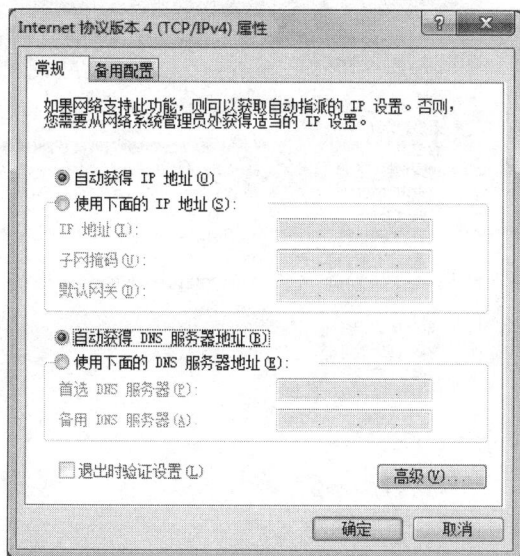

图 8-3-4 Internet 协议版本 4(TCP/IPV4)
属性对话框

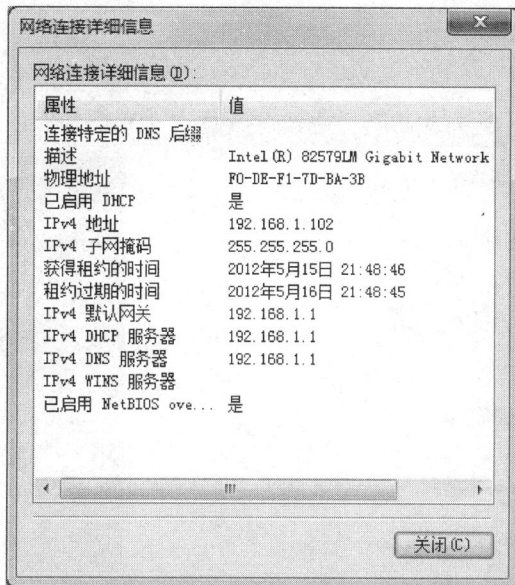

图 8-3-5 网络连接详细信息对话框

3. 查看无线路由器管理地址

在电脑网卡的"本地连接"状态对话框,单击"详细信息"按钮,在出现的"网络连接详细信息"对话框中,会显示无线路由器分配给电脑网卡的 IP 地址信息。如图 8-3-5 所示。

默认网关为"192.168.1.1",即当前无线路由器的管理地址为"192.168.1.1"。

4. 登录无线路由器管理页面

在网络浏览器中,输入"http://192.168.1.1/",访问无线路由器管理页面,在出现的无线路由器登录对话框中,用户名和密码都输入"admin",单击确定。如图 8-3-6所示。

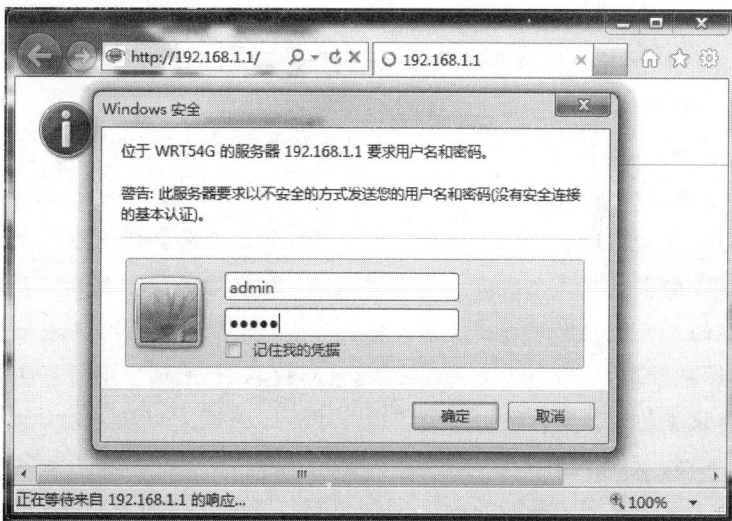

图 8-3-6 访问无线路由器管理页面窗口

5. 无线路由器基本设置

在无线路由器管理页面中进行无线路由器的"基本设置"。

(1) ADSL 连接设置

由于幼儿园申请的互联网接入方式是 ADSL,所以,在互联网设置方面,将"互联网连接类型"由默认的"自动配置-DHCP"更改为"PPPoE",并输入由 Internet 服务提供商给出的用户名和密码,其余的选项可以采用默认选项。

(2) 网络设置

根据之前的规划,网络设置中的"路由器 IP"设置如下(如图 8-3-7 所示):

225

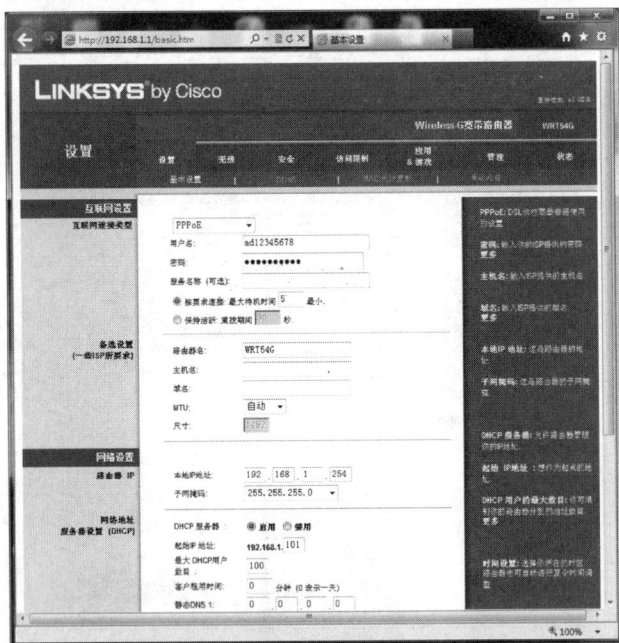

图 8-3-7　无线路由器基本设置窗口

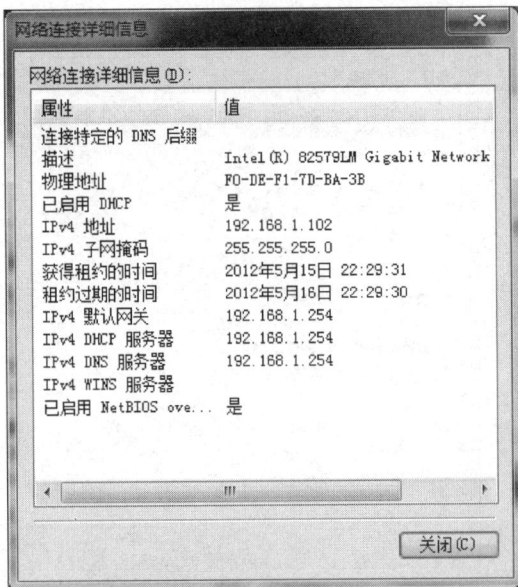

图 8-3-8　网络连接详细信息对话框

● 本地 IP 地址：192.168.1.254
● 子网掩码：255.255.255.0

"网络地址服务器设置(DHCP)"设置如下：

● DHCP 服务器：启用
● 起始 IP 地址：192.168.1.101
● 最大 DHCP 用户数目：100

设置完成后，单击"保存设置"按钮，管理页面会提示关闭浏览器窗口，单击"确定"按钮。

由于更改了无线路由器的 IP 地址，无线路由器会重新启动。当无线路由器重新启动后，若发现电脑的本地连接网络详细信息未发生改变(图 8-3-5 网络连接详细信息对话框)，可以通过将"本地连接"先禁用，然后再次启用的方法，重新获取 IP 地址。重新获取 IP 地址成功后，可以看到默认网关更新为设置的无线路由器 IP 地址"192.168.1.254"。如图 8-3-8 所示。

6. 无线网络名称的更改

在浏览器中输入"http://192.168.1.254/"访问无线路由器管理页面，单击"无线"选项卡，进入无线路由器"基本无线设置"页面。将"无线网络名称(SSID)"由默认的"linksys"更改为"YouErYuan"，单击"保存设置"按钮。

7. 查看无线路由器互联网连接状态

在无线路由器管理页面，单击"状态"选项卡，即可查看无线路由器当前互联网连接状态，如登录状态为"已连接"，表示互联网无线路由器已经建立了与互联网的连接。如图 8-3-9 所示。

同时，从无线路由器互联网连接状态中可以看出当前使用的 DNS 服务器地址有两个，分别为：

● DNS1：219.233.241.166
● DNS2：211.167.97.67

记录下这两个 DNS 服务器地址，以备幼儿园现有的台式计算机设置时使用。

四、台式电脑有线网络配置

为了使台式计算机能正常访问互联网，需要根据之前无线路由器的配置进行有线网卡网络地址的

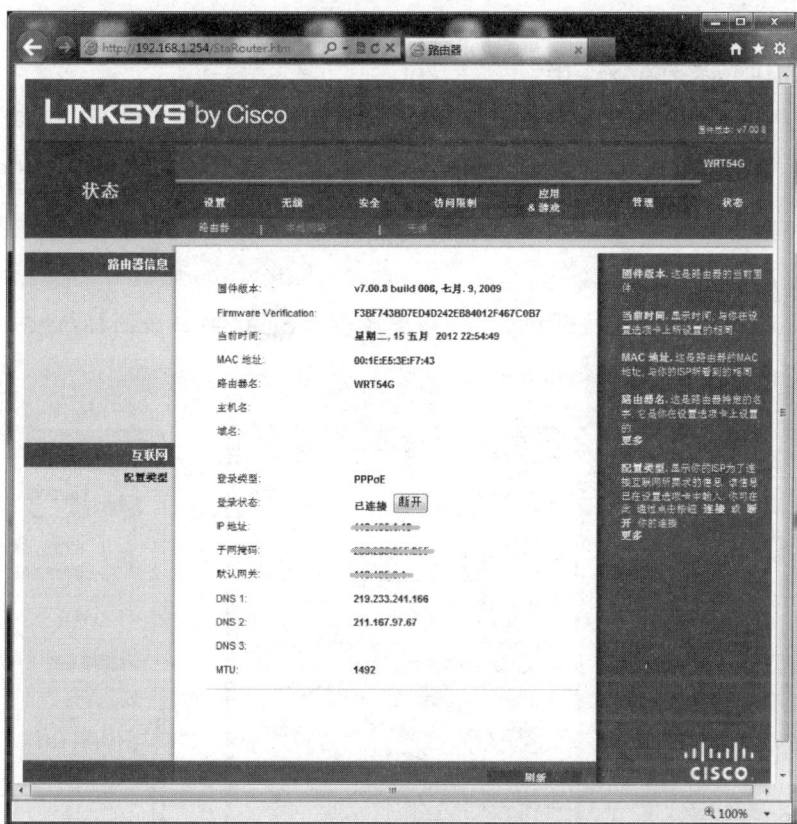

图 8 - 3 - 9　无线路由器运行状态信息窗口

相关配置。

1. 打开台式计算机有线网卡的"Internet 协议版本 4(TCP/IPV4)属性"对话框,可以看到原先设置的网络地址信息。如图 8 - 3 - 10 所示。

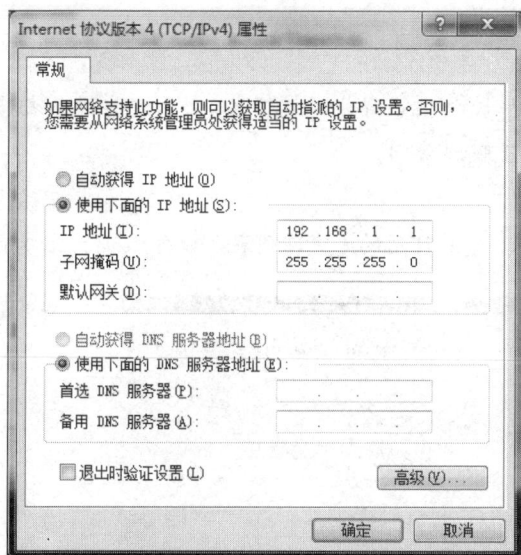

图 8 - 3 - 10　Internet 协议版本 4(TCP/IPV4)属性对话框　　图 8 - 3 - 11　Internet 协议版本 4(TCP/IPV4)属性对话框

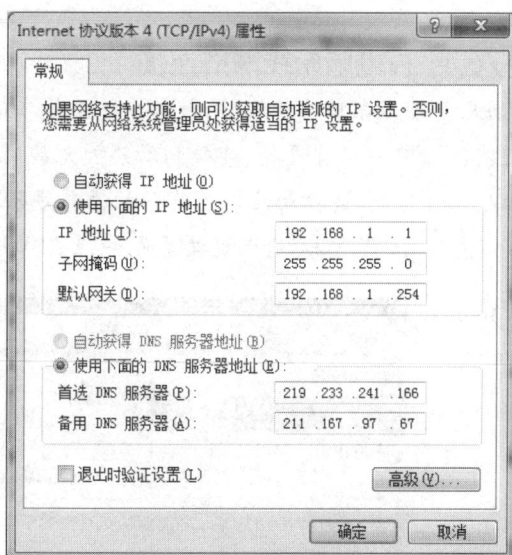

2. 将之前设置的无线路由器的 IP 地址(192.168.1.254)作为台式计算机的有线网卡的默认网关,将无线路由器当前的互联网 DNS 服务器地址作为台式计算机有线网卡的 DNS 服务器地址。如图 8 - 3 - 11所示。

完成网络地址配置后,即可在台式计算机上访问互联网。

五、笔记本电脑无线网络连接

幼儿园的笔记本电脑都内置了无线网卡,可以通过设置,连接到幼儿园无线网,实现互联网访问。

1. 单击任务栏上的"连接到网络"图标 ![icon],打开可用网络列表。如图 8-3-12 所示。

2. 在可用网络列表中找到幼儿园之前设置的无线网络名称"YouErYuan",单击"连接"按钮。如图 8-3-13所示。

3. 无线网络连接成功后,"连接到网络"图标会显示为 ![icon],单击该图标,会显示幼儿园无线网 "YouErYuan"已连接的提示信息。如图 8-3-14 所示。

图 8-3-12 "连接到网络"可用网络列表窗口

图 8-3-13 连接幼儿园无线网络"YouErYuan"

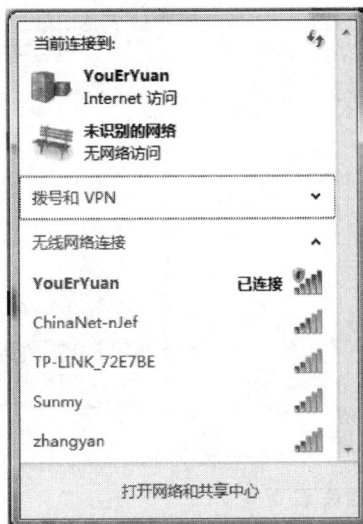

图 8-3-14 成功连接幼儿园无线网络"YouErYuan"

六、平板电脑无线网络连接

幼儿园教师在日常的工作、教学中越来越多地使用平板电脑等智能终端设备,由于这些设备都内置了无线网卡,可以通过设置,连接到幼儿园无线网,实现互联网访问。

以 iPad 为例,连接幼儿园无线网的操作步骤如下:

1. 点击"设置"图标,进入设置页面后,点击"Wi-Fi"图标,查看可用的无线网列表。如图 8-3-15 所示。

图 8-3-15 iPad 查看无线网列表

2. 在无线网列表中找到幼儿园无线网"YouErYuan",点击该无线网络名称,即可实现网络连接。如图 8-3-16 所示。

图 8-3-16 iPad 连接到幼儿园无线网"YouErYuan"

知识链接

一、网关的作用

顾名思义,网关是一个网络连接到另一个网络的"关口"。网关既可以用于广域网互联,也可以用局域网互联。在幼儿园的互联网访问中,无线路由器充当了网关的作用。通过无线路由器,将幼儿园内部的局域网与外部的互联网实现网络互连。幼儿园的计算机通过设置默认网关为无线路由器的 IP 地址,就是告诉计算机,在进行互联网访问请求时,默认将通过无线路由器的 IP 地址进行路由,从而获取互联网上的信息。

二、DNS 的作用

DNS 是域名系统(Domain Name System)的缩写,是因特网的一项核心服务,作用是将用户输入的域名转化为 IP 地址。

在计算机中,进行信息传递时,机器之间只认 IP 地址,但 IP 地址对于用户来说,不容易记忆。域名是由圆点分开的一串单词或缩写组成的文字,如 www. baidu. com,往往具有一定的意义,便于用户记忆。通过 DNS,用户只要输入需要访问的域名,计算机通过 DNS 服务器的解析,自动转换为 IP 地址,进行机器间的连接。DNS 服务器就是专门用于进行 DNS 解析的计算机。

三、互联网访问连通性测试及故障原因分析

1. 互联网访问连通性测试

在 Windows 7 操作系统的计算机上,打开网络浏览器,输入需要访问的网站地址,如 www. baidu. com,查看网站是否能被正常访问:如网页显示正常,说明互联网可以被正常访问;如果网页不能被显示,如图 8-3-17 所示,则需要进行故障排查。

2. 互联网访问故障原因分析

导致互联网访问故障的原因主要包括与无线路由器的连接故障、无线路由器连接互联网的故障以及客户端网络地址设置故障等,可以通过以下方式依次检查故障原因。

(1) 检查计算机与无线路由器的连接情况

可以通过 ping 命令检查与无线路由器的网络连接,如果出现故障,可以检查物理线路和电脑 IP 地址设置。

图 8‒3‒17　网页访问错误信息

（2）检查无线路由器连接互联网的情况

可以登录无线路由器管理页面，查看无线路由器运行状态（图 8‒3‒9），如果连接被断开，尝试在无线路由器管理页面中进行手动连接，如果依旧出现连接故障，请检查 ADSL 账号、ADSL 物理线路和 ADSL Modem 设备的运行情况来进行解决。

（3）检查电脑网络地址设置情况

经过以上两项检查，仍未发现故障原因，请检查客户端计算机的网络地址设置情况，主要检查网关和 DNS 的设置是否正确。

四、无线路由器安全

无线网络由于信号通过无线的方式覆盖在一定范围内，在该范围内的无线客户端设备，如带有无线网卡的笔记本电脑、平板电脑、智能手机等设备，通过连接到无线网络，即可进入到无线网络所在局域网络的内部，对网络的安全带来威胁。

通过对无线路由器设置访问密码、Mac 地址过滤等多种方式可以加强无线网络的安全。

1. 在网络浏览器中，输入"http://192.168.1.254/"，访问无线路由器管理页面，输入管理账号登录后，单击"无线"选项卡，然后再单击"无线安全"文字链接，进入"无线安全"设置页面。如图 8‒3‒18 所示。

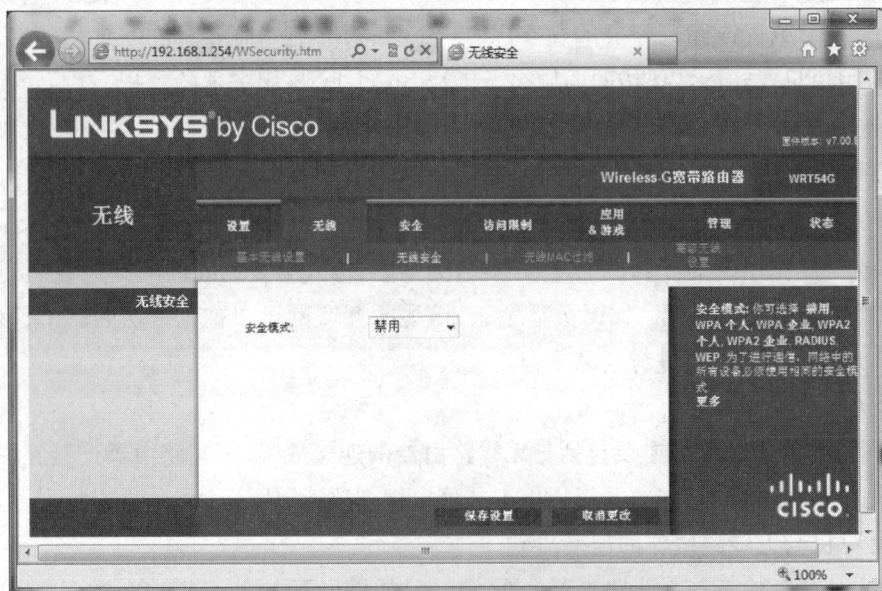

图 8‒3‒18　无线路由器"无线安全"设置页面

2. 单击"安全模式"下拉列表,选择一种无线安全模式,如"WPA 个人"模式,并设置"WPA 共享密钥",单击"保存设置",完成无线网访问密码的设置。如图 8-3-19 所示。

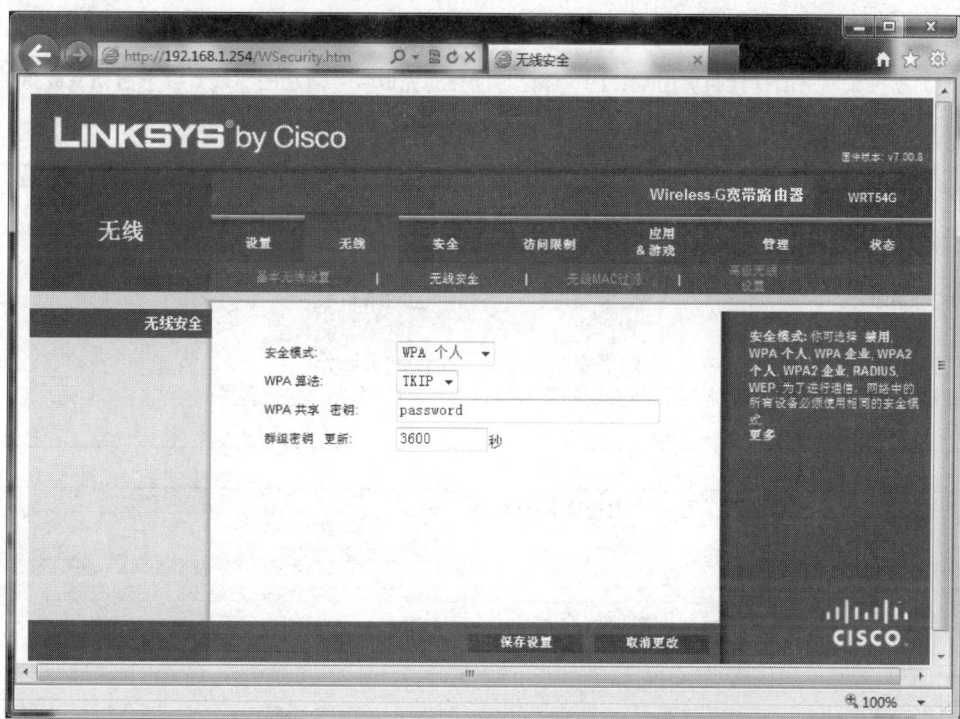

图 8-3-19　无线路由器"无线安全"设置页面

当设置完无线网访问密码后,在笔记本等设备进行无线网连接时,会出现无线网连接"安全密钥"的输入提示,输入无线网密码即可完成连接。如图 8-3-20 所示。

点拨:

> 1. 在无线网络构建好之后,为了应对可能的外来入侵、互联网资源被非法占用等问题,一般都要设置无线网的访问密码。
> 2. 无线路由器的 IP 地址建议不要随意更改。

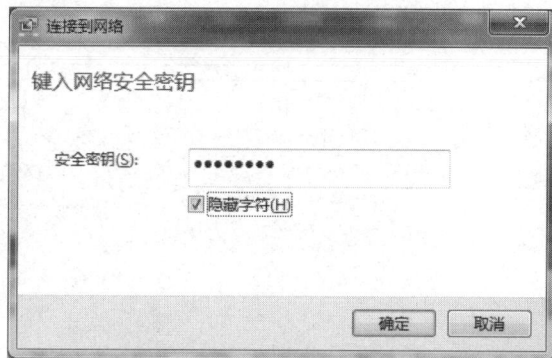

图 8-3-20　无线网连接密码认证对话框

自主实践活动

1. 在学校计算机房里安装一台无线路由器,结合学校的网络情况,对无线路由器进行网络配置,并设置无线网访问密码,使计算机和智能终端设备能通过无线路由器访问国际互联网络。

2. 小组合作探索和实践无线路由器的其他功能,进一步提高无线网络访问的安全性。

评估

整个项目的评估

复习整个项目的学习内容,完成下面的评估表。

整个项目学生学习评估表

学生姓名：＿＿＿＿＿＿＿＿＿
通过整个项目活动的学习和实践,最大的收获是:

＿＿

1. 在"幼儿园简易办公网络的构建与应用"项目中,你是否能独立完成各个活动的实践? 哪个活动完成得最成功? 为什么?

＿＿
＿＿

2. 这个项目的学习活动包括以下哪些技术领域,请选择:

□网络基础知识　　　　　　　　□文字处理　　　　　　　□网络布线
□Windows 操作系统配置　　　　□程序设计　　　　　　　□网络设备配置
□多媒体演示文稿　　　　　　　□网络安全　　　　　　　□网页制作

3. 为了完成整个项目,自己所必须学习的哪项技能最有挑战性? 为什么?

＿＿
＿＿

4. 为了完成整个项目,自己所必须学习的哪项技能最有兴趣? 为什么?

＿＿
＿＿

5. 为了完成整个项目,自己所必须学习的哪项技能最有用? 为什么?

＿＿
＿＿

6. IP 地址的设定可以通过静态分配和动态分配(DHCP)两种方式,在你的应用环境中,你选择使用哪种方式? 为什么?

＿＿
＿＿

7. 通过本项目的学习,结合自己的实践,思考可以从哪些方面提高信息安全?

＿＿
＿＿

归纳与小结

总结本项目"幼儿园简易办公网络的构建与应用",过程和方法如下图所示。

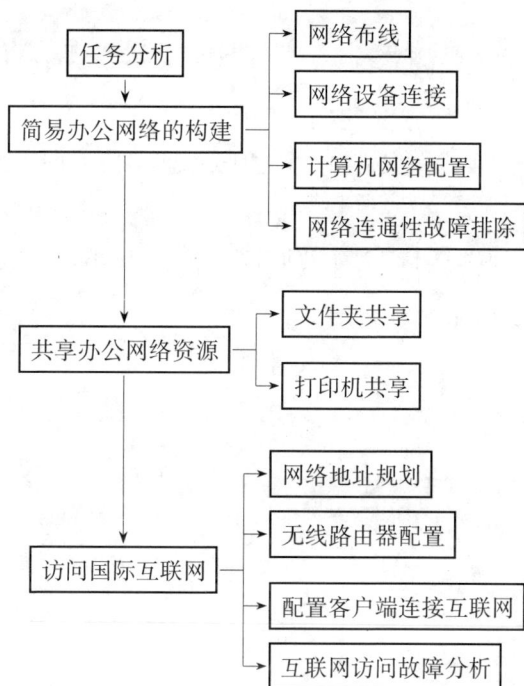

```
                        ┌──────────────┐
              ┌────────→│   网络布线    │
              │         └──────────────┘
┌──────────┐  │         ┌──────────────┐
│ 任务分析  │  ├────────→│  网络设备连接  │
└────┬─────┘  │         └──────────────┘
     │        │         ┌──────────────┐
     ↓        ├────────→│ 计算机网络配置 │
┌──────────────┐        └──────────────┘
│ 简易办公网络的构建 ├──┤ ┌────────────────┐
└──────┬───────┘  └───→│ 网络连通性故障排除 │
       │               └────────────────┘
       │
       │               ┌──────────────┐
       │      ┌───────→│  文件夹共享    │
       ↓      │        └──────────────┘
┌──────────────┐       ┌──────────────┐
│ 共享办公网络资源 ├─────┤ 打印机共享    │
└──────┬───────┘       └──────────────┘
       │
       │               ┌──────────────┐
       │      ┌───────→│  网络地址规划  │
       │      │        └──────────────┘
       │      │        ┌──────────────┐
       │      ├───────→│ 无线路由器配置 │
       ↓      │        └──────────────┘
┌──────────────┐       ┌──────────────────┐
│ 访问国际互联网 ├──────┤ 配置客户端连接互联网 │
└──────────────┘       └──────────────────┘
              │        ┌──────────────────┐
              └───────→│ 互联网访问故障分析  │
                       └──────────────────┘
```

图书在版编目(CIP)数据

学前教育信息技术基础教程/谢忠新主编.—上海：复旦大学出版社，2012.7(2019.4重印)
ISBN 978-7-309-08995-0

Ⅰ.学…　Ⅱ.谢…　Ⅲ.学前教育-信息教育-幼儿师范学校-教材　Ⅳ.G613

中国版本图书馆 CIP 数据核字(2012)第 129781 号

学前教育信息技术基础教程
谢忠新　主编
责任编辑/黄　乐

复旦大学出版社有限公司出版发行
上海市国权路 579 号　邮编：200433
网址：fupnet@fudanpress.com　http://www.fudanpress.com
门市零售：86-21-65102580　　团体订购：86-21-65104505
外埠邮购：86-21-65642846　　出版部电话：86-21-65642845
浙江临安曙光印务有限公司

开本 890×1240　1/16　印张 15.25　字数 408 千
2019 年 4 月第 1 版第 8 次印刷

ISBN 978-7-309-08995-0/G·1098
定价：37.00 元